港珠澳大桥工程管理创新与实践

高星林 李永奎 张劲文 李 迁 余 烈 等 著

科学出版社

北京

内 容 简 介

港珠澳大桥是粤港澳三地在"一国两制"框架下首次合作共建共管的超级工程。通过实践创新,港珠澳大桥建设探索了三地合作共建共管共治的成功经验,克服了超级工程建设的种种不确定性和复杂性难题。全书从项目业主视角"复盘"了大桥主体工程的项目管理实践,回顾了大桥主体工程项目全生命周期的实施过程、关键线路和重要事件,从工程项目管理规划、三地工程法律研究与实践及项目决策等 12 个主题来分析其中的成功因素和典型做法,试图从项目实践中提炼出重大工程管理的核心成功要素和中国智慧,项目创新管理实践经验为重大工程建设提供重要借鉴,为粤港澳大湾区建设提供重要参考。

本书适合从事重大跨境工程治理与规则对接、重大工程管理、项目管理领域的工程实践与学术研究相关人员参考阅读。

图书在版编目(CIP)数据

港珠澳大桥工程管理创新与实践 / 高星林等著. —北京:科学出版社,
2023.10

ISBN 978-7-03-074286-5

Ⅰ. ①港… Ⅱ. ①高… Ⅲ. ①跨海峡桥-桥梁工程-工程管理 Ⅳ. ①U448.19

中国版本图书馆CIP数据核字(2022)第 241031 号

责任编辑:陶 璇 / 责任校对:姜丽策
责任印制:赵 博 / 封面设计:有道设计

科学出版社 出版
北京东黄城根北街 16 号
邮政编码:100717
http://www.sciencep.com

北京厚诚则铭印刷科技有限公司印刷
科学出版社发行 各地新华书店经销

*

2023 年 10 月第 一 版 开本:720×1000 1/16
2024 年 1 月第二次印刷 印张:25
字数:503 000

定价:298.00 元
(如有印装质量问题,我社负责调换)

编委会名单

总顾问：

    朱永灵　盛昭瀚　郑顺潮　林　鸣

课题组与编委会成员：

    高星林　李永奎　张劲文　李　迁　余　烈　　苏权科

    韦东庆　宁　延　林志剑　李　江　曾雪芳　　乐　云

    张苏娟　刘　琰　张　兵　胡　毅　欧阳鹭霞　张鸣功

    刘　刚

参研与参编成员（按姓氏拼音排序）：

    安佰锋　曹汉江　戴建标　韩一龙　何清华　黄志雄

    江晓霞　李婕妤　李　英　刘若春　刘少燕　罗谷安

    庞斯仪　丘文慧　宋　樱　唐丽娟　王　芳　王沁岳

    王彦林　吴泽生　张永财　赵　亮　钟勇华　周永川

    朱　定　朱　琳　朱翼翔　祝　牟

前　言

　　做管理总结不容易，做好高质量的管理总结更难。《易经》的"未济卦"，寓意一件事情完成并不容易，或是一件事情的结束就是另外一件事情的开始。事物的规律确实是这样，开局不难，难于坚持；坚持到最后、收好尾需要韧劲；要做到以终为始，善始善终，慎终如始往往并不容易。项目管理总结是重大工程知识管理的核心呈现，可以视为项目建设真正收好尾的象征符号。在项目全生命周期不同阶段，项目工作重点不断转化。随着港珠澳大桥建设阶段临近尾声，很多管理人员转向了新的建设项目，一部分人员转向了大桥的运营管理工作，另一部分人员留下来负责工程建设收尾，完成工程结算、决算和验收工作。受限于项目有限的人力资源和管理者的认知水平，特别是临近项目尾声阶段关键人力资源的流失，高质量的项目管理总结往往难以完成。《大学》有言："物有本末，事有终始。知所先后，则近道矣。"我们想，做好总结的价值就在于此，这也是我们策划和坚持的理由。

　　高质量项目管理总结，特别是中国情境、"一国两制"下的超级工程项目的管理总结，其必要性不言而喻。习近平总书记于 2018 年 10 月 23 日出席港珠澳大桥开通仪式，并宣布大桥正式开通，给予大桥很高的评价并强调："对港珠澳人桥这样的重大工程，既要高质量建设好，全力打造精品工程、样板工程、平安工程、廉洁工程，又要用好管好大桥，为粤港澳大湾区建设发挥重要作用。"[①]时任中共中央政治局常委、国务院副总理韩正在开通仪式上致辞时提出，"要把工程建设关键技术转化为行业标准和规范，将港珠澳大桥打造成为中国桥梁'走出去'的靓丽名片"[①]。港珠澳大桥在建设过程中积累形成了数百项发明专利和一系列科技成果，构建了跨海集群工程建设关键技术的体系，要将这些在实践中获得的宝贵经验和财富尽快转化为行业标准和规范，使中国桥梁建设技术走出国门，为构建"一带一路"做出新的贡献。交通运输部在部署大桥竣工验收工作

---

① 习近平出席开通仪式并宣布港珠澳大桥正式开通. https://www.gov.cn/xinwen/2018-10/23/content_5333803.htm，2018-10-23.

时，也特别强调要加强工程建设管理经验总结，促进创新成果转化应用，做好项目总结和成果转化。上述殷切嘱托和期望无一不彰显了大桥项目管理总结工作的必要性和紧迫性。

从港珠澳大桥工程本身出发，作为粤港澳三地在"一国两制"框架下首次合作共建共管的超级工程，其项目管理总结的重要性，毋庸置疑。作为一个国家级项目，港珠澳大桥有其承载的特殊性和历史使命，是一座"圆梦桥、同心桥、自信桥、复兴桥"，也是联结三地的"民心桥"。作为粤港澳大湾区的"先导工程"和"试验田"，大桥建设和运营过程中存在一系列基于三地合作的技术标准、规则对接、利益相关者协同等难题。在建设实践的过程中，港珠澳大桥摸索了三地合作共建共管共治的经验，克服了超级工程建设的种种不确定性和复杂性难题，对桥岛隧集群的跨海重大工程、"一带一路"跨界重大工程全生命周期的项目管理、交通强国的建设、粤港澳大湾区的融合发展进行了一定的探索，积累了弥足珍贵的管理经验，其项目管理总结的价值巨大。

正是意识到工程项目管理总结的必要性和重要性，港珠澳大桥管理局（以下简称管理局）高瞻远瞩，及时部署项目管理总结工作，很早就开始酝酿系统地、从业主的视角来对整个大桥工程的项目管理进行总结。早在 2014 年 12 月，管理局计划合同部策划提出了港珠澳大桥的法律总结和招标总结，对合同管理和造价管理的总结也提出了有关设想，经过几年的努力，先后出版了《融合与发展：港珠澳大桥法律实践》《港珠澳大桥招标策划与实例分析》等相关书籍，得到了行业专家、著名学者的认可。2017 年下半年，管理局计划合同部提前策划，提出从项目管理理论、项目管理实践、大桥建设代表人物故事、港珠澳大桥建设大事记等不同的视角来对项目管理层面进行总结，得到了管理局时任局长、党委书记朱永灵先生的赞许和大力推动支持。同年 12 月，管理局计划合同部前往南京大学拜会著名管理学者盛昭瀚教授，并构思项目管理总结的详细思路，随后管理工作有条不紊地组织开展起来。同时，管理局也考虑从大桥技术标准、技术方案实施和科研研发等方面来进行技术总结，管理总结和技术总结构成了港珠澳大桥的总结体系，两者齐头并进，以实实在在的行动来落实中央和行业主管部门的要求。

2014~2018 年，南京大学盛昭瀚教授牵头联合哈尔滨工业大学、同济大学、上海交通大学、华中科技大学承担了国家自然科学基金课题"我国重大基础设施工程管理的理论、方法与应用创新研究"，并以三峡工程、南水北调、港珠澳大桥等国家重大工程为依托开展研究，2019 年 1 月 7 日该课题成功结题验收。同济大学团队承担了其中的子课题，他们学术严谨求实，学问与实践结合紧密，理论和工程实践经验都很丰富，架起了理论和实践的桥梁。因此，经多方比选，管理局选择了以同济大学、南京大学等高校课题组团队为主，集合国际国内工程管理理论界的一班很有责任心的青年学者来承担本书的撰写任务，于 2018 年底正式发起、组织撰写本书，希望基于港珠澳大桥工程管理的实践，促进项目管理理论和实践的融合，给理论界和高校的广大学子们提供更多工程实践的素材，也为业界的工程师提供一定的借鉴和参考。

全书试图从项目业主的视角来"复盘"大桥的项目管理，回顾大桥项目全生命周期的实施过程、关键线路和关键事件，分析其中的成功因素和做法，试图从项目本身提炼项目管理的主要成功因素。针对港珠澳大桥"一国两制"和"超级工程"的特殊情境，选取了相对独立又互有关联的12个主题来进行分析和小结，重点介绍了有关管理实践的具体做法。对于项目管理特别重要的领导力、风险管理和知识管理，没有设专章来介绍，有关内容分散在各章节的表述之中，是本书的遗憾之处，留待关心、关注港珠澳大桥等重大工程的读者朋友做进一步的深化研究。

全书内容一共分为12章。前言由高星林撰写；绪论由高星林、李迁、李永奎撰写；第 1 章由张劲文、李迁、高星林、欧阳鹭霞撰写；第 2 章由宁延、高星林、刘刚撰写；第 3 章由李永奎、高星林、余烈、张劲文、李迁、宋樱等主要撰写；第 4 章由胡毅、李永奎、高星林主要撰写；第 5 章由高星林、宁延、张劲文主要撰写；第 6 章由李永奎、张劲文、余烈、欧阳鹭霞、朱翼翔、李江、朱定、周永川、高星林主要撰写；第 7 章由张劲文、李迁、高星林主要撰写；第 8 章由李永奎、余烈、张劲文、曹汉江、朱琳、黄志雄、高星林主要撰写；第 9 章由苏权科、张兵、李永奎、高星林主要撰写；第 10 章由高星林、刘琰、张劲文主要撰写；第 11 章由张苏娟、高星林、张劲文、张鸣功主要撰写；第 12 章由韦东庆、李永奎、刘少燕、刘刚、丘文慧、朱琳、唐丽娟、高星林主要撰写；总结与展望由高星林、李永奎、李迁、宁延等主要撰写。同济大学博士研究生欧阳鹭霞、宋樱、王沁岳、朱琳，南京大学博士研究生庞斯仪，清华大学博士研究生安佰锋等，为全书的修订和完善做了大量基础性工作。管理局计划合同部曾雪芳、朱翼翔、李婕妤、刘若春、张永财等，跟进有关调研和配合资料收集与提供，做了大量沟通协调工作。在本书撰写的艰难时刻，管理局郑顺潮局长、苏权科总工程师、澳门方时任副局长林志剑先生、管理局党委副书记韦东庆等，共同助力得以让本书完成。全书由朱永灵先生、盛昭瀚先生、郑顺潮先生、林鸣院士担任总顾问，写作过程中荷兰隧道工程咨询公司（TEC）的李英博士等，他们给予了大量的指导和帮助，书中许多深刻思想和观点都是来自朱永灵先生带领建设团队在大桥建设实践过程中的创造，实践经验实际上也是大桥建设管理团队和全体大桥建设者集体智慧的结晶。

全书分别由高星林、李永奎、余烈、朱翼翔、宁延、张苏娟、刘琰、欧阳鹭霞等进行了多轮校核和统稿，由李永奎、高星林审定。

本书是学者和工程师合作的产物，偏重工程实践管理。工程师描述工程项目管理的实践，学者把这些实践的思路和做法加以消化整理，形成更为系统的文字，并总结提炼出超越工程本身的规律和思考。工程师的思维更多的是工程思维，学者的思维更多的是理论思维。二十多年的工程实践告诉我们，理论和实践的大门永远敞开着，理论和实践的鸿沟永远存在着，光有实践是不够深刻的，光有理论是不够的。工程是造物的实践，更加需要理论与实践的融合，驾驭重大工程和超级工程更是如此。能够在多领域实现理论和实践结合的人，才能称为真正的大师，我们期待本书能为促进重大工程理论和实践的结合迈出新的一步。

限于篇幅，书中介绍的仅是港珠澳大桥十多年工程前期和建设管理实践的一些片段和部分主题，很多精彩的故事和事件尚未挖掘和总结到位，也没有去剖析重点技术案例，广度和深度都还有限。对港珠澳大桥建设技术、科研攻关、项目管理、人文故事感兴趣的读者朋友，可以去参看港珠澳大桥总结的系列书籍。

中国处在高质量发展的过程中，大型基础设施的建设和运营维护任务体量巨大，"一带一路"倡议、"粤港澳大湾区"建设战略的加速推进和实施，在新时代、新基建背景下带来了新的历史机遇，也带来了前所未有的管理挑战。正如中国工程院郭重庆院士在《直面中国管理实践，跻身管理科学前沿》中感慨的，"中国经济与社会面临的挑战与其说是资金和技术的问题，毋宁说是管理问题，不论是宏观层面，还是微观层面，这个结论似乎都成立，这也是为什么，到老了，我又转向管理领域的缘由"。尝试从港珠澳大桥的项目管理实践出发回答如何发挥科学管理的作用，最大限度地控制风险，创造社会和经济价值，也是管理局发起和组织编制本书的初心。希望本书能为从事重大工程管理的理论研究者和实践者提供思路与借鉴，在中国情景和国家蓬勃发展带来的重大需求的实践响应中，培养出更多的战略科学家和卓越工程师，期待中国重大工程管理的理论和实践不断取得新的进步。

感谢港珠澳大桥专责小组（以下简称专责小组）、港珠澳大桥三地联合工作委员会（以下简称三地委）、港澳各方和广东省发展和改革委员会、广东省交通运输厅等相关单位和利益相关单位在大桥前期和建设过程中展示的超强领导力和做出的突出贡献。事实上，许多影响项目成败的重大决策，都是在港珠澳大桥"三级架构、两级协调"的治理体系下做出的。限于著者的水平和能力，本书并未能从更宏观的视野来分析项目管理的成功，而关注相对狭窄的项目管理本身。事实上，各级领导的高度重视和关心支持，广东省人民政府、香港特区政府和澳门特区政府（以下简称三地政府）的协商一致原则和中央政府"一锤定音"的决策是项目成功的最为重要的因素。

感谢管理局为本书提供的大量原始历史资料，感谢荷兰代尔夫特理工大学，以及中国上海交通大学、清华大学深圳国际研究生院、厦门大学等相关单位的老师和学者在本书撰写过程中付出的辛勤劳动，各方支持和大家的共同努力才让本书得以最终完成。和中国工程管理理论界的教授、青年博士教师和博士生们不停地讨论专业问题让我们彼此都受益匪浅，他们开阔的视野、开放的学术精神和严谨的学术态度让我们受益终身，总结与研究工作也得到了国家社会科学基金重大专项（19VDL001）和重大项目（18ZDA043）、同济大学文科重大培育项目（22120220296）、国家自然科学基金青年科学基金项目（72201125）的支持。

固化的总结也可能成为经验的束缚，如何既能够以开放的心态接受先进的经验，还能够理解每一个项目独特的环境和背景，不被经验所束缚和左右，这是每一个读者需要注意的问题。任何拿来主义都需要结合自己的实际情况，不为固有的经验所左右，才能展示其强大的适应能力和管理的韧性，与时俱进而为我所用。

应该指出，港珠澳大桥因其极具特殊性，很多经验不一定具有普遍的适应性，而每一个项目都有其建设的边界条件和独特性所在，我们不希望误导读者。无论是对自己还是对读者，经验都代表过去，都有其特定的环境和背景，不为自己的经验所束缚，以更加开放的心态去看待未来，当有更大的希望。

进步的社会是开放性的，任何封闭和故步自封只会使社会走向落后，个人的开放有利于自身成长和自我完善。我们希望同行指出我们的问题，继续进行开放的交流。我们也期待本书的实践能给理论和教学研究者提供支撑，开出更多的花和果实。

本书撰写过程中，担任主要作者之一的高星林，有幸入读清华大学粤港澳大湾区创新领军工程博士，重整行装再出发，开启新的征程。这些研究，都为他博士阶段的学术研究打下了很好的基础。要特别感谢热情帮助我们的各位领导、同事和新老朋友，他们给了我们极大的鼓励、帮助和支持，给我们提供了诸多便利，让我们和团队成员一起，克服重重困难，得以坚持完成本书。

本书不足之处，恳请各位同行批评指正。各位读者在阅读本书过程中，如有好的意见或建议，欢迎指正并请及时向我们反馈。

管理之道，止于至善。

本书课题组

2022 年 1 月 1 日

目　　录

绪　　论

1. 研究背景

1）工程背景

"惶恐滩头说惶恐，零丁洋里叹零丁"。千古不朽的诗句激荡回旋在历史的天空上。立于时代竿头，我们远眺伶仃洋，一条巨龙赫然腾跃在伶仃洋之上，那就是港珠澳大桥！

1983 年，香港著名企业家胡应湘先生首次提出《兴建内伶仃大桥的设想》①。因当时没有陆路连接大屿山，也没有香港国际机场的规划，故将大桥桥位从珠海唐家湾经过淇澳岛连接内伶仃岛，从内伶仃岛连接到香港屯门烂角咀，这是港珠澳大桥的前身。胡应湘先生以建设时代的家国情怀和远见卓识，率先提出兴建伶仃洋大桥的设想，积极与政府各方沟通，力求达成建设大桥的共识。他在内地寻觅到知音——时任广东省委常委、珠海市委书记的梁广大先生，作为当时改革开放的旗帜性人物，纵横捭阖推动伶仃洋大桥设想在珠海落地。

1989 年 5 月，珠海正式全面启动建设伶仃洋大桥的各项研究工作，成立了珠海市人民政府伶仃洋大桥筹建办公室和珠海伶仃洋大桥集团公司，开展大桥建设的前期准备。1992 年 7 月珠海正式委托交通部公路规划设计院编制了《伶仃洋跨海工程预可行性研究报告》，广东省交通厅和珠海市人民政府在 1993 年 3 月联合主持召开了预可行性研究报告的论证评审会。同年 5 月，伶仃洋大桥工程的预可行性研究报告依次上报给广东省人民政府及国务院；10 月国家计划委员会正式批复意见，鉴于该工程是联结珠海和香港的特大型项目，建议进一步做好技术经济论证等立项前期准备工作，并认真研究如何取得香港方对该项目的共识和协调行动等问题。之后几年，珠海邀请了世界顶级的建桥专家对大桥涉及的各方面进行了论证，但由于经济、政治框架体制多样性等因素，三地政府始终无法达成共

---

① 港珠澳大桥建设之路回望：从设想到建成历时 35 载，终成坦途. https://www.thepaper.cn/newsDetail_forward_2553231，2018-10-23.

识，使得项目不得不中止。

随着香港回归，国际国内形势发生了令人惊喜的变化。2001 年胡应湘先生出任香港港口及航运主席，向时任香港特首的董建华先生再次呈递了伶仃洋大桥的宏伟蓝图，多次陈情建设这座桥的必要性，对伶仃洋大桥建设提出了新的顺应时势的"123 方案"，即代表"一国、两制、三地"，自喻是一项具有政治、历史及经济多重意义的重大工程项目。方案起点为香港大屿山西侧的大澳，距赤鱲角机场北大屿山快速公路的连接点约 9 千米，由大澳跨大濠水道主航道直达拱北对开水面后分线至珠海及澳门，大桥全长 29 千米，大桥分流一次直达澳门或珠海，行程约 15 分钟。该方案是之后争论最为激烈的"单 Y"方案的雏形。2002 年 2 月胡应湘先生以全国政协委员、香港策略发展委员会委员的身份将一份名为《关于兴建由香港大屿山至澳门、珠海的粤港澳跨海大桥的建议》递交到北京，其中罗列出了各种方案利弊，从珠江三角洲经济体系、中国加入世界贸易组织、澳门回归、香港经济战略转移等几方面阐释了建桥的迫切性。当时，建设港珠澳大桥的建议受到了中央政府、香港特区政府、澳门特区政府及各商业人士的高度重视和持续关注，学者也对大桥建设方案展开了激烈的讨论和研究。

21 世纪初，香港、澳门与内地有关方面提出修建连接香港、珠海与澳门跨海大桥的建议，得到有关部门的高度重视和认可。2002 年 11 月，时任国务院总理朱镕基在访港之际，明确表示中央政府支持兴建港珠澳大桥。随后，国家发展和改革委员会（以下简称国家发改委）立即委托综合运输研究所对香港与珠江西岸交通联系进行研究，并从宏观层面对港珠澳大桥建设的必要性和可行性开展调研与论证工作。研究结果表明，港珠澳大桥具有重大的政治及经济意义，是最具迫切性和必要性的项目。2003 年 7 月 31 日，在北京召开的第四次内地与香港大型基础设施协作会议上，粤港澳及珠海市代表确认了建设港珠澳大桥的必要性和迫切性，并一致认为项目应及早启动。2003 年 8 月 4 日，中央政府正式批准三地政府成立港珠澳大桥前期工作协调小组（以下简称协调小组）。2004 年 4 月，港珠澳大桥前期工作协调小组办公室（以下简称前期办）成立，时任广东省高速公路有限公司董事长、党委书记朱永灵先生出任办公室主任一职，全面启动大桥建设的各项前期工作。

2009 年 10 月 28 日，时任国务院总理温家宝主持召开了国务院常务会议，正式批准了港珠澳大桥工程可行性报告，标志着大桥前期工作已顺利完成。2009 年 12 月 15 日，大桥工程动工建设。图 1 为港珠澳大桥建造时间轴图。

2018 年 10 月 23 日，习近平总书记出席大桥开通仪式，宣布大桥正式开通并巡览大桥，充分体现了党中央对港珠澳大桥的高度重视，对粤港澳三地人民和广大工程建设者的亲切关怀。习近平总书记在接见大桥建设者代表时发表了重要讲话，指出："港珠澳大桥是国家工程、国之重器。你们参与了大桥的设计、建设、运维，发挥聪明才智，克服了许多世界级难题，集成了世界上最先进的管

图1　港珠澳大桥建造时间轴图
资料来源：港珠澳大桥管理局

理技术和经验，保质保量完成了任务，我为你们的成就感到自豪，希望你们重整行装再出发，继续攀登新的高峰。"①习近平总书记强调："港珠澳大桥的建设创下多项世界之最，非常了不起，体现了一个国家逢山开路、遇水架桥的奋斗精神，体现了我国综合国力、自主创新能力，体现了勇创世界一流的民族志气。这是一座圆梦桥、同心桥、自信桥、复兴桥。大桥建成通车，进一步坚定了我们对中国特色社会主义的道路自信、理论自信、制度自信、文化自信，充分说明社会主义是干出来的，新时代也是干出来的！对港珠澳大桥这样的重大工程，既要高质量建设好，全力打造精品工程、样板工程、平安工程、廉洁工程，又要用好管好大桥，为粤港澳大湾区建设发挥重要作用。"①

港珠澳大桥建设是贯彻新发展理念，落实高质量发展要求的生动实践。各参建单位以强烈的历史使命感和高度负责的担当精神，全力打造世界一流工程，创造多个国际、国内第一，广大一线建设者不畏艰难、风雨无阻、敢于担当、无私奉献，在大桥建设中，树立起了大国工匠精神的标杆，展示了中国建设者的风采。港珠澳大桥建设，始终坚持生态优先，采取了优化设计方案、减少海域占用位置、控制海上作业时间等一系列举措，真正做到了保护海洋生态、尊重自然环境，绘出了人与自然和谐相处的美好画卷。港珠澳大桥建设，始终坚持质量第一、安全至上，建立起全过程科学、严格的质量管控体系。高品质的建设，确保了大桥在建设期经受住了"天鸽""山竹"等多次强台风的考验。港珠澳大桥已

① 习近平出席开通仪式并宣布港珠澳大桥正式开通. https://www.gov.cn/xinwen/2018-10/23/content_5333803.htm，2018-10-23.

成为我国从桥梁大国走向桥梁强国的重要标志。

2）工程概况

港珠澳大桥是中国珠江三角洲伶仃洋海域上一座横跨香港、澳门、广东珠海的桥、岛、隧超级集群工程，大桥路线起自香港国际机场附近的香港口岸人工岛，向西接珠海/澳门口岸人工岛、珠海连接线，止于珠海洪湾，总长约 55 千米。根据三地政府达成的共识，海中桥隧工程香港段（起自香港散石湾，止于粤港分界线，下同）、三地口岸和连接线由三地政府分别建设和运营，主体工程（粤港分界线至珠海和澳门口岸段）由粤港澳三地共同组建的管理局负责建设、运营、管理和维护。

港珠澳大桥海中桥隧主体工程（以下简称港珠澳大桥主体工程/主体工程）采用桥、岛、隧组合方案，总长约 29.9 千米，其中穿越伶仃西航道和铜鼓航道段约 6.7 千米采用隧道方案；东、西两端各设置一个海中人工岛（图 2）；其余路段约 23.2 千米采用桥梁方案，分别为设有寓意三地同心的"中国结"青州桥、人与自然和谐相处的"海豚塔"江海桥，以及扬帆起航的"凤帆塔"九洲桥三座通航斜拉桥。双向六车道高速公路标准建设，设计速度采用 100 千米/小时，桥梁总宽为 33.1 米，隧道宽度采用 2×14.25 米、净高采用 5.1 米，全线桥涵设计汽车荷载等级采用公路-Ⅰ级，同时满足香港《道路及铁路结构设计手册》（*Structure Design Manual for Highways and Railways*）中规定的活载要求，设计使用寿命 120 年。其他技术标准符合交通部颁发的《公路工程技术标准》（JTGB01—2003）中的规定。通航标准按中华人民共和国交通运输部[①]《关于港珠澳大桥通航净空尺度和技术要求的批复》（交水发〔2008〕97 号）执行。

图 2　港珠澳大桥人工岛

资料来源：港珠澳大桥管理局

---

① 中华人民共和国交通运输部是根据 2008 年国务院机构改革方案，在交通部基础上组建的。

2. 工程关键挑战

港珠澳大桥是"一国两制"框架下，三地政府首次合作共建共管的超级工程，不仅在工程技术上面临巨大的挑战和风险，也面临许多前所未有的法律难题。三地政府在"一个国家、两种制度、三种货币、三个技术标准、三个独立关税区、三个不同法域、三个平行的地方政府"下共同建造、运营、管理复杂庞大的集桥、岛、隧于一体的跨境工程，政治法律环境极为特殊，各种复杂性彼此交织叠加，且没有任何可供借鉴的经验。一个细节没有处理好，就可能牵一发而动全身，引发严重后果。港珠澳大桥的建设，很长时间是在"无人区"探索，注定是一开始既要"摸着石头过河"，又要"蹚着暗流探险"，要走前人没有走过的路，甚至是需要"杀出一条血路"的勇气和担当来破解难题，寻找出路，许多事情都是探索性很强的第一次尝试。

放到今天的环境，忽略当初的建设背景和情景，有些事情也许都觉得难以想象。如今看起来很简单的事情，当初往往花费很长的时间去探索和摸索，这从工程开展的大量前期决策及施工期遭遇的各种矛盾和重大方案的协调处理的艰难性、复杂性上都可以得到充分的体现和验证。制度、技术、环境、组织和生态的复杂性特征给建设管理带来了挑战，具体表现在以下几个方面。

1）制度复杂性

港珠澳大桥主体工程由三地政府共同建设，"一国两制"下三地在法律法规、技术标准、管理程序等方面存在较大的差异。例如，在工程建设管理制度与工程程序上，内地公路交通基础设施的建设管理主要依据《中华人民共和国公路法》《收费公路管理条例》《建设工程质量管理条例》《公路建设监督管理办法》《中华人民共和国招标投标法》《公路建设市场管理办法》《公路工程技术标准》等。香港交通基础设施建设管理的主要法律依据是《道路（工程、使用及补偿）条例》等，但没有专门的设计、施工标准，工程技术标准往往参考以往工程经验。澳门的公共工程建设主要依据《澳门公共工程承揽合同之法律制度》（第 74/99/M 号法令），其建设标准主要依据葡萄牙的工程技术标准。

在工程设计上，内地有较完整的公路及桥梁设计、施工的技术规范与标准；香港无此类成文的规定，实践中往往视项目特点参照以往的类似项目经验确定该项目的相关标准；澳门则是依据葡萄牙的技术规范进行工程设计。

在行政管理上，内地长期以来对公共工程（尤其是大型或重点项目）主要采取行政审批的方式实施项目建设各阶段的管理。比较而言，香港、澳门方面的审批事项较少，对于政府工程会有专门的政府机构履行项目业主职责。三地公共工程的项目业主职责基本一致，但采用的形式、符合的法律要求则截然不同。

除了以上差异外，三地在招投标、质量监督等环节上也不同，造成了港珠澳大桥主体工程的制度复杂性,这给工程的建设和管理带来了不确定性,又因管理团队缺少同类项目经验,面对新生事物,没有经验可循,很多时候都在探索中学习、在摸索中创新,也给工程建设带来了某种不确定性。

2)技术复杂性

港珠澳大桥是一座世界级跨海通道,涵盖了交通行业内路、桥、隧、岛等多项工程,是中国乃至世界交通行业最具挑战性的超大型项目之一,工程技术极其复杂。例如,隧道沉管技术,由于伶仃洋环境的特殊性,当时世界上已有的刚性管节、柔性管节均不适用于大桥的隧道工程;人工岛的建设,面对珠江口海底深厚软基特点,传统的抛石围堰工法不仅对海洋环境污染大,而且工期长。面对特殊的工程环境,已有的工程技术难以适用,如何保证工程技术实现港珠澳大桥建设目标,这对管理者而言也是一项艰巨的任务。

3)环境复杂性

港珠澳大桥主体工程所处区域气候复杂多变,台风、暴雨等灾害性天气频发;而且主体工程所在的珠江口是国际海上交通及华南沿海交通的枢纽,日均船舶流量达 4 000 艘次,是我国水上运输最繁忙、船舶密度最大的水域之一,也是海上交通事故频发的敏感区域。除此之外,工程建设区域还受到航空管制、景观等约束,工程建设环境极具复杂性。

4)组织复杂性

三地政府有各自的设想和规划,对港珠澳大桥建设目标的认知存在分歧。例如,在大桥落脚点、大桥桥位方案的选择上,三方政府在一定程度上是存在利益矛盾的,而方案经论证、比较、协调到最后选定耗费了两年多的时间,甚至三地政府一度无法达成一致意见,项目前期工作出现停滞甚至搁浅的风险。此外,大桥主体工程规模巨大,涉及桥梁、隧道等多项工程,参建单位众多,形成了更为复杂的项目组织,给项目组织管理、协调等工作带来了挑战。

5)生态复杂性

港珠澳大桥主体工程处于珠江伶仃洋海域,穿越中华白海豚自然保护区。中华白海豚被列入《濒危野生动植物种国际贸易公约》(Convention on International Trade in Endangered Species of Wild Fauna and Flora,CITES)和《世界自然保护联盟濒危物种红色名录》,被称为"海上大熊猫",对环境特别敏感,对海洋水质要求高。因此,大桥建设需要特别注重环境保护。若根据中华白海豚的生态环保要求开展工程施工,按原有方案会使工期大幅度延长,但如果重新选择桥位,又很难说服三地政府等利益相关方。如何解决工程建设和中华白海豚保护之间的冲突成为大桥工程建设管理的重大挑战和难题。

综上所述,港珠澳大桥主体工程规模宏大,且具有多重复杂性,使得中国交通行业建设项目管理面临全新的挑战。为应对主体工程建设管理上的各种复杂性挑战，开展项目管理的顶层设计，分析项目资源条件和约束条件，分析项目特点，谋划确定项目愿景、目标、理念，开展策略和规划研究是十分必要且重要的，它为后续具体项目管理工作的部署和实施提供指引。

3. 全书结构逻辑

港珠澳大桥主体工程项目总结，包括技术总结和管理总结两大部分。管理局牵头组织对整个主体工程的总结，承包人侧重在承担合同段内的总结，以岛隧设计施工总承包单位中交集团联合体为代表，成果突出。

港珠澳大桥主体工程技术总结，包括已经出版的有关规范、技术标准、指南和规程，管理局还从大桥技术标准、技术方案实施和科研研发等方面来进行技术总结，即将出版。港珠澳大桥主体工程项目管理总结，从项目管理理论、项目管理实践、大桥建设代表人物故事、港珠澳大桥建设大事记等不同的视角来对项目管理层面进行总结，并分册出版。

从项目本身、以发展的眼光和更大的时间跨度来审视，可以说港珠澳大桥项目是成功的。在项目管理中观和微观层面，项目业主思想与行为决定项目成败，承包人的作为决定工程品质，项目的平台和利益相关方的获得感决定项目声誉。港珠澳大桥是一个设计师总体满意的好的设计，按时、按成本和按质量完成项目，实现了项目愿景和目标，建设者有较高的获得感和参与港珠澳大桥建设的成就感，绝大多数利益相关者给予了很好的评价，将为粤港澳三地持续创造价值，建设成果令三地政府和中央政府满意。这从微观上说，得益于项目管理的成功。

因此，本书主要基于项目业主的视角，侧重从项目管理的角度，从项目本身层面出发，选取了影响大桥项目成功建设的12个方面或者影响项目管理成功的一些特色做法，对大桥工程实践进行回顾，对其做法进行了梳理和归纳总结。例如，项目管理规划，充分展示了项目业主团队富有远见的前瞻性安排，使得大桥谋划在前，重大事项都事先进行深入的调查研究，提前策划、反复推演，通过项目管理规划提前完成了对整个项目的系统性推演，也借此实现了管理层内部的培训，统一了内部的认识，为规范项目管理，把握项目管理重点和难点，应对项目管理的变化做好了充分的准备。又如，招标策划和实施，创新构建了多种招标模式，针对岛隧工程的特点和难点，采用设计施工总承包的合同模式，以项目管理推演方式，创新推动港珠澳大桥招标从程序型向策划型转变，取得了很好的效果。再如，业主构建项目管理模型，整合和引入全球资源，在系统和重大风险控制、细节设计和制造环节上优化和提升品质，发挥了重要作用。这些具体做法，都可以在本书中找到答案。

本书几乎没有涉及项目管理理论的抽象和概括提升，对这部分内容感兴趣的读者，可以参阅港珠澳大桥主体工程的理论总结。本书也没有选择从主体工程建设过程选取一些富于故事性和冲突性的事件或者案例来作为写作的主线，从而展示项目管理的主要做法，使得本书缺少足够的故事性和趣味性，这是本书的不足之处。相关这些内容，感兴趣的读者可以在已经出版的港珠澳大桥报告文学、记者访谈报道和大桥建设代表人物故事中找到相关的典型事件。港珠澳大桥的深入总结，还值得继续深入挖掘下去。

全书内容一共分为12章，大致分为4个部分，结构框架如图3所示。第一部分为前四章，包括工程项目管理规划、三地工程法律研究与实践、项目决策、项目组织管理，主要围绕项目管理的整体性问题，偏重项目管理前期工作的总结。第二部分重点围绕项目建设过程而展开，包括招标与合同管理、质量管理、设计施工总承包管理、HSE（health safety environment，健康安全与环境）管理、技术管理与科技创新及全球合作，讲述了项目管理不同方面的主要做法。第三部分是（试）运营管理，重点描述了大桥从建设转运营的总体策划和试运营期运营模式、运营制度机制的设计和考虑。第四部分是党建引领与大桥文化，介绍大桥建设过程中开展的一系列党建活动及所形成的大桥文化。最后，对全书内容进行凝练总结和展望。

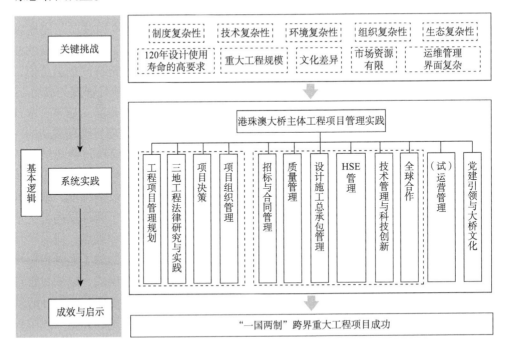

图 3　全书结构框架图

第1章 工程项目管理规划

港珠澳大桥主体工程建设项目管理规划对建设目标做出了准确清晰的界定，通过了解三地政府和其他利益相关者需求及分析现有资源约束，考虑国际工程背景和现实的中国情境，从全生命周期集成管理的角度，构建与港珠澳大桥工程本质和项目管理本质匹配的管理策略，并制定了一系列项目专用技术和管理标准文件，形成了一套完整的项目愿景和目标、项目管理规划内容及项目管理制度体系。该规划为实现港珠澳大桥"建设世界级跨海通道、为用户提供优质服务、成为地标性建筑"的建设目标提供了有力保障。

港珠澳大桥作为"一国两制"下我国重要的战略工程和重大工程，工程建设面临制度、技术、组织、环境等方面的挑战，建设管理具有复杂性和不确定性。大桥正式开工前，前期办在局长朱永灵先生的带领下，开展了大量工程技术论证和管理策划工作。为实现大桥的建设目标，基于全生命周期集成管理理念，借鉴土木工程建设行业和其他行业优秀成果，从项目管理"推演"角度，结合中外典型跨海工程项目管理经验，团队前后花了差不多六年的时间，几易其稿，制定了《港珠澳大桥主体工程建设项目管理规划》（以下简称《项目管理规划》）。该规划集中体现了大桥建设团队的远见和谋划，展示了项目管理的适应性和应变能力，其系统性的管理思维和富有远见的前瞻性安排，某种程度上为这座跨海通道成就传世项目提供基础指引。正因《项目管理规划》在建设项目管理中发挥着统领性作用，本书将其作为首章，接下来将从项目管理的关键挑战、项目管理规划的思路及项目管理规划的实施等方面进行阐述。

1.1 项目管理的关键挑战

港珠澳大桥主体工程是"一国两制"下三地共建的重大工程，其复杂性给项目管理带来了挑战，具体表现在以下几个方面。

1. 制度复杂性

港珠澳大桥主体工程属于三地政府共建项目，三地对项目管理的一般规范、审批流程、标准等均有所差异。另外，项目上的重要决策问题需要三地政府达成一致，但由于三地政府的文化差异和自身利益考虑，可能需要较长时间的沟通协商，大大增加了项目管理的复杂性和难度。

2. 技术复杂性

港珠澳大桥主体工程涉及桥、岛、隧多项工程，工程技术极其复杂，是一项具有挑战性的重大项目。由于伶仃洋环境的特殊性，同时缺乏同类工程经验，当时国内现有的桥隧施工技术无法满足港珠澳大桥主体工程建设，采取何种工程技术保证大桥顺利建成是项目管理上亟待解决的一大难题。

3. 环境复杂性

港珠澳大桥主体工程所处地区气候复杂多变，台风、暴雨等灾害性天气频发，珠江口是我国水上运输最繁忙、船舶密度最大的水域之一，大桥路线穿越中华白海豚自然保护区，工程建设过程中极易受到外界环境的影响，存在较大不确定性，如何应对这些潜在的工程环境风险都是工程项目管理需要重点解决的问题。同时，项目社会环境敏感，备受三地政府和公众的关注，项目管理者应考虑公众对项目的意见和态度，为塑造大桥品牌夯实基础。

综上所述，港珠澳大桥主体工程规模宏大，且具有多重复杂性，使得中国交通行业建设项目管理面临全新的挑战。为应对主体工程建设管理上的各种复杂性挑战，开展项目管理规划是十分必要且重要的，它为后续具体项目管理工作的部署和实施提供指引。

1.2　项目管理规划的思路

1.2.1　项目管理规划思维

项目管理规划是对项目管理的各环节进行综合性、完整性、全面性的总体计划，包含项目管理目标研究与细化、项目范围管理和结构分解、项目管理实施组织策略的制定、项目管理工作程序、项目管理组织和任务的分配、项目管理所采用的步骤和方法，以及项目管理所需要资源的安排和其他须确定的问题等内容。由于大桥工程的复杂性，项目管理规划需要开展复杂性项目管理与一般性项目管理的融合，从认识论、方法论和实践论整体角度上对工程进行认知、组织协调及综合控制管理，如图 1.1 所示。

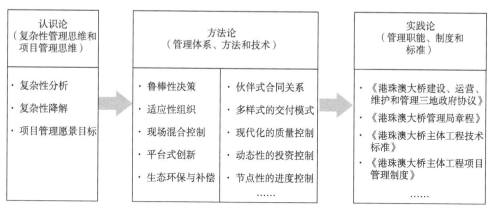

认识论 （复杂性管理思维和 项目管理思维）	方法论 （管理体系、方法和技术）		实践论 （管理职能、制度和 标准）
·复杂性分析 ·复杂性降解 ·项目管理愿景目标	·鲁棒性决策 ·适应性组织 ·现场混合控制 ·平台式创新 ·生态环保与补偿	·伙伴式合同关系 ·多样式的交付模式 ·现代化的质量控制 ·动态性的投资控制 ·节点性的进度控制 ……	·《港珠澳大桥建设、运营、 维护和管理三地政府协议》 ·《港珠澳大桥管理局章程》 ·《港珠澳大桥主体工程技术 标准》 ·《港珠澳大桥主体工程项目 管理制度》 ……

图 1.1　项目管理规划思维

根据认识论，前期办采用复杂性管理思维和项目管理思维对工程复杂性、工程管理目标等进行系统分析（张劲文和朱永灵，2018）。在此基础上，结合工程具体管理任务形成管理方法论体系下的具体管理职能、方法和技术。同时，基于工程现场情景进行管理模式设计及在具体管理过程中开展动态性和适应性调整。

1. 复杂性管理思维和模式

港珠澳大桥主体工程建设管理过程中面临制度、技术、环境、组织和生态的复杂性，管理者需要采用复杂性管理思维来解决这些复杂管理问题。

1）决策治理分析与决策管理

港珠澳大桥从前期论证到工程开工，再到工程建设和运营过程，面临着诸多决策问题需要协调和解决，其中包括技术、融资、环保、桥位及生产和制造方式等诸多决策问题。这些决策问题本身涉及多个利益主体、多个技术维度、多个关联维度等，因此这些复杂问题决策分析与决策管理需要运用复杂性降解技术，通过迭代方式逐步寻求问题满意方案，并且保证决策过程的质量。

2）组织协调与组织管理

港珠澳大桥投资主体涉及粤港澳三地和中央政府。同时，前期办和管理局负责工程建设管理，在层级上呈现出多级委托代理式结构，在权力配置上涉及中央专责小组、三地政府，以及项目法人的不同权力配置和行使方式。另外，为了建造优质工程，港珠澳大桥整合全球优质资源作为项目的咨询单位、设计单位和承包商等，需要兼容并蓄、博采众长的组织机制和文化氛围。因而，需要采用组织的适应性、动态性、递阶委托代理、柔性等复杂性组织思维和综合集成管理能力。

3）现场资源整合和配置

港珠澳大桥主体工程采用标准化、工厂化、装配化等现代制造方式逐渐成为工程建造新模式，并以此来提升工程质量和保障工程安全。大桥工程建设从设计、招标、合同、制造、安装、建造等环节采用现代工程制造与精益化建造的理念、方式和质量、安全、进度控制等具体手段。在新的工厂化、装配化、标准化等工业化建造与现场装配的混合建造方式下，港珠澳大桥主体工程采用工程分布式资源配置与供应链管理等综合控制方式。同时，从建造服务角度来看，港珠澳大桥充分利用全球咨询单位、监理、供应商培育等活动来实现资源价值增值。

4）技术创新

港珠澳大桥建设管理所面临的复杂性，可通过技术创新和管理创新来降解和应对。港珠澳大桥在钢箱梁建造、沉管预制和安装、桥面铺装等重要关键技术创新路径采取多主体协同创新平台的集成方式；在此过程中通过集中管控和激励相结合手段来促进相互间知识共享、知识转移和知识转化。另外，在钢箱梁自动化建造过程中通过对共性关键技术攻关而实现从工程化到产业化转化。

5）工程建设生态和环保

大桥在全生命周期内最大限度地保护环境、节约能源、低碳生态，并为人们提供健康、适用和高效的交通基础设施工程。在此过程中，大桥通过系统综合分析与设计，采用工程绿色设计、绿色建造体系，以及工程回收物的再利用措施，并且通过综合桥型选址、施工作业方式、中华白海豚保护、保护区调整等来实现生态环保。

通过上述分析，可以看出港珠澳大桥面临一类复杂问题时，需要借鉴复杂性管理理论思维和工程思维的融合，对工程技术、管理及环境的复杂性开展分析，采用系统分解和系统综合方式来对系统复杂性进行降解，在具体决策、组织、控制、创新与环保等复杂问题管理上通过大量的调查研究，反复和利益相关者沟通协调，用心并运用工程思维解决利益相关者关心的问题，不断优化方案寻求共识，采用适应性选择、多尺度管理、迭代式生成等方法进行综合集成管理。

2. 项目管理思维和模式

港珠澳大桥除了上述一系列复杂工程管理问题外，还有一类"常规"问题需要通过相对结构化的方法来加以组织和管理，如招投标管理中开评标的流程化管理、质量管理中的首件制管理和流程管理，都是标准化的程序管理。当然，"复杂"问题在开展复杂性降解后，可成为能通过程序化和规范化方式进行管理的

"常规"问题，即传统项目管理工程问题来开展项目管理。

1）合同管理

合同管理是整个项目管理的核心，需要对工程本身和参建单位形成约束，并通过交付模式和具体合同条款设计保证工程管理策略的落地。港珠澳大桥不同标段的复杂性不同，因而采取了多样化承发包模式，如桥梁段采用设计-招标-建造（design-bid-build，DBB）模式，岛隧工程采用设计-施工总承包模式。由于受到工程复杂性影响，常规的经验和建造方式难以解决建造过程中所面临的一切问题，所以将伙伴关系嵌入合同管理中，通过多方协同来实现工程目标。

2）质量管理

港珠澳大桥主体工程 120 年的设计使用寿命，使得工程质量控制和质量保证需要突破系列常规方法。例如，工程中大型构件生产采用大型化、工厂化、标准化、装配化的生产模式，并由此建立一套相应的质量保证体系。

3）投资管理

港珠澳大桥工程建设要做好资金使用的严格监管，尽可能做到按照工程预算来使用资金。同时，由于工程复杂性而产生超越计划外的情况，这类因为"复杂性"而产生的额外成本和投资则需要由合同管理、三地政府资金管理开展综合协调。为应对内地跨海工程定额编制的滞后，项目提前策划开展了"外海施工定额测定研究"工作。

4）进度管理

港珠澳大桥工程总体进度计划在程序上和传统项目管理进度计划具有一致性，但大桥本身的技术、环境和组织复杂性会对工程进度管理产生一定影响，特别是采取了新的工厂化、装配化的建造方式会对工程资源配置方案产生很大影响，并进一步影响项目的进度管理。同时，大桥采取不同的交付模式、合同管控模式及激励方式，都会对项目进度管理的控制节点等产生影响。

5）HSE 管理

港珠澳大桥工程作为海洋建设中的超级工程，必然会对环境产生影响。为了更好地从工程角度来规范所有参建者的健康-安全-环保行为，大桥全面实施 HSE 管理体系及相应的激励考核方式，以促使各参与方围绕这一目标协同努力。

除了上述一些项目管理范畴外，大桥工程建设还面临着范围管理和标段划分、采购管理、材料与设备管理、风险管理等模块。这些管理对象的管理思维和管理模式在综合系统科学与项目管理知识体系的基础上，应结合港珠澳大桥特点来开展管理方法创新。

1.2.2　项目管理规划原则

项目管理规划是对项目管理的各项工作进行的综合、完整、全面的总体策划与计划，旨在从管理思维上对项目管理全过程进行策划和"推演"。因此，主体工程在进行项目管理规划编制时主要遵循了以下四个基本原则。

1. 目标统领性原则

项目管理愿景和目标策划直接决定港珠澳大桥的工程定位和建造方式，成为粤港澳三地文化地标的目标明确了工程规划、设计、建造和运维等质量要求和管理模式。

2. 整体性原则

《项目管理规划》具有完整性和整体性，包括项目范围管理、组织管理、风险管理、资源管理、质量管理、投资管理、进度管理等。

3. 兼容性原则

港珠澳大桥工程涉及粤港澳三地，面临着不同法律、制度、标准和规则等，因此在具体项目开展过程中，包括招投标、交付模式与合同管理、投资管理等方面需要充分考虑到三方融合和基本原则，并且为了整合全球资源，则需要管理制度和文化上具有兼容性。

4. 适应性原则

港珠澳大桥工程规模大、建设周期长，在明确项目规划时要遵循动态性原则，按照时间尺度和管理属性来确定"变"与"不变"，其中项目愿景和目标、项目管理总体思路、管理制度和管理体系等往往在前期确定后就基本稳定下来，而项目组织、进度、投资、标段界面等则需要根据后期工程任务和环境来进行适应性调整和管理。

1.2.3　项目管理规划的构建方法

港珠澳大桥主体工程的《项目管理规划》属于前期办的集体智慧成果，由时任前期办工程技术组组长、管理局工程总监张劲文博士主笔，部分同事共同参与完成。2009 年 12 月 16 日，该规划大纲在专责小组第二次会议上获得审查通过，成为大桥建设者的项目管理指南。《项目管理规划》采用"建设目标-管理策略-专用标准"金字塔模型的构建方法，如图 1.2 所示，遵循从认知到方法，再到实践的路径（张劲文和朱永灵，2012）。

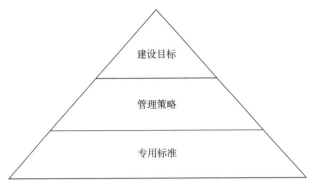

图 1.2 《项目管理规划》的构建方法

1. 项目愿景和建设目标

1）愿景

港珠澳大桥工程旨在为"一国两制三地"的伶仃洋海域架设一座融合经济、文化和心理之桥梁，使得粤港澳大湾区成为世界级的区域中心。

2）建设目标

港珠澳大桥建设目标为"建设世界级跨海通道、为用户提供优质服务、成为地标性建筑"。

建设世界级跨海通道是指在设计和建造阶段，立足功能又超越功能，对技术、管理、景观、文化和风险控制等诸多方面进行综合集成，采用世界先进理念、整合全球顶级设计及咨询团队进行项目管理及设计，确保港珠澳大桥设计使用寿命达到 120 年。建设管理过程及工程产品本身均应具有国际影响，从管理思想、设计技术、施工技术、产品品质、现场管理等方面均达到国际水准。

为用户提供优质服务是指通过高品质建设、高水平维护和保养，确保港珠澳大桥拥有完善、舒适的硬件系统；通过建立经 ISO（International Organization for Standardization，国际标准化组织）认证的标准化管理制度及工程流程，为用户提供及时、舒适的软服务；营运过程中通过持续改进，不断完善服务的硬件及软件。

成为地标性建筑是指从功能概念、地理概念、行业概念和心理概念上均成为地标，使得大桥具有独特的历史、文化和美学价值。功能上，港珠澳大桥将是全球连接"一国两制三地"独一无二的跨海通道，具有独特性和唯一性；地理上，大桥将成为伶仃洋海域的建筑主角；行业上，大桥将成为含公路、桥梁、铁路等大建筑行业的品牌和名片；心理上，大桥是中国改革开放后大国崛起的标志之一。

2. 项目管理策略

港珠澳大桥主体工程建设项目管理是以合同管理为核心载体，以质量、HSE、计划进度、投资、创新和信息管理为核心要素，以组织、采购、风险和关键技术管理为保障，从设计到建造，秉承全生命周期管理理念，全面实施建设项目综合集成管理，具体包括以下几个方面。

1）合同管理

结合确定的设计方案划分施工合同段，整合全球优质资源，基于设计施工总承包、设计总承包和施工总承包的思路推行大标段理念。在严格执行合同的基础上，推行协同、共赢的伙伴关系理念。在合同的具体运行上，推行预前控制、渐进式管理等手段，融合制度化管理和人性化管理。大标段设置有利于一流的设计人、承包人增加资源投入；伙伴关系有利于构建和谐的项目建设氛围；渐进式管理有利于项目管理的持续改进。

2）质量管理

坚持"百年大计、质量第一"的方针，建立健全质量控制保证机制，以质量保证体系为核心，以技术、工艺为保障，以人员素质为基础，建设精品工程。港珠澳大桥主体工程推行"大型化、工厂化、标准化、装配化"的建设原则，推行制度化和信息化管理，钢箱梁制造推行"车间化、机械化、自动化"制造理念。除按照内地成熟质量管理模式构建了"政府监督、法人管理、社会监理、企业自检"四级质量保证体系外，在"法人管理"环节引入检测中心、测量中心、境外质量管理顾问等专业单位对法人质量管理力量进行有效补充和加强；制度设计上引进或参考了香港、内地高铁对混凝土、预制构件推行的产品认证制度，要求参建单位构建完善的质量管理体系并实行审查制度。这些质量管理规划均编入《港珠澳大桥主体工程质量管理体系导则》和专用项目管理制度中。

3）HSE 管理

建立以人员健康、资源节约、环境友好和工程安全为目标的 HSE 控制保证机制，把 HSE 作为约束性目标，落实好各项保护措施，健全预报、预警、预防和应急救援体系，实现人与自然、人与工程、人与人的和谐共处与发展。借鉴参考国际通行的石油化工行业 HSE 体系，建立适用于港珠澳大桥建设管理的 HSE 管理体系；与海事、环保、渔业、边防等部门构建良好的协调机制或形成框架性书面协议。特别重视中华白海豚保护区作业和海事安全管理，要求参建单位构建完善的 HSE 管理体系并实行审查制度。这些 HSE 管理规划均编入《港珠澳大桥主体工程 HSE 管理体系导则》和专用项目管理制度中。

4）计划进度管理

建立以按期通车为目标的计划进度控制保证机制，科学优化施工组织，确保工程按期建成通车。合同编制中应深入考虑影响进度的激励措施，同时在编制进度计划时应提前考虑港珠澳大桥主体工程的交通工程（以下简称交通工程）与土建工程的协调。

5）投资管理

建立以有效控制投资为目标的投资控制保证机制，强化投资控制，保证合理规划施工，提高资金使用效益。在初步设计批复概算的基础上，以合同为基础对概算进行深度拆分，并在设计和建造过程中执行严格的投资管理，确保项目投资控制在初步设计概算批复内，力争各分项费用也控制在对应概算批复内。

6）创新管理

建立推动工程技术和管理技术创新的平台和保证机制，把跨海通道岛、隧、桥工程技术创新贯穿工程建设的全过程，形成具有领先地位的创造性技术及理念；大力推进大型复杂交通工程建设管理理论的研究，促进我国工程管理理论方法水平的提高，使港珠澳大桥成为跨海通道建设史上的重要里程碑，高度重视并大力支持国家科技支撑项目。

7）信息管理

全面推行规范化、标准化、程序化和专业化管理，借助现代科技管理手段，依托信息化管理平台，建立综合集成管理保证机制。编制港珠澳大桥综合信息管理系统总体规划，并在此基础上开发综合信息管理系统，以满足三地政府及管理局对项目信息管理的需要，该系统将涵盖设计建造及营运维护全生命周期。

8）采购管理

采用公开招标或公开选聘的方式组织采购管理，全过程须严格遵循国家法律法规，制定完善的合同管理内部程序并严格实施，加强材料和分包管理。

9）人力资源培训管理

制订并落实完善的人力资源培训计划，确保所有参建人员与本项目建设目标相匹配。

10）外部协调管理

施工过程中应特别注意海事管理、中华白海豚保护区施工协调管理，为港珠澳大桥建设营造良好的施工环境，特别重视风险管理（含应急预案管理）和公共关系管理。

3. 项目专用技术和管理标准

如图 1.3 所示，港珠澳大桥专用技术和管理标准，是全生命周期管理理念在港珠澳大桥建设技术和管理两个维度上的全面、集中体现。设计和建造阶段相关专用技术和管理标准已纳入港珠澳大桥主体工程所有设计及建造阶段招标文件中，对参建各方形成技术和管理标准约束。

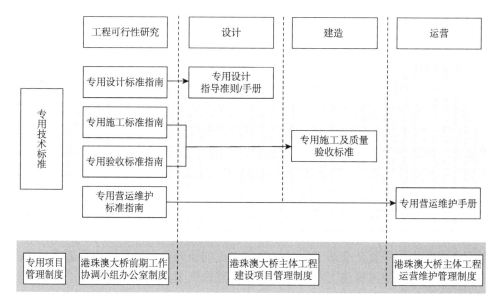

图 1.3　港珠澳大桥主体工程专用技术和管理标准组成

1）专用技术标准

港珠澳大桥主体工程的产品形成过程，遵循主体工程专用标准体系，该体系涵盖工程可行性研究、设计、建造和运营全生命周期，对大桥全过程形成技术支撑。专用技术标准包含设计、施工及质量验收、营运维护专用标准/导则/指南/手册，以及外海施工定额等文件。

2）专用项目管理制度

港珠澳大桥主体工程的项目管理流程，遵循主体工程项目管理制度体系，该体系由前期工作协调小组办公室制度（工程可行性研究阶段）、主体工程建设项目管理制度（设计和建造阶段）及营运维护管理制度（运营阶段）三大部分组成，在全生命周期内，对港珠澳大桥形成管理支撑。

1.3　项目管理规划的实施

面对如港珠澳大桥这样巨型的复杂挑战项目，作为管理者和策划者，如何构建项目管理的顶层设计？如何从系统的角度去策划与分解？如何预测将会遇到的问题与挑战？又该如何选择合适的应对措施？基于港珠澳大桥项目管理规划的落地执行情况，通过项目管理规划的范围、内容、演变及实施效果，进一步理解大桥项目管理规划的重要性。

1.3.1　项目管理规划及主要内容

2009 年 12 月 16 日，《港珠澳大桥主体工程建设项目管理规划大纲》（以下简称《项目管理规划大纲》）获得专责小组审查通过，该规划大纲是综合世界上跨海通道项目建设史上为数不多的高品质项目管理规划，并且事先经过了三地政府审查和专责小组的批准。《项目管理规划大纲》展示了港珠澳大桥团队的远见和复杂系统管理思维和方法，奠定了这座跨海通道高质量和高水平的管理基础。

基于《项目管理规划大纲》，管理局形成了初步的《项目管理规划》，其范围和内容见表 1.1。相较于现行的《建设工程项目管理规范》中常规的项目管理规划内容，项目愿景、目标与理念，项目管理策略，项目创新管理（知识），项目管理关键技术与装备，法律管理（实践）是建设版本中没有的，属于大桥独有的部分，其中法律管理是针对港珠澳大桥"一国两制"的特点做出的安排，采用全过程法律顾问咨询的方式，为项目重大决策提供法律意见和决策支持，防控重大法律风险。后来，管理局联合法律顾问对港珠澳大桥涉及的法律问题做了实践总结，翔实内容可参阅《融合与发展：港珠澳大桥法律实践》一书。项目沟通管理（伙伴关系）和项目收尾管理，在最初正式的项目管理规划体系文件中没有明确体现，项目伙伴关系等相关理念贯穿于港珠澳大桥文化建设和合同管理过程中，是大桥项目管理的重要部分。

表 1.1　《项目管理规划》的范围和内容

范围	内容	备注
项目管理规划理论基础		重点
摘要		重点
前言		重点
项目愿景、目标与理念		重点
项目管理策略	包括项目管理总体策略；项目专用技术和管理标准；主要参建单位责任/任务目标等内容	
项目范围管理	包括约束条件分析；标段划分及初步组织方案；总体工作计划时间表等内容	
项目组织管理	包括管理局组织结构设置；参建各方组织管理；外部组织协调；项目管理的工作制度和流程；项目文化等内容	
项目质量管理	包括质量规划；实施质量保证；实施质量控制等内容	
项目沟通管理（伙伴关系）	港珠澳大桥的文化和合同管理	升级
项目投资管理	包括投资控制总目标；投资管理的范围及职责界定；造价管理思路、重点和措施；财务管理思路、重点和措施等内容	
计划进度管理	包括计划管理；进度控制等内容	

续表

范围	内容	备注
HSE 管理	包括 HSE 体系框架；HSE 体系建立；HSE 体系实施等内容	
项目采购与资源管理	包括招投标管理；合同管理；材料和设备管理；分包管理等内容	
综合信息管理系统	包括综合信息管理目标；信息资源规划；信息工程实施方案	
项目风险管理	包括风险管理规划；风险识别；风险分析；风险应对规划；风险监控等内容	
项目创新管理（知识）	包括创新主体；创新规划；国家科技支撑项目管理等内容	独有
项目管理关键技术与装备	包括设计技术；建造技术；项目管理技术等内容	独有
项目收尾管理	对规划文件的总结	升级
法律管理（实践）	《融合与发展：港珠澳大桥法律实践》	独有

按照管理学的定义，项目管理规划是对项目管理各项工作进行的一个综合性、完整性、全面性的总体计划，它涉及管理目标的研究与细化、项目管理范围和结构的分解、实施组织策略的制定、管理工作流程的编制、管理组织的构建和任务的分配、所需资源的安排及其他管理问题的确定。

规划理论基础模型如图 1.4 所示，充分体现了思维的系统性、逻辑性和构建一个"大厦"的能力，也体现了对重大工程的复杂性降解的能力。管理者在规划阶段就将港珠澳大桥定位为世界级一流跨海通道，并对目标做出准确清晰的界定、明确三地政府和其他利益相关者需求，通过分析现有的资源约束，考虑国际工程背景和现实的中国情境，从价值工程和全生命周期集成管理的角度，借鉴其他行业的优秀管理成果，构建与港珠澳大桥工程本质和项目管理本质匹配的管理模式，以达传世项目的目标。

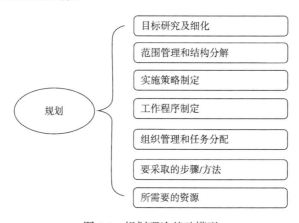

图 1.4　规划理论基础模型

港珠澳大桥工程管理的目标设定、资源整合措施、利益相关者的协同方式、管理方式都和工程愿景、战略的设定紧密关联。港珠澳大桥建设目标为"建设世界级跨海通道、为用户提供优质服务、成为地标性建筑"，三大目标的具体释义如下。

1. 建设世界级跨海通道

该目标是指在设计和建造阶段，立足功能又超越功能，对技术、管理、景观、文化和风险控制等诸多方面进行综合集成。项目必须采用国际上先进的理念进行管理及设计，建设过程及建成成果应具有国际影响，从管理思想、设计技术、施工技术上达到国际水准，建成成果的品质（包括外观、构造细节等）与世界高水平相当；采用先进的建造施工工法及技术，建设过程的现场管理也应与国际工程匹配（包括临时工程、现场形象、作业方法、设备等）；项目建设必须兼具创新，整合国际化团队有效为项目服务，在项目管理、设计理论、施工工法等方面实现突破。

1）技术方面

港珠澳大桥设计使用寿命为 120 年。为了确保该设计使用寿命，必须做好专用标准体系、工程设计与施工方式、施工装备与技术及技术创新等工作。

（1）专用标准体系。包括专用设计标准和营运维护准则指导设计、专用施工和质量验收准则指导施工和验收等。

（2）先进的设计与施工。优异的结构及耐久性设计，"大型化、工厂化、标准化、装配化"等先进施工理念和技术保障。

（3）技术创新。形成创造性具有领先地位的技术及理念，如长大隧道的运行安全技术、深水隧道的设计建造技术、离岸软基人工岛设计建造技术、桥梁的工厂化预制安装技术等，在跨海通道建设史上占据里程碑的地位。

2）管理方面

开放地吸收各行业的优秀管理成果，在现有法律制约和尊重三地项目管理惯例基础上，通过综合集成，形成与本项目匹配的最佳项目管理模式。项目管理总体思路如下。

（1）思想。设计与建造赋予项目以实物形体；品牌定位则赋予项目以生命。

（2）需求驱动。精确定义营运需求，用目标和需求来驱动设计。

（3）组织设计。建立面向三地政府、管理局多层级组织管理决策和协调体系，将伙伴关系理念嵌入参建单位的协调管理中。

（4）文化。港珠澳大桥项目需要对工程文化审慎定位。

（5）资源。把握跨界项目特点，合理确定管理规划和招标模式，整合全球最优质的资源（即资源内部发挥最大效益）完成项目（人、材料、设备）。

（6）集成管理。全生命周期集成管理。

（7）质量体系。与国际接轨的质量保证体系（精益制造；工厂化、标准化、装配化）。

（8）HSE 管理体系。建立、完善和发展交通建设行业的 HSE 管理体系，建立与国际接轨的 HSE 管理体系。

（9）信息系统。建立基于信息资源规划的综合信息管理系统。

（10）风险控制。将工程风险和运营管理风险最小化并实现可控。

（11）景观。项目总体景观设计要汲取中华文明的精髓（外在品质），体现出景观上的民族性、地标性和独特性。

2. 为用户提供优质服务

1）运营管理目标

追求尽善尽美的营运和维护管理，旨在通过精心、人性化设计、高质量的建设品质、及时的维护及保养，保证通道有完善、舒适的硬件系统；建立有效的管理制度及流程，为用户提供及时、舒适的软服务；营运过程中通过持续改进，完善硬件及软件。运营管理目标的落实主要在设施保证、服务保证、通行环境保证和维护保证四个方面。

第一，设施保证。通过规范、科学、合理的养护和维护管理，确保大桥所有设施处在令人满意的状态。

第二，服务保证。通行过程中提供及时、全面、高效的高品质服务。

第三，通行环境保证。为用户创造一个安全、快捷、舒适的通行环境。

第四，维护保证。为大桥的营运维护和管理人员提供便利、舒适、完善、人性化的工作环境。

2）优质服务内涵

第一，为大桥使用者提供全面的交通信息服务，提供安全、快捷、舒适的通行服务，提供人性化的综合增值服务，提供及时、高效的应急救援服务。同时，在设计当中要注重构建便利、舒适、完善、人性化的维护管理环境，为大桥的营运维护和管理人员也提供优质服务，实现通道使用者心理满足感的最大化，创建港珠澳大桥优质服务品牌。

第二，基本要求是为通道使用者提供安全的通行条件，包括环境安全、公共安全和驾驶安全等内容，并遵循"零发生"原则进行目标控制管理，以期达到避免出现船舶撞击等突发事件危及公共安全；避免破坏海洋生态安全事件的发生；避免出现危害社会公共安全的恐怖事件；杜绝安全通行隐患，最大限度地降低交通安全事故发生概率及事故损失。

第三，最终目标是为通道使用者提供快捷、舒适、完善、人性化的通行服务，通过科学的设计、建设和养护管理，实现大桥线性顺畅、平整，交通安全和救援设施完善，交通信息服务全面到位，应急救援服务及时、高效，附加增值服务（停车、旅游、餐饮、科普等）人性化、专业化、规范化，通行环境质量优良（尤其是海底隧道内要低噪声、高能见度、空气无异味等），通行自然景观和谐、舒适。

3）标准及培训

第一，专用标准体系，包括专用营运维护标准、指南、准则。该系列文件将为营运维护提供高水准的指南。

第二，ISO体系认证。营运期将通过ISO管理认证，ISO体系将与专用标准体系融合。

第三，营运期培训。注重员工技能和素质培训，通过标准化、人性化的服务，确保营运高品质。

第四，需求导向设计（面向营运需求和用户需求的设计，设计和建造的目的是提供优质的服务）。全面的信息系统和应急救援系统，满足需求的机电系统和交通安全设施，便利快捷的管理、养护、服务设施。

第五，便于维护的设计（精致的构造设计）。设计时应为维护人员、车辆和设备设置顺畅的通道，并为维护、操作及临时安装机具预留必要的空间和预埋件；保证所有非永久性构件都可以方便地替换。

第六，可持续性设计（可持续性发展的理念）。桥梁、人工岛、隧道或梁板内部须有预留的空间，不仅有利于维护，又可使得大桥具有一定的包容性，以备未来可预见或不可预见之需。

3. 成为地标性建筑

从功能来看，大桥是全球连接"一国两制三地"的独一无二的跨海通道；从地理上看，应该是成为伶仃洋海域的建筑主角；从大建筑行业（含公路、桥梁、铁路等）上看，应该是成为大建筑行业的品牌；从心理上看，应该是中国改革开放后大国崛起的标志之一，因此，无论从功能概念、地理概念、行业概念和心理概念上，均应该成为公认的地标，即成为民众愿意驻足观望的盛大美景，全球行业人士公认的巅峰之作和大国梦想的载体之一。

地标性建筑包括体量、文化和独特性三方面。

1）体量

地标性建筑须具备相当体量，港珠澳大桥作为一个体量宏大的建筑群落，应在工程总体上成为地标，而不是特指某座通航孔或某座人工岛的造型，因为单体和整体根本不在一个量级上。因此，通航孔桥梁和人工岛外形均应服从整体的韵律，通航孔桥梁风格宜尽量一致。

2）文化

项目所在地域文化是岭南文化及海洋文化，前期工作中，核心工作团队彰显出独特的湖湘文化的"坚忍求索、百折不回"和岭南文化的"开拓创新、敢为天下先"的人文气质。

作为一个国际性的项目，应体现出南粤两千多年的文化积淀，更应着眼于五千年的中华文明，应体现中华民族自强不息、厚德载物的民族特性，并开放兼容吸收一切先进文化；应传承中华文化——含蓄中进取、低调中优雅，再加入一些开放、兼容的元素，会让这座跨海通道变得完美。这座跨海通道是改革开放成果的展示，是大国崛起的标志，文化定位应考虑上述因素及目前的政治背景——沉稳中大气。

文化更多地体现在组织管理中，是领袖和团队的共同气质，是港珠澳大桥的灵魂所在。港珠澳大桥的文化是保障建设和营运目标的一种手段，需深刻贯穿人性而又高于人性，应具备丰富和深刻的内涵，如此才能得到传承，具备历史的穿透力。

（1）核心文化：伙伴关系；开放兼容；务实创新；和谐大气；均衡共赢。

（2）文化内容：价值观念；企业精神；企业制度；企业道德；企业形象；团体意识；哲学系统。

（3）文化体系：理念体系；行为层次；视觉层次。

3）独特性

项目所处环境得天独厚；建筑的整体气势要给人以视觉上的冲击；建筑造型要有艺术性，因理念、人和故事的交融可以成就传奇；建筑高度本身比较重要，是形成视觉冲击力的核心因素之一。本项目以打造地标性建筑景观为目标，重点考虑以下几点。

（1）优秀的景观设计将为世界级跨海通道锦上添花。

（2）独特的地标性建筑，成为国家和时代的象征性标志。

（3）力求景观方案设计的多样性，通过方案的评审确定最终的设计。

（4）没有独特的景观及文化价值，这座跨海通道是不完美的。

项目管理规划展示了整体上的卓越伦理意识。港珠澳大桥从前期工作开始，在项目管理的顶层设计上便萌发全面的伦理意识，并贯穿建设的全过程，管理层不断挖掘、丰富完善并强化伦理意识的内涵，具体体现如下：从项目前期工作开始，港珠澳大桥核心团队充满了强烈的历史责任感和使命感。在2008年底，前期办印发的《项目管理规划大纲》前言中明确写道："跨越伶仃洋，无论从政治、经济、技术、管理等方面，都将创造历史，其前期决策过程已充分体现了中央和三地政治家们全球性和长远性的谋划眼光，以及以国家和民族利益为重的宏伟抱负，未来的实施过程将全方位展示中国人在特大型土建项目设计、建造方面的技术及管理的最高成就，以及追求亲和协同、尽善尽美的均衡理念。"当时，港珠澳大桥前期办就已经意识到这不是一座单纯物理上的桥梁。

以大桥通车后的成就和评价再回看大桥，我们佩服建设团队的远见卓识，感受到建设团队的激情澎湃，文字中处处渗透着家国情怀，时至今日，我们能够强烈地感受到其中无处不在的伦理意识，对工程、社会和人的关系理解蕴含其中，管理者试图找到一种方式，尊重人性和项目利益相关者的利益诉求，使项目本身与社会、经济、生态、心理相融合，把项目建设成国家强盛的时代象征，成就传奇。

1.3.2 项目管理制度框架

港珠澳大桥是三地政府首次合作共建的超大型跨海跨界交通工程，涉及多主体、多层次、多阶段、多法域决策治理，为了实现三地政府的诉求、在边界限制条件下完成建设目标，实现资源匹配，三地政府联合协商制定了三地政府协议—管理局章程—具体管理制度的三层管理制度框架，为实现三地政府的共建共管提供了制度依据。在总体策划的指导下，工程开工之初建立了系统和完备的项目管理制度和规范及关键控制流程，这为后期实施项目管理提供了依据。

1. 《三地政府协议》

《三地政府协议》是指《港珠澳大桥建设、运营、维护和管理三地政府协议》（以下简称《三地政府协议》），是三地政府在"一国两制"的体制框架下，根据相关法律友好协商制定的指导港珠澳大桥建设的友好协议。该协议由总则、项目管理组织架构、项目资金、项目建设、项目运营和管理、公共事务及其他事项等部分组成，规定了三地政府在大桥建设全生命周期中的管理决策基本原则。

总则部分：提出了项目的目标和宗旨、基本原则，其中目标与宗旨为推动大珠江三角洲地区快速交通网络的形成，满足三地跨界交流的需要；促进三地物流业和旅游业的快速发展；促进三地经济持续繁荣和稳定发展，提升大珠江三角洲地区的综合竞争力。三地政府在项目建设、运营、维护和管理中，应遵循友好协商原则、非营利性原则、适用属地法律原则和互助义务原则。

项目管理组织架构部分主要确定了三地委和项目法人。三地委由九名委员组成，三地政府各任命三名代表作为委员，其中包括一名各方的首席代表，主要负责大桥项目的重大事项决策，协调与大桥项目相关的公共事务，对主体部分项目法人实施监管。项目法人是三地政府依据中央批复要求在广东省珠海市注册成立的港珠澳大桥管理局，即项目法人。项目法人负责主体部分建设、运营、维护和管理的组织实施工作，执行三地委的各项决策。三地委和项目法人与专责小组共同组成了项目管理组织架构。

项目资金部分明确大桥主体部分建设资金由三地政府共同出资，资本金以外部分可通过举借商业贷款解决；主体部分运营资金由项目收入支付。

项目建设部分阐明了港珠澳大桥主体工程的建设规模和建设模式、标准规范、招标及施工、工期与验收等全过程的总体目标和要求，如主体部分设计和施工标准遵从"就高不就低"原则。

项目运营和管理及公共事务部分对港珠澳大桥主体工程试运营及运营阶段的车辆通行费、工程维护、车辆收费权等权益转让事项做出了基本规定，提出了大桥通车后的通行规则和边境口岸管理及突发事件处理原则。

2.《港珠澳大桥管理局章程》

《港珠澳大桥管理局章程》（以下简称《管理局章程》）是三地政府为了规范管理局的组织和行为，实现和维护管理局和三地政府的合法权益及公共利益，根据《三地政府协议》和内地适用法律的规定制定的章程。该章程包括管理局的宗旨和业务范围、资金安排、职能、组织架构、资产管理和使用、财务会计制度和审计、人力资源管理等多方面内容。

管理局的宗旨和业务范围为从三地共同的社会利益出发，按照《三地政府协议》、内地适用法律及工程可行性研究报告等相关规定，负责组织大桥主体部分投资、建设、运营、维护和管理的具体实施，确保大桥的顺利建设和运营管理。业务范围还包括收取车辆通行费、运营主体部分配套服务设施业务等。

管理局的资金安排部分对《三地政府协议》的资金安排进一步细化，对项目资本金及资本金以外的建设资金的来源和运营收入的使用方式都做了明确规定。

管理局的职能除上述与主体部分相关的建设运营外，还包括拟定管理局具体制度、决定管理局局长以外的高级管理人员等工作。

管理局的组织架构部分对管理局的高级管理人员构成及其资格限制与义务提出了明确要求。

3. 具体建设项目管理制度

管理局拟定的建设项目管理制度，由总纲要、管理纲要、管理办法和管理局内部管理制度四级文件组成，一系列举措为港珠澳大桥主体工程的顺利开展及后续服务的质量提供保障。

总纲要提出了项目愿景和目标、实施策略，阐明了组织结构和原则、保证机制、检查和考核等内容。

管理纲要包括 6 个文件，按照质量、计划进度、投资控制、HSE、信息系统、创新 6 个核心要素，分别提出了管理目标、实施策略和保障手段。

管理办法共 48 个文件，包括为明晰管理局与参建单位之间具体业务流程需要的办法 46 个，以及质量管理体系、HSE 管理体系导则 2 个；管理局内部管理制度则用于规范管理局内部员工的行为。

1.3.3　项目管理规划的执行和演变

《项目管理规划》在实践中需要活学活用，其中，人具有更重要的作用。因为人是规划的执行者、合同的执行者、所有活动交互作用中最核心的影响因素，事情是变化的，人在事情的变化中就会有差异，人又是有情绪的，这样带来的执行就会有极大的差异性，导致最终落地实施中也出现不同的变化。

港珠澳大桥作为超级工程，远远不只是一座物理意义上的桥梁。总结《项目管理规划》落地实施，可以清晰地看到规划演变过程，如表 1.2 所示。其中，最初的愿景、目标、理念没有变化，港珠澳大桥的文化、伙伴关系、管理框架的整体思路基本没有变；变化较大的有：动态的柔性组织，以及由于不可抗力、不确定性影响、资源匹配、人的复杂性导致变化的计划进度。尤其在港珠澳大桥项目管理中，从项目业主思想与行为决定项目成败、承包人的作为决定工程品质、项目的平台和利益相关方的获得感决定项目声誉三个角度，最大限度地体现了业主的思想，针对问题和需求，具备适应性和变化性的项目管理，不仅极其重要，也是项目管理成功非常重要的关键。

表 1.2　《项目管理规划》的"变化"与"不变"

不变	变化
愿景、目标、理念	动态的柔性组织
文化	计划进度
管理框架的整体思路	投资规模
质量体系	标段划分
HSE 体系	人才队伍
伙伴关系	技术方案
……	……

港珠澳大桥的项目愿景（为"一国两制三地"的伶仃洋海域架设一座融合技术、经济、文化之桥梁，使得"香港、广东、澳门成为世界级的区域中心"）、建设目标（建设世界级跨海通道、成为地标性建筑、为用户提供优质服务）和从"设计、施工、管理、发展"角度出发的建设理念通过"金字塔"模型（即从建设级到运营级一脉相承的金字塔顶尖）进行自下而上传递，以创造世界级"港珠

澳大桥"品牌。港珠澳大桥从曾经的蓝图变成如今的地标性建筑，注入了"港珠澳大桥的精神"文化元素，也体现了习近平总书记讲话中的"逢山开路、遇水架桥的奋斗精神"①。这样的品牌、文化、理念，传递到了每一个参与者和建设者身上，使得参与大桥的建设者和利益相关者得到了更多的"获得感"。

在港珠澳大桥的工程管理中，以合同作为核心载体，除了传统的项目管理核心要素，特别增加了管理创新和技术创新。在工程管理的保障措施中，突出了风险管理、关键技术和关键装备。在合同管理中，特别推行了伙伴关系，创内地之先例，并将中国传统文化的一些精髓"适应性管理、柔性管理、动态管理"等体现在合同中。这些组织架构的变化，特别体现了港珠澳大桥建设者的适应性调整，其项目管理规划并不是从其他项目模仿得来的，且未来必将成为其他项目模仿的对象，站在全球土建行业项目管理的金字塔尖上，充分体现了建设者们的担当与自信。让我们深刻感受到实践的成功得益于管理，港珠澳大桥的成功，不单单是技术上的成功，更是管理的成功。

1.4　成效与启示

港珠澳大桥主体工程建设面临制度、技术、环境、组织和生态等多方面复杂性的挑战，管理者在前期对主体工程的建设管理进行了系统性、全局性、科学性的统筹规划。通过了解三地政府和其他利益相关者需求及分析现有资源约束，大桥考虑国际工程背景和现实的中国情境，从全生命周期集成管理的角度，借鉴交通及其他行业的优秀管理成果，构建与港珠澳大桥工程本质和项目管理本质匹配的管理策略，并制定了一系列项目专用技术和管理标准文件，形成了一套完整的项目愿景和目标、《项目管理规划》内容及项目管理制度体系。

《项目管理规划》对远景和建设目标做出了清晰的界定，使得港珠澳大桥所有利益相关者都能够统一围绕项目目标的方向，把港珠澳大桥作为一个品牌，投入精力、形成共识、减少冲突，并为之共同努力奋斗，作为非单一主要因素，影响了后续媒体等多渠道具象化的宣传，塑造大桥的形象与品牌。不同阶段项目管理规划的标准及科技创新，对整个项目不同阶段的推进，起到了非常重要的指引。《项目管理规划》实践不仅为实现港珠澳大桥"建设世界级跨海通道、为用户提供优质服务、成为地标性建筑"的建设目标提供了有力保障，也为工程各项管理提供了参考，为其他超级工程提供了借鉴。

---

① 习近平出席开通仪式并宣布港珠澳大桥正式开通. http://china.cnr.cn/news/20181024/t20181024_524393588. shtml，2018-10-24.

（1）融合复杂性思维和项目管理思维，降解超级工程的管理复杂性。重大工程的建设往往面临众多复杂性问题，缺乏可参照、可复制的经验办法，此时可运用复杂性管理思维认识问题复杂性，利用系统管理和项目管理思维对项目进行计划、组织、协调和控制。在超级工程的建设管理中融合复杂性思维和项目管理思维，降解工程的管理复杂性，在此基础上，做好工程管理计划及执行过程中的适应性调整和动态管控，确保管理目标的实现。

（2）明确工程愿景和目标，整合全球优质资源。一项重大工程的建设通常涉及众多参与方，特别是在"一国两制"涉及三地的超级工程中，对于工程建成什么样，实现哪些社会价值等问题不同参与方之间往往存在争议，这将给项目带来诸多不确定性。通过明确工程愿景和目标使参与各方在项目建设上达成共识，形成稳固的文化氛围，也为工程中的重大决策提供依据。同时，确定工程愿景和目标之后，更能有针对性地整合全球优质资源，集中力量实现工程目标。

（3）制定《项目管理规划》体系，为落实管理工作提供行动纲领。与一般工程相比，重大工程规模巨大、参与方众多，其管理既有组织、质量、HSE 等常规项目，又有创新管理、法律、全球合作等独特项目，是一个极其复杂的系统工程。在工程前期运用认知论、方法论等理论知识从全局角度，采用"建设目标-管理策略-专用标准"的金字塔模型制定项目管理规划体系，为落实管理工作提供行动纲领。例如，在项目管理规划体系中提出"大型化、工厂化、标准化、装配化"建设理念，借鉴国际通行的石油化工行业 HSE 体系等均在之后的各项管理工作中得到落实，也为管理者提供了行动纲领，确保工程管理活动有序推进。

（4）构建同舟共济的伙伴关系，打造命运共同体。前期办（管理局）在项目管理规划中创新提出和所有参建单位构建同舟共济的伙伴关系，并落实在合同和日常管理工作中，确保各方矢志不渝地围绕建设目标，共同面对制约项目建设的各种难题。这样，把管理局和参建各方放在真正公平、公正、平等的位置上，给其以真善美的激励，并在面对困难、挑战和冲突的时候，通过实际作为和行动，不断加强参建方对业主的信任。

重大工程中，人是工程实施中最活跃、最重要的因素，发挥全体建设者的主观能动性是港珠澳大桥能够成功的关键。伙伴关系理念让大家产生一种互相信任、互相理解、互相尊重的情感，并共同享受项目带来的荣耀与满足，使建设者有了荣誉感、自豪感和成就感。伙伴关系促使大家齐心齐力，做到了共同面对和攻克任何阻碍大桥建设的问题。

第2章 三地工程法律研究与实践

港珠澳大桥主体工程在"一国两制三地"的法律环境、超长建设周期及复杂环境条件情况下面临的法律实践挑战突出。大桥采用了全过程法律咨询模式，对法律问题进行系统性研究，包括基于法律环境全面探讨、可能预见的法律问题提出及研究对象初步细分、对细分对象进行初步法律研究，以及部分细分对象多轮深入研究等一系列研究过程，逐步破解了投融资模式选择、查验口岸选择、《三地政府协议》、项目法人模式、招标和合同管理等方面的法律挑战；采用全过程法律咨询模式，有效地支撑了法律实践问题的解决。

粤港澳三地在一国之内实行三种不同的法律制度，大桥法律问题的复杂性和协调法律问题的艰巨性不亚于其技术难题。同时，大桥工程技术难度大、建设周期长、外部环境复杂等问题造成的法律风险突出，由此带来的投融资模式、技术方案、三地合作模式、项目法人模式等策划和实施面临复杂的法律实践问题。因此，如何通过系统性的思路和策略来破解跨越三地的超级工程法律问题是保障工程顺利实施的关键。

2.1 "一国两制三地"下工程法律的关键挑战

2.1.1 "一国两制三地"的法律环境

粤港澳三地面临"一个国家、两种制度、三种货币、三个技术标准、三个独立关税区、三个不同法域、三个平行的地方政府"极为特殊的政治法律环境。在同一国度内，三个地区分别实行三种不同的行政制度、法律制度的状态在当今世界范围内是唯一的。即使是跨两个不同法律制度、行政制度地区的交通设施也极少见。前所未见的法律问题导致港珠澳大桥项目投资建设、管理的法律环境极为复杂，要实现一桥跨三地，就必须处理好这些法律关系。

2.1.2　超级工程的法律问题复杂性

大桥工程技术本身难度极大，建设周期很长，相关法律问题涉及三个法域的招标、施工、采购、金融、保险、税务、环保等多个法律专业领域，横跨多个法律部门，而且彼此交织叠加。

法律问题研究要求有清晰、明确的研究对象和法律事实构成等基本因素，如果缺少这些基本条件，法律研究的难度将急剧增大。港珠澳大桥工程的法律研究细分对象具有极强的系统复杂性，每一个细分对象及其相关因素的变动，都会影响其他细分对象，导致法律研究事实的改变，进而影响法律研究的结论。

2.2　法律实践的总体策略

2.2.1　法律问题解决的思路

1. 问题分解

由于港珠澳大桥法律问题的系统复杂性，首要思路是能进行一定程度的复杂性降解，将庞大却模糊不清的研究对象划分为多个细分对象，并同时假设和推演细分对象可能预见的不同情形及相关的因素，通过各种方式收集或假设与细分对象有关的法律资料及法律事件，对所有研究参数进行分析对比，最后得出法律研究结论，提出相关法律意见或建议。

例如，对于港珠澳大桥项目细分对象——投融资模式问题的研究，在研究之初，将投资融资模式划分为私人投资模式、PPP（public-private partnership，政府和社会资本合作）投资模式，以及政府投资模式等。每一种投资模式跟其他因素组合时，还可能带来差异，因此需要系统综合性地分析不同投资融资模式及可能出现的区分状况的法律规定，相互之间的联系和区别，再尽可能全面地收集各种因素所涉及的资料，进行分析、对比，在此基础上提出法律意见及建议。

2. 调研分析

在法律相关问题解决过程中，对信息的充分了解是提出解决方案的重要前提。因此，需要通过调研、会议等多方式和渠道，与相关专家、管理部门对大桥项目可能面对的法律问题进行充分沟通，以及探讨问题解决方案的初步设想。通过这种方式，港珠澳大桥项目的法律问题才能得到全面、深入、准确的评估。

前期调研包括全国人大常委会法制工作委员会法律调研、北京法律调研、香港法律调研、澳门法律调研等。通过这些调研工作，前期办和法律顾问等对大桥所面临的法律问题产生了较为系统和深刻的认识，为进一步厘清问题提供了重要思路和方向。

3. 全过程的法律咨询服务

前期办成立之初就意识到项目法律环境的特殊性，决定聘请全过程的法律顾问，为投融资模式、建设模式、口岸布设模式、管理模式等重大事项决策提供及时、充分的法律参考意见及建议。全过程法律顾问的模式在法律层面上保障了项目建设准备阶段、建设阶段、运营阶段的顺利进行。

2.2.2　法律研究的四个阶段

港珠澳大桥项目法律研究可分为四个相互交叉阶段。

1. 法律环境全面探讨

港珠澳大桥主体工程项目处于特殊的法律环境之下，但具体会是什么法律问题？又需要哪些途径来解决这些法律问题？前期办对此缺少系统性的理解，因此分析大桥项目基础性法律环境成为首要任务。前期办委托法律顾问对大桥可能面对的基本法律问题做了一个全面的梳理，作为大桥项目投资建设方案决策的参考依据。

基础性法律环境探讨研究工作耗费了大量时间与精力，但为后续细分的法律研究及整体的法律研究提供了重要基础。

2. 可能预见的法律问题提出及研究对象初步细分

经过对中国法治状态的初步探讨，以及对港珠澳大桥项目可能涉及的法律问题框架的初步研究，2004 年秋，前期办在法律顾问的协助下，系统梳理了大桥项目不同阶段可能遇到的各类法律问题（图 2.1）。

（1）主要框架性问题：包括《三地政府协议》、三地政府协调机制、大桥所有权、查验口岸布设、行政管辖有关问题。

（2）投融资相关问题：包括 BOT 特许权基本问题、特许权经营公司、外汇、税收、担保、特许经营权立法、BOT 相关程序问题。

（3）建设期相关问题：包括建设标准、施工部门资质要求、港珠澳大桥项目征地拆迁中涉及的问题、港珠澳大桥项目海域使用问题、建设管理、验收、工程款纠纷、工程保险、建设期人员材料三地往来问题、建设期环保问题等。

（4）运营管理期相关问题：海关安检、行政管理权移交、大桥防务、三地

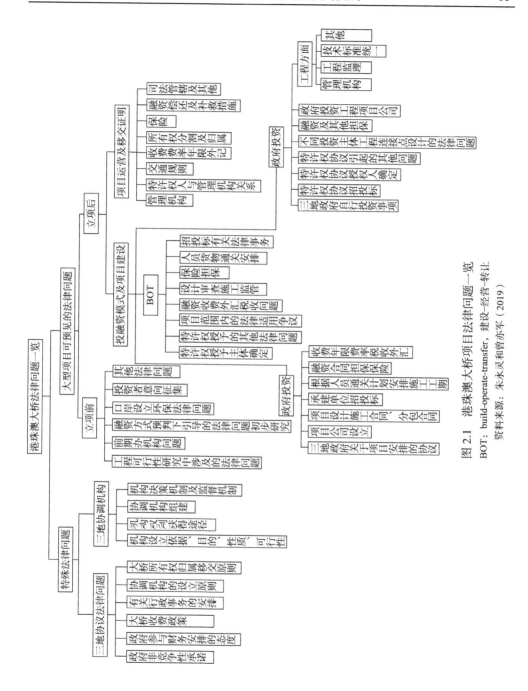

图 2.1　港珠澳大桥项目法律问题一览

BOT：build-operate-transfer，建设-经营-转让。

资料来源：朱永灵和曾亦军（2019）

警务联动机制、大桥运营基本设施涉及的问题、运营期环保问题等。

（5）其他问题：劳务问题、大桥设计的各类专利权及专利申请问题、特许权经营期满引起的法律问题等。

3. 对细分对象进行初步法律研究

在对法律问题进行全面搜索的同时，前期办开始对部分细分法律问题进行初步研究。例如，前期办组建之初，对大桥项目将要面临的各类行政审批事项缺乏系统性的理解，而各项行政审批又是前期主要工作之一。因此，前期办委托法律顾问于2005年3月完成了《港珠澳大桥中国法律分析报告系列之三——关于项目开工前审批事项》，分析了4部分14类24个小类34个问题，系统研究了项目可能需要面对的行政审批、核准事项等。

4. 部分细分对象多轮深入研究

例如，对于查验口岸布设模式，前期办委托法律顾问进行了多次法律专题研究，前两次在2004年末进行，在法律框架研究报告中提及该问题；2005年5月对查验口岸布设问题又进行了一次专题研究；2006年3月，前期办委托法律顾问再次对查验口岸布设涉及的一些特别问题进行专题研究。

又如，对《三地政府协议》的研究也存在两阶段逐步深入的过程。第一阶段为项目策划阶段，该阶段由于港珠澳大桥项目建设模式、投资模式、查验口岸布设模式均未确定，研究范围较为宽泛且针对性不强。第二阶段是大桥项目准备阶段，该阶段又可以分为两个小段的研究，包括理论研究和协议的起草问题研究。在项目准备阶段，建设模式、投资模式和查验口岸布设模式已经确定，因此《三地政府协议》的背景和内容基本明确，研究的重点主要是如何在协议中更准确、清晰、无误地表达三地政府对建设、运营、维护和管理港珠澳大桥项目的共识。其中，理论研究阶段前后长达5年（2004~2008年），主要针对协议应包括的内容，从政策、法律角度进行探讨和分析。协议起草阶段涉及处理具体的实际问题，这个阶段历时1年（2008年末至2009年末）。

2.3　投融资模式的法律实践

投融资模式的法律实践主要是讨论了政府投资、BOT投资、PPP投资等不同模式方案涉及的法律问题。

政府投资模式涉及的法律问题主要包括：①政府的财政性资金如何进入港珠澳大桥项目，需要经过哪些批准程序和进入程序；②政府注入的财政性资金如不足以支付港珠澳大桥项目建设所需，政府作为投资者如何进一步筹措资金及其可能涉及的法律问题；③区别于私人投资项目，政府投资项目可能受到的限制有哪些；④如何安排建立政府投资退出机制（如需）。

采用 BOT 投资模式涉及的法律问题，主要在于私人投资者通过与政府签署特许权协议介入项目所引致的问题，或项目所在地立法机关通过立法形式授予投资者特殊经营权时应考虑的问题，主要包括：①BOT 项目的范围，即授予特许权的项目范围；②特许权协议政府一方的签署机构、签署方式、特许权协议适用法律等；③特许经营的权利范围；④三地政府考虑进行的与特许权相关的单项立法；⑤政府考虑的给予私人投资者的资助措施等。

在 PPP 投资模式中，除了上述提及的政府投资和私人投资可能涉及的法律问题外，PPP 投资模式中政府资本和私人资本可能采取何种方式进行结合，结合过程中可能涉及什么法律问题，都是采用 PPP 投资模式需要特别明确的法律问题。

三种不同投资模式需要考虑的主要法律问题如表 2.1 所示。

表 2.1　不同投资模式的主要法律问题

序号	法律问题	政府投资模式	BOT 投资模式	PPP 投资模式
1	项目范围	需要考虑三地分别或共同负责建设的项目范围	需要确定采用 BOT 方式建设的项目范围	需要确定政府投资和私人投资建设的项目范围
2	三地备忘录	需要考虑，但签署的紧迫性不强，内容的范围较窄、规范性较弱	需要考虑，且需在特许权协议签署前签署，内容范围较广、规范性强	需要考虑，且需在私人投资者与政府签署相关协议前签署，内容范围较广、规范性较强
3	三地政府间协调决策机构/协调决策机制	需要考虑，但不一定设立常设协调决策机构，可考虑有效协调决策机制	需要考虑，并考虑设立常设且高效率的协调决策机构	需要考虑，根据情况确定是否设立常设协调决策机构
4	口岸布设及管辖权移交	需要考虑	需要考虑	需要考虑
5	设计、建设和维护标准统一	需要考虑	需要考虑	需要考虑
6	项目公司设立	需要考虑	需要考虑	需要考虑
7	税收	按现有规定执行	按现有规定执行	按现有规定执行
8	外汇	按现有规定执行	按现有规定执行	按现有规定执行
9	收费年限和价格	如政府投资不是全部利用财政资金，需要考虑该问题	需要考虑	需要考虑
10	设备、人员出入境管理	需要考虑	需要考虑	需要考虑
11	过桥车辆许可	如收费，需要考虑	需要考虑	需要考虑
12	特许权协议（签署机构、方式、适用法律等）	不适用	需要考虑	如对私人投资的工程项目采取特许权授予方式，需要考虑
13	政府资助措施	不适用	需要考虑	需要考虑
14	港珠澳大桥单项立法	需要考虑	需要考虑	需要考虑

下面以 14 大项法律问题中的 7 项问题为例，予以对比分析。

1. 项目范围

三地政府需要考虑如何从物理上划分港珠澳大桥项目的建设范围，以及对应的投资方式。

政府投资模式下，需要考虑是由三地政府共同投资设立项目公司来统一投资建设，还是三地政府各自投资建设。如果三地政府共同设立项目公司投资建设，需确定建设港珠澳大桥项目所包括的范围；如果三地政府各自投资建设，需要考虑确定各自投资建设的项目范围；如果采用三地政府各自投资建设本辖区引桥部分，再由三地政府共同设立一家项目公司投资建设大桥主体部分，需要确定大桥主体部分项目范围。

BOT 投资模式下，三地政府需要考虑采用 BOT 投资建设的范围。例如，以粤港、粤澳分界线为界，仅在内地或香港部分采用 BOT 投资模式建设大桥项目，则投资建设、经营过程中可能面临的法律问题，较跨粤港两地或跨粤港澳三地采用 BOT 投资模式建设大桥相对简单。但不列入 BOT 投资模式的项目范围的港珠澳大桥项目的其他部分与采用 BOT 投资模式建设的项目部分连接引起的法律问题及对应解决方式，同样是私人投资者关注的问题，也需要重点分析。

PPP 投资模式下，三地政府需要考虑政府投资和私人投资的比例或划分。政府投资需要考虑三地政府间投资内部的范围划分，其涉及的问题类似政府投资模式下确定港珠澳大桥项目范围需考虑的事项，即三地政府是统一投资建设还是分别投资建设。投资建设方案的不同将导致面对的法律问题大小、多少及解决的难度不同。

2. 三地备忘录

诸多跨境工程项目建设之初，关系国（或地区）政府间会就工程投资建设、管理等主要问题签订协议性文件，如英法海峡隧道、丹麦瑞典厄勒海峡大桥、中俄黑龙江大桥。针对港珠澳大桥项目，内地、香港、澳门三地法律制度不同，为使港珠澳大桥项目建设及运营顺利进行，无论采用哪种投资模式，由三地政府签署一份备忘录性质的文件，确定三地政府对港珠澳大桥项目投资建设、经营和管理的基本原则，将有利于港珠澳大桥项目的推进。但采用不同的投资模式，三地备忘录签署的必要性、紧迫性和备忘录所涵盖的内容有所区别。

政府投资模式下，政府间可以通过现有协调机制，以边建设边协商的方式处理，投资建设跨界项目政府间不签署协议性文件的先例不少，如深圳湾大桥项目和莲花大桥项目。由于港珠澳大桥项目为超大型公共交通基础设施项目，投资巨大，三地政府对大桥项目投资、建设、经营和管理的重大原则问题没有充分讨论并达成共识，并以文件的方式固定下来，很大程度上会影响项目推进的效率。例如，港珠澳大桥项目需要通过市场融资，融资方需要了解三地政府关于港珠澳大桥项目重大事项的处理原则及协调机制，以便评估其融资风险，确定其融资回报率。如果三地政府间未就港珠澳大桥项目签订有关文件，融资方就难以进行相关的评估，必然增加政府融资的成本与难度。因此，即便采取政府投资模式，三地政府如能就港珠澳大桥项目投资、建设、经营和管理涉及的重大事项签署一份备忘录，将有利于港珠澳大桥项目的顺利开展。

BOT 和 PPP 投资模式下，因为私人资本的介入，政府需要向私人投资者说明大桥项目投资、建设、经营和管理过程中涉及政府的重大事项如何处理，三地政府如何分担对私人投资者的承诺责任，以及三地政府间进行协调的基本原则等事项。为此，三地政府也有必要签署一份备忘录，对相关事项及原则进行安排和确认。在 BOT 和 PPP 两种投资模式下，三地政府签署备忘录的紧迫性和内容的完整性、规范性比政府投资模式的要求更强。

因此，无论选择何种投资模式，都有签署三地政府间备忘录的要求。

3. 三地政府间协调决策机构/协调决策机制

不同投资模式下，设立政府间常设的协调决策机构及制定协调决策机制，或采用其他形式的政府间协调决策机构及协调决策机制，均有利于项目的顺利推进。设立何种政府间协调决策机构，采用何种协调决策机制，受投资模式的影响。

如果设立三地政府间协调决策机构，需考虑内地、香港、澳门三地法律下该机构组织形式、权力来源、权力范围、职责、议事规则等。采用不同的投资模式，对三地政府共同设立协调决策机构的职责范围等事项要求有所区别。

4. 项目公司设立

如果采用政府投资模式，三地政府需根据已确定的项目投资建设范围考虑如何设立项目公司，设立一个还是三个项目公司。如果选择采用 BOT 投资模式，三地政府需要研究选择不同的项目公司设立地及设立方式，对特许权协议签署方式及特许权授予内容的影响，或政府通过颁布授予特许权条例方式授予特许权的可能性及程序。如果选择采用 PPP 投资模式，上述问题均有所涉及并需要考虑。

5. 过桥车辆许可

大桥的车流量受广东、香港、澳门三地，广东、香港两地，或广东、澳门两地间出入境通行的车辆配额的限制。目前部分车辆同时办有香港-内地车牌或澳门-内地车牌，但其配额数量极为有限。在港珠澳大桥项目建成通车之时，如仍维持现状，将会严重影响港珠澳大桥的车流量。

政府投资模式下，如港珠澳大桥项目需要通过市场融资以补充项目总投资与政府投资的差额部分，三地政府需在三地备忘录中对两地车牌发放原则及通行车辆配额决定原则进行约定，以保障过桥车辆数额受限制问题不影响市场对大桥项目投资回报预测，增强项目的市场融资能力。港珠澳大桥项目动工建设后，2011年 2 月，管理局与三地委成立了港珠澳大桥跨界通行政策研究工作小组，对通行政策进行专项研究。

在 BOT 和 PPP 投资模式下，港珠澳大桥车流量直接影响私人投资者的投资回报率，三地政府对该问题的解决方案将直接影响私人投资者的投资意愿和项目的顺利进行。因此，三地政府需要充分考虑过桥车辆通行许可涉及的问题，并将其列入三地备忘录约定范围之内。

6. 特许权协议

与特许权协议相关的问题仅在 BOT 和 PPP 投资模式下可能出现，且与港珠澳大桥项目确定的投资建设范围密切关联。不考虑项目建设范围不同等因素，三地政府需要考虑的相关事项主要包括特许权协议的签署主体、签署方式、适用法律等。

7. 政府资助措施

为吸引私人资本参与公共基础建设项目，政府通常需要对投资大、回收周期长的项目提供政府资助措施。在选择投资模式时，政府需要结合投资者的意愿，考虑依法可以提供的资助措施，不同的政府资助方式可能产生的经济效益和制度成本不同。在 BOT 和 PPP 投资模式下，政府资助是政府需要重点考虑的事项。政府资助是政府对项目公司授予特许权的主要内容，也是私人投资者评估项目投资收益的关键因素之一。

2008 年 8 月，三地政府及中央政府经过系列磋商及论证，粤港合作联席会议第十一次会议最终确定大桥项目采用"政府全部出资本金，资本金以外部分由粤港澳三方共同组建的项目管理机构通过贷款解决"的投融资方式建设。

2.4　查验口岸布设选择的法律实践

根据"一国两制"的内涵及三地的边界管制、海关通关要求，港珠澳大桥作为连接三地的大型跨界工程，必须设置可供三地进行查验的口岸，以确保港珠澳大桥的常规通行。查验口岸的主要功能是对内地、香港、澳门的出入境客货车及旅客进行边防、海关检查、检验检疫（包括商品检验、卫生检查和动植物检疫）。

根据《中华人民共和国香港特别行政区基本法》（以下简称《香港基本法》）的规定，香港保持自由港地位，实行自由贸易政策，保障货物、无形财产和资本的流动自由，为单独的关税地区，不征收关税。内地与香港属于不同关税地区，两地实行不同的关税制度，内地与香港之间运输工具、货物、行李物品、邮递物品和其他物品的流动，需要进行海关监管，澳门同理。

在研究查验口岸的选址及各个方案时，考虑粤港澳三地管辖区的司法管辖权问题、查验模式及查验口岸建造和管理的安排等，查验口岸布设模式可选方案如下：①"一地三检"；②"三地三检"；③ 两个"一地两检"。

"一地三检"和"三地三检"两种查验口岸布设方式的相同点在于：三地查验口岸管区范围相对独立；三地对各自查验口岸范围区域管理独立，均按各自法律对查验口岸进行管理。所不同的是采用"一地三检"方式，三地查验口岸均在广东省辖区内，而采用"三地三检"方式，三地在各自辖区内建设、管理查验口岸。查验口岸布设方式的区别将导致法律问题的显著差别。

2.4.1 "一地三检"

"一地三检"是指在广东省辖区内建设三地查验口岸，三地的查验口岸管区均相对独立，由三地按照当地法律进行查验口岸管理，在各自管区内，行政管理权和司法权独立。

1. 核心问题的界定

"一地三检"指在广东省辖区内建设"区域相对独立、管理完全独立"的三地查验口岸。这种查验口岸布设方式需要将广东省辖区的部分大桥桥面、查验口岸人工岛部分地区交由香港或澳门，根据其所在地法律进行管辖。核心法律问题在于是否可以将内地部分区域的管辖权交由香港、澳门根据其各自法律行使行政管理权和司法管辖权，甚至就该区域涉及的问题行使立法权。当然也可以将有关法律问题简单控制在行使行政管理权、司法管辖权的范围之内。由于行政管理权和司法管辖权相对应的是行政法律制度、司法制度，因此，"一地三检"法律问题的实质是可否在内地特定区域实行香港、澳门的法律制度。

最后的研究结论是根据现行法律可以解决在内地特定区域内实行香港、澳门法律制度问题，而且实践中已有先例。

2. 在内地特定区域实行香港、澳门法律制度的方式

在非香港、澳门特区内实行香港、澳门法律制度，可以通过两种方式实现：①将内地特定的区域划归香港、澳门特区，扩大香港、澳门特区范围；②按《国

务院关于广东省珠海市和澳门特别行政区交界有关地段管辖问题的批复》（国函〔2001〕152 号）确定的模式，不改变特定区域的行政归属，由有权机构决定将内地特定区域租给特别行政区使用，并允许特别行政区在该特定区域内行使行政管理权和司法管辖权。

第一种方式：扩大特别行政区范围。如前所述，全国人大依据《中华人民共和国宪法》规定，有权设立特别行政区及规定特别行政区的法律制度。将内地特定区域划归香港、澳门特区，实质并不是在特定区域新设特别行政区，只是将该特定区域并入原有特别行政区。《中华人民共和国宪法》对此问题并未有直接的规定。《中华人民共和国宪法》已规定全国人大有权确定设立特别行政区，理当有权对设立的特别行政区的范围进行调整，因此全国人大依法有权扩大香港、澳门特区范围。特定区域划归特别行政区后，自应适用特别行政区的法律制度，由特别行政区政府行使行政管理权和由司法机关行使相应的司法管辖权。第一种方式具有理论可行性，实践中可能需要修改《香港基本法》，并涉及历史、政治、法律、民众情感、舆论等问题，且未有先例，难以判断实现的可能性。

第二种方式：将内地特定区域租给特别行政区使用。备选方案如下：不改变特定区域的行政归属，由有权机构决定将特定区域交由特别行政区使用并管理。该方式在当时已有先例：2001 年 11 月，国务院向广东省人民政府和澳门特区政府下发《国务院关于广东省珠海市和澳门特别行政区交界有关地段管辖问题的批复》（国函〔2001〕152 号），决定将珠海市特定区域交由澳门特区政府管辖。2002 年 3 月，国务院办公厅向广东省人民政府下发《国务院办公厅关于澳门租用珠海土地兴建新边检楼有关问题的复函》（国办函〔2002〕28 号），明确上述区域由珠海市出租给澳门，特别行政区在租用期内，澳门特区政府对该区域具有行政管理权和司法权，驻珠海边境管理单位的工作范围按新的边境管理线调整。这种方式在租期内实质调整了内地和特别行政区的边界管理线，扩大了澳门特区政府的管辖范围，与第一种方式的区别在于，形式上未改变特别行政区范围，特别行政区通过授权租赁方式取得特别行政区外特定区域的行政管理权和司法权。

《香港基本法》第二十条规定，香港特别行政区可享有全国人民代表大会和全国人民代表大会常务委员会及中央人民政府授予的其他权力。是否可以根据该条授予香港在内地特定区域内行使行政管理权和司法权，涉及对《香港基本法》的解释。但除该条外，未见其他规定可以作为上述事项的依据。如果上述问题的答案是肯定的，则问题是全国人大，还是全国人大常委会，或国务院才有权力授予香港《香港基本法》明列的权力以外的权力。《香港基本法》第二条规定，全国人民代表大会授权香港特别行政区依照本法的规定实行高度自治，享有行政管理权、立法权、独立的司法权和终审权。内地区域实行的行政管理法律制度和司法制度也是由全国人大通过《中华人民共和国宪法》及依据《中华人民共和国宪法》制定的法律确定。依此，香港对内地特定区域行使行政管理权和司法权也应由全国人大授权。根据《中华人民共和国宪法》第六十七条和第八十九条，全国人大常委会和国务院可以行使全国人大授予的职权。因此，国务院如果取得全国人大授权，按《国务院关于广东省珠海市和澳门特别行政区交界有关地段管辖问题的批复》（国函〔2001〕152 号）的方式，将特定的区域交由特别行政区管辖不存在法律上的瑕疵。

2.4.2　"三地三检"

"三地三检"是指三地在港珠澳大桥香港、珠海、澳门的着陆点处分别建设三个独立查验口岸，三地分别在各自的辖区内根据各自的法律进行查验口岸管理。

"三地三检"理论上可采用"边界方式"和"着陆点方式"。"边界方式"是人员、车辆和货物离开本辖区查验口岸管区，即进入另一辖区的查验口岸管区，该查验口岸管区设在其行政辖区内。例如，深圳罗湖、皇岗，珠海拱北口岸等地的查验口岸布设方式，是将查验口岸建在两地相邻辖区的边界上。"边界方式"与三地间现有查验口岸布设方式基本一样，法律问题已经十分清晰且基本解决，不存在太多的法律疑点及需要解决的问题。虽然涉及的法律问题简单清晰，但必须为此在港珠澳大桥上不同辖区交界处布设查验口岸，或在两地辖区交界处建设人工岛布设查验口岸，该方法无论从工程可行性还是从资金投入方面考虑，"边界方式"都不是备选方案。

"着陆点方式"是指各查验口岸并非建在三地间辖区交界处，而是在进入辖区一段距离的大桥着陆点建设查验口岸。该方式下，三地间人员、车辆、货物过境存在以下特点：①任一辖区的人员和车辆等在原辖区口岸完成出境手续后并未实际离境，仍需在原辖区行走相当一段路程。②拟进入相邻辖区的人员和车辆实际进入相邻辖区后到查验口岸办理入境手续前，需在相邻辖区内行走相当距离。例如，从香港辖区出来，准备到珠海入关的车辆，离开香港辖区约 30 千米才达到珠海查验口岸。③在港珠澳大桥项目中，香港、澳门间的往来人员、车辆及货物必须途经广东境内的桥体部分，但因为其并不经过广东查验口岸而无须办理根据内地法律所需要办理的进出境手续。

基于这些特点，港珠澳大桥项目"三地三检"查验口岸布设方式可能涉及法律问题包括：两辖区（如广东、香港）口岸间区域的行政管辖权由谁行使及如何行使，特别是边境管理权如何行使；香港、澳门间往来的人员、车辆及货物经过广东境内桥体但不经过广东查验口岸产生的问题。

1. 两辖区口岸间区域的行政管辖权行使问题

该情况存在两个问题：①无论出境或是入境，一地对本地查验口岸与边界线之间的区域如何管辖，如内地对在广东查验口岸至粤港分界线之间的桥体发生的行为及各类事件，在行为人离开广东查验口岸后或进入广东查验口岸前，是否有管辖权？②越过边界线办理入境手续前的人员、车辆及货物，是否涉及非法出入境问题。

在"一国两制"原则下，根据《中华人民共和国宪法》、《香港基本法》和《中华人民共和国澳门特别行政区基本法》（以下简称《澳门基本法》）规定，内地、香港、澳门在各自行政区域内独立行使法律所赋予的管辖权。三地管辖权的范围以行政区域为界，并不以查验口岸布设地点为界，查验口岸只是方便集中查验、行使边境（界）管理权的一个地点，并不是管辖权划分的界线。因此，无论查验口岸在何处布设，并不影响内地、香港、澳门各自管辖权的行使区域范围，不排除各行政区政府对本地查验口岸与其边境（界）线间区域管辖权的行使。

法律顾问的分析报告指出：在边界线至查验口岸之间通行不属于非法入境。在三地三检"着陆点方式"下，各行政区边界线与查验口岸间有相当长一段距离，人员、车辆、货物在进入一地后并不能立即办理入境手续，但不能因此认为该种进入及通行行为构成非法入境。

此外，法律顾问也着重研究了管辖权移交的问题。首先需要评估的是在港珠澳大桥项目中管辖权移交安排是否必要。对此，法律顾问提出：①三地三检"着陆点方式"下，若不进行移交管辖权的安排，三地政府以边界线为界依各自法律对位于其辖区内的大桥部分实行独立管辖，法律关系清晰，基本上不存在需要特别解决的法律问题，也是习惯做法。②关于港珠澳大桥运营、维护及维修的（技术）标准等，可事先通过三地协商并以三地备忘录的方式予以确认，解决不同行政区域有关法律规定差异的问题。③即便整个港珠澳大桥由设于内地的项目公司进行运营、维护，从而可能涉及跨界维护问题，可以参照边境贸易安排而通过三地签署备忘录的方式予以处理。④在港珠澳大桥个案中，可能存在本辖区内执勤的人员、车辆，因技术原因必须通过其他辖区才能返还本辖区执勤的问题。该问题同样可以通过三地政府间的协商，并以备忘录的方式予以确认。因此，在现行法律制度下，除管辖权移交这一方案外，亦存在其他方式解决港珠澳大桥统一运营和管理的问题。

2. 往来港澳之间须经过广东辖区内大桥主桥部分而产生的过境问题

在港珠澳大桥上通行的香港人员、澳门人员、车辆必须经过广东辖区，在三地三检"着陆点方式"查验口岸布设中，该类通行不经过广东查验口岸，因此，需要讨论港澳过境者途经广东辖区时，是否应适用内地法律制度对该等过境的人员、车辆及货物实施海关验放、边境检查等措施。

过境，通常是指持有效过境签证或者依协议、国际公约，从境外某地（始发地），通过境内（第三国或地），前往境外另一地（目的地）的行为。使用港珠澳大桥往来港澳的过境者所涉及的，属于陆地过境。

法律顾问提出，实际上跨境公路运输产生的过境通行问题所涉及者仍是国家主权行使及其边境管理（如海关通行）法律制度。为解决跨国（境）运输或通行口岸通关的便利性，中国签署了相关国际公约，但并未建立类似《联合国海洋法公约》的"领海无害通过制度"与"海峡过境通行制度"。基于上述，建议三地间比照港澳高速轮经过广东境内的例子，通过备忘录等形式确定公路通行"无害通过原则"，或将广东境内大桥部分区域定为海关监管区，按照已有的内地法律对其实施管辖权。

通过大量的研究和分析，最终确定港珠澳大桥"三地三检"的口岸查验模式；同时，珠澳之间采取"合作查验、一次放行"的创新模式，取消了两地口岸之间的缓冲区，直接把两个口岸连在一起，旅客只需要排一次队就可完成出入境手续。

2.5　《三地政府协议》的法律问题

三地政府如何在港珠澳大桥项目建设、运营、维护、管理等问题上分工与协作是众多法律问题中研究得最广泛、最深入的问题之一，其中首要涉及的是《三地政府协议》和三地协调机构。

随着前期策划工作不断深入，早先设立的三地政府协调机制存在的不足渐渐显露。三地政府共同组建的协调小组及其下设的办公室，均是临时设立的协调工作机构，没有独立的财产，在中国法律制度下不具有独立民事权利主体资格，因而其代表大桥项目发起人签署的各类文件，在法律上存在缺陷。此外协调小组决策链条长，实质性决策，首先由前期办报告协调小组，再获得三地政府认可，有的问题甚至要获得中央人民政府认可才能做出决策，耗时费力，不利于大桥项目高效向前推进。随着项目的不断深入推进，该协调机制已难以符合工作开展的需要。因此需要一种治理机制能高效地处理三地政府的协调问题，而是否签署《三地政府协议》成为其中的关键决策问题。

2.5.1　签署《三地政府协议》的必要性及目的

早先，政府间就建设运营跨境交通基础设施项目签署协议，均发生在国家与国家之间，签署的是国际性条约。港珠澳大桥项目明显不属于此类项目。

前期办成立之初对"三地政府是否有必要就大桥项目涉及的建设、经营、管理等事项签订某种形式的文件"问题委托法律顾问进行研究。2004年11月底，法律顾问提交了《港珠澳大桥项目法律分析报告之一——三地政府协议》，其中提出：无论港珠澳大桥项目采取何种投融资模式，无论三地法律是否要求签署有关文件，为保障项目的顺利进行，三地政府有必要签署《三地政府协议》，以明确项目的具体内容，明确项目建设、运营、管理过程中的基本原则和三地政府各自基本的权利义务。签订协议的必要性包括以下方面。

（1）明确建设、运营、管理大桥项目基本原则的需要。港珠澳大桥项目由三地政府共同发起，三地政府有必要以书面形式明确大桥项目的范围、权属划分原则、投资模式、经营模式、各类事务的管理原则等事项。

（2）明确三地政府间权利义务的需要。无论港珠澳大桥项目采取何种投资模式，三地政府都需要明确项目融资、建设、经营过程中各方基本的权利义务，并就此签订相关文件。

（3）解决三地法律、行政管理制度不同可能引起冲突的需要。港珠澳大桥跨三地建设，三地不同的法律制度和行政管理制度可能在大桥建设、经营和管理过程中引起适用冲突，部分冲突可能通过三地已有的冲突解决机制无法解决。该类冲突出现时难以预测，为推动项目顺利进行，三地政府需要以书面形式确定当出现该类冲突时通过何种方式协调解决，为解决冲突提供有效的机制。

（4）融资需要。大桥项目建设所需全部或部分资金通过筹措政府资本以外的资本获得，可能需要三地政府协议作为项目融资的支持性文件。

综合上述，无论三地法律是否要求签署有关文件，为保障项目顺利推进，三地政府有必要签署三地政府协议，以明确大桥项目的具体内容，明确大桥建设、运营、维护和管理过程中的基本原则和各方基本的权利义务。

2.5.2　协议的性质及效力

三地政府间就港珠澳大桥项目建设、运营、维护和管理签署的《三地政府协议》的性质及效力，对法律性质的定性，有两个方面影响：一是争端解决机制，国内和国际属性的不同会影响争端解决机制的具体内容；二是可能会引起其他世界贸易组织成员据此要求一些权利。

对于协议性质问题，内地、香港及澳门属于单一国家内适用不同法律体系的区域，三地的关系既非国与国之间的关系，也与一国内适用同一基本法律制度的数个行政区域不同，《香港基本法》及《澳门基本法》均未确定该特别行政区与内地省级行政区域的法律关系，因此在一国的框架内三地间的法律关系不明确。

由于该特殊性，三地政府签署的文件法律性质及法律地位问题较敏感，签订三地政府协议后，至少存在一个依据，证明三地政府曾做过相关承诺。三地政府作为公权力机关，为维持其公信力，须信守承诺，即协议的可执行力并非依赖于外在的法律强制力，而是依赖于三地政府为维护其公信力对承诺的自觉遵守。

2.5.3　协议签署主体

虽然最终签署《三地政府协议》是广东、香港、澳门三地政府，但前期办对由谁作为签署主体这一问题做了大量的论证和分析。

2004 年底法律顾问提供的分析报告建议由广东省人民政府与香港及澳门特区政府签订，不宜由国务院或国务院辖下部委办代表内地签署，理由如下。

（1）国务院：国务院是中央人民政府，根据宪法规定只能与外国中央政府签署条约或协定，香港、澳门只是中央政府辖下的特别行政区，国务院不宜与特别行政区政府作为平等主体签署类似《三地政府协议》性质的文件。

（2）部委办：国务院各部委办仅在涉及其管理职责范围内的事项，需要与香港或澳门合作和协调时，与特别行政区政府各相应主管部门签订有关文件。例如，国家环保总局与香港环境保护署签订的《内地与香港特区两地间废物转移管制合作的备忘录》，香港海关与海关总署签署的《香港海关与海关总署关于加强双方合作的备忘录》等。国务院部委办为中央人民政府的下设工作机构，与特区政府签署文件，主体上不对称。此外，港珠澳大桥项目是跨广东、香港、澳门三地的地方性项目，由国务院部委代表内地签署不妥。同时，大桥项目的建设运营所涉管理部门众多，难以确定由哪一个或哪几个部门签署。因此，法律顾问提供的报告认为不宜由国务院部委办代表内地签署《三地政府协议》。

（3）地方政府：2004 年，广东等内地九省区地方政府和香港特区政府、澳门特区政府就区域合作签订《泛珠三角区域合作框架协议》。港珠澳大桥项目是该协议内特别约定的合作项目，根据该框架协议约定，跨地区的具体合作项目由各地方政府另行协议商定。广东省人民政府与香港特区政府、澳门特区政府根据《泛珠三角区域合作框架协议》就港珠澳大桥项目签署三地政府协议，《泛珠三角区域合作框架协议》就是其依据，且内地地方政府与香港特区政府、澳门特区政府签署协议也有先例可循。

此外，国务院发展研究中心企业研究所对中央人民政府如何参与《三地政府协议》的签署提出了三个考虑方案：（A）三个地方政府各以自己名义直接签约；（B）中央政府直接和港澳签约；（C）国家发改委、国务院港澳事务办公室（以下简称港澳办）和三地政府一起签约。

前两种方案都存在一些不易解决的难题，如 A 方案在大桥项目存在分歧的情况下无法快速推进协议的签署；B 方案可能影响广东省的积极性，同时存在可能损害中央人民政府权威的潜在威胁。C 方案中，两部委参与签约的意义主要如下：中央人民政府综合性部委和上下的沟通渠道相对顺畅，可以快捷地进行多层次的沟通，有利于促进协调进程（包括协议的启动和签署），解决了 A 方案的难点；两部委作为与大桥项目实际相关的两个重要部委，以自己的名义而非中央代表的名义签署协议，既可以避免 B 方案对中央人民政府权威损害的担心，又在实际上起到了中央人民政府直接签约在实践中的效果。广东省人民政府也是签约主体，也避免了对其积极性的损害。但是国家发改委和港澳办在没有授权的情况下，也不具备协议可能需求的完全的签约能力和资格，如果广东省人民政府的签约能力可以用一个设定的批准程序来解决，这两个部委的资格问题也可以由同样的方式来解决。在实体能力的处置上，两部委和广东省人民政府的权限各有侧重，而且这两个部委是大桥项目建设涉及的两个最重要的综合性部门，同时也是前期协调机制的重要组成部分。

2.5.4　《三地政府协议》内容

三地政府于 2010 年 2 月底签署的《三地政府协议》，包括前言、7 章、22 条正文和 2 个附件。

第一章：总则。第 1 条目标与宗旨；第 2 条基本原则。

第二章：项目管理组织架构。第 3 条三地联合工作委员会；第 4 条项目法人。

第三章：项目资金。第 5 条主体部分建设资金；第 6 条主体部分运营资金；第 7 条各区部分建设和运营资金。

第四章：项目建设。第 8 条建设规模和建设模式；第 9 条标准和规范；第 10 条招标及施工；第 11 条工期与验收。

第五章：项目运营和管理。第 12 条运营；第 13 条车辆通行费；第 14 条维护；第 15 条开放与关闭；第 16 条权益转让。

第六章：公共事务管理。第 17 条通行规则；第 18 条边境口岸管理；第 19 条保安、消防及突发事件。

第七章：其他事项。第 20 条争议解决；第 21 条签署与生效；第 22 条补充协议。

附件一：三地委的职能与权限。

附件二：三地委的组成和议事规则。

2.6 项目法人模式的法律问题

2.6.1 项目法人模式策划

大桥项目法人机构采用何种模式主要考虑如下因素。

（1）大桥项目采取政府全额投资的方式建设，项目法人必须体现政府的作用。大桥建设与运营涉及社会、经济、环境、政治等一系列要素，将产生重大及长远的社会经济影响。大桥项目法人如采用公司模式，根据内地法律规定，政府不得直接作为公司股东，大桥项目法人的股东依法应是政府控股或受政府委托投资的国有资产公司，对大桥项目法人的直接控制或协调力度会较事业单位模式弱，不利于发挥政府部门决策、协调及监管作用。

（2）采用事业单位模式设立大桥项目法人，能体现政府还贷公路项目法人不以营利为目的的要求。

（3）粤港澳三地法律存在差异性，如采取公司模式设立项目法人，三地政府如就大桥建设运营事项发生争议时，作为大桥项目股东的三地政府，完全可以根据各地法律规定，通过司法程序的方式解决争议。这与三地政府达成的争议将按照"友好协商原则"解决存在冲突。

此外，主桥与连接线的划分点和香港、澳门与内地的分界线相一致，主桥就完全处于内地水域。相应地，建设主桥的项目法人只要按照内地法律设立即可，不需考虑香港与澳门的法律规定，化解了大桥项目统一建设所面临的法律障碍。

基于上述因素的综合考虑，三地政府参照内地政府还贷公路的做法，决定大桥项目法人采用事业单位法人模式。项目法人由香港特区政府、广东省人民政府、澳门特区政府作为举办单位，在珠海市设立。

2.6.2 事业单位法人设立

事业单位法人虽符合非营利性法人的法规要求，且内地政府还贷公路的项目法人采用事业单位的模式设立已有先例，但三地政府共同出资设立建设政府还贷公路的项目法人事业单位还是首次，在理论及实践中遇到的问题均无法遵循先例，必须逐一突破。

1. 事业单位法人的可行性论证的难题

（1）根据《事业单位登记管理暂行条例》规定，事业单位是"由国家机关举办或者其他组织利用国有资产举办的，从事教育、科技、文化、卫生等活动的社会服务组织"。建设大桥的行为，从文义上看，无法归属于教育、科技、文化、卫生活动，如何确保建设大桥的项目法人可以注册为事业单位？

虽然 2004 年国务院修订的《事业单位登记管理暂行条例》及国家事业单位登记管理局制定的《事业单位登记管理暂行条例实施细则》所列举的事业单位活动范围中，并未包括高速公路的建设与管理，考虑到广东省内已存在按事业单位模式设立项目法人建设政府还贷公路的实例，前期办积极就此展开调研工作，了解相关政策。经咨询广东省交通厅规划处（现广东省交通运输厅综合规划处），获悉在实践中建设政府还贷公路的事业单位项目法人在取得政府部门的批准文件后，持该批准文件办理相应的事业单位登记手续是完全可行的。

2004 年《收费公路管理条例》出台之后，广东省境内已有政府还贷公路的先例——韶赣高速公路粤境段，项目法人为韶赣高速粤境段管理处，该处的性质同样是事业单位法人。韶赣高速粤境段管理处于 2006 年 9 月正式获得广东省韶关市机构编制委员会的批文后成立。

（2）如果事业单位作为建设大桥的项目法人，根据内地法律，该项目法人具有中外合资企业一样对外融资，向境内外金融机构或三地政府借款的行为能力吗？

根据《收费公路管理条例》，政府还贷公路可由县级以上地方人民政府交通主管部利用贷款修建。若政府还贷公路需以项目法人名义贷款，根据国家外汇管理局颁布的《境内机构借用国际商业贷款管理办法》，事业单位依法不得借用境外国际商业贷款。事业单位若向境内金融机构借款，必须事先取得地方人民政府交通主管部门授权，同时政府须确认在大桥广东段建成后将用收取的车辆通行费（扣除必要的管理、养护等费用后）偿还该事业单位欠金融机构的全部贷款本息。法律并不禁止项目法人通过向香港特区政府、澳门特区政府贷款的方式筹措大桥广东段的建设资金，由于香港特区政府、澳门特区政府并不属于外国政府，向香港特区政府、澳门特区政府贷款须遵循的程序，需根据中央人民政府的批准意见确定。

（3）按照事业单位模式设立大桥项目法人，该项目法人可否任命香港特区政府、澳门特区政府的官员担任一定职务？如果不行，如何保障香港特区政府、澳门特区政府对大桥项目广东段行使适当的权利？

内地法律并不禁止外国籍人士在事业单位中任职，但事业单位聘请外国籍人士任职的，须报省级以上政府人事行政部门核准，并按照国家有关规定进行招聘。既然外国籍人士可在事业单位中任职，同样具有中国公民身份的香港及澳门人士在事业单位中任职，应该没有法律障碍。如果香港、澳门任职的官员在该事业单位中需保持双重身份，这样是否合法，对此法律并无明确规定，须向省级以上政府人事行政部门咨询。

（4）采用事业单位模式设立大桥项目法人，从法律角度而言，最大的问题在于是否可以设立共同出资的事业单位？即香港特区政府、澳门特区政府或其指定机构、组织能否作为举办方之一与境内机构在内地设立事业单位项目法人？

当时内地对事业单位法人进行规范的法律法规极少，效力最高的规定之一是《事业单位登记管理暂行条例》，该条例第二条对事业单位的定义：是指国家为了社会公益目的，由国家机关举办或者其他组织利用国有资产举办的，从事教育、科技、文化、卫生等活动的社会服务组织。依据该定义，可以举办事业单位的机构主要是两大类，一是国家机关，其次是其他组织，但限定了举办事业单位的资金来源是国有资产。其他组织的具体构成尚可进一步研究，从利用国有资产这点分析，似乎除了内地国家机关及利用国有资产的机构外，其他机构是无法成为事业单位的举办人的。

中共中央办公厅和国务院办公厅1996年印发的《中央机构编制委员会关于事业单位机构改革若干问题的意见》中，承认"民办事业单位"的存在，并要求"发展适宜民办的事业单位"。中央机构编制委员会是全国事业单位登记管理机构，该意见表明，事业单位登记机关认可举办事业单位的其他组织，包括非利用国有资产的单位或机构。

从其他部门规章或地方性法规中也可发现，利用非国有资产举办的事业单位是存在且已得到承认的。例如，1996 年财政部发布的《事业单位财务规则》规定：本规则适用于各级各类国有事业单位的财务活动，非国有事业单位依照或参照本规则执行。《山西省全民所有制事业单位工作人员养老保险试行规定》提出：城镇集体所有制、股份制、私有制事业单位固定人员及中外合资事业单位中方人员等非全民事业单位工作人员，参照本规定执行。这些规定表明，境外机构也属于举办事业单位的其他组织的范围。

《广东省事业单位登记管理实施细则》提出，事业单位登记管理的范围是，以社会公益为主要目的，由我省各级党政机关，人大、政协机关，法院、检察院机关，各民主党派机关，使用财政性经费的社会团体和国有企业举办的，以及其他组织利用国有资产（含部分国有资产）举办的，从事包括交通在内的各项活动的社会服务组织。上述规定表明，在广东省境内设立事业单位必须利用国有资产，但不要求全部利用国有资产。不拥有国有资产的其他组织也可以成为事业单位法人的举办人，是有法律依据的。

根据《广东省事业单位登记管理实施细则》，港珠澳大桥项目法人的内地举办人可以是行政机关，如广东省人民政府，或国有企业及其他组织。香港、澳门方是否可以以政府名义或政府授权机构或政府全资拥有机构名义作为该细则所述的"其他组织"，成为事业单位法人的举办人。法律顾问提出，香港特区政府、澳门特区政府或其指定机构、组织作为大桥项目事业法人举办方之一，与事业法人设立目的"社会公益为主要目的"不相违，除非将要举办的事业单位法人确定的业务范围属于外资①机构禁入领域。法律没有禁止外资机构举办事业单位法人；实践中也存在中外机构共同举办的事业单位法人，如《关于设立中外合资研究开发机构、中外合作研究开发机构的暂行办法》规定所反映，公路桥梁不属于外资禁入领域，香港、澳门相关机构作为港珠澳大桥项目事业法人的举办人之一，在法律上没有明显障碍。

2010 年 6 月，三地政府签署了《管理局章程》，再次明确了管理局为非营利性事业单位。2010 年 7 月，广东省机构编制委员会办公室正式批复同意设立管理局作为大桥主体工程的项目法人，项目法人性质明确为公益三类事业单位。2010年 7 月，经广东省事业单位登记管理局登记并颁发事业单位法人证书，管理局作为公益三类事业单位正式成立。2019 年 12 月 30 日，广东省编办印发了《中共广东省委机构编制委员会关于印发〈广东省省属公益三类事业单位改革实施方案〉的通知》（粤机编发〔2019〕138 号），明确不再保留公益三类事业单位，管理局也被调整为由行业主管部门批准、经登记设立的事业单位。从编制审批部门批准设立的事业单位变成经行业主管部门批准设立的事业单位，虽然批准机构发生了变化，但管理局作为事业单位法人的性质并没有发生任何变化。

2. 《管理局章程》的设计与签署

根据《事业单位登记管理暂行条例实施细则》，事业单位章程的主要内容包括：①名称；②宗旨和业务范围；③组织机构（法人治理结构）；④资产管理和使用的原则；⑤章程的修改程序；⑥终止程序和终止后资产的处理办法；⑦需要由章程规定的其他事项。

港珠澳大桥主桥项目涉及"一国两制三地"，其项目组织架构和运作模式在符合内地相关法律法规的前提下，也须考虑港澳政府的需求。为此，管理局与内地一般的事业单位相比，其组织架构及运作模式须有所区别，其中主要包括：①管理局的主管单位为三地委。②为提高项目运作效率，事业法人的运作将更多地借鉴企业化模式，具体的运作将实行内部企业化管理，全员合同聘用。③事业

---

① 根据《中华人民共和国外商投资法实施条例》第四十八条，"香港特别行政区、澳门特别行政区投资者在内地投资，参照外商投资法和本条例执行；法律、行政法规或者国务院另有规定的，从其规定"。

法人的职责、内部机构设置、人员编制、高级管理人员的聘用均由三地委审议决定，不完全套用内地有关事业单位的相关规定。

3. 管理局法人治理结构的论证过程

（1）《管理局章程》初稿中，对项目法人的法人治理结构做出了如下设计。

第一层级是三地委，其成员由三地政府任命。三地委代表三地政府对与主体部分的设计、建设、运营、维护和管理有关的所有事项实施监督，并对管理局行使职权。

第二层级为理事会，理事会对三地委负责，并具有一定的职权。理事会由正、副理事长、理事、理事会秘书组成，理事长是管理局的法定代表人，理事会下设审计、提名、薪酬、考核委员会与工程等专业委员会。

第三层级是管理局的经营管理机构，管理局设行政总裁、副行政总裁、财务负责人等高级管理人员，均由理事会聘任或解聘。行政总裁对理事会负责，行使一定的职权。

（2）三地政府的讨论及决策。

在 2009 年 5 月 27 日召开的关于《港珠澳大桥项目初步框架讨论稿》的讨论会中，广东省人民政府代表认为初稿的组织架构基本上是一个公司的组织架构，过于复杂，层级太多。建议仍按内地事业法人的架构设置习惯，一般设局长、副局长，下设处室，如财务室等，建立一个局长负责制的管理架构，形成名副其实的事业法人；项目法人不用设理事会，管理层级过多会降低工作效率。澳门特区政府代表亦认为章程初稿设置的组织架构太复杂，从效率角度考虑，项目法人的架构越简单越好，不设理事会。香港特区政府代表亦同意取消理事会，但建议法律顾问团队划分清楚三地委和项目法人间的权责。

若详细推敲，《管理局章程》初稿中规定的三地委与《三地政府协议》存在冲突与矛盾。三地委这一机构负责协调三地政府在大桥建设、运营过程中的重大事项，而管理局仅负责建设港珠澳大桥主体工程，三地委应是超越管理局的一个机构，不应作为管理局的内设机构而在《管理局章程》中确定。

为此，广东省人民政府代表建议可以参照内地事业单位法人的一般做法，即项目法人为一个执行机构，对内部进行管理，对外向三地委负责。三地委为监管机构，对重大问题进行决定，如每年预算、决算、工作计划等，重大合同的变更，项目法人主要管理人员的任命等。

这次会议通过对《管理局章程》初稿的讨论，明确了项目法人管理架构应遵循的原则：①决策高效的原则。为提高大桥建设和运营效率，应建立高效的管理架构，对项目法人充分授权，让项目法人及管理层在大桥的建设和运营时可享有更多的自主权，从而提高项目整体的运作效率。②体现项目公益性原则。港珠澳大桥属于政府出资建设的非营利性项目，项目法人是具有公益性的事业单位，因此，项目法人章程及治理结构不宜完全照搬企业法人治理模式。③适应内地法律规定和组织惯例的原则。港珠澳大桥主体工程全部位于内地，大桥建设、运营等应全部遵循内地法律规定，接受内地相关部门的监督管理，因此项目法人章程应符合内地法律规定，并尽量遵从内地组织管理的惯例要求。

最终签署的《三地政府协议》确定港珠澳大桥项目事业单位法人，实行管理局局长负责制，由局长主持管理局的全面工作，并向三地委报告工作。管理局的内部决策机构为局长工作会议，局长工作会议由局长、副局长及总工程师组成。局长工作会议负责对管理局为履行其职能所执行的事项及根据《管理局章程》由其审议的事项做出决议。

4. 为提高管理局工作效率而进行的特别安排

事业单位实现企业化管理一般体现如下：①机构设置的企业化：不定行政级别；②决策程序的企业化：依照《三地政府协议》和章程自主决策；③人事管理的企业化：全员合同聘任，不纳入行政编制，不套行政级别；④资金管理的企业化：自收自支；⑤财务制度的企业化：事业单位会计制度和企业会计制度的协调适用。

如何在《管理局章程》内容中体现出实施企业化管理的内容，是拟定章程过程中探讨的主要问题。

（1）管理局可否根据企业会计准则制定财务会计制度？

根据内地法律，企业法人与事业单位法人适用不同的财务会计制度，律师事务所对会计制度的选择进行研究后，认为使用《事业单位会计制度》有利于和财务会计匹配，但弹性相对较小，而且还需按照财权与事权匹配原则，向财政部门申请扩大资金开支自主权。采用《企业会计制度》往往是事业单位企业化管理的核心内容，项目法人经营性收入可按《企业会计准则》做单项核算，但是企业会计制度完全按照经营目标的营利性来设计，主要适用于以经营性业务为主业，且按自负盈亏核算，财政不予补助的事业单位。为此，法律顾问认为，根据《港珠澳大桥工程可行性研究报告》，项目经营性收入将全额用于补贴大桥维护管理开支，以降低车辆通行费。鉴于项目法人无意将营利性收入转化为利润分配给举办方，采用企业会计制度没有实质意义。

法律顾问提出，根据目前三地政府已达成的共识及工程可行性报告内容，管理局拟实行企业化管理，全员合同聘任，全额自收自支，若此，管理局采用企业会计核算可能会适合其实际情况。如果最终决定管理局纳入企业会计核算体系，则管理局应适用企业会计制度。管理局实行企业化管理，纳入企业会计核算体系，其在建设期间、运营期间都可以具体比照适用《公路经营企业会计制度》。

在对事业单位会计制度与企业法人会计制度进行深入对比后认为，管理局选择财务报表的基础是通过合适的会计制度，反映大桥的建设成本、运营效益，并对项目的运营实施监督，将大桥的运营目标与项目目标一致化，实现社会利益最大化。

经分析国家对不同行业、不同性质法人的财务制度的区分处理，前期办认为《国有建设单位会计制度》和《高速公路公司会计核算办法》更适用于管理局的性质。这两个会计制度为港珠澳大桥的建设和运营提供了最佳的参考依据。这两种制度都是基于《企业会计制度》进行设立和制定的，为此提出《企业会计准则》更加适合未来管理局的建设期和运营期的观点。

最终，《管理局章程》确定"管理局应依照内地适用法律和中央政府财政主管部门制定的企业会计准则，制定管理局的财务会计制度"。

（2）《管理局章程》是否可以约定管理局选聘工作人员时"全员三地范围内公开招聘"？

该问题涉及港澳居民在内地就业问题。根据《台湾香港澳门居民在内地就业管理规定》，用人单位申请聘请台港澳人员实施备案制度，用人单位就拟聘请台港澳人员事宜向劳动行政主管部门提交申请，经劳动行政主管部门审查并做出就业许可决定，颁发就业证。

根据相关法律，用人单位申请聘请境外人员实施的是就业许可制度，另外还规定用人单位聘用境外人员从事的岗位应是有特殊需要，即国内暂缺适当人选，且不违反国家有关规定的岗位。用人单位在聘用境外人员前，须向劳动行政主管部门（或同级的行业主管部门）为该境外人员申请就业许可证，经劳动行政主管部门（或同级的行业主管部门）审查许可并颁发《就业许可证》后，用人单位方可聘用该境外人员。在取得境外人员就业许可证后，该境外人员方可办理职业签证手续进入中国，并办理《就业证》。不过，若是事业单位出资聘请，具有本国或国际权威技术管理部门或行业协会确认的高级技术职称或特殊技能资格证书的外籍专业技术和管理人员，并持有外国专家局签发的《外国专家证》的外国人，则可以免办就业许可及就业证。

经过法律论证，各方认为在章程中规定港珠澳大桥项目法人实行所有岗位"全员三地范围内公开招聘"类似表述不适合，建议不在章程中规定。最终《管理局章程》规定"管理局依据内地适用法律和本章程，按照公开选聘原则聘用其管理人员、职工、工人和其他人员"。

经过三方政府的讨论，最终达成《管理局章程》。

5. 港珠澳大桥管理局的正式成立

经过充分研究及讨论，2010 年 2 月 26 日广东省人民政府、香港特区政府、澳门特区政府正式签订《三地政府协议》。2010年5月24日，三地委第一次会议在广东省珠海市召开，会议宣布三地委成立，协调小组和三地委进行了工作交接。会议聘任时任前期办主任担任管理局局长，会议一致通过了《管理局章程》。2010年6月，三地政府正式签署了《管理局章程》。

2.7   招标和合同管理的法律问题

2.7.1   工程设计方面

关于工程设计方面的法律规定，主要包括《中华人民共和国建筑法》、《建设工程勘察设计管理条例》、《建设工程勘察设计资质管理规定》、《工程建设项目勘察设计招标投标办法》、《关于外国企业在中华人民共和国境内从事建设工程设计活动的管理暂行规定》和《中华人民共和国加入议定书》（中国加入世界贸易组织的法律文件之一）附件9《中华人民共和国服务贸易具体承诺减让表第 2 条最惠国豁免清单》等。根据该等规定，中国对工程设计实行资质管理制度。

对于国内企业而言，依据《中华人民共和国建筑法》《建设工程勘察设计管理条例》《建设工程勘察设计资质管理规定》等，承揽设计业务需要经资质审查合格，取得相应等级的资质证书后，方可在其资质等级许可的范围内从事建筑活动。

对于外国投资者而言，为中国建设工程设计项目提供设计服务的途径包括跨境交付或商业存在，即外国投资者可直接向中国建设工程设计项目提供工程服务，即跨境交付；或通过在中国投资设立的独资、合资或合作企业提供工程服务，即商业存在。对于后一种在中国设立商业存在的，须按照国内资质管理的规定取得国内建设主管部门颁发的设计资质并在资质等级许可的范围内承揽设计业务。因此，前期办在研究过程中重点关注第一种跨境交付方式。

根据《工程建设项目勘察设计招标投标办法》，外国企业要参加中国建设项目设计服务投标的，必须符合中国缔结或者参加的国际条约、协定中所做的市场准入承诺及有关勘察设计市场准入的管理规定。按此规定，外国企业参加中国工程设计，需要符合国际条约、协定的市场准入承诺及勘察设计市场准入的管理规定两个条件。条件一，按照《中华人民共和国加入议定书》附件 9《服务贸易具体承诺减让表第 2 条最惠国豁免清单》的规定，有关建筑设计服务的市场准入方面，以跨境交付方式提供服务的，若服务内容是进行方案设计，则在市场准入方面没有限制；但除方案设计之外的工程设计服务，则要求外国企业必须与中国的专业机构进行合作。条件二，根据《关于外国企业在中华人民共和国境内从事建设工程设计活动的管理暂行规定》，"外国企业以跨境交付的方式在中华人民共和国境内提供编制建设工程初步设计（基础设计）、施工图设计（详细设计）文件等建设工程设计服务的，应遵守本规定"，"外国企业承担中华人民共和国境内建设工程设计，必须选择至少一家持有建设行政主管部门颁发的建设工程设计资质的中方设计企业（以下简称中方设计企业）进行中外合作设计（以下简称合作设计），且在所选择的中方设计企业资质许可的范围内承接设计业务"，"香港、澳门特别行政区和台湾地区的设计机构在中国内地从事建设工程设计活动参照本规定执行"。

通过对相关规定的梳理发现，如果是在概念设计或方案设计阶段，外国企业通过跨境交付的方式可以直接提供设计服务，不需要专门就此在中国设立机构，也不需要与中方的设计企业合作。但是到了初步设计及施工图设计阶段，外国企业参与中国设计项目有两个途径，一是在中国设立商业存在，二是与中国的设计企业合作。在实践中，考虑到在中国设立商业存在的时间及经济、税务成本，外国企业更倾向选择第二种方式。

前期办曾提出一个方案，就是在招标文件中要求投标人必须是由境内境外合作设计单位组成的联合体。这个方案的初衷是让境外优质资源参与项目的设计工作。然而，前期办发现，按照《中华人民共和国招标投标法》规定，投标人可以基于增强投标竞争能力、弥补自身技术力量的相对不足等目的组成联合体投标。是否组成联合体投标是投标人的权利，投标人既可独自投标，也可组成联合体投标，对此招标人不得干涉，不得强制投标人必须组成联合体投标，不得限制投标人之间的竞争。

要求投标人组成境内境外联合体的方案在法律上行不通，前期办只能调整招标方案，从投标人的资格条件入手。针对这一方案，须符合《中华人民共和国招标投标法》所规定的"招标人不得以不合理的条件限制或者排斥潜在投标人，不得对潜在投标人实行歧视待遇"的要求。

经过对项目特点及技术需求的详细分析，前期办最终确定的招标方案如下：投标人可以以境内境外合作设计联合体形式投标，联合体主办人应为境内设计企业，联合体境外设计、咨询企业可为多家，并需要符合多项资质条件。投标的联合体资质要求不仅需要满足工程设计综合资质甲级，或公路行业（特大桥梁）资质甲级及公路行业（特大隧道）资质甲级，还需要有近10年内在境内和境外至少成功完成大型桥梁建筑的经验。另外还有三项具体建设经验要求，包括：两座以上（含两座，下同）海洋环境下桥梁的设计或设计咨询工作，其中一座跨海长度要求超过10千米；两座以上主跨800米以上悬索桥或400米以上斜拉桥的设计或设计咨询工作；两座以上长度在两千米以上沉管/盾构隧道的设计或设计咨询工作，要求双向四车道及以上，其中一座要求在海洋环境下。

一方面，最终方案仅是允许而非强制性要求投标人以境内境外合作设计单位组成联合体形式投标，同时也明确联合体主办人应为境内设计企业，符合《中华人民共和国招标投标法》及内地法律对于境外企业参与内地建设工程设计工作的法律要求。另一方面，为适应港珠澳大桥主体工程在技术方面的需求，前期办又提出投标人须有海洋环境下桥梁的设计或设计咨询经验的要求。由于内地设计单位在外海沉管隧道工程方面经验的缺乏，投标人要满足招标文件的资质条件，将不可避免联合境外具有丰富经验的设计单位进行联合投标。由于港珠澳大桥主体工程涉及外海桥梁及沉管隧道工程，最终方案所提出的业绩经验方面的要求是合理的，也不属于《中华人民共和国招标投标法》所禁止的"以不合理的条件限制或者排斥潜在投标人"的情形。因此，最终方案是在法律限制下依据项目特点而做出的最佳风险控制方案。

2.7.2　工程咨询、监理、施工方面

内地法律对境外企业参与咨询、监理及施工方面均有不同要求。

（1）咨询方面。境外企业可以以跨境交付方式，与具有相应工程咨询资格的境内企业合作提供工程咨询，也可以以商业存在的方式提供工程咨询服务。

（2）监理方面。境内的建设项目原则上应当委托内地监理企业监理，个别合资的工程建设项目可以依法委托境外监理机构或者聘请监理顾问；境外贷款的工程项目根据需要由境内境外监理企业进行合作监理。

（3）施工方面。按当时内地法律，境外企业已无法直接承接内地的建设工程项目，必须通过在内地设立商业存在并取得资质证书后方可以在资质许可的范围内从事建筑施工活动。

鉴于内地法律对境外企业参与咨询、监理及施工方面的限制，前期办及管理局在进行招标规划时，需要根据各标段的实际情况提出既能符合法律规定又能满足项目引入境外优质资源的现实需要的招标模式。

1. 施工单位的选任

在选任施工单位的阶段，前期办及管理局碰到与初步设计阶段同样的难题，即境内缺乏沉管隧道同类项目经验且钢桥面铺装总体实施情况不理想，必须要在关键工程上借鉴境外成功经验或引入境外的优质资源。受限于内地法律的限制性规定，招标管理者设计了多种模式，以供决策者参考。

以桥梁工程桥面铺装为例，招标管理者提出三种备选的招标模式，具体

如下。

一是面向全球的国际招标。该方案的优点是可以在全球范围内选择优质资源，充分利用国际工程市场的先进施工技术及工艺，为工程质量提供保障，同时可以融合国际先进管理理念及施工工艺，实现与国际接轨；但该方案存在需解决境外企业施工资质的法律问题，需要国家层面特批。

二是面向内地及港澳地区的公开招标。该方案存在合理性也符合香港特区政府提出由港方施工企业参与项目的愿望；但同样存在需解决境外企业施工资质的法律问题，需要国家层面特批。

三是面向内地的公开招标。该方案具有完全符合内地法律规定、不存在需要协调解决的问题等优点；但是不能很好地利用项目三地共建共管的建设平台，对内地钢桥面铺装行业的刺激和促进作用不明显，且存在质量风险。

受内地法律限制，管理局最终决定桥梁工程桥面铺装采用内地公开招标的方式，为确保工程质量，招标管理者创新性地提出"施工+境外顾问"的模式。虽施工企业为境内企业，但要求施工企业需要聘请境外的施工管理顾问。

通过"施工+境外顾问"的方式，在内地法律限制下，桥梁工程桥面铺装施工引入了国际咨询公司瑞士埃施利曼沥青工程公司，该公司为攻克桥面铺装施工质量难题提供了技术保障。

2. 咨询单位的选任

考虑到项目的技术困难及复杂程度，港珠澳大桥主体工程项目专门设置了设计及施工咨询招标项目，内容包括两个阶段咨询内容。第一阶段为初步设计和招标期间咨询；第二阶段为施工图设计和施工期间咨询。咨询工作包括对设计标准、设计文件及其中间成果、专题研究、专业分包成果、设计关键技术等的独立审核和咨询；协助招标并编制招标文件；编制施工及质量验收标准、营运及维护手册；对施工期间的设计变更、各标段总体施工组织设计和专项施工方案的独立审核和咨询；为业主开展培训服务及后续服务等。

鉴于《服务贸易具体承诺减让表第 2 条最惠国豁免清单》允许境外企业以跨境交付方式，与具有相应工程咨询资格的中方合作提供工程咨询，该标段采用国际竞争性公开招标，投标人可以境内境外合作咨询联合体形式投标。最终中标单位是上海市政工程设计研究总院联合体（成员包括上海市政工程设计研究总院、林同棪国际、荷兰隧道工程咨询公司（Tunnel Engineering Consultants，TEC）、广州地铁设计研究院有限公司）。

3. 监理单位的选任

在监理单位选任方面，受限于内地法律规定，内地建设工程项目一般委托内地监理企业进行监理，港珠澳大桥主体工程的监理工作主要以内地公开招标的形式委托内地的监理单位实施。但是，借鉴"施工+境外顾问"的模式，在选任桥梁工程钢箱梁制造监理方面也要求中标的监理单位聘请境外顾问单位提供咨询。最终中标的桥梁工程钢箱梁制造监理单位引入了台湾世曦工程顾问股份有限公司及境外顾问专家。

2.7.3　三地共建共管对选任工作的影响

1. 三地共建共管为选任工作提供有益经验

三地协调机构在选任工作方面的深度参与，一方面使得三地政府的诉求可以在选任过程中得到充分的尊重；另一方面香港、澳门的参与，拓宽了大桥主体工程招标管理者的国际视野，为其提供了很多有益的招标管理理念、经验及资讯。

例如，在钢桥面铺装标段的招标过程中，经过市场调研，发现内地外桥面铺装实施效果存在差异，由于内地企业在施工工艺和管理方面欠缺等原因，铺装效果多数不尽如人意。为了向境外优秀的桥面铺装企业"取经"，大桥主体工程招标管理者决定有必要在招标前再与境外桥面铺装企业进行调研交流。在这一过程中，香港提供的资讯反映，香港地区几座跨海大桥钢桥面铺装实施效果良好，如青马大桥、昂船洲大桥、深港西部通道等项目。在香港特区政府协助下，大桥主体工程招标管理者与香港铺装企业进行深入交流，招标管理者在调研交流过程中收获了丰富的经验及珍贵的数据资料。同时，由于香港青马大桥、昂船洲大桥、深港西部通道等项目与大桥主体工程项目的地理位置相近，其经验与数据具有重大的借鉴意义。这次对香港铺装企业的调研，对大桥主体工程招标管理者制定桥面铺装项目管理理念、招标方案、工程造价等方面都起到积极作用。

2. 确保选任工作的公平、择优

在选任服务单位（如保险经纪、财务顾问、工程质量顾问、环保顾问、课题研究等服务）过程中，招标管理者对于采用何种选任方式却产生了疑问。

《中华人民共和国招标投标法》第三条规定"在中华人民共和国境内进行下列工程建设项目包括项目的勘察、设计、施工、监理以及与工程建设有关的重要设备、材料等的采购，必须进行招标……"，该条未明确规定工程项目涉及的辅助服务是否属于必须招标的内容。但是，当时仍施行的《广东省实施〈中华人民共和国招标投标法〉办法》第七条规定"工程建设、货物采购、服务、特许经营项目符合本办法第八条、第九条规定的招标范围及规模标准的，必须进行招标"。《必须招标的工程项目规定》第五条"本规定第二条至第四条规定范围内

的项目，其勘察、设计、施工、监理以及与工程建设有关的重要设备、材料等的采购达到下列标准之一的，必须招标：（一）施工单项合同估算价在 400 万元人民币以上；（二）重要设备、材料等货物的采购，单项合同估算价在 200 万元人民币以上；（三）勘察、设计、监理等服务的采购，单项合同估算价在 100 万元人民币以上"。

在对上述法律适用方面存在困惑的情况下，招标管理者向广州建设工程交易中心了解服务招标的事宜。该中心答复，一方面其采用的评标专家库中只有建设工程及其所必需的勘察、设计、监理方面的专家库，没有设立类似财务、保险、环保顾问、课题研究等专业方面的专家库；另一方面如果要进入该中心招标，需要提供广东省交通厅的核备文件，但港珠澳大桥主体工程拟聘请的保险经纪、财务顾问、工程质量顾问、环保顾问、课题研究服务单位，并未有广东省交通厅的核备文件。

在这样的情况下，如何解决？采用何种方式选任服务单位？

当时招标管理者了解到内地不少大型项目在采购服务方面采用了公开选聘、比选等方式，如北京奥运会法律顾问、招标代理机构均是通过选聘方式确定；而在香港地区，公开选聘方式更是经常使用的选任方式。为此，在经过三地协调机构同意后，招标管理者决定采用公开选聘或比选的方式选任服务单位。虽然是采用了公开选聘或比选方式，但是其程序也借鉴了招标方式，有关选聘或比选文件实质上也需要上报三地协调机构，评选委员会也有三地代表参与，确保整个选聘或比选程序的公平、公正。从选聘或比选结果看，也实现了"择优"目的，所选任的各个服务单位都能够很好地完成工作任务，协助港珠澳大桥主体工程项目得以顺利建设。

3. 对评标委员会组成的影响

三地共建共管的项目特性也给招标管理者在设计招标方案时带来挑战，需要招标管理者对一些惯例做法进行突破。

例如在评标委员会的组成方面。根据《评标委员会和评标方法暂行规定》，评标委员会由招标人或其委托的招标代理机构熟悉相关业务的代表，以及有关技术、经济等方面的专家组成，成员人数为 5 人以上单数，其中技术、经济等方面的专家不得少于成员总数的三分之二。按照往常的做法，评标委员会可由 5 人组成，其中招标人代表一般为 1 人。由于港珠澳大桥主体项目三地共同出资、共建共管的特点，三地政府都希望可以参与评标过程。为满足三方政府的合理诉求，招标管理者打破惯常的思维，将评标委员会中的招标人代表从惯常的 1 人调整为 4 人，由三地政府各委派 1 人、加上管理局派 1 人共 4 名代表组成，该方案获得三地政府及上级主管部门同意。为了满足《评标委员会和评标方法暂行规定》规定的"成员人数为 5 人以上单数，其中技术、经济等方面的专家不得少于成员总数的三分之二"之比例要求，需要从交通运输部专家库抽取 9 名专家评委，最终评标委员会成员达到了13人之多，阵容庞大。这样的安排充分尊重了三地政府的诉求与利益，充分体现了三地共建共管的项目特点，相信在一般的国内项目不常见。

2.8　成效与启示

1. 成效

1）法律与工程的深度融合

在工程实施过程中，港珠澳大桥项目管理者非常重视法律，且具有前瞻性的法律意识。例如在合作伙伴选任上，在不违反法律强制性规定前提下，追求管理上的创新，采用全过程法律服务参与也是法律与工程良好融合的典范。

2）粤港澳三地法律与管理制度在本项目中的融合

港珠澳大桥项目法律研究为三地法律与管理制度的融合做出了开拓性的积极探索，构建了一座连通内地、香港、澳门三个法律制度地域的"制度之桥"，为当下粤港澳大湾区建设之际的跨界法律适用问题研究提供了直接经验借鉴。

2. 启示

1）对粤港澳大湾区的法律实践

从 2003 年国务院正式批准设立协调小组，到 2010 年三地政府签订《三地政府协议》，再到管理局正式成立，粤港澳三方协调合作机制由浅入深，不断走向成熟。这是"一国两制"下三地政府首次联合建立的横跨三地、具有实质性管辖权的独立法定机构。管理局由三地政府共同出资，共同制定章程，既充分尊重三地自主性，又确保在平等协商基础上的科学决策，极大提升了项目管理的质量与效率。这为三地联合推进粤港澳大湾区建设、建立健全大湾区管制架构，为完善"一国两制"理论和制度，创新及深化"一国两制"实践积累了宝贵经验。

大桥的法律实践将为香港、澳门融入国家发展大局提供宝贵的法律实践经验，有利于夯实粤港澳大湾区建设的制度保障，有利于三地在经贸、工程、法律等方面建立更加紧密的合作机制。

2）对跨境项目的法律实践

大桥的法律实践严格依据宪法和香港、澳门两部基本法所确立的原则，在内地、香港、澳门三地法律制度框架不变、法律条文不改的前提下，创新机制，求同存异，通过巧妙适用三地现有法律，科学处理了各类法律争议，既充分发挥"一国"之便，又充分利用"两制"之利，攻破了一个又一个法律障碍，为解决全球大型跨境基建项目的法律问题提供了"中国经验"与"中国方案"。

遵守现有法律是三地政府合作的基础，实事求是、一切从实际出发的务实精神是推动三地政府将合作落到实处的动力源泉。

（1）对于港珠澳大桥的建设者而言，遵守现有的法律规定是不可逾越的红线，而一切从实际出发、实事求是，准确地理解及适用法律则体现了决策者们的智慧。

例如在投融资模式研究中，前期办通过对三地相关法律法规的梳理及分析，果断地将大桥项目"统一建设"转变为"分界建设"，最大限度地降低了大桥建设的法律风险及障碍。

（2）在遵循已有法律的基础上，建设者也做了大量突破性的尝试。例如管理局的设立，是三地政府推动内地与港澳深化合作进行的一次成功尝试。三地政府对管理局的论证、定位、决策及成立过程，是大湾区合作共建的一次有益的探索。

三地政府在详细分析现有法律规定的基础上，准确地理解及适用法律，实现制度创新，开创性地设立了我国第一个由三地政府共同设立的事业单位法人，并根据实际情况构筑了高效有序的法人治理机制。

港珠澳大桥工程的法律实践为我国粤港澳大湾区、我国台湾地区、"一带一路"项目如何处理各方法律关系、适用并完善各方的管理规则，提供了重要的经验启示。

第3章 项目决策

　　由于港珠澳大桥特有的政治、社会、法律等环境复杂性，大桥工程决策不仅面临传统工程决策的一般问题，还面临一些过去类似工程中没有出现过的决策"新问题"。这些重要决策包括决策模式与立项决策、建设管理模式决策、投融资方案决策、重大技术方案决策、概算调整研究与决策及工程口岸模式与跨界运营决策。其中，概算调整研究与决策作为"承上启下"的关键决策，有效控制了工程造价，保障了工程进度及质量。大桥工程项目决策实践极大地丰富了重大工程决策问题的内涵：面对"新问题"，决策者必须全面、系统地进行比对、试错、修正、迭代，才能形成科学的决策方案。

　　港珠澳大桥工程特有的政治、社会、法律等环境复杂性，使得大桥工程决策不仅面临传统工程决策的一般问题，还面临一些过去类似工程中没有出现过的决策"新问题"，如"一国两制"体制下建设管理模式的决策、跨境口岸的布设方式与运营模式决策、对珠江口中华白海豚的保护决策等问题。这些决策问题都要一一解决，这是一个务实的决策实践过程。此外，由于决策问题的复杂性，凭借决策者的传统经验、知识和一般的决策流程规定已无法适应这一过程，这也必然是一个创新的决策实践过程。为此，本章通过对大桥工程决策实践的回顾，进行了决策环境、决策理念、决策原则、决策思路与决策过程的系统梳理。在梳理中充分考虑以时间为主轴、以思路为主线的立体方式，以体现工程决策实践的丰富内涵。

3.1　决策概述

3.1.1　重要决策问题

　　同任何重大基础设施工程一样，港珠澳大桥必须完成多项重要决策工作，而且由于大桥所处的政治、社会、地理、自然环境的特殊性,还要开展一些独特的重要问题决策。概括起来,这些重要决策问题具体如下。

1. 立项决策

港珠澳大桥的立项决策主要包括两部分内容:一个是工程预可行性研究,也就是香港与珠江西岸交通联系的研究;另一个则是工程可行性研究。决策的目的是回答两个最为关键的问题:工程建设的必要性和可行性,即是否有必要通过港珠澳大桥工程的建设来解决当前及今后社会经济发展过程中存在的问题,以及当前是否具备建设必需的条件。

2. 建设管理模式决策

工程建设管理模式是基于工程建设管理的一套制度设计,重点在于明确工程项目重要利益相关者,主要包括政府、投资主体、建设单位等的职能和权责。港珠澳大桥建设管理模式决策主要包括三方政府的投资、设计建设边界和主体划分、重要工程承发包模式选择和管理机制设计。由于粤港澳三地不同的法律制度,公共工程管理体制及工作程序、技术标准和建设管理习惯等方面存在着较大差异,港珠澳大桥建设管理既要尽量满足三地基础设施建设项目各自的程序与方式,又要保证三方能协调一致以满足大桥建设需要。

3. 投融资方案决策

重大基础设施工程项目,其投融资决策需依照一定程序、方法和标准,对项目的投融资规模、资本金结构、资金来源、融资方式、融资结构及融资方案等做出选择。通过对拟建项目建设的必要性和可行性研究、项目风险分析和评价,以及项目融资可行性分析和论证,项目投资者将决定是否投资、何时投资、投资额度、投资架构及选择何种融资方式。港珠澳大桥的投融资决策困难主要在于大桥融资额巨大,以及跨境工程所引起的一定金融财务制度障碍,需要针对工程建设需求在法律框架下寻求解决办法。

4. 工程技术方案决策

根据港珠澳大桥的总体规划,大桥起讫点位于粤港澳三地,工程建设位于珠江口伶仃洋海域。恶劣的自然环境和高难度的工程建造限制了大桥桥位及着陆点的选择。不仅如此,由于目前内地传统的钢箱梁板单元制造工艺和设备无法满足港珠澳大桥工程质量和进度的需要,而境外钢箱梁制造成本高、周期长又不适合港珠澳大桥工程的现实,如何应对大桥钢箱梁制造面临的挑战也亟须解决。大桥线位的推荐方案必须要穿越珠江口中华白海豚国家级自然保护区,如何减少对中华白海豚的影响并确保工程顺利进行也是工程技术方案选择的一大难题。

5. 工程概算调整决策

由于项目技术异常复杂、技术标准和要求高，外海海况复杂多变作业条件差、地质情况及通航状况复杂，人工、主要材料价格上涨严重，防台防汛频繁，现行定额不能准确反映本项目工程造价等原因，随着工程建设的全面推进，资金问题越发突出，承包人对外欠款严重，还出现了局部工点多次停工的情况。为保证正常的工程建设，亟须调增工程概算，解决项目建设资金缺口。

6. 港珠澳大桥的口岸模式及跨界运营的决策

港珠澳大桥连接香港、澳门、珠海三地，根据三地边界管制、海关通关情况，必须设置可供三地进行查验的口岸，以确保大桥的常规通行，因此，口岸建设并投入使用是大桥通车的前提。由于大桥口岸决策涉及粤港澳三地的法律问题，这给决策增加了难度。同时，大桥的口岸模式对投入使用后的运营资金及相关收费均有很大影响。因此，口岸建设研究的重要性不言而喻。

3.1.2 决策面临的关键挑战

港珠澳大桥除了面临工程环境、工程技术和工程规模等方面的决策困难外，还面临着其他角度和层次的决策困难，主要体现在以下几个方面。

港珠澳大桥工程的高度复杂性，提升了相关决策问题的复杂性。港珠澳大桥是一项重大交通基础设施工程，但凡重大基础设施工程必然与社会经济环境有着广泛、紧密和深刻的关联，并可能因大桥建设而引发出多方面的、原来没有出现过的正、负面影响，因此需要十分谨慎的科学态度才能尽可能避免决策失误。例如，在确定大桥桥型时，除了考虑工程力学、美学的基本要素外，不得不考虑大桥的阻水率问题。因为阻水率增高，会导致泥沙淤积，海床被抬高，加快珠江三角洲冲积平原的形成。为了解决该问题，需要深入观测、采集珠江流量和泥沙含量、泥沙沉积速度等数据，并通过不同实验方法研究不同桥型的阻水率对泥沙淤积的影响。又如，在确定大桥走线时，由于不可避免地要穿越中华白海豚保护区，如何在大桥建设的同时，不违反国家自然保护区法规、保障中华白海豚的生存和繁衍又是一项重要决策问题。

重大工程建设一般都是国家为推动社会进步、改善民生的公共产品，它和国家发展战略、国家实力和国内外政治环境息息相关，这就要求重大工程的决策必须遵循相应的法律法规，做到"依法决策"。港珠澳大桥工程规模宏大、影响深远，涉及的领域越多，环境关联性也越强，因此必然会受到更多相关法律法规的约束，这自然使工程决策要更多更细地考虑决策过程、决策方案与法律法规的相容性。不仅如此，港珠澳大桥工程决策还遇到了一个全世界前所未有的"一国两制"政治与法律环境。三地政府对大桥工程的立项、投融资等重大问题决策有着各自不同的行政审批规则与程序，彼此在决策过程中的目标、流程、价值观都有很大区别，这使得三地政府之间不同界面，以及沟通、解释和协调环节的增加成为必然。

港珠澳大桥工程决策的环境复杂性增加了决策过程的复杂性。如何从工程建设整体要求与目标出发，在"一国两制"体制下做好不同层次的决策工作，既要做好三地政府之间管理差异性的协调，又要做好三地相关法律不一致的协调。上述决策工作，既复杂又缺少成熟路径和经验，给整体决策工作带来了很大的挑战。

虽然我们已经积累了几十年的重大工程建设和管理经验，以及重要问题的决策经验，但这都是在一个制度体系的决策管理，我们缺乏面对跨界、跨制度、跨法律和标准体系等复杂情境下的决策经验和驾驭能力。一些行政层面由政府协调统一解决、工程技术层面的事情由政府和市场共同作用完成，一般不会出现法律、行政方面的冲突。由于港珠澳大桥"一国两制"政治环境的特殊性，从而出现了法律、政府行政管理等方面的问题。面对这样的问题，决策主体缺乏对复杂性问题的决策经验，套用传统的管理行政思路来解决这类问题是行不通的。因而，需要三地的决策者结合工程实际情况，根据当地的政治背景、法律要求实施工程决策，并创新理念和借助科学手段实现决策分析和管理的创新。

3.1.3 决策模式

1. 决策组织体系

为了保证大桥决策的科学性和高效率，决策主体在决策过程中需要根据决策问题性质和事项权属不同，建立分层决策协调机制及决策支持平台，使各项决策活动得以有序开展。总体上讲，根据各阶段主要决策任务的不同，港珠澳大桥决策组织，大体经历了四个阶段：国家宏观规划阶段、三地政府协调决策阶段、中央政府协调决策阶段和工程建设协调决策阶段（朱永灵等，2020）。

每个阶段的决策组织结构都相应发生了适应性调整，如图 3.1 所示。从国家宏观规划阶段的国家发改委，到三地政府协调决策阶段成立的协调小组，再到中央政府协调决策阶段成立的专责小组，最后到工程建设协调决策阶段成立的三地委和管理局，可以清晰地从图 3.1 中看出港珠澳大桥决策组织进行动态调整、自适应调整的演化过程。从这一动态的演化过程中可以看出，港珠澳大桥决策组织是根据实践发展需要及时做出的动态调整，这一自适应行为，是使组织功能实时地适应决策需要、决策问题性质变化而产生的柔性演化行为，没有一成不变，体现了项目管理的动态性和柔性。

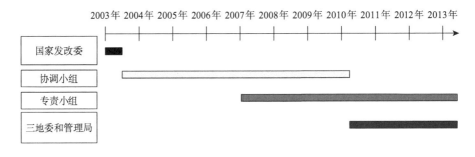

图 3.1　决策组织演变示意图

资料来源：朱永灵等（2020）

2. 决策协调机制

港珠澳大桥工程处于"一国两制三地"的特殊背景下，工程建设规模浩大，经济、社会、环境影响深远，是一项非常复杂的系统工程。在工程决策过程中，港珠澳大桥项目依据"中央政府适当承担协调职责，三地充分沟通"的协调决策机制原则，建立起一套包括中央政府层面和三地政府层面的双层决策协调机制，有效地协调了多主体的利益诉求，推动了工程决策的进程，为工程决策提供了机制保障（国务院发展研究中心企业研究所，2007）。多层次是港珠澳大桥工程决策协调机制的主要特色，主要体现在以下三个方面：决策主体的多层次、决策事项的多层次和决策组织的多层次。

1）决策主体的多层次

港珠澳大桥工程决策主体多层次主要包括中央政府层面的第一层次和三地政府层面的第二层次，其中中央政府和三地政府是最高和次高层次的决策主体。

2）决策事项的多层次

由于涉及利益主体众多，需决策、协调的事项复杂，港珠澳大桥的决策协调机制将相关决策事项根据事项基本属性、按层次划分清楚，明确相应事项的决策主体及其责任，从而提高了协调机制的效率。这为构建我国"一国两制"下跨界工程项目决策体系提供了重要的参考和示范。

3）决策组织的多层次

在港珠澳大桥项目实施过程中，不同类型的决策事项需要不同层次的决策组织来解决相应问题，不同的决策组织机构在决策中承担不同的职责。具体来说，协调机制的组织主要包括三个层次，分别是中央政府、三地政府（三地委）与管理局。

3. 冲突协调机制

基于对粤港澳三地现行法律的尊重，三地政府无法通过制定新的法律这一途径，来实现港珠澳大桥建设在法律层面上的统一。在这一情况下，跨界统一管理和属地法律原则的提出为协调三地工程涉及区域相关法律制度的冲突与矛盾提供了很好的依据。跨界统一管理，从运营模式出发，通过组建管理局，实现了大桥建设公司化、专业化方式运作、市场化方式管理。属地法律原则，从所属地域范围的角度划分了大桥工程及各子工程所遵循的法系，不仅使港珠澳大桥工程项目能够有法可依、有法必依、依法执行，还保障了大桥项目的"统一建设、统一管理"。

在港珠澳大桥前期决策和施工建设过程中，无论多主体之间出现什么法律冲突和利益冲突，港珠澳大桥《三地政府协议》明确指出，三地政府之间、项目法人与任何一方政府之间不得在任何区域启动任何诉讼程序。这一规定，制约多主体间的所有冲突都必须在无诉讼争端解决机制的框架下寻找冲突协调方式，而诉讼途径则是绝对不可启用的。

通过对多主体间法律冲突和利益冲突协调机制的设定，以及友好协商、中央政府裁决等无诉讼争端解决方式的创造性设计，在不得启动任何形式法律诉讼约束下，构建了一个高效的多主体冲突协调体系，这为有效解决重大工程复杂多主体之间冲突提供了创新性的借鉴。

3.1.4 立项决策历程

纵观港珠澳大桥，自 20 世纪 80 年代中期，珠海与香港讨论修建伶仃洋跨海大桥到 2003 年国务院正式批准珠海、香港、澳门三地联合开展港珠澳大桥前期工作，再到 2008 年 12 月通过专家评审的《港珠澳大桥工程可行性研究报告》上报国家等待批复，直到 2009 年 10 月 28 日国务院常务会议正式批准港珠澳大桥工程可行性研究报告，工程立项历经二十余年曲折与反复。

从决策时间维角度，港珠澳大桥立项决策历程可以大致划分为两个大阶段：国家宏观规划阶段和可行性论证阶段，详见表 3.1。在国家宏观规划阶段，立项决策主要从宏观角度评价港珠澳大桥工程项目建设的必要性和迫切性，并以此为基础开展之后的可行性研究。在可行性论证阶段，论证初期主要针对港珠澳大桥所面临的基本问题设立专题开展研究，这些专题一开始往往是在专家的经验不足及对大桥复杂性的认知还不够深入时提出的，是大桥前期论证所面临的基础性专题。随着对工程复杂性了解的深入，论证专家及协调小组会不断补充针对大桥复杂性特点的新专题，并对前期论证的专题进行完善。

表 3.1　港珠澳大桥立项决策历程

阶段	决策时间	决策目标	决策任务	分阶段	分阶段时间	核心决策主体	决策成果	决策结论概述
国家宏观规划阶段	20 世纪 80 年代至 2003 年 7 月	论证项目建设的必要性和迫切性	对项目的政治、经济、社会等宏观效益进行综合评价，对港珠澳大桥的重要性、必要性得出结论，并确定是否有必要对该项目开展前期工程可行性研究	伶仃洋大桥项目阶段	20 世纪 80 年代至 1997 年底	伶仃洋大桥项目组	伶仃洋大桥项目立项研究	伶仃洋大桥项目立项
				宏观经济评价阶段	2002 年初至 2003 年 7 月	国家发改委	《香港与珠江西岸交通联系研究》	港珠澳大桥具有重大的政治及经济意义，项目拟尽快进行
可行性论证阶段	2003 年至 2009 年 10 月	论证项目建设的可行性	对港珠澳大桥进行可行性分析，并对一系列的重大问题进行决策研究，如口岸管理模式和大桥融资方案；基于水文、气象、环保、航运等多方面的可行性论证等	基本问题论证阶段	2003 年至 2004 年 11 月	协调小组	《港珠澳大桥工程可行性研究报告（送审稿）》共 19 个专题，28 个分报告	桥位及着陆点、口岸模式、投融资模式等决策问题的初步论证
				深化研究阶段	2004 年 11 月至 2005 年 5 月	协调小组	签订了《港珠澳大桥工程可行性研究补充协议（一）》，针对 4 个研究专题设计了 4 个新的研究报告	桥位及着陆点决策方案落定，口岸问题、投融资问题继续深化研究，开展中华白海豚问题的初步研究
				攻关研究阶段	2005 年 5 月至 2008 年 12 月	专责小组	《港珠澳大桥工程可行性研究报告（修编送审稿）》，增加 6 个专题，22 个分报告	决策研究工作基本完成
				立项审批阶段	2008 年 12 月至 2009 年 10 月	专责小组	港珠澳大桥正式立项，进入设计阶段	港珠澳大桥正式立项

　　从港珠澳大桥立项决策程序来看（图 3.2），重大工程决策不可能是一步完成的，而要经过一个逐步完善的过程。下一步的决策成果一般都是上一步阶段性结果的改进，总体上会考虑得更加全面、深入与严谨，这也体现了决策主体对工程决策复杂性认知的不断深化。

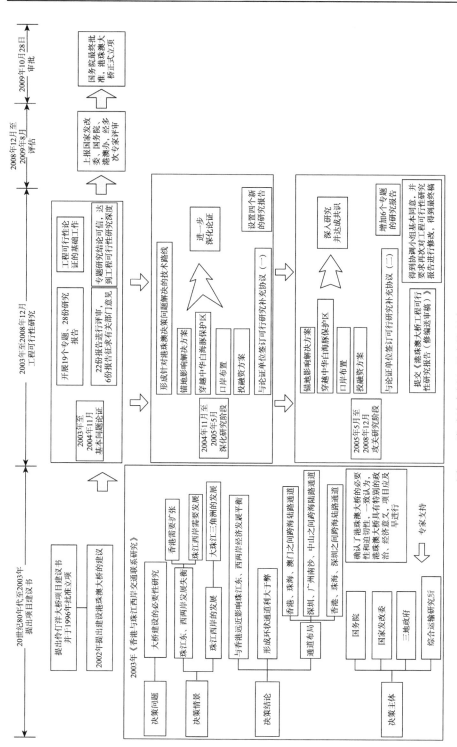

图 3.2 港珠澳大桥立项决策程序

资料来源：朱永灵等（2020）

总的来说，工程的宏观经济和可行性分析报告不仅反映了大桥立项决策与论证过程的艰难，同时也是我国工程立项论证的高水平体现，从决策问题的数量与难度、论证的精细程度、参与论证的人员数量与组成、论证的思维广度和科学性等多个方面都体现了港珠澳大桥立项决策方案的质量与科学性。

3.2 建设管理模式决策

3.2.1 建设管理模式环境分析

港珠澳大桥是连接珠海、香港和澳门的跨界项目，三地的政治、经济、文化和法律法规等存在着较显著差异，这给大桥的建设管理模式的选择造成了一系列复杂影响，具体而言，主要表现如下。

1. 三地公共工程建设管理的制度和体制不同

在"一国两制"的背景下，三地政府在公共工程建设管理方面存在着较大差异，主要表现为法律法规等不同，政府对公共工程的管理体制、方式及程序不同。

2. 涉及多种投资模式及投资主体

港珠澳大桥投资规模巨大且对地区产生重要影响，因此"谁来投资、投资多少"成为工程前期最关键问题之一，也会对建设管理模式决策产生决定性影响。港珠澳大桥项目投资主体不仅涉及三地政府、中央人民政府，还可能有私人投资者参与。不同背景下的不同投资主体对项目的建设管理方式会有不同的认识和要求，因此投资模式的复杂性也必然带来管理模式选择的复杂性。

3. 项目建设周期长风险大

港珠澳大桥工程量大、技术复杂、建设周期长，在建设期间可能产生和面临的风险比较多，不同的管理模式对项目复杂性及风险的驾驭能力有较大差异，如何选择恰当的建设管理模式，以尽量减少建设期间可能出现的风险，使项目能顺利竣工，对投资各方来说十分重要。

作为目前唯一连接三地的跨界交通基础设施建设项目，港珠澳大桥的建设管理既要尽量满足三地基础设施建设项目各自的基本程序与方式，又要保证三方能协调一致以满足大桥建设的整体需求。因此，本着"可行、高效"的方针，通过分析研究来确定港珠澳大桥适用的建设管理模式对保障项目前期阶段、施工阶段及竣工交付运营阶段的顺利完成至关重要。

3.2.2 建设管理模式方案决策

1. 建设管理方案决策

根据前文分析,港珠澳大桥项目投资巨大、回收期长、中间不确定性风险大,又属于国家重要战略设施工程,因此全部由私人投资建设基本不可行,只可能是政府投资或政府补贴私人投资两种方式。由于项目建设管理方案的制定与其投资方式密切相关,因此应根据两种可能方式来讨论相应的建设管理方案。

1)政府投资下的建设管理方案

方案一:各自投资、各自建设。

投资方式:三地政府以各自边界划分投资范围。

建设管理原则:三地政府对各自地域范围内的工程建设分别进行管理,对工程设计参数不做统一,项目采用"各自建设、各自管理"的建设管理原则。

方案二:各自投资、统一设计、各自建设。

投资原则:三地政府以各自边界划分投资范围。

建设管理原则:三地政府对各自地域范围内的工程建设分别进行管理,但为了统一各项技术标准,需要委托一家设计单位对工程进行统一设计,确定设计参数和方案。

方案三:跨界投资、各自建设。

投资原则:三地政府按照协商的方式确定投资比例。

建设管理原则:三地政府对各自投资边界范围内的工程建设进行管理。

方案四:共同投资、统一建设。

投资原则:三地政府按照协商原则,确定投资比例。

建设管理原则:按一定投资比例组建项目公司,由其负责项目的投资工作,由其实行统一建设管理。此处统一建设管理,是指由统一的机构负责项目的总设计、施工、竣工验收等工作。

方案五:私人投资建设管理。

投资原则:私人投资、政府补贴。

建设管理原则:政府更多是起行业管理的角色,重点是监督和监管,通过与私人部门签订相关的特许协议进行管理。

综合上述方案(表3.2),考虑到建设管理方案的各项原则,可以看出方案二比方案一优越,方案四比方案三优越,另外考虑到港珠澳大桥战略地位及项目建设复杂性,采用方案五的可能性很小。因此,方案四具有较好的可行性,即应采取统一建设管理模式。

表 3.2　政府投资下的建设管理方案比选

方案	优点	缺点	难点
方案一	边界划分清晰，不存在法律上的冲突	技术规范难以统一，工程进度难以保证	对技术规范不统一的协调难度大
方案二	建设协调环节，统一技术标准	三地政府招标条件不同，对承包商资格等要求也不相同，协调有难度	在承包商的选择标准、要求及招标办法方面，三地有很大差异
方案三	边界划分清晰	跨界施工难度较高，后期运营产权管理难度大	跨界施工涉及出入境管理、材料运输、行政管理权限、司法管辖权等系列冲突
方案四	由总承包商统一管理，协调界面少，效率高	存在诸多法律障碍，总承包商选择等面临三地政府不同的要求，协调难度大	遇到诸多法律问题，技术规范的确定、招标办法的确定、工程质量监督办法等存在着冲突
方案五	减轻政府投资压力，统一界面管理	私人投资、政府补贴这种模式在内地不成熟；特许协议在三地政府的法律地位并不相同	项目发起人的确定及特许协议的制定

2）"属地分割、共同投资、统一建设"的建设管理方案

由于三地政府的法律、程序、要求、标准和规范、资金、决策组织、建设模式、招标及施工等均存在差异，上述五类方案中的任何一个均未能完全彻底解决工程建设管理所面临的问题。为此，在 2006 年，国务院决定成立由国家发改委牵头，交通部、港澳办、三地政府共同组成的协调决策机构，主要负责协调协调小组所提交的议案和涉及中央事权与三地存有争议的重大问题。在此基础上，进一步开展了项目投融资模式和建设管理模式的研究，并逐步提出了主体工程和三地分部工程分开处理等原则，最终通过协商和研究，于 2010 年 2 月正式签订了《三地政府协议》。同时，协议由三地政府代表共同组成的三地委纳入项目管理的组织架构，负责相关重大事项决策与公共事务协调，并对主体部分项目法人实施监督。

2010 年 7 月，港珠澳大桥管理局正式成立，负责大桥主体部分的投资、建设、运营、维护和管理的具体实施。

投资原则方面，主体部分资本金由三地政府和中央人民政府共同承担，资本金以外部分由项目法人根据内地适用法律向内地、香港、澳门金融机构举借商业贷款解决。其他各部分建设资金分别由香港特区政府、广东省人民政府和澳门特区政府各自负责筹措。

建设管理原则方面，采取友好协商原则，在出现争议情况下，相互之间通过友好协商妥善处理，不得采取任何诉讼行为。对于非营利性原则，项目主体部分参照内地适用法律规定的"政府还贷公路"模式进行投资建设。对于适用属地法律原则，项目主体部分和各区部分（包括珠海部分、香港部分、澳门部分）的建设、运营、维护和管理按照属地原则，适用属地法律处理各项事务。

2. 岛隧工程设计施工总承包模式决策

港珠澳大桥主体工程项目建设管理模式以 DBB 及设计施工总承包（design-build，DB）两种模式为主。DBB 模式主要应用于桥梁的若干标段，而设计施工总承包模式则应用于港珠澳大桥主体工程的岛隧工程（以下简称岛隧工程）。为了有效控制跨界集群、工期、质量、造价、界面等选择的设计施工总承包模式，能有效降解岛隧工程建设管理复杂性。但要使岛隧工程设计施工总承包模式实施成功还取决于管理局对设计施工总承包模式的具体设计、项目实施与管理能力的优化。因此，业主首先需要针对国内交通行业的政策环境、工程建设环境、市场环境来确定具体的总承包模式，并构建一个以合同为载体的项目管理保障机制，创造有利于设计施工总承包模式运作的环境。

岛隧工程的管理模式采用的是业主提供初步设计方案并选择联合体（对联合体有特殊组建和管理要求）的设计施工总承包模式。该模式既不同于国际常用的方式，也不同于境内以往项目采用的总承包模式，是根据项目特点和国情而构建的新模式。设计施工总承包模式主要优势在于境内境外联合体是由境内具有设计、施工综合能力的大型基建集团牵头，联合体成员包括具有同类工程经验的境外设计合作方及施工管理顾问，较好地融合了两方面的优势。岛隧工程设计施工总承包模式强调设计牵头人及设计团队在联合体中的相对独立性，较好地融合两方面的需求，即在充分发挥设计施工总承包模式优点的同时，满足国家及地方有关法律法规对基本建设项目设计管理的要求。

通过该模式设计，化解了现有工程项目建设程序和资质体系对设计施工总承包运作效率可能造成的影响，创造性构建了适合中国国情和岛隧工程特点的新模式。

3.3　投融资方案决策

3.3.1　投融资决策概况

港珠澳大桥投融资方案受粤港澳三地经济发展水平、政府财政状况、项目财务效益及相关法律制度的影响和制约，不仅关系着大桥的投资效益，也影响着大桥的建设方案和运营模式。结合大桥项目决策背景，不难看出，此背景对投融资决策有其有利因素，也有其不利因素。大桥区域宏观环境较好、政治稳定、经济充满活力，且三地政府的基础设施建设投资经验丰富、财政状况良好，但粤港澳三地目前贷款利率水平较低，随着经济形势的变化，贷款利率水平将可能逐步升高，且投融资方案面临的不确定因素较多，如珠江三角洲地区交通、发展规划与建设时序存在变数，粤港澳三地跨界配额制度的变化尚不明朗。

在此环境下，如何清楚定位港珠澳大桥投融资决策所面临的主要问题，以及妥善解决这些问题就成了大桥投融资决策的重中之重，主要问题有以下几点。

1. 主体工程投融资模式

港珠澳大桥投融资模式的选择不仅受政府财政状况和项目财务效益的影响，还受到粤港澳三地经济发展水平、相关法律制度及市场经济变化的影响和制约。由于港珠澳大桥的投资主体除了政府之外，基本都是在市场经济中运作的经济主体；加之大部分投融资模式（如 BOT、PPP）都涉及在市场经济中流动的私有资本，这就决定了港珠澳大桥的投融资问题受利率、汇率、税收、价格水平等因素的影响较大。如何在众多投融资模式中针对港珠澳大桥项目的特殊性，选择合适的、具有开放性与长期适应性的投融资模式就成为港珠澳大桥投融资决策首先要解决的问题。

2. 投资责任分摊原则

港珠澳大桥属于三地协作项目，在确定主体工程资本金投融资模式的同时，还需要确定粤港澳三地的投资责任分摊比例，如何进行比例划分对于制定投融资实施方案也是一个十分复杂和敏感的问题。

针对海中桥隧主体工程需要三地政府共同补贴的情况，进行三地政府投资责任分配的研究发现，可能存在三地均摊、属地分摊、获益对等分摊和效益费用比相同分摊原则四种方式。每一种投资分摊原则都无法做到绝对的公平，如何在四种责任分摊原则中选择相对最合理的原则，以便最大限度地缓和三方因坚持各方利益而产生的矛盾，便成为港珠澳大桥投融资决策中的关键问题。

3. 资本金以外资本融资模式

港珠澳大桥主体工程在决策前期阶段总投资（不含息）预估为 320 亿元，项目的资金结构是 40%资本金和 60%债务融资，因此大桥主体工程资本金以外部分的融资方案的选择，同样是大桥投融资决策中不容忽视的问题。此外，由于港珠澳大桥财务状况较差，运营期现金流短缺严重，在考虑项目资本金以外的建设资金筹集的同时，也要对平衡运营期资金缺口的资金融资模式进行同步确定。项目资本金以外的资金主要可以采取以下三种投融资模式。

（1）项目资本金以外建设资金采用银行贷款，运营期资金缺口由三地政府直接财政补贴。

（2）项目资本金以外建设资金采用银行贷款，运营期资金缺口由三地政府担保向银行进行短期贷款。

（3）项目资本金以外资金部分采用银行贷款，部分采用三地政府股东贷款，确保运营期现金流平衡。

协调小组需要根据推荐的工程方案及项目收费偿还贷款的原则，对以上三种融资模式进行测算、可行性调研和利弊分析，在三地银行反馈信息的基础上，做出资本金以外资本融资模式的决策方案。

由于港珠澳大桥投融资决策面临着问题特殊、法律影响深刻、决策多方主体之间矛盾多等困难，决策者需要反复推敲、科学论证，一步步艰难地推进投融资问题的决策，从混沌不清到清晰明了、从争端不断到达成共识，为大桥顺利建设提供了资金保障，对完成科学合理的整个大桥前期决策工作发挥了重要作用。

决策问题之间的相互交叉与关联，帮助我们最快地把握投融资决策过程中某个阶段的主要矛盾，本节从时间角度梳理港珠澳大桥投融资决策过程，如图 3.3 所示，有关具体决策方案的分析则在 3.3.2 节展示。

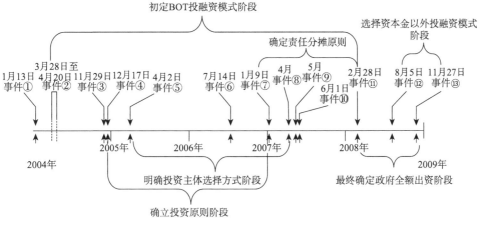

图 3.3　投融资决策时间维过程图

资料来源：朱永灵等（2020）

（1）2004 年 1 月 13 日，协调小组委托中交公路规划设计院开展《港珠澳大桥工程可行性研究阶段投融资方案研究》。

（2）2004 年 3 月 28 日至 4 月 20 日，工程可行性研究项目组赴广东省、香港、澳门进行现场调研工作，听取三方政府关于投融资决策的意向，并提出三种可选投融资方式。

（3）2004 年 11 月 29 日，协调小组组织召开了投融资方案研究专家讨论会，充分听取专家对投融资研究的意见和建议，认为有必要根据项目前期工作进展对大桥项目的投融资方案继续深化研究，进一步明确具有可操作性的实施方案。

（4）2004 年 12 月 17 日，协调小组第四次会议召开，三方政府就投融资决策的原则达成共识，将按照"大桥建设原则上由社会企业投资，基于项目财务效益情况，政府可考虑在政策上予以支持"的基本原则进行建设。

（5）2005 年 4 月 2 日，在协调小组第五次会议上，粤港澳三方一致同意采用招标方式确定投资主体。

（6）2006 年 7 月 14 日，在协调小组第六次会议上，三地政府通过了大桥投融资方案深化研究计划，提出了具有操作性的五种投融资方案。

（7）2007 年 1 月 9 日，专责小组第一次会议召开，进一步确定了三地政府分别负责口岸和连接线的投资，大桥主体按照"吸引企业、社会投资为基本模式"的原则开展进一步研究，并对专题研究小组提交的《港珠澳大桥融资方案深化研究》（以下简称《深化研究》）提出了具体的研究要求。

（8）2007 年 4 月，研究小组完成了对《深化研究》的修改和完善，提出了"口岸设施及连接线工程三地各自负责，在中央专责小组的指导下，港珠澳大桥三地协调小组负责相关协调事宜。通过邀请招标方式选定由内地国有企业控股的项目投资者（组成粤、港、澳三地的联合体），中标人负责大桥海中桥隧主体工程的建设管理及运营，政府（三地或加上中央）给予一定的资本金补贴"的建议框架方案。

（9）2007 年 5 月 2 日、8 日、24 日，澳门、香港、广东省分别提出对《港珠澳大桥融资方案深化研究报告》反馈修改意见。

（10）2007 年 6 月 1 日，在协调小组第七次会议上，三地政府在是"分界建设"还是"统一建设"的问题上产生分歧。

（11）2008 年 2 月 28 日，协调小组第八次会议，明确三地政府采用统一建设模式，合作建设大桥主体工程，三地政府同意按照效益费用比相同分摊原则计算三地在大桥主体工程段的补贴比例，并确定了"政府全额出资本金，资本金以外部分由粤港澳三方共同组建的项目管理机构通过贷款解决"的融资方式。

（12）2008 年 8 月 5 日，大桥建设放弃原定的企业投资、政府补贴的 BOT 融资模式，改由政府投资建设。

（13）2008 年 11 月 27 日，协调小组第九次会议就大桥主体工程资本金以外部分融资方案达成基本共识，协调小组三方原则同意资本金以外的资金全部采用银行贷款方式，港珠澳大桥投融资方案就此形成。

3.3.2　决策方案分析

1. 主体工程投融资模式的确立

1）投资原则

2004 年 12 月 17 日，协调小组第四次会议召开，三方政府就投融资决策的原则达成共识，大桥将按照"原则上由社会企业投资，基于项目财务效益情况，政府可考虑在政策上予以支持"的基本原则进行建设。

但是，随着港珠澳大桥项目工程可行性研究的不断推进，特别是对港珠澳大桥投融资涉及法律事项的系统分析，影响项目投融资的诸多相关因素逐步趋于明朗。在现行条件下，项目整体（包括主桥、三地口岸、珠海与澳门接线）按照完全通过收取车辆通行费的方式回收巨大的投资成本不但回收周期较长，而且吸引社会资本融资难度较大。因此，在这种情况下，三地政府必须重新审视前期拟定的投融资基本原则。在 2007 年 1 月 9 日的专责小组第一次会议上，专责小组将港珠澳大桥投融资原则修改为"三地政府分别负责口岸和连接线的投资，大桥主体按照吸引企业、社会投资为基本模式进行建设"。

2）投资主体

2005 年 4 月 2 日，在协调小组第五次会议上，粤港澳三方一致同意采用招标方式确定投资主体。由于三地法律不一致、项目工作难度大、所需周期长，内地段和港澳段投资主体招标模式也有所不同。在求同存异的思想下，粤港澳三方于2007 年 4 月对投资主体的招标方式达成共识，三方一致同意"通过邀请招标方式选定由内地国有企业控股的项目投资者（组成粤、港、澳三地的联合体），中标人负责大桥海中桥隧主体工程的建设管理及运营，政府（三地或加上中央）给予一定的资本金补贴"的建议框架方案。

3）投融资模式

中交公路规划设计院在接受协调小组关于开展《港珠澳大桥工程可行性研究阶段投融资方案研究》的委托之后，首先征集了三地政府对于港珠澳大桥投融资模式的意向。总体来说，港澳倾向于采用 BOT 方式，但就内地工程建设管理实践而言，内地则倾向于采用政府投资模式。结合港珠澳大桥三地共建且投资巨大的特点，作为论证单位的中交公路规划设计院提出了三种可供港珠澳大桥选择的投融资方式，即 BOT、PPP 和合作融资，并对其进行了初步比较与分析。

在 2006 年 7 月 14 日的协调小组第六次会议上，三地政府结合以上三种可选投融资方式，深入开展了大桥投融资方案的研究，并制定出五种具有可操作性的投融资方案。经过比较分析发现五个方案各有所长，但又都存在一些缺陷，且三方政府就大桥主体工程是采用"统一建设"还是"分界建设"的建设管理模式产生分歧，主体工程投融资模式的选择陷入了僵持的阶段。

直到 2008 年 2 月 28 日，粤港澳三方在协调小组第八次会议上达成共识，明确三地政府采用统一建设模式，合作建设大桥主体工程，并确定了"政府全额出资本金，资本金以外部分由粤港澳三方共同组建的项目管理机构通过贷款解决"的融资方式，项目性质为政府出资收费还贷公路。至此，港珠澳大桥投融资决策方案最终形成。2008 年 11 月最终敲定的政府全额出资建设模式相较于 2008 年 2

月初步确立的 BOT 投融资模式，不仅弥补了 BOT 投融资模式缺陷，同时，在三地政府财政充裕的情况下，也使政府全额出资的融资成本低于 BOT 融资成本。

2. 投资责任分摊原则的比选

《港珠澳大桥工程可行性研究报告》主要从经济费用效益分析的角度，对三地均摊原则、属地分摊原则、获益对等分摊原则和效益费用比相同分摊原则进行了综合比选（表 3.3）。

表 3.3   四种投资责任分摊方式

投资分摊方式	投资分摊比例		
	香港	澳门	内地
三地均摊原则	1/3	1/3	1/3
属地分摊原则	25/100	2/100	73/100
获益对等分摊原则	50/100	10/100	40/100
效益费用比相同分摊原则	50.2/100	14.7/100	35.1/100

在三地均摊原则下，香港和内地的经济内部收益率均大于其各自社会折现率，经济费用效益分析结果可行。澳门经济内部收益率远小于澳门地区的社会折现率，经济费用效益分析结果不可行，说明此种费用分摊原则下澳门承担的费用比例过高，因此该费用分摊原则是不合理、不可行的。

在属地分摊原则下，香港和澳门的经济内部收益率均明显大于其社会折现率，经济费用效益评价结果可行。内地的经济内部收益率低于内地社会折现率，经济费用效益分析结果不可行，说明此种费用分摊原则下内地承担的费用比例过高，因此该费用分摊原则是不合理、不可行的。

在获益对等分摊原则下，香港、澳门和内地的经济内部收益率均明显大于其社会折现率，经济费用效益评价结果可行。香港的经济效益费用比大于内地的经济效用费用比，说明在此费用分摊原则下香港的经济效益偏大、内地偏小，因此该费用分摊原则虽然可行，但是不尽合理。

在效益费用比相同分摊原则下，大桥主体工程的项目整体、内地及港珠澳三方的经济内部收益率均大于各地社会折现率，说明该费用分摊原则下项目整体、内地及港澳从经济费用效益角度分析均是可行的；从三地各自的经济内部收益率分析，虽然内地的经济内部收益率高于香港和澳门经济内部收益率，但三地经济效益费用比是相等的，表明在此种分摊原则下不仅香港、澳门和内地资源配置的经济效率是相等的，而且三地获得的经济效益更趋合理，可以作为拆分三地政府出资补贴比例的依据。

从香港、澳门和内地的经济费用效益的结论来看，若港珠澳大桥项目费用按三方均摊原则、属地分摊原则、获益对等分摊原则进行分摊，香港、澳门和内地的经济效益方面都存在一定程度的不平衡。仅当在效益费用比相同分摊原则下建设大桥时，香港、澳门和内地的经济效益和费用得到了比较准确的反映，各自资源配置的经济效益和费用才是对等的（三方经济效益费用比相等），香港、澳门和内地三地的责、权、利关系也能够达到最佳平衡。

按照效益费用比相同分摊原则进行分摊的情况下，项目整体、香港、澳门和内地的经济内部收益率均大于社会折现率，项目是可行的，并且无论是从项目整体还是香港、澳门和内地三方的角度来看均具有较强的抗风险能力。

3. 资本金以外资本融资模式的选择

港珠澳大桥项目资本金以外的可选融资模式主要有三种：项目资本金以外建设资金采用银行贷款，运营期资金缺口由三地政府直接财政补贴；项目资本金以外建设资金采用银行贷款，运营期资金缺口由三地政府担保向银行进行短期贷款；项目资本金以外资金部分采用银行贷款，部分采用三地政府股东贷款，确保运营期现金流平衡。

针对推荐工程方案及项目收费偿还贷款的原则，对融资方案中资本金以外部分的资金筹集方案及项目收费期限进行了分析和测算，并对三种融资模式进行了利弊分析，如表 3.4 所示。

表 3.4　项目资本金以外资本融资模式的利弊分析

融资模式	优点	缺点
模式一：项目资本金以外建设资金采用银行贷款，运营期资金缺口由三地政府直接财政补贴	1. 能够彻底解决项目现金流不平衡问题 2. 财政补贴解决资金缺口，降低财务成本	1. 政府财政补贴时间长、额度大、政府财政压力大 2. 三地政府每年需要各自申请 3. 贷款时间较长，需要进行债务重组
模式二：项目资本金以外建设资金采用银行贷款，运营期资金缺口由三地政府担保向银行进行短期贷款	政府财政压力小，仅须提供担保或承诺	1. 内地法律法规难以完全适用 2. 三地政府担保或承诺如何实施有待进一步研究和磋商 3. 短期贷款额度较大、长期借款利息不能偿还的情况下，大额短贷的可操作性不强 4. 财务成本增加
模式三：项目资本金以外资金部分采用银行贷款，部分采用三地政府股东贷款	政府财政压力小	1. 内地政府贷款障碍 2. 财务成本增加

从表 3.4 可以看出，三种模式各有利弊，在综合考虑三种方案利弊，并结合三地政府征集的银行反馈信息之后，三地政府在 2008 年 11 月 27 日的协调小组第九次会议上最终确定"资本金以外部分建设资金采用银行贷款，运营期资金缺口采用包括政府提供支持或采取类似形式获得银行短期借款/循环贷款的方式"进行项目资本金以外部分资金融资。

3.4　重大技术方案决策

3.4.1　桥位与着陆点决策

对大型桥梁工程而言，桥位及着陆点的选择是桥梁总体设计的重点，一方面，桥位与着陆点的选择要服从大桥路线总方向；另一方面，其选择结果为大桥工程建设奠定了基调，合理的选择结果会使大桥工程的建设相对顺利，如有助于避免恶劣施工环境的影响、控制技术难度和控制成本等。

桥位及着陆点的选择是港珠澳大桥论证立项的首要任务。桥位及着陆点方案选择受粤港澳三地自然条件、建设施工技术和三方利益博弈的影响与制约，其决策结果直接影响着大桥建设能否实现高质量、高效率、高效益的目标。同时，也是后续投融资模式选择、建设方案设计及确定运营模式的基础，关系着大桥工程是否体现环境友好与可持续发展理念，是否遵循社会经济、环境综合效益原则等。

针对桥位及着陆点决策复杂性和可能遇到的挑战，协调小组采用了同步异步相结合，即"先着陆点后桥位，着陆点与桥位相辅相成"的决策方法。同时，协调小组还采用系统论证、专家评审与三地政府协同的相互推进的技术路线来完成决策任务。

为了配合港珠澳大桥的前期进度，广东省人民政府、香港特区政府及澳门特区政府均委托顾问公司按照桥位及着陆点的选择要求对三地大桥着陆点展开概念性研究，为后期三方对桥位及着陆点方案意见协调和方案的最终确定提供基础。整合三方顾问公司为三方政府提出的大桥着陆点意见，得出着陆点初步方案示意图，如图 3.4 所示。

2004 年 3 月 28 日至 4 月 20 日，港珠澳大桥工程可行性研究项目组赴香港、澳门、广东省进行现场调研工作，搜集调查三地有关交通经济、工程建设条件、投资估算等方面的资料，听取各方对大桥着陆点及路线走向的意见，对初步方案进行了调整，如图 3.5 所示。

2004 年 7 月 22 日，协调小组第三次会议对相关研究成果交换了意见，其中珠海方表示从未来发展空间及与已有交通公路网衔接角度，大桥从横琴岛登陆较拱北上岸更为有利，并建议中交公路规划设计院提出更多可选桥位方案进行论证，澳门方则对以北安为着陆点的大桥线路穿越澳凼三座桥梁方案表示明确不同意。

经讨论，协调小组尊重澳门方意见，大桥澳门侧着陆点不考虑北安着陆点，即将西岸登陆点的横琴/北安调整为横琴/明珠，至此，大桥着陆点的最终方案得

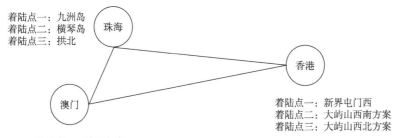

图 3.4　港珠澳大桥着陆点初步方案示意图

资料来源：朱永灵等（2020）

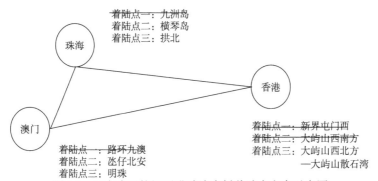

图 3.5　三方意见协调后港珠澳大桥着陆点方案示意图

图中文字画线表示该着陆点被否

资料来源：朱永灵等（2020）

以确立。香港着陆点为大屿山散石湾，西岸考虑两个着陆点组合：①珠海着陆点为拱北，对应澳门着陆点为明珠；②珠海着陆点为横琴，对应澳门着陆点为明珠，如图 3.6 所示。

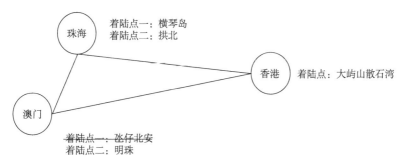

图 3.6　港珠澳大桥着陆点最终方案

图中文字画线表示该着陆点被否

资料来源：朱永灵等（2020）

中交公路规划设计院根据着陆点最终方案下可能的桥位走向空间位置提出三大类六个桥位走廊方案，即：散石湾北线类方案、散石湾南线类方案和极南线方案，从工程规模、隧道长度、技术成熟性、施工难度及风险、建设安装工程费、运营养护费用、对环境影响及对航行条件影响等多个方面进行了系统比较。

经综合比较，并重点考虑军事要求及为珠江口内航运及相关产业远期发展留有余地，中交公路规划设计院推荐采用散石湾北线桥隧组合方案。

在 2004 年 12 月 17 日协调小组的第四次会议上，中交公路规划设计院将桥位走线方案及比选结论提交三地政府进行充分讨论；国家发改委牵头组织相关专家对中交公路规划设计院的推荐方案进行评选以确定工程走线方案。

2005 年 4 月 1 日至 2 日，受协调小组委托，国家发改委交通运输部在珠海主持召开了港珠澳大桥桥位技术方案论证会，邀请全国知名的工程专家（包括 5 名工程院院士）及中央人民政府各有关部委（包括交通部、水利部、港澳办、环保局、总装备部、农业部等）的代表，对中交公路规划设计院提出的两组着陆点组合、六个桥位走线方案进行比选论证，专家组经过综合论证比选，形成的主要意见如下。

（1）原则同意大桥东岸起点为香港散石湾，西岸终点为拱北/明珠。

（2）考虑到珠江三角洲的航运发展规划和广东省工业布局的要求，为减少对航运和相关产业发展的制约，并有利于国防安全，多数专家认为北线桥隧组合方案优于南线全桥方案。

2005 年 4 月 2 日，协调小组第五次会议在珠海召开，三方政府同意专家组推荐意见，确定大桥东岸登陆点为大屿山散石湾，西岸澳门登陆点为明珠，珠海登陆点为拱北，优先考虑采用散石湾北线—拱北/明珠桥隧组合方案。至此，港珠澳大桥桥位走廊方案得到进一步确定。

由于港珠澳大桥北线—拱北/明珠桥位轴线进入了珠江口中华白海豚保护区，所以协调小组还要结合《港珠澳大桥工程对珠江口中华白海豚的影响》专题研究工作，对初步确定的北线桥位走线方案进行调整与优化。

经过大桥桥位和着陆点的多方案比选、深化研究和初步方案的调整与优化，最终确定港珠澳大桥桥位及着陆点的推荐方案为：东岸以香港散石湾为登陆点、西岸以拱北（珠海）—东方明珠（澳门）为登陆点的散石湾北线北移方案。

港珠澳大桥桥位及着陆点决策过程图，如图 3.7 所示。不难看出从最初的调研与分析，到初步方案的提出与比选，再到方案的进一步调整与优化，港珠澳大桥桥位及着陆点决策方案通过一步一步迭代、调整和优化，逐渐完善与最终完成，充分体现了自然环境、社会环境与多方意见协调等对大桥桥位及着陆点决策过程的重要影响，并为现代大型交通工程前期决策积累了宝贵经验，具有极高的理论价值和实用价值。

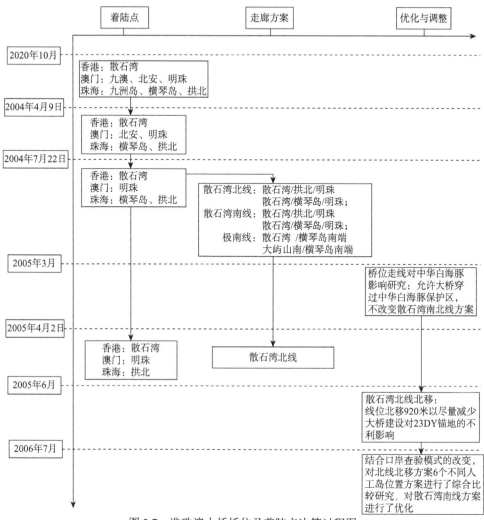

图 3.7 港珠澳大桥桥位及着陆点决策过程图

资料来源：朱永灵等（2020）

3.4.2 现场施工工业化决策

2009 年底，港珠澳大桥工程正式开工。在此之前，在中央人民政府领导下，三地政府及相关专业部门已完成了一系列重要的工程前期决策工作，为工程正式开始建设奠定了必要的基础。同时，大桥工程建设期间的许多决策工作也陆续被提出或在前期预研工作的基础上进一步被细化和完善，其中关于工程现场施工方案的决策尤为重要。

港珠澳大桥工程现场施工种类多、工程量大、局部环境差异明显，但从总体上看,工程施工现场所面临的环境、施工的主要困难与问题等具有相当多的共性,因此,在宏观决策层面上解决这些问题的思想和主要路径有着基本的同一性,一旦决策层面的思想与路径确定下来,具体的施工方案的选择和细化就容易确定下来。

本节以港珠澳大桥桥梁钢箱梁制造工程为案例,开展工业化制造的决策分析。港珠澳大桥桥梁上部结构均采用钢结构制造,制造规模达 42.5 万吨,相当于 12 座中国香港昂船洲大桥钢结构的工程量。由于大桥设计使用寿命为 120 年,因此钢箱梁质量必须达到或超过中国香港昂船洲大桥和美国奥克兰海湾大桥。在进度上,要在 3 年时间内完成 42.5 万吨的钢箱梁制造,不但时间紧,而且这么大的制造规模对质量一致性(稳定性)的挑战也是空前的。另外,对于钢箱梁整体拼装,一方面要保持足够多的高素质一线工人,同时还要尽量避免天气等环境因素及开放式生产方式的不利影响。由上可见,无论是港珠澳大桥整体钢箱梁制造与施工,还是 CB01、CB02 标的施工都面临着前所未有的严峻挑战。

但内地当时桥梁钢结构制造企业的板单元下料、组装、焊接等关键工序,主要还是依靠手工或半机械化作业,自动化水平低,而且短时间内根本无法组织起足够的高水平一线焊工。境外钢箱梁制造成本高、周期长等又不适合港珠澳大桥工程的现实,唯一的出路只能是通过技术创新和管理创新,将技术创新与管理创新综合为一个完整的协同体系,以应对港珠澳大桥钢箱梁制造面临的挑战。

为此,港珠澳大桥钢箱梁制造工程需要在业主的主导下,构建一个与技术创新相匹配的管理创新体系,体现技术—管理综合集成。该体系把技术创新中所必需的创新管理,如创新平台、创新组织、创新制度、创新机制等进行系统分析与系统设计,以形成一个完整、有效和可操作的管理体系,并与技术创新活动综合集成,成为系统的体系。在这一体系中,既能充分地发挥政府的主导作用、企业的主体作用、其他单位的支撑作用;又能使明确的机制、流程和程序有效地运转起来,推动整个技术创新活动不断逼近创新目标。

港珠澳大桥钢箱梁制造技术—管理综合体系从规划、设计至实施,已历经多年,虽然本项目工程体量大,质量标准严,但经过业主主导、企业积极参与,形成了"全新厂房、尖端设备、先进技术、一流质量、科学管理、系统创新"的全新产业格局,相比传统制造工艺,生产效率极大提高,焊缝外观优美,质量稳定,一次探伤合格率达到 99.9%以上。

除钢箱梁制造外,港珠澳大桥桥面铺装工程也有类似的特点和决策思路。主体工程海中桥梁桥面铺装全长 21.957 千米,其中钢桥面铺装长 15.824 千米,相当于 8 座苏通大桥的铺装量(盛昭瀚等,2009)。这一工程在主体部分属于土建工程,表现为准制造业。但是,如果将其中带有制造业成分的工艺环节尽量纳入优质高效生产线的工业化制造范式,那必然会大大降低土建工程中人的行为引起的质量波动。同时再引入工业产品质量认证制度以保证材料的基本品质,以技术与能力标准严格考核施工人员，以高质量的设备（装备）保证实现工艺标准，以工艺的科学性和严肃性保证质量。这样一个完整的桥面铺装工业化制造观念必然会显著改善原来传统的桥面铺装的质量状况，解决技术标准难以固化和难以标准化的老大难问题。

桥面铺装工程施工主要工作包括：①钢桥面防腐除锈（组合梁及混凝土梁桥面清洁及打磨）、防水体系、浇筑式沥青结构层、SMA（stone matrix asphalt，沥青玛蹄脂碎石混合料）面层施工等；②首件工程认可制的实施，各种施工工艺或方案的设计、评定及相关人员的培训与考核等；③维护和照管期内对工程的维护和照管工作。

在钢桥面铺装的主要工作中，相关管理人员对钢桥面防腐除锈和防水层施工进行了重点关注。在以往的桥梁建设中，钢桥面板的抛丸除锈防腐设备多半都是半自动化的，需要工人现场操作，如图 3.8 所示；防水层施工更是全部人工化操作，如图 3.9 所示。

图 3.8 设备改良前桥面板除锈防腐施工图

资料来源：港珠澳大桥管理局

图 3.9 设备改良前防水黏结层施工图

资料来源：港珠澳大桥管理局

在大桥钢桥面铺装"工程规模大、质量要求高、施工工期紧"的情况下，这种半自动化及人工设备的工作效率和工作质量远远不能满足港珠澳大桥的施工需求。因此，施工单位必须组织相关人员对工艺进行改良，将半自动化的设备改良为车载式，研发机械化设备取代人工操作，如图 3.10 和图 3.11 所示。改良后的车载式桥面板除锈防腐设备和新研发的机械化防水黏结层设备，在大大提高钢桥面铺装工作效率的同时，也保证了钢桥面铺装质量的稳定性，满足了全生命周期设计理念下质量管理的要求。从行业发展的角度来看，这两套设备不仅满足了港珠澳大桥的施工需求，同时也改良了钢箱梁桥体的钢桥面铺装工艺。

图 3.10 设备改良后的桥面板除锈防腐施工图
资料来源：港珠澳大桥管理局

图 3.11 设备改良后的防水黏结层施工图
资料来源：港珠澳大桥管理局

港珠澳大桥钢箱梁制造自动化与智能化技术创新的决策分析，以及钢桥面铺装工程对桥面除锈防腐和涂抹防水黏结层设备的改进，不但有力保证了港珠澳大桥钢箱梁质量的高标准、稳定性与制造进度要求，而且推动了中国钢结构制造行业钢桥面铺装工艺的技术进步。大桥钢箱梁技术—管理综合体系取得的经验及引发的理论思考正在不断深化和完善，港珠澳大桥钢箱梁制造为我国重大基础设施工程建设在技术—管理综合创新问题上提供了一个宝贵的成功案例，并极大地丰富了基于中国情境的重大工程决策管理思想与理论的创新。

3.4.3 中华白海豚保护决策

现代文明越来越重视人类与野生动物之间的和谐相处，但随着人类活动范围的扩大，野生动物的生存与发展正受到影响。港珠澳大桥工程建设就遇到中华白海豚保护的决策问题。

当前中华白海豚这个"家族"正在走向衰落，甚至有濒临绝迹的危险。2003年 6 月国务院批准珠江口中华白海豚保护区升格为国家级自然保护区，成立了专门的珠江口中华白海豚国家级自然保护区管理局，加强对保护区的管理。保护区总面积约 460 平方千米，其中核心区面积 140 平方千米，缓冲区面积 192 平方千米，实验区面积 128 平方千米。

国家发改委于 2005 年 4 月初，在珠海主持召开了港珠澳大桥桥位技术方案论证会，会上确定了大桥线位方案，但大桥东岸起点为香港新机场附近的大屿山散石湾，向西通过粤港海域分界线，必须穿越珠江口中华白海豚国家级自然保护区，中华白海豚保护研究问题亟须解决。

由于大桥穿越中华白海豚保护区对大桥整体建设来说具有经济性和技术可行性，桥位穿越保护区后可以通过调整保护区功能区的办法来补救，在调整桥位走线方案还是调整保护区内功能区划分的问题上，选择后者肯定是利大于弊，因而中国水产科学研究院南海水产研究所出具了专业意见，广东省相关政府部门做出了中华白海豚保护的预决策——一致赞成桥位穿越中华白海豚保护区，并且合力通过研究论证并以科学的专题论证提交给各级政府主管部门，并逐级上报申请允许大桥线位穿越中华白海豚保护区。

考虑到大桥桥位穿越中华白海豚保护区，大桥在施工和运营阶段可能对中华白海豚的生活产生不利影响，管理局组织探讨调整中华白海豚保护区方案，但研究表明调整保护区的方案难以执行，因为保护区自建立以来，其周围开发了航道、锚地、码头、经济开发区等各种海洋功能区，使得保护区的边界几乎寸步难移。面对生态保护如此敏感的情境，要将已经规划好的超大型工程避开保护区范围也是困难甚至是不可能的。

面对这一困境，中国水产科学研究院南海水产研究所和广东省相关政府部门都认为保护区内功能区划可以不做调整而另辟蹊径。2005 年 4 月 21 日，广东省海洋与渔业局召开了港珠澳大桥工程对珠江口中华白海豚的影响研究工作大纲专家评审会。五个月之后，中国水产科学院南海水产研究所编制完成了中华白海豚影响问题专题研究报告，提出"保护区不做调整"的方案。

然而，事情似乎注定要经过一波三折。2006 年 7 月 14 日，协调小组第六次会议上三方政府一致同意将原来的"一地三检"口岸查验模式改成"三地三检"模式。面对这样的变化，中华白海豚保护决策的决策者做出了迅速的反应。调整的具体措施为先从缓冲区内选划出回补核心区的位置，然后再从实验区回补缓冲区，采取的逐级调整办法比较符合中华白海豚分布的实际情况，调整后的功能布局也相对较合理。

《港珠澳大桥工程对珠江口中华白海豚的影响专题研究报告（报批稿）》中暂时调整建议方案如下：大桥穿越保护区约 20 千米，其中穿越核心区约 9 千米，穿越缓冲区约 5.5 千米，施工区用海宽度 2 千米。施工区占用核心区约 18 平方千米（占核心区面积 140 平方千米的 12.9%），缓冲区约 11 平方千米（占缓冲区面积 192 平方千米的 5.7%）暂时调整为实验区，可在保护区范围内分别选择适合的区域暂时回补同等的面积。

暂时局部调整保护区的功能区布局方案，兼具可操作性和科学性的双重优点。首先，方案具有实际意义的可操作性。其次，暂时性调整相对于永久性调整而言，多了一条退路。经过多年的观测研究以后，视情况可以恢复原本的功能区，也可以不恢复或采取新的更合理的办法，但是永久性调整是没有退路的。因此，暂时性调整更具有科学性，最终确定为临时调整保护区内的功能布局区划这一方案。

鉴于大桥线位必须穿越中华白海豚保护区，管理局制定了一系列措施来尽可能保护中华白海豚生态环境，如建设中华白海豚救护保育基地、设立中华白海豚生态保护科学研究、建立海上人工岛中华白海豚监管站、研究保护区内中华白海豚饵料生物资源增殖、监测施工和运营期中华白海豚状况等。

从最初的保护区不调整，到推倒重来，临时调整保护区内功能区，再到生态补偿方案的形成，时间跨度长达四年，每一步所面对的因素都是极其复杂、困难的。从图 3.12 可以更加清晰地看出，港珠澳大桥中华白海豚保护决策过程中每一次小小的推进都凝聚着研究院所、政府有关部门等各级决策者的智慧和心血。

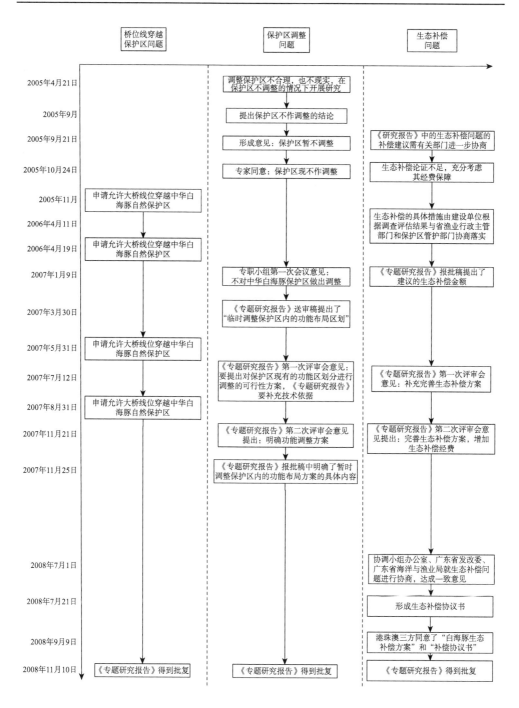

图 3.12 中华白海豚保护的决策过程

资料来源：朱永灵等（2020）

3.5 概算调整研究与决策

3.5.1 外海施工定额研究

港珠澳大桥立项后，在公路工程领域，当时颁发的定额标准主要包括《公路工程概算定额》《公路工程预算定额》《公路工程机械台班费用定额》。该等定额标准均根据一般公路工程的建设环境及当时的建筑技术水平确定，其中并无专门外海作业定额标准，而造价主管部门也未出台外海作业相关的计价依据。然而，港珠澳大桥主体工程涉及外海作业，施工条件及施工环境极其复杂，技术标准高；单单外海工程使用的机械船舶的种类就很繁多，另外还需要使用大量新标准、新工艺。如果套用一般的公路工程定额标准，将可能出现无法反映工程实际成本、合同价格偏低的情况。这种情况一方面加重了施工单位的资金负担，为日后工程款结算及支付埋下隐患，不符合管理局要构建共担风险、共享收益的合作伙伴关系的管理理念；另一方面工程资金紧张必然会影响工程的进展及质量，这显然是管理局不愿意见到的局面。

如何合理有效控制工程造价，并确保施工单位可以保质保量按期完成工程是大桥管理者面临的难题。

根据《公路工程基本建设项目概算预算编制办法》，概预算及招标控制价的编制首先是要适用现行有效的定额标准，其次要结合工程所在地的取费标准、计价办法。按规定港珠澳大桥主体工程的概预算及招标控制价的编制只能套用已有的一般公路工程的定额标准。管理局通过调研，了解到交通运输部公路工程定额站与上海、浙江、江苏等省市的交通（公路）造价（定额）管理站依托东海大桥、杭州湾大桥、苏通大桥等大型建设项目，分析和编制了与项目建设环境和条件配套的专项补充定额。但是，该项目所在的地理位置、建设条件及建设规模、技术标准等与港珠澳大桥主体工程均有不同，无法直接适用于港珠澳大桥主体工程。即便如此，依托项目专门制定补充定额的经验，还是给了管理局有益的启发。

对于港珠澳大桥主体工程这项集桥、岛、隧于一体，技术难度空前的项目，管理局深感非常有必要编制专门的外海施工定额：一方面可以更真实、准确地反映工程实际成本，为日后可能发生的工程变更增/减费用、索赔或反索赔等提供科学、合理、客观的费用核定依据，为港珠澳大桥项目投资者准确把握工程施工的实际投入、有效控制建设期工程费用，确保工程建设总投资控制在经批准的工程对应概算以内提供支撑依据；另一方面对完善和丰富国内交通工程定额库等计价依据具有深远意义。

为此，针对外海施工定额标准缺失的问题，管理局确立的方案是先按照法律法规，依据现行有效的定额标准及地方计价依据，并结合工程成本编制招标文件，完成各标段工程的招标工作，同时委托有经验的单位完成港珠澳大桥外海工程资源消耗及施工工效（外海施工定额）专题研究。

按照既定思路，管理局完成了各工程标段的招标，施工单位陆续进场。2011年下半年，受托负责港珠澳大桥外海工程资源消耗及施工工效（外海施工定额）研究的广东省交通运输工程造价管理站及交通运输部公路工程定额站，陆续委派研究人员进场实施现场观测及基础资料收集工作。

2016 年 7 月 18 日至 19 日，《广东省沿海桥梁工程预算补充定额（试行）》通过评审，并于 9 月 28 日由广东省交通运输厅发布，10 月 1 日起实施。同年，11月 10 日至 11 日，《广东省沿海沉管隧道、人工岛工程预算补充定额（试行）》由广东省交通运输厅组织专家评审，并于 2017 年 1 月 13 日由广东省交通运输厅发布，2 月 1 日起实施。

2017 年 6 月，广东省交通运输厅在广州市组织召开外海桥梁、隧道工程定额研究专题研究项目的验收会。验收组对项目研究成果给予了高度评价，认为该项目首次研究形成的外海沉管隧道、人工岛工程定额框架体系，编制的跨海通道项目桥梁、沉管隧道、人工岛工程的定额标准等项目成果，填补了交通建设项目沿海桥梁、沉管隧道、人工岛工程定额标准的空白，也丰富和完善了我国交通建设工程造价标准体系。

3.5.2 合同费用评估调整

随着工程的不断推进，施工条件和环境的复杂程度，以及施工难度均超出了预期，施工单位因现场条件问题不断改进施工方案。同时，陆续有施工单位向管理局来函反映现场建设资金十分紧张，要求调整合同费用。

为保证正常的工程建设，2013 年以后，承包人积极争取总部支持，总部也给予了不同程度的现金垫付或承兑汇票支持。管理局在合同框架内采取了包括加快计量支付审查审批和支付，加快变更工程的审查审批和支付，调整预付款扣回方式，调整细化计量支付节点，加快加密支付，加快贷款提取速度，调整质保金质押形式（用保函置换质保金现金），以银行承兑汇票的方式提前支付施工单位部分材料款等多项措施。以上措施部分缓解了承包人资金紧张的状况，但资金短缺问题得不到解决将严重影响整体工程进展，工期的延误也将导致费用的剧烈增加。这不但会导致承包人的成本增加，更将使管理局为此付出极大的关联成本。

根据 2014 年 11 月 17 日在澳门召开的专责小组第七次会议"遵守合同、深入评估、严格程序、合理调整"的指示精神，管理局内部进行了多次研究探讨，与承包人充分沟通，并征求相关参建单位和行业主管部门意见后，就港珠澳大桥主体工程合同费用调整方案向三地委提出请示。管理局建议根据工程实际进展情况，分阶段处理各标段费用调整问题，即在处理桥梁工程土建标的、岛隧工程标的过程中，及时收集和评估桥梁工程钢结构标实际情况，将钢结构标一并纳入整体考虑。桥面铺装工程、交通工程及房建工程在现阶段按合同办理，暂不做调整。

按照"原有合同风险按合同，新增不可预见风险实事求是予以核定"的原则，主要增加以下两个方面的费用。

（1）合同内合理增加的费用，主要是原合同有依据的工程变更，可在合同暂列金中正常开支。

（2）以修改部分合同条款的方式进行合同费用调整，此方案类似于香港的合同常规索赔概念。因本项目较国内跨海桥梁工程施工不同的施工工艺，国内现有的部颁定额和跨海大桥补充定额并不完全适应本项目，应当考虑实事求是的原则，进行适当、合理的调整。

承包人须依据批准的工作方案上报调整资料，管理局同步委托造价咨询单位、第三方评估机构、设计单位平行开展工作；委托造价咨询单位审核承包人费用调整诉求材料，深入现场调研实际情况，实事求是地分析测算工程实际费用；委托第三方评估机构审查承包人上报的诉求资料和财务成本；委托设计单位根据审批实施的施工组织设计重新编制预算。根据审核情况，管理局再组织相关方与承包人初步沟通、谈判，最终将与承包人谈判结果上报三地委（或更高层级）批准，同时做好过程解释工作。

考虑到解决资金问题的沟通、协调难度大，承包人上报及核实承包人的诉求需要时间，需三地委批准同意的协调、解释时间较长，跟承包人谈判周期也很长，故从工作流程和步骤可以看出，无论管理局工作怎么加快，都无法立即为现场提供大量资金支持。根据工程的实际进展情况，并考虑到问题的复杂性，管理局建议采取分批、分阶段进行调整的原则，即先谈好调整原则，再行商谈具体调整方案。

随后，在此基础上，管理局结合工程实际情况，分阶段，"成熟一项处理一项"，尽可能缓解承包人的资金压力。同时，建议上级主管部门加快工程变更审批，对于 3 000 万元以上的变更，在上报广东省交通运输厅前需获得三地委的批准；对于较（重）大变更则需上报上级行业主管部门审批。

合同费用评估调整主要着眼于承包人提出的合同价格偏低，调增工程造价的问题，但对于承包人提出的资金短缺困难，即 2015 年现金流困难的诉求，即使采用"成熟一项处理一项"的原则处理合同费用调整，也只能小部分解决承包人短期内资金短缺压力，仍不能从根本上解决承包人现金流缺口问题。为了确保施工现场工作的正常推进，在风险可控的前提下，管理局仍在继续探索缓解承包人提出的资金短缺困难的措施。

3.5.3　概算调整决策

基于港珠澳主体工程项目"大型化、工厂化、标准化、装配化"的建设理念和特殊的建设条件，内地没有类似经验可借鉴。现行部颁公路定额是基于内陆及江河条件下，按照常规工艺及现行施工技术规范中规定的质量验收标准进行编制的，应用于沿海无遮挡施工条件下海中桥梁及岛隧工程造价编制，存在一定局限性，计价依据不适用及缺项，给工程造价的编制及控制带来很大困难。由此，受多方面因素影响，初步设计阶段造价编制结果与实际实施造价存在较大差异，主要原因如下。

（1）受国家政策限制，概算不能超过工程可行性研究批复概算的 10%。这个规定对于工程可行性研究阶段工程方案与实施方案变化不大的常规工程而言，较为合理。但港珠澳大桥桥梁工程方案发生了太多的变化，仍用不能超估算 10%的条件来限制概算编制，是不适用的。

（2）内地行业定额中缺失外海定额及造价编制的相关规定，尤其是在外海施工、深水基础、海底隧道、大型临时工程、新工艺、新机械应用等方面存在大量缺项和定额水平不准的问题，给造价编制带来很大困难。

（3）项目 120 年使用寿命要求、工程的复杂性和难度均比常规项目高，概算编制过程中对新工艺及超高的质量验收标准、对工程造价影响无法做到准确把握，造成概算中施工措施费、大型设备调遣费、外海施工工效减低及大型设备海上停滞等费用估算不足。

（4）受设计深度限制，在初步设计阶段施工方案及措施设计方案还很粗略，概算人员无法准确匡算大型临时设施具体工程量及工艺细节的措施费。

（5）国家政策规定，概算中未考虑建设期价差预备费，而这部分费用在工程实施过程中肯定会发生，这也是实际造价超出批复概算的主要原因之一。

加之，目前已经实施的跨海大桥工程、跨江重大桥梁工程无一例外超概，港珠澳大桥主体工程造价与香港地区造价对比差异悬殊，经同口径对比分析，香港连接线工程造价达到主体桥梁工程的 1.6~2.0 倍之多。香港口岸因人工、材料、机械设备费用涨价也正在进行概算费用调整。对于港珠澳大桥主体工程项目而言，应当采取实事求是的原则处理超概问题。

2016年1月15日，交通运输部公路局召开专题会议，研究港珠澳大桥调整概算及工期调整工作，会议明确调整概算原则上采用与原批复概算口径一致、概算增量法编制，对于原概算定额不能涵盖的工艺工法，采用新增补充定额编制，具体的变更内容如下。

　　1. 桥梁工程的变更

　　从初步设计到施工图设计阶段，随着设计工作开展的深入、限制条件及需求的明晰，许多工程方案、施工工艺进行了深化调整。例如，增大青州航道桥的次边跨跨径为未来通航储备，并利用边跨作为压重，将青州桥跨径布置由初步设计的"110米+126米+458米+126米+110米"方案增加2孔110米，变成"110米+236米+458米+236米+110米"方案，相应的深水区非通航孔桥相应减少2孔110米。

　　施工图基础上的较（重）大设计变更，下面列举桥梁工程 6 项具体情况，如表3.5所示。

表3.5　桥梁工程变更说明

项目名称	变更情况说明
CB01标钢箱梁牛腿及调位系统工程变更	为提高施工安全性，方便钢箱梁安装施工，减少钢箱梁安装周转使用的临时牛腿数量，同时将周转使用的钢箱梁临时加强构造设计调整为永久构造设计
	根据《广东省交通运输厅关于港珠澳大桥主体工程 K13+413～K17+633 段及 K18+783～K22+083 段钢箱梁牛腿及调位系统设计变更的批复》（粤交基〔2015〕539号），批复金额为766万元
	该变更费用已在钢箱梁半成品单价中考虑
CB03标青州航道桥防撞钢套箱（附属结构）制造及安装变更	青州航道桥防撞钢套箱图纸给出了套箱主体结构设计，未给出施工过程的套箱底板、内部支撑和加劲构造。根据设计文件，该部分工程由承包商根据施工组织设计完成详细设计，并经设计单位认可后实施
	本项变更报告由管理局上报省厅，上报金额为 1 169 万元，变更工程量已在造价数据文件中考虑
CB04标江海直达船航道桥钢箱梁小节段改大节段变更	为尽量避免钢箱梁最大悬臂状态危险工况，避开最有可能遭遇台风的7~10月合龙，给后续钢桥面施工单位提供施工条件，江海直达航道桥 138 号墩两侧小节段钢箱梁（除近塔 A、C、D1 梁段外）变更成两个大节段钢箱梁（中跨侧长 90 米，边跨侧长 89.4 米），采用浮吊进行整体吊装，从而提前实现全桥合龙，为钢桥面施工提供通道条件
	本项变更意向省厅已批复，变更意向估算金额为 2 976 万元，变更工程量已在建安费中考虑
CB05标九洲航道桥主梁架设方案变更	CB05 标承包人进场后，提出对非通航孔桥下部结构安装方案进行优化，将原设计柔性止水安装调整为大围堰止水干法安装。该方案经港珠澳大桥技术专家组第四次会议审查通过，基于评审通过的下部结构安装优化方案，为简化非通航孔桥下部结构安装施工工艺，考虑作业区吊装设备选型，降低施工风险，形成海上标准模块化作业，将非通航孔桥高墩区承台尺寸调整为 15.6 米×11.4 米×4.5 米（长×宽×高），与低墩区承台尺寸保持一致
	在 2012 年 10 月 31 至 11 月 1 日，港珠澳大桥技术专家组第四次会议上提请交通运输部技术专家对该建议方案进行审查，总体意见是 "CB05 标九洲航道桥采用箱梁大节段安装方案可减少现场节段接缝，会议认为方案技术可行"［《关于印发港珠澳大桥技术专家组第四次会议纪要的函》（港珠澳桥总〔2012〕120 号）］。2012 年 12 月 7 日，交通运输部海事局大桥办组织召开 "CB05 标施工通航安全评估报告审查会"，大节段整体架设方案获得专家肯定

续表

项目名称	变更情况说明
CB05 标九洲航道桥主梁架设方案变更	本项变更意向省厅已批复，变更意向估算金额为 2 999 万元，变更工程量已在建安费中考虑
CB07 标增设环氧下封层设计变更	在桥面铺装现场试验段施工中，发现因 GA（guss asphalt，浇筑式沥青混凝土）高温摊铺引起混凝土板内水分蒸发产生"气泡、鼓包"等现象。经调研，内地同类型桥面铺装黏结层均在溶剂型下面增设反应性树脂下封层，使得 GA 施工中的"气泡、鼓包"现象得到有效控制。将混凝土桥面 GA+SMA 铺装体系防水黏结层优化设计，增设环氧树脂下封层，相应调整溶剂型黏结剂厚度
	本项变更意向省厅已批复，变更报告管理局已上报省厅，上报金额为 1 343 万元，变更工程量已在建安费中考虑

　　浅水区非通航孔桥初步设计概算按 75 米跨径预应力混凝土梁方案批复，调整概算较批复概算量差增加 24 858 万元，其中上部结构（梁）量差增加 81 054 万元，基础和下部结构量差减少 71 302 万元。

　　2. 隧道工程变更

　　岛隧工程是内地首次建设的外海沉管隧道，是目前世界上规模最大的公路沉管隧道，是唯一的深埋沉管隧道，设计施工均无成熟经验可以借鉴，是港珠澳大桥的控制性工程。内地沉管隧道是发展相对滞后的建设领域，与世界水平相比，存在明显的差距。交通行业是第一次组织建设沉管隧道工程，没有规范标准，缺乏技术支撑和建设经验。无论对于政府、项目业主，还是承包人，都难以凭借自身经验做到对如此具有挑战性工程的风险包括造价做出准确的预估和预判。

　　鉴于此，设计单位在施工图设计中采取了极其审慎的态度，在交通运输部和技术专家组的指导下，遵照"对于一些没有把握的、还需要实验验证的方案、前人没有做过的工艺，要坚持实验先导"，为控制风险，保证工程质量，施工图设计对沉管基础及基槽、隧道主体工程、路面及附属设施、临时工程的初步设计方案及工程措施进行了优化和变更。在隧道基础设计中创新采用了复合地基+组合基床的设计方案，在东、西岛隧道过渡段针对地基进行了不同形式的加固处理，其中采用的地基加固技术填补了内地软基处理空白。所有沉管底以抛填块石作为基础，并铺设碎石作为基床，开展大量的试验、科研和技术攻关，研制了全自动液压模板、管节顶推系统等多项大型专用设备，以确保管节预制质量和大桥建设工期等。

　　3. 隧道人工岛工程变更

　　为实现桥隧转换，需要在海中深厚软弱地基上修建人工岛。根据总工期要求，人工岛需快速成岛，且两年内完成软土地基处理及暗埋段施工，为首节管节对接提供条件。常规筑岛方法无法满足工期要求；若采用传统的筑岛方式，需要对淤泥开挖并换填海砂回填，这将对海洋环境造成污染，并容易破坏海洋生态。人工岛所在区域为中华白海豚的核心保护区，常规的筑岛方式无法满足港珠澳大桥的环保要求，为此，须研究一种快速成岛的设计施工方案。

施工图设计阶段，针对本工程特点，在世界范围内首次采用大型插入式钢圆筒形成止水围堰结构的快速成岛的技术理念和施工工艺，钢圆筒直径达到了 22 米，最大高度超过 40 米，并研制开发了多锤联动振沉系统用于钢圆筒振沉。

4. 房建工程变更

初步设计阶段，岛上建筑及配套设施按建筑物类别一级及二级设计，设计使用年限为 50 年。施工图设计中，要求主体建筑及其附属设施等结构变更，且要求与桥梁设计年限（120 年）相匹配。因此，施工图设计需要根据各方不断完善的需求、功能和标准等，对岛上建筑及其配套工程中关于运营、监控、消防、隧道通风排烟、办公生活、供配电、救援、环保、防灾、给排水、景观、预留商业、观光等十余项室内外分部分项工程进行查漏补缺及细化完善。

另外，为满足车辆通行净高要求与建筑造型的需要，口岸大桥管理区的收费大棚横向跨度大幅增加，由 169 米增加到 187 米。施工图设计阶段，对收费广场段暗桥及前后区域的道路纵坡进行了合理调整，暗桥桥面提高，带来收费大棚基础变更。

3.6 工程口岸模式与跨界运营决策

3.6.1 "一国两制"运营环境

"一国两制三法系"体制的形成具有其独特背景。香港和澳门回归后，按照基本法的规定，香港、澳门不实行社会主义制度和政策，保持原有的资本主义制度和生活方式，五十年不变。实行高度自治，"港人治港""澳人治澳"，特别行政区享有行政管理权、立法权、独立的司法权和终审权，全国性法律，除了个别法律以外，不在香港、澳门实施。由此香港、澳门分别成为一个独立法域，与内地实行不同的法律制度和司法制度，香港继续其英美法系的传统，澳门仍然可以坚持大陆法的司法体系。

港珠澳大桥作为一项跨界工程，连接香港、澳门和内地，根据三地边界管制、海关通关情况，必须设置可供三地进行查验的口岸，以确保大桥的常规通行。口岸建设并投入使用是大桥通车的前提，大桥口岸主要功能是对香港、澳门、珠海出入的货物、物品、人员和交通工具依法实施监管，包括边防检查、海关查验及检验检疫等。因此，口岸决策必须充分考虑到大桥跨界实施、运营和管理给口岸决策带来的问题，如三地关于口岸建设技术标准及规范选择问题、运营期三地口岸内各查验部门的运作及管理要求存在差异问题、港澳及内地不同的"左行、右行"交通规则等。

以深圳湾大桥为例。由于各种原因，两地的通关口岸及换向匝道均设在深圳一侧，结果既未实现一次停车完成两地检验的原有建设目的，又导致过境车辆在桥上完全靠左行驶，不符合内地交通规则。为了管理方便，桥面部分只能全部适用香港的交通法规，导致"各自拥有、各自管理"的原则有所改变。更关键的是，这种改变会引发一系列新问题，如两地的司法管辖权问题、深圳侧某些建设内容如道路设计等不满足香港有关法律要求，需要进一步更改设计等。同时，这也明显不符合两地现行法律要求，有可能为未来的管理埋下新的矛盾与冲突。

港珠澳大桥口岸决策涉及三地的法律问题，增加了决策难度。特别需要关注的是，在口岸方案制定过程中，需要考虑由口岸布设方式不同带来的管辖权问题，主要包括相关两地口岸间区域的管辖权由谁行使、如何行使等；香港、澳门间往来的人员、车辆及货物经过广东境内桥体但不经过广东口岸产生的法律问题；港珠澳大桥管辖权移交是否有必要，若移交管辖权，则管辖权移交/接受须经过的立法程序，移交管辖权的地理范围、时间范围、权力范围，移交管辖权与建设、维护标准的关联问题等。

可以说，在"一国两制"背景下，粤港澳三地特殊的法律地位决定了凡是涉及法律问题的决策都十分复杂。港珠澳大桥工程是"一国两制"下的跨界重大交通基础设施工程，口岸模式决策需要充分重视法律体系差异问题。

3.6.2 口岸模式设计与决策

港珠澳大桥横跨三个行政区，口岸设置与查验是采用"一地两检""一地三检"，还是采用"三地三检"的口岸布设方式（决策的法律问题具体参见本书2.4节）在初期并不明确。为此，相关部门在大桥口岸专题的开始阶段主要对口岸布设方式进行研究。

2004年7月22日，协调小组第三次会议，三地政府根据前期论证研究中口岸管理模式的必要性和重要性，决定增加口岸管理模式议题，委托中交公路规划设计院对其开展论证与研究工作。

2004年12月5日，中交公路规划设计院正式提交《港珠澳大桥工程可行性研究报告（送审稿）》。在报告中，中交公路规划设计院对口岸布设的三种方式进行了比较，如表3.6所示。

表3.6　口岸布设方式比较

比较内容	"三地三检"	两个"一地两检"	"一地三检"
司法管辖	口岸在香港、珠海、澳门各自管区内，口岸和大桥的司法管辖简单、清晰	与深圳湾大桥公路口岸相同，需在内地成立香港、澳门"特定管理区"；通过布置可达到各自管区、司法管辖独立，但粤港分界至口岸段的大桥（内地水域、港方管区）管理复杂	
可实施性	在香港、澳门的着陆点要有可供口岸建设的用地（或填海用地），并在用地程序方面可满足建设时间表，根据目前情况，实施难度大	在大桥邻近珠海、澳门处，可填海建设口岸，可实施性较好；或可在珠海横琴岛建设"一地三检"口岸	
交通条件	设六处口岸与大桥连接立交或道路；每个口岸出、入境都要设置缓冲停车场	设四处口岸与大桥连接立交；对三地而言，入境不须设缓冲停车场地	设三处口岸与大桥连接立交；对三地而言，入境不须设缓冲停车场地
通关条件	口岸分设三地，通关不便	通关便利	
运作管理条件	最好	香港口岸分设两处，管理不便	较好
投资	较大	较大	最小
建设模式	简单	复杂	复杂
推荐意见	比较方案	比较方案	推荐方案

通过研究与比较发现，两个"一地两检"较"一地三检"工程量会有较大增加，且两个"一地两检"口岸，港方的口岸设施、工作人员需要分别在两处，给港方的管理、资源整合利用带来很大的不便。首先，如将港方设施、人员合为一处，则变成"一地三检"，因此不推荐两个"一地两检"模式。其次，"三地三检"的前提条件是在香港、澳门的着陆点有可供口岸建设的用地（或填海用地），并在用地程序方面可满足工程建设时间表。此外，2004年4月14日在香港举行的关于港珠澳大桥口岸的会议上，鉴于在大屿山难以提供口岸建设用地及考虑方便通关，香港方面也推荐"一地三检"模式。

鉴于"一地三检"的可实施性较好、通关便利、投资小、运作管理条件较好，司法管辖、建设模式等可参照深圳湾大桥的模式进行研究，中交公路规划设计院经初步研究推荐采用"一地三检"模式，并形成了"一地三检"的初步方案，即在港珠澳大桥西岸拱北的人工岛上增加一个新的口岸，将整个人工岛划成港珠澳三个区域。

但中交公路规划设计院提出的"一地三检"口岸布设方式并未得到各方的

一致认同。"一地三检"方案是基于对口岸布设方式决策的各影响因素的初步研究，并没有针对具体影响因素进行深入、专业的分析，也没有及时追踪其他跨界工程如深圳湾大桥采用"一地两检"模式后可能会产生的问题。此外，"一地三检"方案还涉及从粤港分界至口岸段大桥（水域属于内地管区）的司法管辖问题，这也是港珠澳大桥口岸布设方式决策研究工作的重点，甚至可以说，司法管辖权问题或许直接决定了口岸布设方式是选择"一地三检"还是"三地三检"。

协调小组及时联系了当时正在研究深港西部通道口岸相关问题的港澳办，请求相关部门组成专业的港珠澳大桥口岸专题研究小组，赋予其更高的权力开展口岸布设方式决策的研究，并多次实地调研粤港澳地区已建跨界工程及三地政府与有关部门，获得了大量的宝贵经验。最终经港澳办协调，大桥口岸布设方式确定采用"三地三检"模式，即三地在各自行政区域分别建立独立查验的口岸，三地按照现行的查验模式进行各自口岸总体布置。

至此，随着港珠澳大桥项目工程可行性研究的不断推进，影响口岸查验模式的诸多因素逐步明朗，在三地政府的协商与努力下，经协调小组的调研、沟通、协调与决策，港珠澳大桥口岸专题研究小组的深入调研论证，在中央人民政府的协调下，最终确定大桥"三地三检"的口岸查验模式。这是口岸模式决策过程中最为重要的一个阶段。

随后，根据协调小组第六次会议精神，协调小组又继续组织对三地口岸选址、口岸模式下须明确的事项、交通条件和监管政策、口岸相关问题的协调管理等，开展较为深入的补充论证研究。

3.6.3　跨界运营模式决策

根据《三地政府协议》，整个港珠澳大桥的建设分为四部分：海中桥隧主体工程、香港口岸及香港接线、珠海口岸及珠海接线、澳门口岸及澳门接线（图 3.13）。项目四部分的运营管理工作分属不同的业主单位负责，海中桥隧主体工程由三地政府共同成立的管理局负责建设和运营管理；珠海接线由广东省组织建设，由珠海连接线管理中心负责运营管理；珠海口岸由珠海市政府负责组织建设，由珠海市口岸局负责协调管理；澳门口岸及澳门接线由澳门特区政府负责建设和管理；香港接线及香港口岸由香港特区政府负责建设，建成后香港接线由香港运输署负责其运营管理。

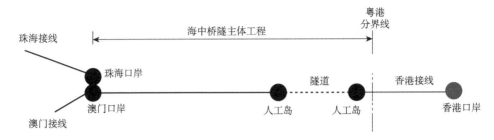

图 3.13　港珠澳大桥平面示意图

资料来源：刘谨等（2018）

根据《三地政府协议》确定的建设和管理方案，并未成立一个实体机构负责整个港珠澳大桥项目的运营管理。现有模式和经验中，三地交通管理尚处于各自独立的状态，没有建立起有序的联动机制。因此需要根据港珠澳大桥自身特点建立合理的交通管理机制，协调三地可用资源，共同服务于大桥交通管理，在保证大桥有序高效运营的同时，对紧急事件进行预防和控制，使其负面影响减少到最低。为此，提出港珠澳大桥运营期"工作组＋联络员"的三地联动模式，三地委设跨界交通管理协调工作组，管理局、珠海、香港及澳门设跨界交通管理工作组（高星林等，2017）。

但在"一国两制"体制框架下，各部门的运营管理模式存在很大差异，加之香港、珠海、澳门三地在法律、政策、标准方面的不同，要建立令各部门协同联动的交通管理机制存在很大难度，这一点与内地现有的很多跨界项目运营管理有很大不同。管理局于 2016 年 1 月 22 日召开营运筹备领导小组和工作小组第一次会议后，又接连召开四次营运筹备会议和专题研讨会议，确定以"为用户提供优质服务、运营世界级品牌、创造社会和经济价值"为运营管理目标，并按照运营筹备、试运营和正式运营三个工作阶段开展运营相关工作（具体参见第 11 章）。为实现运营目标，保障运营质量及效果，对服务质量进行有效管控，并充分考虑由"建转营平稳过渡"及人才分流安置方面因素，管理局按"自行营运模式"统筹开展收费监控等筹备工作。

鉴于项目专业类型多、技术复杂、养护标准及需求高，将项目养护模式初步确定为"混合制养护模式"，即"核心业务自行养护、日常简单业务外委"，部分业务将严格按照有关规定进行公开招标，实行外委，开展养护管理工作。项目运营期间的消防、边检、交警、海关、海事等行政事权，由政府相应部门负责。管理局组建路政队实施路政业务管理，与各政府部门厘清各自职责并建立联动协作机制，保障项目的运营安全。

为了确保工程建设平稳过渡到运营阶段，管理局按照"基本体系不变、逐步叠加职能、适时动态调整"原则，统筹考虑运营筹备工作人力资源的系统规划。

在现有部门的组织架构基础上,逐步叠加各部门运营筹备的工作职责,特殊岗位引进运营专才,不足部分考虑面向社会招聘补充。同时,以运营目标为导向,及时、合理确定运营期薪酬标准,并取得三地政府批准。

此外,考虑到国家路网大环境下的智慧养护要求,围绕养护、应急、服务、管理"四位一体"的功能定位,推行出"机械化、智能化、产业化、信息化"的养护"四化管理"理念;引入国内外的最新智能化检测手段,整合多个运营养护管理相关子系统,逐步实现基于大数据的智能化、信息化养护。

为进一步落实运营阶段"可维、可达、可养"的理念,强化养护管理的便利性及实操性,管理局在港珠澳大桥主体工程建设后期先后组织开展了三次设计联合巡查(即"设计回头看"活动),组织全线设计、监理、咨询、施工等标段深入现场检查设计意图落实及从维养角度优化;围绕运营阶段土建日常养护模式及运营养护功能需求,先后组织内地及香港大型运营养护单位开展"主体工程营运养护功能完善提升活动"技术交流,为后续工程维养管理查漏补缺、补足短板。

2017 年 9 月 28 日在珠海召开的港珠澳大桥技术专家组第十次会议对项目运营管理目标进行了审议。时任交通运输部副部长冯正霖指出大桥运营坚持目标导向,把"建设是发展,养护管理也是发展"的理念贯穿于大桥运营的全过程,充分发挥港珠澳大桥的大通道作用,增强香港及珠江东岸地区经济辐射的带动作用,充分发掘珠江西岸潜力,最大限度地发挥大桥的社会经济价值,促进大湾区经济社会发展。

3.7　成效与启示

1. 成效

港珠澳大桥工程决策除了一般工程决策问题外,还包括因为工程特殊性而出现的若干决策新问题。即使是一般决策问题,由于港珠澳大桥工程自身及环境的复杂性,决策原则和思路、决策组织架构、决策流程设计及决策方案形成路径等都面临诸多新的挑战。另外,港珠澳大桥因其跨海、一桥连三地的特殊性与超级工程规模而产生了较多的决策新问题。

首先,在工程物理实体方案的决策问题中,一桥连三地,且是跨界,产生口岸问题,特别是需要在口岸管理模式决策时优先考虑管辖权问题。其次,也正是由于港珠澳大桥横跨三个地区、两种制度的特殊性,在大桥立项时出现了需要充分考虑跨界工程管理、安全管理、施工管理、概算调整、运营管理等决策问题。此外,在工程生态影响的决策问题中,港珠澳大桥特殊的地理位置不仅会导致珠江口泥沙运动规律的改变引发一些生态问题，也会产生对中华白海豚保护的重大环保新问题。

正是由于工程决策问题太过复杂，大桥决策者们必须精心组织政府有关部门与研究单位运用多种方法和手段，广泛吸纳各方意见和建议，提升决策的科学性。同时，大桥的决策者在不断学习和探索中，通过理念创新和认知深入，实现了决策分析与决策管理的体制机制创新。港珠澳大桥钢箱梁制造正是基于管理创新而设计出一种良好的技术—管理综合体系，把技术创新问题与管理创新问题融合为一个既相互融合又相互转化的整体决策问题。

从港珠澳大桥工程开工建设到全线贯通，在中央和三地政府的共同努力下，大桥顺利完成了一系列重大问题论证与决策。这不仅为新形势下我国重大跨界工程项目的决策与实施积累了宝贵经验，也进一步坚定了我们对中国特色社会主义的道路自信、理论自信、制度自信、文化自信。

2. 启示

1）注重决策能力的提升

港珠澳大桥工程决策面临的挑战极大地丰富和拓展了重大工程的决策内涵，如何应对这一挑战，既不能完全依靠传统经验，也不能完全依靠书本教条，而需要从系统性的角度综合考虑。从对港珠澳大桥决策问题本质属性认知开始，通过对决策问题进行深刻的分析与研究，做到对决策组织、决策流程、决策路径选择、决策方法综合、决策过程控制的全方位设计，直到决策方案形成整体化创新，才能保证决策过程的科学性，从而形成高质量的决策方案。

2）注重决策的科学性

港珠澳大桥决策面临很多困难，决策问题极其复杂，一般工程中单一定性或者定量的方法已经无法解决这些决策问题。例如，港珠澳大桥的决策者运用综合集成方法论，将定性方法和定量方法结合起来，使港珠澳大桥投融资决策问题得到较为妥善和科学的解决。在确定资本金投资分摊比例的问题上，恰当地使用定性与定量的科学方法，选出对三方政府均有利的按效益费用比相同分摊原则作为最终的投资责任分摊原则，使得大桥投融资决策这一具有挑战性的问题得以顺利解决。

3）注重决策的动态性与适应性

决策不是一蹴而就的，由于决策主体认知的局限性，在决策时往往不能一下子完全考虑到所有可能的影响因素与相关问题，不能对方案利弊进行全方位合理的权衡，决策者不能急于用简单的思维找到最优方案，需要综合考虑各种因素，经过反复统筹协调完善，逐步迭代逼近较为满意的决策方案。例如，在调整中华白海豚保护区时，考虑到众多不确定性因素，决策组织表现出较强的适应性，通过各种程序化（上报、申请流程）和非程序化方法（多次交流评审会议），逐步完善和补充中华白海豚保护区功能区调整和生态补偿方案。

4）注重决策的及时性

随着决策者经验的增加及对港珠澳大桥复杂性认知的深化，大桥错综复杂的众多要素间不断相互影响并涌现新的决策问题。由于决策任务的不同与决策复杂性的增强，决策主体在决策问题出现后须迅速响应，以保证决策顺利进行。例如，各方关于口岸布设方式决策方案意见不统一时，协调小组及时联系了港澳办，并及时申请相关部门组成专业的口岸专题研究小组，开展口岸布设方式决策的研究。针对外海施工定额的缺失和现金流问题，管理局立刻展开相关造价调研，确定外海施工定额，听取参建方意见，组织内部多次讨论，并向三地委及时反映现金流问题，申请调整合同费用以确保工程的顺利进行；上级部门也及时通过申请，采取分批、分阶段进行调整的原则，对于原概算定额不能涵盖的工艺（法），采用新增补充定额编制。这不仅缓解了现金流紧张的问题，也确保了大桥工程的整体进度，极大地提高了工程决策效率。

5）充分尊重利益相关者

港珠澳大桥是"一国两制"政治制度背景下三地政府合作的公共产品，在决策和建设过程中涉及社会公众、中央人民政府、地方人民政府、协调小组及后期管理局等利益相关者。不同主体代表了不同群体的利益诉求，在决策过程中不可避免地会产生分歧，导致决策共识形成困难。例如，港珠澳大桥的桥位落脚点选择、投融资模式、运营方案设计等方面都直接涉及粤港澳三地的经济发展规划。为此，三方政府从自身角度来考虑多个可行决策方案，在此基础上通过建立一套协商机制来不断优化决策方案，达到整体方案最优。同时，决策者应当注意员工内部沟通，适当让员工参与管理，提高员工的工作主动权，培养员工的成就感，以保持人才队伍的稳定性。管理者在工程建设过程中应尽可能做到尊重工程的每一个利益相关者。

第4章 项目组织管理

从组织管理的视角出发，本章对港珠澳大桥项目实施组织的前期背景、关键挑战、制度环境、治理体系与组织设计、实施和演化过程及成功经验等关键问题进行全景式分析总结。首先介绍了港珠澳大桥项目组织管理的背景及其整体组织设计所面临的四项关键挑战。在此基础上，进一步分析了其跨区域制度背景、组织设计策略及最终确定的治理体系与组织设计方案，重点剖析和详述了项目法人组织、主要参建方组织及现场作业组织的实施特点与经验；还考察了港珠澳大桥项目主要组织机构的运作机制及成功经验。其次，对港珠澳大桥项目组织管理的实践成效与经验启示进行了总结。

港珠澳大桥有关构想尽管早在20世纪80年代就已提出和开始酝酿，但是如何跨越三地差异化的制度情境，为大桥的策划、投资、建设和运营实现组织上的协商、协作和协同，始终是一项巨大的管理挑战，尤其是1997年香港回归祖国、1999年澳门回归祖国之前，解决这一制度难题几乎是不可能完成的任务。

随着两地回归以后，港珠澳大桥的建设才逐步被提上了三地政府的重要议事日程，其工程项目建设不仅需要通过组织措施，集成国内外各种人员资源，攻克工程实体建设所面临的前所未有的技术挑战，更重要的是，要从组织创新层面破解"一国两制"下大桥项目法人模式决策、建设组织方案策划、投融资方案设计、跨境安检运营等一系列需要跨区域协作和协商的关键难题。同时，重大工程项目组织是由顶层治理机构、项目法人、项目参建方等多主体共同组成的一个有机生态系统，通过一定规则和程序规定约束的协作互动生成各种必要的管理功能，是决定工程投资、质量、效益和可持续发展的关键。因此，项目组织在整个项目管理系统中居于核心地位并发挥关键作用（王基铭和袁晴棠，2011）。

4.1 组织管理背景与关键挑战

4.1.1 组织管理背景

港珠澳大桥工程横跨粤港澳三地，在整体上如何对"一国两制"下跨区域合作项目的投融资、建设和运营等全过程实施工作进行有效组织，对我们提出了一个新的决策命题——"一国两制"下跨区域重大工程项目组织设计和决策。

与常规工程项目融资和建设组织不同，港珠澳大桥作为一个跨界项目，其实施组织是一项具有整体性、系统性、战略性的关键工作，也是厘清"一国两制"下跨区域重大工程项目的投融资方案设计、项目法人模式决策、建设组织方案策划、跨境安检运营等关键决策问题的重要指引。

我国现行的工程前期工作制度并没有考虑到港珠澳大桥这类跨界重大工程项目组织管理的特殊性，难以对相关工作提供有效的指引和参考。鉴于此，国务院于 2003 年同意三地政府提出的申请，决定成立协调小组，具体承担和执行大桥项目前期研究工作。该小组由广东、香港、澳门三地的政府代表共同组成，国家发改委和港澳办有关人员作为联络员，香港特区政府代表担任小组召集人，定期组织三地联席会议对大桥前期工作和主要事项进行协商和决策。同时，该小组还在广州设立了由 13 人组成的办公室作为其常设机构。

为提高三地的协调与决策效率，2006 年 12 月成立了专责小组。该小组由国家发改委牵头，其主要成员还包括交通部、港澳办、广东省人民政府、香港特区政府和澳门特区政府的代表。这两个机构共同构成了大桥前期工作的核心组织，促进了不同地域、不同层次、不同职能的政府部门合作，形成了跨区域、多主体的协商决策机制。

从 2003 年开始，经过三地政府、协调小组与专责小组多轮会议磋商的努力，综合考虑项目投融资方案、查验口岸布置方式、项目法人模式等关联决策事项，三地政府最终在 2008 年协调小组第八次、第九次会议上对项目建设组织方式达成共识，并通过《港珠澳大桥工程可行性研究报告》上报中央，该报告于 2009 年 10 月获得国务院常务会议的批准，其中与工程建设项目组织有关的主要内容如下。

（1）根据三方达成的共识，海中桥隧主体工程由粤港澳三地共同建设，三地口岸和连接线由三地各自建设。

（2）港珠澳大桥主体工程采用政府还贷公路模式，由三地政府按比例全额提供项目资本金；资本金以外部分，由项目法人通过银行贷款解决。项目法人由广东省牵头、粤港澳三方共同组建,负责项目的具体实施和运营管理。

(3)为切实保障项目的顺利实施,设立三地委。由广东省人民政府作为召集人,香港特区政府、澳门特区政府任命代表参加,具体协调解决项目建设中涉及的重要问题,并对项目法人在海中桥隧主体工程投资、建设管理中的行为进行监管。

(4)由于项目建设规模宏大、工程技术复杂,为确保工程建设的优质和安全,由交通运输部牵头组织成立项目技术专家组,为专责小组、三地委和项目法人在重大技术方案和施工方案论证,以及重大工程处理措施等方面提供咨询服务和技术支持。

需要予以指出的是,前期办曾在大桥整体组织实施架构策划中发挥过重要作用:该办公室最早提出了"三地政府分界建设各自地区内的部分,共同出资建设大桥的主体部分"的建设方案设想。协调小组于2008年2月召开的第八次会议上接受了这个方案设想,这个决定促成了最终的项目投融资方案、项目法人模式和建设组织方案落地,并有力地保障了一年后港珠澳大桥主体工程设计招标工作的开展。

4.1.2 组织管理的关键挑战

港珠澳大桥项目组织实施涉及"一国两制"下三地不同的制度环境,项目的组织设计主要在其组织模式、组织行为及其关联的组织效能方面面临着巨大的挑战,具体表现在四方面。

一是"一国两制"下三地制度和文化差异。港珠澳大桥不仅是一个空间上的跨界项目——其建成后的工程实体将横跨粤港澳三地,同时也是一个跨越"一国两制"的制度和文化上的跨界项目,其开发建设过程需要同时符合三地不同的决策规则、技术标准、项目管理组织模式等建设管理制度,以及不同的工程文化认知,这在当今世界上跨界工程建设中也是罕见的。此外,中央人民政府也难以通过行政指令的方式直接进行指挥,需要建立共同的制度安排,对三地的建设目标和建设理念予以整合,跨越制度和文化上的差异,构建一套完整统一的建设分工和协作组织管理框架,这成为大桥项目建设的重大挑战之一。

二是工程建设地理环境复杂多变。大桥建设地点处于珠江口及主航道上,区域地质复杂,每年会受到3~4次台风影响,最大风速可达58米/秒以上;通航标准高,大桥建设必须将阻水比控制在 10%以内。同时,还受到香港及澳门航空限高的影响,以及中华白海豚自然保护区的环保要求。因此,大桥建设和施工组织管理难度很大,需要能动态地适应施工过程的变化。

三是桥隧岛结构设计复杂且施工难度大。作为当今世界上最长的跨海大桥，港珠澳大桥设计长度约 55 千米，仅跨海长度就达到 36 千米左右；设计结合桥隧岛三种结构、三个海上人工岛，航道多，航线密集，建设标准高，工程技术复杂。尽管我国在人工岛建设方面具有相当的技术累积和经验，但是在海中隧道工程建设及岛隧接头处理等建设技术和经验方面仍存在明显不足，工程整体技术难度及风险大。因此，有效发挥我国现行勘察设计施工产业的组织优势，创新性整合国际技术和管理资源，做好充分的技术储备和管理，才能确保工程的顺利完成。

四是工程建设整体技术和界面管理复杂。港珠澳大桥设计标准要求同时满足三地标准，且坚持"就高不就低"的原则，最终采用 120 年的设计使用寿命，这一世界先进标准远超内地现行设计规范中 100 年的设计使用寿命要求。同时，工程还面临着世界上最长的海底沉管隧道、特殊的施工作业环境、海上作业装备开发、施工技术及实施管理等多项尖端技术的挑战。大桥由三地政府按比例投资兴建，三地政府的管理体制和协调效率不同，这些都进一步增加了对工程整体复杂性的管理难度。因此，如何对该工程建设整体复杂性进行科学分析和研判，形成有效的组织响应机制和有机适应性学习型组织，构成了应对这一项目挑战的重要组织创新内容。

总之，如何对这些影响重大工程组织系统的复杂性、整体性问题进行有效治理，成为港珠澳大桥工程建设项目组织创新的一项巨大挑战。

4.2　项目治理体系与组织管理

4.2.1　制度环境及组织设计策略

在"一国两制"背景下，粤港澳三方在建设工程管理制度及实施逻辑上存在着较大不同，主要表现为法律规范依据、政府参与公共项目的职能定位和角色分工、组织管理方式及程序上的差异性，再加之大桥项目主体工程投资规模大、资金回收期长、社会影响大等因素影响，确定其建设项目组织设计也成为一个复杂的设计和决策过程。

要厘清这一问题，首先要对三地交通项目运作的组织制度环境进行分析。

1. 广东省交通建设项目组织制度环境

改革开放以后，我国开始由计划经济向社会主义市场经济转型，由此在宏观层面引发了工程建设行业市场化发展的两次转变（胡毅和乐云，2018）。第一次转变是指 20 世纪 80 年代末以来，国家通过颁布《中华人民共和国招标投标法》《中华人民共和国合同法》等相关法律法规，在建筑行业引入招标投标制、合同管理制、工程监理制等市场化项目管理机制，实现建设项目实施的市场化运作，促进了全国范围内统一建设市场的逐步建立。第二次转变是指从 20 世纪 90 年代末至今，国家通过项目资本金制和法人责任制等制度改革，促进了银行贷款、外商资本、社会资本等项目投融资渠道的多元化，重点推进了交通能源等经营性项目的社会资本利用。

广东省作为改革前沿阵地，在交通建设行业变革过程中，尤其是在相关制度改革试点和创新中一直扮演着"改革先锋"的角色。在交通建设领域，广东省进行了虎门大桥、省内高速公路网络等系列重大工程建设，形成具有自身特色的建设项目组织逻辑（Hu et al.，2018）。例如，广东省的高速公路建设主要是通过国有投资企业——广东省交通集团有限公司来实施的。截至 2015 年底，该集团注册资本达 268 亿元，投资了广东省境内超过 67% 的高速公路。与港口、码头、铁路和机场等其他基础设施相比，高速公路交通建设是最早开始利用社会资本和国际资助进行融资的领域之一。因此，在早期项目法人组织方案研究中，广东省人民政府更倾向于采用项目公司法人的形式来建设港珠澳大桥。

2. 香港交通建设项目组织制度环境

香港在全球航运业中有着优越的港口航运地理位置，受惠于自身长期奉行的自由港政策，以及良好的营商环境、政府管治经验及历史发展机遇等，香港发展成为全球重要金融和贸易中心，有着全球"最为自由的市场经济体之一"的美誉，同时政府拥有丰厚的政府财政储备。

香港交通项目建设主要遵循《道路交通条例》等地方性法规条例，但其自身没有专门的设计、施工标准，工程技术标准的选用主要参考以往工程经验。香港对公共项目和私人投资项目采用不同的建设管理程序，对于公共项目，香港特区政府将建设过程划分为丙级（可行性研究及初步设计阶段）、乙级（施工图设计阶段）和甲级（施工阶段）三个阶段。

在 1997 年回归祖国以后，受惠于中央给予香港的各项优惠政策，香港特区政府累积了丰厚的财政储备，即便是在 2003 年"非典"疫情后的困难时期，其财政储备仍保持在 8 000 亿港币左右。因此，香港大多数交通建设项目都是通过政府全额出资，以公共项目形式予以投资的。这一类项目建设主要由路政署负责组织实施。例如，20 世纪 90 年代著名的青马大桥项目就是由路政署直接主持，负责项目策划设计、招标采购、实施管理等全过程建设组织工作的（Lau et al.，1998）。

3. 澳门交通建设项目组织制度环境

与香港类似，澳门也长期奉行自由港的经济政策，并因为发达的博彩业而享誉全球。在 1999 年以前，澳门特区政府严格恪守"量入为出"的财政支出政策，但与香港不同，澳门并不设财政储备，在回归后初期整体财政保持略有盈余。随着澳门回归后开放博彩专营权，配合内地实施自由行政策，政府财政收入获得大幅增长，并于 2012 年开始设立财政储备政府制度，其规模保持了良好的增长态势，2020 年超过了 6 000 亿澳门元。

澳门建设项目管理制度遵循政府投资项目和私人投资项目分类管理的原则，并形成有针对性的不同管理制度。对于政府投资项目（包括全额出资或部分出资）而言，主要参考《澳门公共工程承揽合同之法律制度》（第 74/99/M 号法令）。

对于政府投资项目（包括全额出资或部分出资）而言，政府通常会指定某一行政机构直接负责项目建设组织和管理，并履行出资人的权利和义务。通常情况下，项目实施严格采用招标的方式确定承揽人（承包商），然后由定做人（获得授权的行政机构）与承揽人签订工程合同，明确约定双方的权利义务。在此基础上，合同双方必须严格承担合同约定的责任和义务，对于合同履行过程中产生的争议，通常采用行政申诉或行政诉讼的方式予以解决。根据澳门特区政府颁布的《澳门公共工程承揽合同之法律制度》（第 74/99/M 号法令），项目招投标方式、合同订立、工程实施、材料使用、过程监督检查、合同款支付及合同争议的解决等主要事项都需要遵守相关明文规定的要求。

由上述分析可见，三地对项目建设管理阶段的划分虽有不同，但其工作内容基本一致，尽管在具体专业称谓、审批流程、审批时限上存在部分差异，但是仍具有一定灵活性，对于合作建设港珠澳大桥不存在制度上的障碍。

4. 主体工程项目组织设计思维和准则

针对组织中存在的系统性问题，组织设计思维提供了一种主动式干预的认识论范式，可以对组织问题进行界定、诊断，并开发组织方案、评估、实施的过程，确保组织系统所形成的产出、效能和绩效能满足计划目标的要求。

从组织设计思维出发，根据港珠澳大桥的目标要求，针对项目组织管理所面对的四大挑战，形成了与之相对应的四条组织设计准则。

一是"创造更多的协调与沟通，开放开明、求同存异"。针对三地"一国两制"在制度和文化上的差异，在汲取大桥工程项目前期共同决策经验的基础上，大桥项目建设组织将考虑采用扁平化管理设计，以促进三方之间更多的协调与沟通为导向，遵循"开放开明、求同存异"的原则，形成上下沟通顺畅、多方协作共商的项目治理结构和安排。

二是"需要严谨的计划组织,不断学习与修正,调整计划导向工程目标"。针对工程建设地点的地理环境复杂性,遵循"预则立,不预则废"的逻辑,对建设活动进行全方位、全过程、全员参与的周密策划和部署,并建立学习修正的组织反馈机制,实现对计划目标的定期调整和优化。

三是"专业分包与界面管理,建立技术与管理共同平台,整合界面桥隧岛结构"。针对桥岛隧结构建设难度大等问题,充分利用专业分包领域的技术和管理专长,做好专业分包界面划分和管理策划,统筹好专业分包优势和整合管理;在充分借鉴和学习国际惯例的基础上,考虑采用由境内承包商牵头、境内境外优质承包商参与,组成境内境外合作联合体的形式,构建技术与管理的共同平台;采用总价合同,设定分包人的工程综合保险要求,建立有关成本、进度和质量等主要目标的风险分担和控制机制。

四是"构建专家平台,综合集成与创新,提升应变能力及机动性"。针对工程整体复杂性,提出了复杂性降解和整体性重构的双元应对思路;建立第三方的专家平台,分析和预判复杂性对整体性风险的影响;构建组织系统整体对复杂性吸收机制,建立管理流程、工作手册、教育训练计划等各种有效的综合集成制度,提升组织系统的综合集成能力;加强组织整体应变能力及机动性,在建立持续组织学习改进和创新的基础上,充分调动项目关系人参与组织创新的主动性和积极性,做到博采众长、协调有序。

4.2.2　项目治理体系与法人组织管理

在"一国两制"的背景下,粤港澳三方在建设工程管理制度及实施逻辑上存在着相当的差异,解决这一难题的关键在于尊重三地工程制度和文化上的差异,"求同存异",整合三地政府不同的项目组织逻辑,形成各方都可以接受和认同的项目法人组织及其治理结构设计。

1. 项目治理体系与法人组织设计背景

在 20 世纪 90 年代社会主义市场经济体制逐步建立和完善过程中,国家开始推行"建设项目法人责任制",其核心主要是将经营性项目投资责任纳入项目法人的责任范围中。这一规定主要参考《中华人民共和国公司法》有关规定来界定项目法人的投资责任、权益和地位。因此,结合交通项目的经营性特征,其项目法人往往依据《中华人民共和国公司法》,采用有限责任公司或股份有限公司作为其项目法人的主要形式。

项目法人是为落实法人责任制而设立的具有民事权利能力和民事行为能力,

依法享有民事权利和承担民事义务的组织机构，其目的在于提高投资效益，建立投资主体的投资责任约束。根据 1996 年国家计划委员会颁布的《关于建设项目实行业主责任制的暂行规定》，项目法人的责任范围包括对项目的策划、资金筹措、建设实施、生产经营、债务偿还和资产的保值增值，实行全过程负责。这一规定从项目法人责任机制的角度解决了传统投资建设体制中投资建设、运营管理及经济效益责任主体相割裂的问题，确立了法人组织在项目投融资、建设、运维和收益分配或债务偿还责任中的核心地位。这一举措也很快被引入了国家投融资体制改革的重点行业之一——交通建设行业，相关要求写入了 1997 年颁布的《中华人民共和国公路法》。

广东省早在 20 世纪 80 年代就开始了项目投融资市场化改革"贷款修路、收费还贷"的试点，相关试点经验为 20 世纪 80 年代后期国务院和交通部出台相关政策和规定提供了重要的参考。进入 20 世纪 90 年代后，交通部在 1996 年出台了《公路经营权有偿转让管理办法》，这一文件较早地提出了"公路经营权"可在法人组织之间进行交易，为交通行业的法人企业发展提供了重要制度支撑。在这一文件出台的背景下，广东省在推动交通建设项目企业法人建设方面走到了全国的前列，在 1996 年实现了广东省高速公路发展股份有限公司在 B 股的上市，该公司成了内地第一家上市的高速公路公司。

在 20 世纪 90 年代，国家出台了《中共中央关于建立社会主义市场经济体制若干问题的决定》，强调了法人投资在项目投资体制改革中的主体地位和风险责任，提出要针对包括重大建设项目在内的不同类型项目投融资改革进行差异化管理。同期，国家针对交通运输等经营性较强的基础设施行业投资出台了相关配套政策，还进一步完善和推进了项目资本金制、合同管理制、招标投标制、工程监理制等配套制度建设，实现了以企业法人为主的项目法人权利、责任和风险相匹配，有力地保障了法人责任制的落实。在 2004 年第二次修订的《中华人民共和国公路法》中，第二十三条明确规定："公路建设项目应当按照国家有关规定实行法人负责制度、招标投标制度和工程监理制度。"

作为具有中国社会主义特色的市场化投资运作制度之一，项目法人责任制不但确立了项目法人在建设项目中的资金筹措、投资控制、还本付息及资产的保值增值等责任，将其作为投资风险的主要责任主体和承担者，而且还将这一责任与项目实施组织职能进行了有机整合，实现了项目策划、招标采购、设计建设和运营维护等全过程覆盖，在参考现代企业制度的基础上，从项目组织机制设计的角度形成了"产权清晰、权责匹配、政企协作、管理科学"的具有我国特色的现代项目组织管理制度，提升了整体的投资效益。

2. 项目治理体系与法人组织设计过程

在 2008 年 12 月提交《港珠澳大桥工程可行性研究报告》以后,项目整体组织架构已经基本确定,港珠澳大桥主体工程项目法人组织及其治理机构设计策划就开始摆上了协调小组的议事日程。这一过程从 2008 年 12 月开始,一直持续到 2010 年 7 月管理局正式成立为止,前后持续了约 20 个月。本节将从时间维度梳理港珠澳大桥主体工程项目建设组织框架策划的形成和演化,如表 4.1 所示。

表 4.1　项目建设组织框架策划的形成和演化

时间	内容
2008 年底至 2009 年底	专项法律顾问与协调小组及其办公室开展了有关项目实施工作的《三地政府协议》《管理局章程》等文件的起草工作
2009 年 5 月	南京大学工程管理学院完成了《港珠澳大桥管理局组织管理构架设计报告》
2009 年 5 月	召开了关于《港珠澳大桥项目初步框架讨论稿》的讨论会,会上三地政府代表认为初稿的组织架构过于复杂、层级太多,建议取消理事会。广东省人民政府代表建议局长、副局长,下设处室,建立局长负责制的管理架构。同时初稿中规定的三地委与《三地政府协议》存在冲突与矛盾,三地委不应作为管理局的内设机构。这次会议通过了对《管理局章程》初稿的讨论,明确了项目法人管理架构应遵循决策高效、公益性等原则,广东省人民政府代表认为初稿的组织架构基本上是一个公司的组织架构
2010 年 2 月	经过三地政府的反复论证,由广东省人民政府作为召集人、港澳政府参加,正式签订了《三地政府协议》,就大桥的建设、运营、维护和管理制定了各自的合作关系和权责。三地政府各任命三个代表作为三地委的委员,共同构成三地委,其中包括一名各方的首席代表,召集方广东省人民政府的首席代表为三地委主席,三地委主要负责大桥项目的重大事项决策,协调与大桥项目相关的公共事务,并对主体部分项目法人(大桥管理局)实施监管
2010 年 5 月	三地委第一次会议在广东省珠海市召开,由时任三地委主席、广东省发展和改革委员会主任李妙娟主持。会议宣布三地委成立,协调小组和三地委进行了工作交接,并聘任了时任前期办主任朱永灵先生担任管理局局长,会议一致通过了《管理局章程》
2010 年 6 月	粤港澳三方正式签署了《管理局章程》
2010 年 7 月	广东省人民政府、香港特区政府和澳门特区政府作为举办单位在广东省珠海市正式注册成立管理局作为项目法人,负责大桥主体部分投资、建设、运营、维护和管理的具体实施工作,积极配合大桥各区部分的实施,同时受到三地委的监督

3. 主体工程项目治理体系设计方案

综合粤港澳三方的工程组织逻辑,经过三地政府多次磋商,港珠澳大桥主体工程项目被确定为"政府还贷型"公路项目,并通过《三地政府协议》予以明确。最终确定的主体工程建设管理组织构架分为三个层次,即三地政府协调与决策层—工程管理层—施工与现场管理层,实行的是"三地政府协调领导、专家技术支持、管理局工程管理、专业承包商建设施工"的管理模式,如图 4.1 所示。

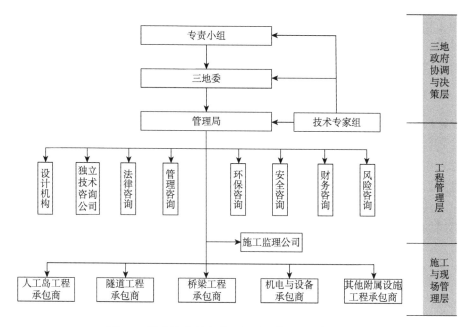

图 4.1　港珠澳大桥主体工程项目管理组织架构方案

如图 4.1 所示，主要机构和具体职能如下。

（1）专责小组——作为项目前期成立的最高协调决策、监督机构，专责小组由国家发改委牵头，交通运输部、港澳办、广东省人民政府、香港特区政府和澳门特区政府派员组成。专责小组仍将在大桥主体工程建设期间行使其职能，协调解决项目建设、运营过程中涉及中央事权及三地存有争议的重大问题，监督落实《三地政府协议》。

（2）三地委——由广东省人民政府作为召集人、港澳政府参加的协调决策、监督机构，依据《三地政府协议》对港珠澳大桥的建设实行全面领导，总体部署工程建设，决定政策措施和总体目标，检查督促项目法人的工程实施，协调解决和决策重大问题。

（3）管理局——考虑到港珠澳大桥的公益性和政府还贷公路属性，三地政府决定设立非营利性事业单位法人——港珠澳大桥管理局作为项目法人，主要负责主体工程的投资、建设、运营、维护和管理的具体实施。

（4）技术专家组——交通运输部牵头成立技术专家组，聘请国内外工程界知名桥梁、隧道、水工、航道、海事等方面专家，对工程实施过程提供全过程的技术支持，参与重大技术方案的论证、重大施工方案及重大技术方案的审查和建议等工作。

（5）顾问机构——引进世界知名的咨询机构承担建设全过程的技术咨询及

顾问工作，包括独立技术审查单位、设计机构、施工监理单位、安全环保技术顾问机构、非破坏性检测机构、质量管理顾问机构、风险管理顾问机构、法律顾问和财务咨询机构等。

4. 管理局组织管理

在前期办人员的基础上，管理局于 2010 年 8 月成立。管理局成立之初，设立了计划合同部、工程管理部、总工办、交通工程部、安全与环保部、融资财务部和综合事务部七个部门。根据港珠澳大桥主体工程建设或运营进展的动态需求，管理局对职能部门的结构进行调整，以保障建设期不同阶段对于现场管理需求的响应，其人员总量在最高峰时达到 100 人左右。本节将从时间维度梳理管理局主要部门的演化过程，具体如图 4.2 所示。

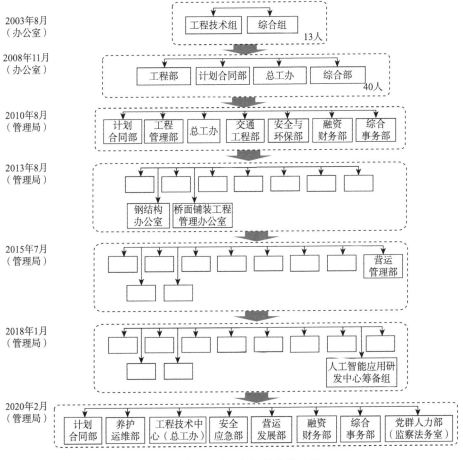

图 4.2 管理局主要部门的演化过程

空白格子代表与上阶段相同的部门

2010 年 8 月，三地委第二次会议在广州市广东大厦召开，会议审议通过了管理局除局长外的高级管理人员人选。

2011 年 8 月，管理局成立钢结构办公室。

2013 年 8 月，管理局成立桥面铺装工程管理办公室。

2015 年 7 月，管理局成立港珠澳大桥营运筹备领导小组和工作小组。

2018 年 1 月，管理局成立人工智能领导小组和人工智能应用研发中心筹备组。

2018 年 1 月，管理局成立结（决）算工作领导小组和工作小组。

2020 年 2 月，管理局根据运营阶段要求，将总工办与人工智能应用研发中心筹备组划入工程技术中心；设立党群人力部（监察法务室）；安全与环保部更名为安全应急部；工程管理部更名为养护运维部；营运管理部更名为营运发展部。

其中，建设期主要职能部门设置和职责如表 4.2 所示。

表 4.2　管理局建设期主要职能部门设置和职责（2019 年 × 月）

序号	部门	主要职责
1	计划合同部	负责建立项目管理体系，组织编制项目建设及营运总体规划及管理制度；负责招标工作的组织与管理；组织合同起草、谈判及签订及支付工作；组织编制工程总体实施计划和年度建设计划，监控工程进度；负责编制年度投资计划及对比分析；组织审核工程概算、预算，负责日常造价管理及工程预决算；负责法律事务管理；负责编制工程总体计划和进度报告及统计报表
2	工程管理部	负责建立质量管理体系；组织审查土建工程施工组织设计，负责土建工程质量和进度、变更审核和计量、主要材料采购管理；负责监理工程师的管理与协调工作，负责试验检测中心、测量控制中心、监控中心的管理；负责征地拆迁、租地及其相关的地方协调工作；负责施工现场应急处理管理；组织工程质量评定和交、竣工验收；组织营运期维修工程实施；负责对珠澳口岸大桥管理区填海工程的施工监管工作，负责土建工程的计划和进度管理工作
3	总工办	负责建立创新管理体系，制定创新规划，推动技术创新；负责制定设计、建设及营运维护专用标准；负责勘察设计、科研管理；组织科学研究，负责科研成果的推广；组织技术培训与技术交流；组织土建工程设计文件、重大设计变更审查；负责对技术问题的处理
4	交通工程部	负责建立信息管理体系，组织综合信息管理系统开发、运营维护和管理工作；组织交通工程及沿线设施设计文件审查，负责交通工程及沿线设施质量和进度、变更审核和计量、主要设备采购管理；负责营运准备及营运期收费工作；负责交通工程及沿线设施的计划和进度管理工作
5	安全与环保部	负责建立 HSE 管理体系，指导承包人做好 HSE 管理体系建设及培训工作，并监督其执行，负责施工现场 HSE 综合监督管理；负责 HSE 风险管理，协调外部关系；组织制定 HSE 应急预案
6	钢结构办公室	实施管理局对于钢结构工程的全部管理职能，按已有建设管理制度规定的工作程序开展工作，编制相关细则作为制度补充，履行相关工程施工和监理合同约定的监管职能
7	桥面铺装工程管理办公室	实施管理局对于桥面铺装工程的全部管理职能，按已有建设管理制度规定的工作程序开展工作，编制相关细则作为制度补充，履行相关工程施工和监理合同约定的监管职能
8	营运管理部	负责编制营运筹备工作总体计划，定期召开会议审议相关工作成果，部署后续相关工作计划，并视工作进展情况检视、局部调整总体计划，确保主体工程能按计划具备基本通车条件及新增营运板块业务（收费、监控、路政、应急救援、消防等）的新增人力资源需求评估、人员招聘及入职培训

续表

序号	部门	主要职责
9	人工智能应用研发中心筹备组	负责统筹人工智能项目管理，构建项目实施顶层设计方案，制定项目管理计划，推动项目立项，组织项目实施、管理、协调和控制
10	融资财务部	负责建立投资控制体系；负责建设资金筹措、使用和监管；组织编制并实施财务预算；审核、监督各项成本费用开支；组织会计核算，负责成本核算和财务分析；负责内部控制和项目审计；负责工程保险管理
11	综合事务部	负责文电、会务、纪要等机关日常运转工作；承担信息、保密、档案、信访、政务公开、宣传和机关行政后勤管理等工作；负责人事、劳资、社保等工作；负责党团和工会的日常事务工作；负责工程文化、公共关系、计划生育和精神文明等事务；负责档案中心的管理，以及工程档案管理、监管和组织验收

4.2.3　主要参建方组织构建与管理

在港珠澳大桥主体工程项目建设期间，组织架构基本按照最初的设想，实行了三地政府协调与决策层—工程管理层—施工与现场管理层三层组织架构，以及由"中央政府层面和三地政府层面"组成的两级协调机制。在主体工程建设中，参建方网络是项目组织架构中非常重要的一部分，也是承担大桥主体工程设计、施工及监理等各项现场作业的主力队伍。采取适当的招标方式和合理流程，选取适合且实力雄厚的企业进行合作，是参建方网络建设的核心工作。主体工程招标共涉及9大主要任务、40个主要标段，前期办和管理局根据工程阶段进展需要，有关工作前后持续6年多，下面将主要节点概述如下。

2009年3月，完成主体工程初步设计招标，与中交公路规划设计院有限公司牵头的，由丹麦科威国际工程咨询公司、上海市隧道工程轨道交通设计研究院、中交第四航务工程勘察设计研究院参与的设计联合体进行签约。

2009年6月，完成设计及施工咨询招标，与我国上海市市政工程设计研究院总院牵头的，由林同棪国际、荷兰隧道工程咨询有限公司、广州地铁设计研究院股份有限公司参与的咨询联合体进行签约。

2010年12月，完成岛隧工程设计施工总承包招标，与中国交通建设股份有限公司牵头的，包括中交公路规划设计研究院、艾奕康有限公司、丹麦科威国际工程咨询公司、上海城建（集团）有限公司在内的设计施工总承包联合体进行签约。

2011年4月，完成桥梁工程施工图设计阶段勘察设计招标，与中交公路规划设计研究院和日本长大株式会社组建的设计联合体、中铁大桥勘测设计研究院有限公司和合乐集团有限公司组建的设计联合体签约。

2012年4月，完成桥梁工程钢箱梁采购与制造招标，与中铁山桥集团有限公司、武船重型工程股份有限公司签约。

2012 年 6 月，完成桥梁工程土建工程施工招标，与中交第一航务工程局有限公司和中交第二公路工程局有限公司组建的施工联合体、广东省长大公路工程有限公司、中铁大桥局集团有限公司签约。

2014 年 6 月，完成桥面铺装施工招标，与广东省长大公路工程有限公司、重庆市智翔铺道技术工程有限公司签约。

2014 年 12 月，完成交通工程施工招标，与中国铁建电气化局集团有限公司签约。

2015 年 4 月，完成房建工程施工招标，与湖南省建筑工程集团有限公司签约。

由上可见，通过合理采取国内招标或国际招标的方式，港珠澳大桥主体工程建设遴选了一大批国内外具有强大实力的设计、施工和咨询队伍，从而为工程建设的现场实施与作业的顺利开展打下了坚实的基础。

4.2.4　现场作业组织构建与管理

主体工程项目现场作业组织主要分为土建工程和交通工程两大类，其中土建工程以岛隧工程设计施工总承包较为典型，有关内容参见第 7 章；交通工程主要采用系统集成方式予以组织实施。下面将结合具体实例介绍交通工程的现场作业组织和运作机制。

港珠澳大桥主体工程的交通工程主要由主体工程范围内的安全设施、收费系统、通信系统、监控系统、通风系统、照明系统、供电系统、给排水系统、桥梁结构健康监测系统、消防工程、综合管线、系统集成及防雷接地设施等组成，对保障主体工程的安全、高速和舒适功能至关重要。交通工程采取"交钥匙"模式，由联合体承包商提供从联合设计到竣工验收的总承包服务。联合体牵头人为中国铁建电气化局集团有限公司，成员为中国铁建电气化局集团第一工程有限公司。交通工程采用的是与高铁建设类似的系统集成总承包模式，将 12 个子系统集成到一家单位实施，形成了具有自身特色的项目组织架构和运作机制。

1. 主要组织机构和职能分工

交通工程在项目实施阶段的组织结构可以分为三个层次：决策层、管理层和实施层。项目部设项目经理部、总工程师和项目副经理各一名，下设工程技术部、计划合同部、财务部、综合管理部、安质环保部和物资设备部六个职能部门。其中物资设备部下设中心料库和运输队，项目经理部的管理人员有 60 人，施工人员依据施工进度和工期调整，约 1 200 人，组织结构和主要职能如图 4.3 和表 4.3 所示。

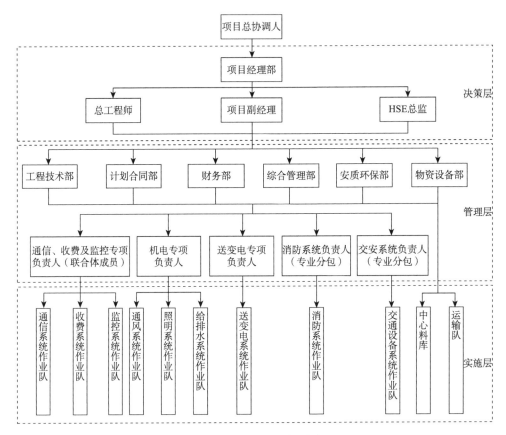

图 4.3 交通工程组织设计

表 4.3 交通工程主要组织机构组成与职能分工

序号	组织机构/部门	主要职责
1	项目总协调人	负责项目部与集团公司之间的协调工作；保障项目资金、人员和机械设备的投入，解决项目部遇到的困难；协调总公司的各项优势资源为本项目服务等
2	项目经理部	负责从总体上处理质量、安全、进度和环境之间的关系；保障交通工程的质量、工期和 HSE 体系有效运行；在业主和监理工程师的指导下，领导和组织工程实施；合理组织劳工、统一施工技术标准；组织开展关键技术的科技攻关活动等
3	工程技术部	编制施工组织设计和技术方案等文件和标准；与作业队进行技术交底，参与事故调查；提交变更计划与施工索赔申请等
4	计划合同部	在计划合同方面负责管理和科学调配项目资金、验工计价、结算价款及编制并核定责任成本等
5	财务部	在财务方面负责费用报销、经济核算、税费交纳和报表编制等
6	综合管理部	会议准备、对外接待；管理印章使用和公文资料；调度项目部车辆等
7	安质环保部	组织和指导项目部的质量控制小组活动；调查安全事故；对职工进行安全质量教育等

续表

序号	组织机构/部门	主要职责
8	物资设备部	制定物资设备的管理办法和采购方案，供应物资设备；管理责任成本；调配中心料库和施工队之间的物资运输等
9	专项负责人	由通信、收费及监控专项、机电专项、送变电专项、消防和交安系统专项组成（其中消防系统和交安系统为专业分包），主要职责包括编制各自负责部分专项技术方案和作业指导书；向作业队和作业工班进行技术交底并指导施工；统计调查材料用量并编制计划；工程物资材料的到场验收和报验；按总体工期和节点工期制定专项子系统的细化工期并保证按期实现；与其他系统联调联试等
10	专业施工作业队	对所负责专业的工程安全、质量、工期和成本负责；进行施工准备和机具安排；材料、半成品和成品的堆码、保管与养护；参与制定并实施项目部的施工计划等
11	中心料库	核对入库原料、审查领料单；发放物料实物、指导发料流程等
12	运输队	将物资设备、施工机械和施工人员安全运输到施工地点

2. 交通工程系统集成总承包管理流程

交通工程的系统集成范围庞大，专业跨度大、界面管理复杂，为了将不同专业领域的子系统集成起来，实现一个共同目标，除了采用联合设计机制，可实现多专业系统多资源有效的配置，并在施工作业中建立高效的管理流程来提供保障。在项目经理负责制的基础上，交通工程遵循PDCA（plan-do-check-act，计划–执行–检查–处理）循环的控制原理，对项目实施进行全面管理，具体流程如下。

（1）由集团公司的项目总协调人对决策层的项目经理部下达目标。

（2）由管理层的六大职能部门领导和部门管理人员及施工队长根据目标制定方案。

（3）实施层的一线施工人员根据管理层制定的方案开展实施工作。

（4）在实施过程中，一线施工人员通过检查若发现问题，则上报给部门管理人员和施工队长。

（5）部门管理人员和施工队长将问题上报给项目部的六大部门领导，由管理层制定对策。

（6）部门领导将实施过程中的问题和对策上报给项目经理部，由项目领导提供决策方案。

（7）依据项目领导的决策方案制定目标并下达给管理层，实现PDCA循环。

管理方案流程采用了机电安装工程项目的先进管理模式，在多个专业系统之间对各种资源进行了合理有效的配置，以保障工程进度、成本、质量、安全和环境目标的实现。

3. 交通工程项目运行机制

为有效管理交通工程的施工生产过程，各职能部门分别制定了相应的管理办法和措施，建立了包括物资设备、HSE、工程技术、计划财务和办公行政在内等专门管理办法，对有关人员的职责权限进行了明确规定，并针对具体的专业工作规定了对应的管理办法和保证措施。

交通工程在运行过程中形成了以下四种机制。

（1）科学的界面协调机制：以"施工配合、顾全大局、预防为主、用户至上"作为界面协调的原则，采用计划、会议和函件的方式对各专业系统之间的工作界面，以及业主、设计工程师和监理等项目相关方之间的接口进行及时有效的协调。

（2）专业分包协同管理机制：安全和消防系统采用了专业分包的形式，但专业分包系统被纳入了项目组织机构中，与项目部的管理人员共同办公，并参与项目部对管理人员的考核，考核成绩与分包单位的支付和信誉评价有关，提升了项目管理水平。

（3）良好的人员考核和激励机制：考核包括月考核和季度考核两种形式，奖罚机制分为项目部考核层和个人考核层两级，在项目部考核层设立了奖励基金，同时还根据个人考核成绩发放奖金；管理人员和作业队操作人员在参与培训后也需要进行考核，根据考核成绩实行奖罚，不合格的需要再培训、再考核，3次不合格则调离本岗位。

（4）严格的专业分包选择机制：在选择专业分包时，除分包人中标前的审核外，还需要在分包人中标后对其进行二次考核，报监理和管理局审批，若不通过则重新选择分包对象。在实施过程中，对分包人规定了详细的考核明细表，根据考核成绩实施奖罚措施。

虽然交通工程采用了联合体的形式，但是联合体的牵头人是母公司，成员是子公司，这一点更有利于项目的管理、协调和沟通工作。交通工程以三层组织结构为基础，并依据 PDCA 循环控制原理建立了持续改进的管理流程和完善的运营机制，保证了交通工程的安全、优质、按期完成，以及港珠澳大桥后续的顺利通车。

4.3　主要组织机构与管理经验

4.3.1　专责小组

专责小组的成立是大桥顶层决策组织体系与协调机制的一项重要组织创新，为大桥前期决策的科学性、民主化和高效性提供了重要的组织保障。作为大桥前期工作和立项决策期间的最高协调决策、监督机构，专责小组代表中央对协调小组提交的决策议案进行协调，落实中央人民政府交办的任务，解决大桥前期工作中涉及中央事权及三地有争议的重大问题。在 2006 年该机构成立以后到项目正式开工之前，专责小组分别于 2007 年 1 月、2009 年 12 月组织召开了两次会议，对口岸设置、投融资安排、中华白海豚保护区等重大事项决策提供了原则性意见，有力地保障了大桥项目顺利立项并通过中央人民政府的审批。

根据国家对《港珠澳大桥工程可行性研究报告》的批复，鉴于项目地理位置特殊，涉及面广，在实施过程中需要中央人民政府出面协调解决的事宜较多，专责小组作为大桥项目前期决策中的一项重要组织，在项目开工建设以后，仍被保留了下来，继续代表中央对项目实施工作中涉及中央事权及三地有争议的事项履行协调决策职能。同时，根据《三地政府协议》，专责小组还将担任三地政府争议事项的"仲裁人"，以确保港珠澳大桥项目实施过程中产生的任何分歧或争议都通过"无诉讼决策"的三地协商方式予以解决。若三地委无法达成一致意见，由各方首席代表分别上报各方政府，三地政府应就分歧或争议进行友好协商；若三地政府之间无法达成一致意见，任一政府可将争议提交专责小组决定。

从大桥开工建设到 2018 年底大桥通车前，专责小组一共组织召开了八次会议，表 4.4 从时间维度梳理了建设时期历次专责小组会议的主要协调决策内容。

表 4.4　专责小组会议

时间	会议	内容
2010 年 12 月	专责小组第三次会议	听取了三地委工作总结、港珠澳大桥工程进展和 2011 年工作计划安排，并就工程建设中需要解决的有关重要问题进行讨论研究
2011 年 11 月	专责小组第四次会议	听取了港珠澳大桥工程进展，以及技术专家组、三地委 2011 年工作进展和 2012 年工作计划汇报，并就工程建设中需要解决的有关重要问题进行讨论研究
2012 年 11 月	专责小组第五次会议	听取了港珠澳大桥 2012 年工作进展和 2013 年工作计划安排，以及技术专家组、三地委工作进展和工作计划，并就工程建设中需要解决的有关重要问题进行了讨论研究，部署了下一步工作
2013 年 11 月	专责小组第六次会议	听取了港珠澳大桥工程 2013 年工作进展和 2014 年工作计划，以及技术专家组、三地委工作进展和工作计划，并就项目有关问题进行了讨论研究，部署了下一步主要工作
2014 年 11 月	专责小组第七次会议	听取了港珠澳大桥工程 2014 年工作进展和 2015 年计划安排，以及技术专家组和三地委工作汇报，并确定了"遵守合同、深入评估、严格程序、合理调整"的资金紧张处理原则
2015 年 12 月	专责小组第八次会议	听取了各建设单位、技术专家组和三地委工作汇报，讨论各项工作进展情况及 2016 年工作计划等，研究部署了下一步工作
2016 年 11 月	专责小组第九次会议	听取了三地委、港珠澳大桥工程及技术专家组 2016 年工作进展和 2017 年工作安排的汇报，就项目有关问题进行了讨论研究，提出了协同推进各部分工程建设，深入评估工期，抓紧做好各项运营准备等工作要求
2017 年 11 月	专责小组第十次会议	听取了三地委、港珠澳大桥工程、技术专家组及岛隧工程 2017 年工作进展和后续工作安排的汇报，就项目有关问题进行了讨论研究。会议议定要确保工程建设圆满收官，尽快完成大桥运营准备工作，及时做好工程总结和验收准备等事项

　　由此可见,专责小组在大桥建设期间的顶层决策和三地建设协调推进中发挥了重要的作用,形成了以专责小组、三地委、管理局等为核心的决策组织体系及多方协调机制,确保了港珠澳大桥主体工程建设的顺利推进,以及与香港连接线工程、澳门连接线工程的同步协调。在这一阶段,专责小组作为中央人民政府的代表对大桥整体建设协作推进起到了重要的作用,为大桥按时完工和运营筹备奠定了良好的基础。

4.3.2　三地委

　　早在中央对《港珠澳大桥工程可行性研究报告》的批复中,三地委的设想就得到了中央的支持。最终,这一设想通过2010年初签署的《三地政府协议》予以落实。协议作为项目实施、组织和运营的纲领性指导文件,对于大桥项目的准备、建设、运营与有关管理的决策和管理执行事务及其责任机构进行明确的约定,实现和维护了三地政府的合法权益及公共利益,其制定主要结合了内地适用法律规定的要求。根据这一协议,三地政府将在协调小组完成使命后,建立三地委承担大桥整体建设和运营的决策和监督责任,指导和监督共同设立的项目法人——管理局的建设和运营等日常管理工作。

　　根据《三地政府协议》,考虑到三地是独立的法律和经济实体,三地委由三地政府派出的委员代表组成,在友好协商且遵照属地法律的原则下,代表三地政府共同对港珠澳大桥项目的各项事务进行处理及拓展,并就大桥的建设和运营工作进行决策和监督。同时,该委员会的决策权责根据立法机构批准的政府间协议确定,可以做到不越权的同时,予以充分的授权,可以提高决策效率和质量。根据《三地政府协议》,三地委作为大桥项目管理组织的重要组成部分,主要负责大桥项目的重大事项决策,协调与大桥项目相关的公共事务,并对主体部分项目法人实施监督。由此可见,三地委实际上在建设期间接替了类似协调小组在项目前期工作的职能,作为常设机构对大桥主体工程及其他部分项目准备、建设、运营决策进行相应的管理,是实现建设阶段三地协调机制的顶层设计。

　　2010年5月,三地委第一次会议在广东省珠海市召开。第一届三地委由三地政府任命的9人构成,其中香港、广东和澳门各3人,其中包括一名各方的首席代表,广东省人民政府首席代表作为三地委召集人兼委员会主席。根据《三地政府协议》,三地委作为大桥建设组织协调机制的核心,在三地政府之间的协调中发挥承上启下的作用,共承担了3项协调职能和6大项18小项的监督职能,主要包括:代表三地政府主要负责大桥项目的每年预算、决算、工作计划、重大合同变更、项目法人主要管理人员的任命等重大事项决策,以及大桥各部分工程之间的衔接和协调工作，督促各部分工程同步建设和投入使用。

三地委主要通过召开年度会议和临时会议的形式行使协调和监督职能；会议审议事项须取得三方 3 名首席代表的一致同意方可做出决议。自三地委成立至大桥通车前，三地委共召开了 25 次会议，在充分履行三地政府所赋予职能的同时，积极落实专责小组和三地政府的各项要求，及时对工程建设、质量监管、预算和资金管理、项目法人监管等方面的重大问题进行研究协调，如解决填海用砂、协调工程调概、研究跨界通行政策等，有力地推动了大桥建设的顺利开展。

为协助三地委做好决策工作，三地政府还在工作层面上形成了良好的沟通机制，每月三方的相关工作人员召开 1 次工作例会并形成会议纪要，共同研究需报三地委审议批准或协调的问题，并力求达成初步共同意见。大桥建设期间，粤港澳三方共召开工作例会及其他各类专题会议 100 余次。这些顶层治理机构机制的设计和运作对项目工程建设的顺利开展及大桥的完工通车起到了重要的支持和保障作用。

4.3.3　管理局

港珠澳大桥主体工程位于广东省区域，按照内地有关法规，需要设立专门的项目法人负责该部分工程的项目投资、建设和运营管理工作。因此，《三地政府协议》对大桥主体工程建设主体进行了明确的约定，决定由三地政府共同出资设立管理局作为承担这一职责的项目法人。于是，管理局于 2010 年 5 月正式成立，与同时成立的三地委一起构成了港珠澳大桥主体工程建设和决策组织体系的核心，推动了大桥主体工程建设和运营及其相关决策工作的顺利开展。

根据内地适用法律、《三地政府协议》、《港珠澳大桥工程可行性研究报告》及补充报告、三地委补充协议等，由三地政府共同设立的管理局服务于三地的共同社会利益，负责组织大桥工程位于内地水域的大桥主体部分投资、建设、运营、维护和管理的具体实施，积极配合港珠澳大桥其他部分的实施，确保港珠澳大桥的顺利建设和运营管理。

管理局作为主体工程建设的项目法人，是项目组织和现场协同机制实施的枢纽。在我国现行的法律体系下，这种方式并不常见。根据现行法律要求，经营性项目法人大多是采取项目公司的形式，并要求全面承担项目计划、项目融资、现场施工、生产经营、贷款偿还和资产管理等职责。设立企业化运作的非营利性机构——港珠澳大桥管理局，这一特殊的组织设计主要考虑了香港特区政府的意见：虽然大桥建设使用了部分银行贷款，但是这个项目定位为政府投资的公共项目，其投入的主要资金来自中央和三地政府的直接投入，因此项目法人被定位为非营利公益性机构。经过国家发改委的协调，中央编制办最终接受了管理局的非营利机构注册申请，并安排由广东省编制办于2010年7月协助办理了相关的注册事宜。

鉴于工程技术和管理难度及广东省的经验，三地政府还在《三地政府协议》中约定：管理局"实行企业化管理"，以便最大限度地利用社会资源，提高项目实施效率，其特点主要表现在以下方面。

1. 高级管理人员的聘任

根据《三地政府协议》，管理局设局长一名、副局长三名、总工程师一名及行政总监一名。局长、总工程师和行政总监由三地委三方代表各自推荐人选并由广东方提名，局长经三地委审议批准聘任、续聘或者解聘。首任局长于2010年5月聘请，由时任前期办主任的朱永灵先生担任。同时，三名副局长分别由内地、香港、澳门方各提名一名；三名副局长和总工程师的聘任都需要三地委审议批准后由管理局聘任、续聘或者解聘。此外，管理局局长、副局长和总工程师不可相互兼任，但其他高级管理人员可由副局长兼任。

需要予以特别指出，香港、澳门方副局长具有特别行政区公务行政人员和管理局副局长的双重身份，一方面协调香港、澳门方加快解决建设和运营的问题；另一方面代表香港、澳门方行使出资方监督权力。香港、澳门方副局长在管理局驻场办公，经过长期的协作磨合逐步达至融合，推动了问题的顺利解决。此后，2015年经三地委批准，又增设了工程总监一名。这一组织机制的设计和实施，既符合管理局作为事业单位的非营利性定位，也充分发挥了"一国两制"下三地协商治理机制的优势。

2. 中层管理人员和常规人员的聘任

对于中层以上的管理人员（包括各职能部门副部长及以上），管理局采取定向征聘的方式予以选聘。对于普通员工的招聘则要求在明确岗位要求的基础上，进行全球公开招聘，并参考广东省相关行业国企薪资水平提供具有市场竞争力的合理薪酬。显然，较高的薪资使项目能够招聘到更多高素质的工作人员。除了部分高管来自前期办，大多数员工是通过全球公开选聘招收的。此外，管理局参考内地事业单位有关要求，确定了管理局的人员编制在100人左右。

3. 管理局的审计和监督

作为非营利性事业单位，管理局实行内部审计制度，配备专职审计人员对管理局的财务收支和经济活动进行内部审计监督，审计负责人向局长负责并报告工作。此外，管理局还聘用了符合内地适用法律规定的、独立的、在三地均有执业机构，以及具有内地和国际经验的会计师事务所，进行年度财务审计。在内地适用法律允许的情况下，其聘用还遵循了三地公开选聘的原则。

4. 关于争议解决的机制

对于管理局与三地政府任一方之间产生的争议冲突，制定了专门的争议解决机制，即任何一方都应首先通过三地委协商解决；若三地委无法就此达成一致，可由各方首席代表分别上报各方主管的政府部门，三地政府应就分歧或争议进行友好协商；若三地政府之间无法达成一致意见，任何一方可将争议提交专责小组决定。对于专责小组所做出的决定，三地政府和管理局应遵照执行。各方之间、管理局与任一政府之间不得在任何区域启动任何诉讼程序。

4.3.4　参建方组织管理

参建方组织管理是港珠澳大桥主体工程项目组织管理的一项核心任务，也是影响项目现场成本、进度和质量等目标的重要环节。通过近十年的管理实践，港珠澳大桥主体工程项目对于主要设计、咨询、施工、监理等参建方的管理形成了以下主要经验。

（1）建立以工程项目管理规划为核心的科学管理模式。早在 2010 年，管理局就在所有项目招标文件中，将工程项目管理规划体系文件纳入，使参建方在中标进场前就对工程实施管理过程形成统一的认识。同时，这一管理体系文件还对项目管理实施过程的要求、程序及方法进行了全面和细致的规定，建立了一套全面而科学的管理模式，形成了标准化的跨组织协作管理流程，节省了工作时间和成本，提高了工作效率。

（2）建立"事前策划"导向的迭代改进式招投标管理工作休系。除了项目管理规划体系文件外，管理局相关部门对招标文件编制的模式和方法、招标组织和流程管理的方法、跨部门及不同单位之间的非正式沟通方法等进行了系统分析，遵循"发散—收敛—迭代—逼近—聚焦"的管理过程循环，进行项目招投标工作的持续改进；借鉴 ISO 程序化控制管理理念，实现了招投标过程标准化执行、精细化操作，建立规范化、制度化、程序化的开评标工作机制。在这一系列制度保障和扎实工作的基础上，管理局主要通过公开招标的方式为主体工程的主要设计、施工和监理等工作遴选了一大批优质的参建单位。

（3）依托信息化手段建立跨组织的协同工作信息平台。依托现代信息化技术手段，管理局牵头组织建立了港珠澳大桥主体工程综合管理信息系统，形成了以主题数据库/数据仓库为核心的统一企业级数据中心，构建了邮件系统、网络会议、文件收发、计划管理、海况气象、灾害信息的智能化信息管理平台，与主要参建方实现了全现场、全过程和跨组织的互联互通与协同工作。利用信息化的手段实现了与主要参加方在计量支付、合同管理、质量管理、进度管理、档案管理等工作方面的网络协同,极大地提高了与参建方的合作工作效率,成为交通行业同类信息系统开发和应用的先行者。

(4)建立伙伴关系导向的过程管理。港珠澳大桥项目对于承包人的管理推行伙伴关系理念,倡导做服务型业主,通过组成工程共同体来形成共同的项目情感,促进相互之间的信任、理解和尊重,保证各方对合同的恪守。这种管理方式作为大桥参建方管理的基本依据和手段,不仅有利于确立合同双方互有约束的履约关系、互信共赢的合作关系,还建立了相互尊重的伙伴关系、友好协商的谅解关系,通过彼此之间精诚合作,以持续的努力改进,完善伙伴关系,最终实现共赢。同时,管理局对承包人的建言,坚持一种开放的沟通态度,积极吸纳承包人的意见。此外,针对众多的参建方利益诉求冲突问题,管理局会积极地进行提前介入并协调,有效地避免冲突带来的重大风险。

4.4　成效与启示

港珠澳大桥主体工程作为整个项目的核心部分,其投资涉及"一国两制"下三地政府及多家银行机构等出资主体,且出资各方的制度和文化存在相当大的差异,再加之项目所处位置的地理环境复杂,设计及施工等复杂性高,呈现出较高的复杂整体性,这些都对主体工程项目组织管理带来了巨大的挑战。因此,港珠澳大桥主体工程组织需要厘清关键问题,事先做好项目管理工作的总体规划。从创造更多的沟通与协调出发,建立严谨的计划组织,持续学习与修正;做好专业分包与界面管理,建立技术与管理共同平台;进行专家平台构建等综合集成与创新,持续不断地提升应变能力及机动性。针对上述的主要问题和组织挑战,项目主要通过组织系统设计、制度体系完善及项目文化建设等方面,为港珠澳大桥主体工程建设和顺利通车提供了重要的组织保障,其主要经验包括以下三方面。

(1)汲取前期经验,建立层次清晰、协商顺畅的多层治理体系结构。在汲取项目前期工作组织经验的基础上,工程建设的组织在持续发挥专责小组国家宏观层面协调决策职能的基础上,建立了三地委和管理局,形成了一个从大桥专责小组到三地委,再到管理局的三级架构,以及以专责小组和三地委为核心的二级协调的项目治理体系。该治理体系决策层次清晰、事权与责任配置合理且兼有相当的灵活性,能够有效协调各方关系和利益,并化解潜在的工程风险,有效推动工程建设的进展,是"一国两制"条件下三地政府在探索重大工程合作组织上的一项重要创新，为未来粤港澳大湾区的其他跨界工程或重大事项合作提供了重要的参考。

（2）依托项目管理规划，形成柔韧导向、动态适应的组织系统设计。管理局作为项目法人，承担大桥主体工程投资、建设和运营管理的实施工作，依托工程项目管理规划，形成了一个三地政府共建共管且适应性结构功能完善的组织系统，有力地支持了项目管理规划的实施。此外，通过人员聘用机制创新、管理机制创新等组织措施，形成了一支专业素质高、团队凝聚力强、全球性视野广，且具有开放胸怀和情怀的业主方管理队伍。在项目实施过程中，这一组织系统及时地根据不同阶段的不同任务和重点问题，动态地调整组织架构和人员分工，充分显示了这一组织系统的柔韧性。

（3）通过总体规划，建立完善的组织资源配置及配套的管理制度体系。除了优化组织系统设计以外，大桥通过《三地政府协议》《管理局章程》，再到整个项目管理体系策划和实施，形成了面向项目多主体合作、全过程贯通、全方位覆盖的全面项目管理制度体系，遴选和构建了一张覆盖现场管理、设计及施工管理的强大专业管理网络，组建了一支"能打硬仗"的现场作业队伍。同时充分发挥了科学合理的管理制度优势，攻克了大桥建设过程中界面问题处理、技术难题攻克、动态适应演化等一个又一个重难点问题，保障了大桥建设里程碑节点的顺利实现。

第5章 招标与合同管理

港珠澳大桥面临工程体量巨大、技术创新多、三地共建共管等招标和合同管理挑战。为应对以上挑战，管理局突出了招标和合同的策划工作，并施行基于严格合同履约的合作伙伴关系。考虑工程需求和目标要求，管理局通过技术交流、组合创新等，创新设计了设计施工总承包、境内境外合作联合、施工+顾问、设计及施工全过程咨询等招标模式，并提出和验证了招标文件编制的"实施八步法"，通过外海定额研究、合理风险、合同柔性调整机制等措施支撑了基于严格合同履约的合作伙伴关系。

港珠澳大桥技术难度高、环境复杂，部分关键资源国内短缺，如何进行有效的招标是决定工程成败的关键。同时，在选择优秀合作伙伴之后，如何通过合同的纽带作用，最大限度激发各方的动力，仍然存在巨大挑战。这些难题都需要通过科学、合理的招标和合同管理工作予以一一解决。

5.1 招标与合同管理的关键挑战

港珠澳大桥涉及跨海桥梁、海底隧道、深水人工岛填筑、交通机电、桥面铺装、房屋建筑、园林景观等多个领域，是集桥、岛、隧、路等各专业于一体的超级综合集群项目，大桥招标和合同管理面临如下关键挑战。

（1）工程体量巨大，专业面广，界面复杂，市场资源不足，招标模式选择面临难题。外海深埋的 6.7 千米的沉管隧道设计和施工是国内首创工程，42 万吨的钢箱梁制造、52 万平方米的钢桥面铺装施工均是当今交通行业世界第一的超级体量。在现有工期约束、市场资源能力严重不足的条件下，大桥大部分招标项目在国内属首次，无成熟经验可供借鉴。如何确定招标模式，如何通过招标培育、引导市场资源，让各个专业都找到各自最匹配、最优质的资源，并确保招投标的竞争性，又能有效减少实施期间的界面管理，这是大桥招标的难题。

（2）面对首创工程和新标准、新工艺、新技术、新设备等，合理确定招标控制价，确保合同管理柔性面临挑战。大桥工程内容复杂，环保要求高，技术难度大；设计使用寿命为 120 年，标准执行"就高不就低"的原则。由于技术复杂，大桥涉及大量新标准、新工艺、新技术、新设备，如隧道管节制造，沉管浮运沉放关键技术，隧道基础处理设备，钢塔、钢箱梁和承台墩身预制安装需要超大型浮吊设备等。在现有定额标准体系不能完全涵盖的条件下，如何合理确定招标控制价，确保合同管理柔性是招标和合同管理的巨大难题。

（3）建设条件复杂、环保要求高，给风险量化与划分、招标期间大量的信息有效传递制造了巨大障碍。大桥所涉及的新技术、新设备、新工艺非常多，建设条件复杂，跨越珠江口中华白海豚国家级自然保护区，需满足通航、海事、航空限高等复杂建设条件，防洪、防台风任务艰巨。在国内现行法律法规框架下，如何在有限的招标工作时间内，让各投标人有效了解与掌握，如何保证有关信息的快速、有效、准确传递，保证所有投标人都能有效理解，也是大桥招标需要重点面对的障碍。

（4）三地共建共管模式，招标规定和合同管理惯例不同。大桥是首个粤港澳三地共建、共管、跨界的工程建设项目，无经验可供借鉴，三地政府对招标工作规定不同，需协调的事项较多。大桥的招标工作一方面需要充分借鉴港澳地区及国外项目的成功招标经验；另一方面也将受到港澳地区的招标实践经验和合同管理惯例的影响。

5.2　招标与合同管理的总体思路与实施计划

5.2.1　招标与合同管理总体思路

1. 注重招标及合同的策划工作

大桥的项目管理规划及招标管理规划，是顶层设计的重要组成部分，是构建项目管理模式和指引招标工作的基础。围绕大桥建设目标，在项目管理规划的引领下，确立了大桥招标目标，即在国内法律法规的框架下，围绕"超前的顶层设计、充分的市场调查、完善的招标策略、细致的工作方法、持续的工作改进"思路，公开、公平、公正、择优引入全国乃至全球最优的资源，实现资源的有效配置，并进行全面的合同管理策划工作。

2. 推行基于严格合同执行的合作伙伴关系

合作伙伴关系理念是招标策划和合同管理的核心准则，从招标策划开始贯穿于项目管理全过程。推行基于严格合同履约的合作伙伴关系管理理念，将有关理念充分贯彻到合同条款的制定中，借鉴 FIDIC（International Federation of Consulting Engineers，国际咨询工程师联合会）合同条款编制合同文件，推行合同谈判（预谈判），研究外海定额，在严格执行合同基础之上，依据合同状态进行合理的柔性调整等。转变观念，造价实现从"静态"到"动态"、从"模糊"到"清晰"、从"不确定"到"确定"，力争尊重市场规律（询价），合理定价。

5.2.2　招标与合同管理实施计划

1. 实施计划与任务组成

遵循"关键线路先行，以设计优先、监理领先半年、施工承包为主导，咨询服务等其他匹配"的原则，管理局制定了总体实施计划。主体工程项目共包含 9 个主要的招标任务，各招标任务的内容和实施时间见表5.1。2008 年 8 月开始启动初步设计招标，2015 年 4 月完成主要招标任务。工程施工的招标任务按照主体工程的施工顺序开展，即招标顺序遵循施工顺序、施工顺序指导招标顺序。每个招标任务按基本实施顺序依次包含市场调研、招标文件编制、发布公告到开评标结束、合同签订四个主要阶段。每一招标任务由其工作量大小不同，在具体实施过程中所花费的时间也有所不同。

表 5.1　港珠澳大桥主体工程各招标任务的内容和实施时间

序号	时间	招标任务
1	2008 年 8 月至 2009 年 3 月	完成主体工程初步设计招标
2	2009 年 1 月至 2009 年 6 月	完成设计及施工咨询招标
3	2009 年 8 月至 2010 年 12 月	完成岛隧工程设计施工总承包招标
4	2010 年 1 月至 2011 年 4 月	完成桥梁工程施工图设计阶段勘察设计招标
5	2010 年 3 月至 2012 年 4 月	完成桥梁工程钢箱梁采购与制造招标
6	2011 年 3 月至 2012 年 6 月	完成桥梁工程土建工程施工招标
7	2012 年 3 月至 2014 年 6 月	完成桥面铺装施工招标
8	2012 年 7 月至 2015 年 4 月	完成房建工程施工招标

续表

序号	时间	招标任务
9	2014 年 4 月至 2014 年 12 月	完成交通工程施工招标

根据招标计划安排，不同招标任务存在的搭接时间较多，如早期的岛隧工程设计施工总承包、桥梁工程施工图设计阶段勘察设计，以及桥梁工程钢箱梁采购与制造，这三个招标任务在同一时间开展，这样的安排虽然导致工作量极大，但在合理范围之内能节省更多时间。后期的桥面铺装施工、房建工程施工及交通工程施工等招标工作所花费的时间更长，存在更长的搭接时间，尤其是交通工程施工招标，贯穿了房建工程施工招标的整个中期过程，两个招标工作基本同步开展，节省了招标时间。

由于港珠澳大桥主体工程复杂，各标段间合同界面多，接口管理难度大。为了保证合同界面清晰，招标工作小组在招标文件中，就接口管理方面对负责各标段设计的设计院提出了人员和制度的要求，并强调在设计初期就全面清理各个接口。同时，招标工作小组统筹规划，合理安排各标段招标时间顺序。其中，将界面极其复杂的交通工程施工图设计招标与桥梁工程土建施工招标同步进行，有效保证了交通工程和土建工程施工的有序衔接，满足了后期施工过程中的质量和工期要求。

2. 标段划分

1）勘察设计、施工、监理等标段划分

考虑到工程总体统筹及整体性、工程量大小及市场资源等因素，大桥的初步设计（DP01 标）、设计及施工咨询（SC01 标）、全线交通工程施工图设计（DA01 标）、房建设施施工图设计（DA02 标）等均划分为一个标段进行招标。

整体上，标段划分采用大标段原则，有助于吸引大型优秀企业的注意力，激发投标热情，从而有效集中国内外最优秀的资源。此外，大标段能减少发包人的协调工作，有利于承包人集中力量，整合优质资源，充分发挥资源配置的优势。其时，管理局通过调研已发现国内大型基建类央企在大标段承包、水下沉管施工技术等方面已有先例，积累了一定技术基础。

基于招标实际需求，考虑到大桥线路情况与组成，整个大桥分为岛隧工程、深水区桥梁工程、浅水区桥梁工程三段。岛隧工程处于关键线路上，是大桥建设成败的关键，须集中资源予以保障，采用设计施工总承包的模式，因此岛隧工程监理（ST01 标）与岛隧工程设计施工总承包（CT01 标）各划分为一个标段。

对于深水区桥梁工程，桥梁施工图设计（DB01 标）、桥梁土建施工监理（SB03 标）各划分为一个标段，桥梁钢箱梁制造（CB01 标、CB02 标）、桥梁钢箱梁监理（SB01 标、SB02 标）、桥梁土建施工（CB03 标、CB04 标）等均划分为两个标段。对于浅水区桥梁工程，其中桥梁施工图设计（DB02 标）、桥梁土建施工监理（SB04 标）、桥梁土建（含组合梁）施工（CB05 标）等采用一个标段。

除了将大桥分段进行分开招标外，从大桥整体工程来看，桥面铺装施工由于其工程量巨大，存在工期紧、验收标准高、市场资源及实施条件限制等问题，故整个桥面铺装共划分为两个标段（CB06 标、CB07 标），大桥主要标段划分示意图如图 5.1 所示。

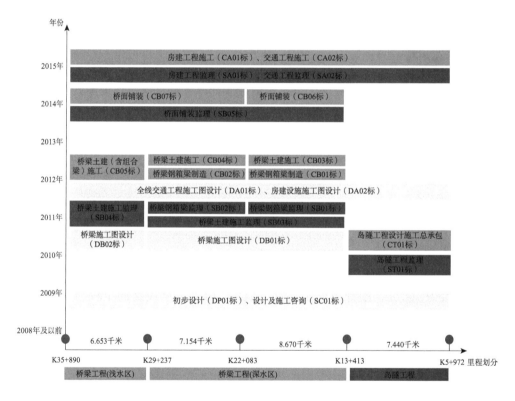

图 5.1　大桥主要标段划分示意图

资料来源：高星林等（2020）

2）合同体系的协调

大桥的合同体系复杂，需要实现合同体系的整体协调，不同合同在技术、时间和组织上的协调，以完成工程的总目标。以岛隧工程为例，说明合同之间的协调策划，其中涉及初步设计（DP01 标）、岛隧工程设计施工总承包（CT01 标）、设计及施工咨询（SC01 标）、岛隧工程监理（ST01 标）、其他（如试验检测中心（SE01 标））等众多合同。

第一，技术上的协调。

一是初步设计（DP01 标）与岛隧工程设计施工总承包（CT01 标）的设计标准的一致性，如土建、设备、材料、安装等应有统一的质量、技术标准和要求，各专业工程之间存在协调关系。

二是施工牵头人和设计牵头人的分包合同按照总承包合同的条件订立，全面反映总承包合同相关内容。

三是各合同所定义的专业工程之间应有明确的界面和合理的搭接，如监理人与试验检测中心的界面划分。

第二，时间上的协调。

一是按照项目的总进度目标和实施计划确定各个合同的实施时间，在招标文件中提出合同工期要求。

二是按照每个合同的实施计划（开工要求）安排招标工作。例如，钢箱梁制造监理完成于钢箱梁施工图设计报行业主管部门批准之前，从而监理可参与图纸会审，并对施工组织设计、重大方案等尽早提出意见和建议，尽量减少图纸变更，降低工程风险，保证进度和工程质量。

三是本合同相关的配套工作安排，如重要材料的采购，则必须协调安排采购工作计划，必须安排相应的采购合同。

3）工程总标段划分情况

大桥主要标段共有 40 个，其中前期准备阶段 3 个，勘察设计 6 个，施工 10 个，监理 9 个，咨询服务及其他 12 个。

5.3 招 标 策 划

大桥的招标策划远超传统招标工作，通过招标策划构建了整个项目管理的基本模式和管理思路，把招标工作提升到项目管理顶层设计高度。在大桥招标工作中，针对每一个招标都详细制定了招标策略，通过执行"招标策略—招标工作大纲—招标文件"三级编制体系，系统地进行合同机制设计。

5.3.1 策划过程

1. 市场调查

招标工作面临大量新问题，没有可供借鉴的先例，如何开展大桥的招标工作，找到工程建设的难点和关键点，了解国内外同行类似问题的经验等都需要深入调研。对此，管理者非常重视市场调查与技术交流工作，采用系统思维对有关信息、资料、交流及思想等进行系统消化提炼。

市场调查与技术交流活动包括以下目的。

1）市场推介

招标前的市场调查与技术交流，可视为项目的市场推介过程。通过与调研对象的沟通互动，明确业主需求，介绍项目情况，提高项目影响力和吸引力，调动潜在投标人积极参与投标，形成有效竞争。同时，向调研对象表明招标人一视同仁、机会均等的立场，使得潜在投标人打消顾虑。

2）了解市场资源

市场调查与技术交流最直接的出发点就是了解市场情况，只有了解到市场的资源分配、市场主体的实力信誉、市场竞争态势等，才能制定科学合理的资格条件和评标办法，避免出现偏离市场实际，或导致流标等极端情况发生。

3）挖掘市场需求

市场调查与技术交流亦是了解市场需求的过程，通过了解调研对象在以往项目上碰到的问题和经验总结，从调研对象的角度探讨在本项目中有哪些合理诉求，为后续制定公平合理的合同机制和招标策略提供指导意见。

4）向市场借力

市场调查与技术交流，还可视为招标人向各方"取经"兼技术交流的过程。招标人的管理人员和技术人员，在招标前对该项目的技术指标、施工方案、工期安排、材料设备需求等尚需加深了解，通过向潜在投标人和其他业主调研，可以获取相当宝贵的信息资料。

5）市场预求证

市场调查与技术交流，也是管理者逐渐建立管理思路，以及反复摸索、求证的过程。在项目实施过程中，管理者对项目的了解必然经历一个从模糊到清晰的过程，管理者可通过扎实有效的市场调查与技术交流，把前期掌握的零星信息和点状思维逐渐串联起来，逐步建立清晰的管理思路。

综上所述，市场调查与技术交流是招标工作中重要且不可缺少的一个环节。

2. 招标模式策划

模式策划注重需求驱动和问题导向。

1）组合创新

组合创新是通过市场调查，对不同来源的经验进行吸收和再组合改进的过程。已有经验来自：关联行业项目业主，以往类似项目及业主，潜在投标人，潜在的专业分包，技术、科研合作单位，潜在的材料和设备生产商、供应商等；包括建筑、石化、核电、航天系统、海洋、高铁、制造行业等众多领域。

以招标模式、项目管理和实施规划两个例子进行说明。

（1）招标模式。在岛隧招标策划中，对比了设计施工分开招标和设计施工总承包招标两种模式。招标人在国外海峡通道的考察中发现，厄勒海峡通道、韩国釜山巨济海峡通道等均采用了设计施工总承包模式，综合本工程的特征与国际实践，招标人提出岛隧工程以交通运输部批复的初步设计为基础，采用施工图设计施工总承包模式的构想，并按照当时的行业情况进行了相应调整，如为防止设计和施工"两张皮"，招标人按照"设计与施工联动、施工驱动设计"的原则提出了设计与施工联动的措施和方法。

（2）项目管理和实施规划。大桥在形成总体的项目管理思路基础上，通过一系列市场调查与技术交流，还提出针对某个专项工程的分项管理思路。例如桥面铺装中，内地和香港地区的大型桥梁桥面铺装均采用过浇筑式沥青工艺，但其使用效果差别较大，香港地区对浇筑式沥青的使用效果明显优于内地。招标人多次赴港调研，了解到关键在于工艺把控、材料和设备保证等精细化管理，从而提出桥面铺装的项目管理理念如下：以许可保材料、以考核保人员、以设备保工艺、以工艺保质量。

2）融合行业各方与潜在投标人的意见和建议

第一，招标人充分吸纳了各方的经验和建议，形成创新方案。

吸纳市场参与者的意见和建议。例如桥面铺装，最先开始的大规模函调，邀请境内外的函调公司结合大桥的情况论述采用全球公开招标的必要性和可行性，以及提出可能的招标模式建议，如采用全球公开招标，招标重点有哪些、有哪些成功经验可以借鉴、需要注意哪些问题等。

第二，收集潜在投标人的反馈和诉求。

通过技术交流的方式收集潜在投标人有哪些合理诉求，从而在招标中考虑和吸收投标人对本项目的一些诉求，以制定更加公平合理的合同机制。同时，招标人提供了港珠澳大桥前期完成的资料，如设计专题、科研研究专题及标准等，以调动潜在投标人的积极性和技术力量，鼓励他们在投标中提出创新性的技术方案。

第三，通过市场交流验证招标人的想法和思路。

例如，桥梁钢箱梁所需钢板数量大且价格敏感，招标人构想了三个方案：第一，适当加大工程预付款和材料设备预付款，使得承包商可提前囤货；第二，采用期货交易等套期保值手段；第三，制定材料价格调差机制。

通过调研，收到的反馈建议是可以结合第一和第三方案，不建议采用第二方案，其中对第三方案最为倾向。招标人吸收该交流成果，制定了材料价格调差机制，有助于吸引潜在投标人并进行合理的价格风险分担。可见，一方面招标人充分考虑了潜在投标人的顾虑、建议和诉求；另一方面也促使潜在投标人充分理解工程的难度和技术要求，积极提出管控措施和技术方案，有助于弥补投标时间较短造成的信息传递失效的问题。

3. 迭代逼近的创新过程

招标模式的设计是一个逐步迭代逼近的过程，以桥面铺装为例。最初设想采用全球公开招标，随后开展了大规模的调研，请调研单位提出对全球公开招标的意见和建议。在调研中发现，境外企业参与内地桥面铺装项目已有先例，如安庆长江大桥、深港西部通道深圳段，管理局到香港多次调研后产生了新的认识。自1997 年香港青马大桥引进 MA（mastic asphalt，沥青玛蹄脂混合料），在多个项目应用效果良好，且香港与港珠澳大桥地理位置接近，成功经验具有借鉴意义。因此，管理局提出了面向我国内地及港澳地区的公开招标新方案，对境外企业函调情况显示英国、德国和日本等境外铺装企业参与兴趣不大，我国香港企业表示了很高的热情。

在征询桥面铺装专项法律顾问的意见时，其指出"面向境内及港澳地区的公开招标"具有合理性，但要尝试通过三地委协调广东省人民政府相关部门对投标资质情况进行沟通。管理局在申请解决此问题过程中发现，省级行业主管部门无权特批，而国家行业主管部门很难为一个项目做出特批。在此客观条件下，管理局放弃了面向境内及港澳地区的公开招标，采用境内公开招标。

但面对内地优质资源缺少的问题，为引进境外优质资源，推荐采用"内地公开招标+施工管理顾问"方式。随后，管理局梳理了施工管理顾问最低职责要求，以及与其他合同的界面等问题，广东省发展和改革委员会在对送审稿反馈意见中，提出原则同意"内地公开招标+施工管理顾问"，但同时提出施工管理顾问仅限于境外企业不符合招标公平、公正原则。管理局据此进行调整，对过往业绩提出明确要求，基本稳定了"内地公开招标+施工管理顾问"模式及基本要求。最后，桥面铺装两标段均聘请了国际钢桥面铺装浇筑式协会时任主席埃施利曼先生作为施工管理顾问，发挥了重要作用。

5.3.2　主要招标模式

招标模式构建是招标工作的重点，是招标文件编制的重要前导工作。依据标的及涉及的相关方，招标模式可概括为业主咨询模式、承发包模式，以及部分分包、关键材料设备的供应模式。大桥中三个方面招标的具体模式和工作内容如表 5.2 所示。

表 5.2　主要招标模式

合同关系类型	具体模式	工作内容
业主咨询	设计及施工全过程咨询	沉管隧道、人工岛、桥梁的设计和施工咨询
	专业咨询	法律顾问咨询、招标代理咨询、工程造价咨询
	专项咨询	质量管理顾问、环保顾问、职业健康及安全顾问等
承发包	设计施工总承包模式	岛隧工程
	机电系统集成总承包模式	机电安装系统
	境内境外合作联合模式	大桥初步设计（沉管隧道设计、桥梁钢箱梁设计等） 桥梁工程施工图设计（钢箱梁结构设计、钢混组合梁结构设计等） 岛隧工程设计施工总承包（沉管隧道设计咨询复核）
	施工+顾问模式	岛隧工程设计施工总承包、桥面铺装施工
	强化施工总承包模式	浅水区桥梁工程、房建工程、钢箱梁制造与安装工程、桥梁下部结构工程
部分分包、关键材料设备的供应	分包及重大材料强控模式	桥梁伸缩缝、不锈钢钢筋、桥梁工程检查车、除湿系统等

以下介绍几个代表性的招标模式创新应用。

1. 设计施工总承包模式

在岛隧工程招标工作中，考虑到外海深埋条件下的沉管隧道在内地首次实施，设计、施工和管理均经验不足，大量的设计方案需要和施工密切联动、衔接。同时，岛隧工程处在关键线路上，受大桥总工期的直接影响，为遵循标段划分界面简单原则，实现质量界面清晰、施工衔接便利、交验工序清楚、有利于施工组织、责任明确的目的，最终决定在借鉴荷兰等超级工程采用设计施工总承包经验模式的基础上，根据交通运输部批复的初步设计，采用施工图设计+施工的总承包方式，按一个合同段组织招标。

通过本次招标，一次性完成设计团队、施工团队的配置，可尽快启动施工工作（如沉管预制场等大型临时工程），强化了设计与施工的有效配合，进一步保证施工方案的安全性、可靠性，减少了界面协调管理的工作量，有效保障总体工期要求，实现了"设计施工联动、施工驱动设计"的构想，达到了招标预期。

岛隧工程处在关键线路上，东、西人工岛按常规工艺填筑，需要 2~3 年才能形成陆域，为达成总体工期要求须尽快完成相关施工，特别是西人工岛需要快速成岛后进行地基处理，抓紧开展首节沉管对接的岛上暗埋段施工。面对总体工期压力，通过设计、施工的有效联动与配合，实施深插式钢圆筒快速成岛工艺，在上海振华港机基地工厂内完成了钢圆筒制造，通过大型远洋货轮远程运输，专项制造组装八锤联动振沉系统，最终实现"当年开工、当年成岛"目标。通过采用世界最快速成岛技术，实际建设工期较初步设计工期方案提前2~3年。

2. 机电系统集成总承包模式

高速公路项目的交通工程一般按照通信、监控、收费综合系统，机电安装工程，供配电设施，安全设施，消防设施等进行专业划分，并分别进行招标。通过市场调查，管理局了解到国内京沪高铁、北京地铁、宁杭城际铁路等大型项目的机电安装系统招标基本都是采用大标段、系统集成总承包模式，招标实施效果非常理想。

在对比高速公路交通机电工程与高铁机电信号工程的标段划分方式和实施效果后，结合交通工程各专业特点、施工方法及施工特性，管理局决定采用机电系统集成总承包模式，按一个合同段公开招标。

该模式不但有利于承包人集中力量投入资源，集成各专业系统，有效减少专业界面的协调，而且还减少了与土建单位施工界面的交叉和协调，有利于总体统筹管理，快速、有效实现项目交通工程的系统集成。由于本项目海上作业的特点，采用大标段更有利于整个大桥交通工程系统集控功能的融合和体现，有利于节省施工成本。

3. 境内境外合作联合模式

大桥属于开创性工程，涉及大量的新技术、新工艺，迫切需要集中全国乃至全球的优质资源。然而，根据内地法律法规，境外部分优秀的勘察设计、咨询企业不具备相应的资质，无法直接承担相应的勘察设计或咨询任务，给大桥直接引入境外优质资源带来了困难。本项目通过采用境内境外合作联合模式，设置设计咨询复核、内地牵头联合等间接方式，既能满足内地法律法规的有关规定，又能针对核心关键环节引入国外的优质资源。

4. 施工+顾问模式

受限于内地法律法规，境外优秀的施工企业不具备内地相应的资质，按规定无法直接承担相应施工任务，大桥无法直接引入境外优质施工资源。内地缺乏沉管隧道同类项目经验，钢桥面铺装总体实施情况不理想，这些现状让大桥迫切需要借鉴境外成功经验或引入境外的优质资源，以有效保证大桥沉管隧道、钢桥面铺装的施工质量及顺利实施。为了有效借鉴境外的成功经验，通过采用施工+顾问模式，设置施工管理顾问等间接方式，针对核心关键施工环节设置施工管理顾问团队，利用培训及现场指导等手段，在本项目间接引入境外先进理念、施工经验与技术。

该模式在岛隧工程设计施工总承包招标中，成功引入了施工管理顾问团队；在桥面铺装施工招标中，成功引入了浇筑式沥青钢桥面铺装施工管理顾问团队。例如，在岛隧工程中，引入了沉管隧道设计咨询与复核团队丹麦科威国际工程咨询公司、日本土木工程咨询公司，施工管理顾问团队美国艾奕康有限公司等；在桥面铺装施工过程中，引入了国际咨询公司瑞士埃施利曼沥青工程公司。这些优质资源的引入，有效增强了施工队伍的整体技术力量，强化了质量管理理念与措施，有效化解了施工风险，确保施工质量。

5. 强化施工总承包模式

在浅水区桥梁工程招标工作中，考虑到组合梁上部结构中混凝土桥面板与 U 形钢槽之间界面复杂，施工界面相互交错，协调难度大，且存在上、下部结构之间的界面协调工作量非常大等问题，参考同类工程经验，采用强化施工总承包模式，按一个合同段组织招标。

通过该模式，有效减少了业主的界面协调工作量，把烦琐的协调任务转交给具有丰富经验的施工总承包商，强化了界面协调力度，加快了界面协调处理的效率，避免界面协调引发的窝工，减少了管理局界面协调管理的工作量，有效保障总体工期要求。

6. 分包及重大材料强控模式

大桥建设规模大，涉及专业领域广，且推行大标段、实施总承包思路，不可避免将涉及大量专业分包和材料采购。同时，大桥技术复杂，涉及大量新型、特殊的重要材料，需要加强事前控制管理。为此，在桥梁工程钢箱梁采购与制造、土建工程，以及桥面铺装、交通工程施工招标中，采用分包及重要材料强控模式，通过市场调查，在招标文件中对涉及的主要分包、重要材料的工作内容，结合资质、业绩及技术要求等设定资格条件。

通过该模式，实现了事前预控，在充分竞争基础上，有效保证优质分包人、供应商的选配，并与承包商有效匹配，保障了承包团队整体的素质。

5.3.3　典型案例分析：岛隧工程

岛隧工程的招标策划经历了两年时间，这在其他项目招标中是完全不可想象的，而港珠澳大桥的大型招标，差不多都经历了类似的策划过程。

1. 问题与挑战

世界范围内已建成的沉管隧道工程仅 100 多项，超大型海底沉管隧道工程更是寥寥无几。在此之前，内地的沉管隧道发展相对滞后，第一条沉管隧道是 1993 年建成的广州珠江隧道，在 2000 年之后陆续建成宁波甬江常洪隧道、上海外环隧道、广州洲头咀隧道等，主要是在内河、长江上建设的沉管隧道。内地对外海沉管隧道建造经验、市场资源和技术储备更是严重缺乏，无成熟的经验可以借鉴。

根据交通运输部 2010 年 3 月批复的港珠澳大桥项目初步设计文件，工期为 75 个月。管理局经调研发现，境外同规模项目的合理工期约为 120 个月，而岛隧工程处于港珠澳大桥主体工程项目关键线路上，且工程区域水文条件极为复杂，地质条件差，气象条件恶劣，环保要求高，紧张的工期给招标工作带来了巨大压力。

内地开展公路工程设计施工总承包真正起步是在 2000 年以后，当时内地习惯采用设计、施工分开招标的方式。在交通部颁布《关于开展公路工程项目设计施工总承包试点工作的通知》（2006 年）的前后几年时间，有些省份曾率先在一些项目上开展了设计施工总承包模式的自主尝试。据统计，到岛隧工程设计施工总承包模式策划定案时（2009 年），内地交通基建领域实行设计施工总承包的项目有 10 余个。可见，在交通基建领域中实施设计施工总承包模式的成功先例非常少。

2. 策划前期模式比选

招标策划前期，招标人经历了设计施工分开招标和设计施工总承包招标两种模式的对比过程。招标人对国外海峡通道进行考察发现，设计施工总承包模式已有部分成功经验，如丹麦瑞典厄勒海峡通道、韩国釜山巨济海峡通道等均采用了设计施工总承包模式。综合本工程的特征与国际实践，招标人提出岛隧工程以交通运输部批复的初步设计为基础，采用施工图设计施工总承包模式的构想。更重要的是，基于风险控制的考虑，港珠澳大桥是我国第一次在外海实施的沉管隧道工程，面临的是成与不成的问题。管理之道在于借力，作为业主，要找到有足够施工能力和化解风险能力的承包商，这是采用设计施工总承包方式的关键出发点。

设计施工总承包的主要优势和潜力如下：①针对技术挑战，能有效整合设计和施工资源，有利于技术创新及攻克难题；②总承包联合体对岛隧工程整体功能负责，从而保证项目的责任体系完备，有助于项目顺利推进；③可减少发包人的管理界面，发挥总承包联合体的积极性、主动性；④充分发挥设计、施工的潜能，设计与施工联动、施工需求驱动设计；⑤期望在控制施工成本、减少设计变更方面发挥优势。

3. 模式设计原则确立

在初步确定采用设计施工总承包的构想之后，招标人进行了大量的论证，特别是对国内实施设计施工总承包的交通基建项目进行调研，结果发现其模式优势并不明显，也未实现预期效果。因此，为保证设计施工总承包的优势和潜力充分发挥，需要在模式设计过程中确定如下原则。

1）界定发包人的管控重点

（1）充分的信任。将项目法人承担的部分管理职能转移给总承包人，并重点对联合体组织管理；充分体现项目经理部的统筹与控制管理、设计与施工之间的联动机制、项目经理部各职能部门的管控能力；避免用施工承包合同的思维去管理设计施工总承包。

（2）合理的风险分担。设计施工总承包合同仍脱离不了国内合同偏袒甲方的现象，招标人起草的格式合同倾向于把风险推给乙方，把合同写得相当"严谨"，当发生不可预见的事件时，会导致乙方实际上承受不了巨额损失的情况发生，即便是甲方认为客观上应该给予补偿，但找不到合同依据，使得项目陷入困局。

2）设计施工的联动

（1）承包人应积极发挥优势，负责或协助设计人完成勘察设计对外协调工作（包括但不限于勘察外业阶段有关海上生产作业许可证办理、海上生产安全管理等）；承包人应对勘察设计内部协调工作提供力所能及的协助，为勘察设计营造优良的外部环境，为加快勘察设计进度营造有利条件。

（2）承包人应根据本合同工期要求，合理进行各单元工期分析及安排，要求设计人配合总体计划分批提交图纸，督导设计人按期完成施工图设计，保证设计人合理安排设计及报审周期。

（3）承包人应全过程参与施工图设计，从施工角度与设计互动，确保设计方案综合最优，承包人应尊重设计人向发包人提交的勘察设计成果，并深刻理解施工图设计成果。

（4）承包人应保证在设计文件编制过程中，与设计人保持充分沟通和交流。承包人对设计人向发包人提交的所有勘察设计成果（包括勘察报告、施工图设计文件、专题研究报告、设计变更文件等），以及对设计人的所有勘察设计过程资料进行研究、校核、讨论等工作，均被视为联合体内部的管理流程。

（5）承包人对设计人的协调督导，不得影响设计人对工程结构安全设计和耐久性设计的独立性。

（6）承包人对设计人的协调督导，应做到管理流程清晰，应由总牵头人或其授权人统一直接与设计牵头人或其授权人展开协调督导。

（7）设计人向发包人提交的各项勘察设计成果被认为已综合满足设计人和承包人的各项需求，承包人和设计人无权以设计施工总承包联合体内部未达成一致为由，要求发包人延长合同工期或者勘察设计周期，更不能成为任何费用索赔的理由。

3）建立基于信任、公平、利益攸关的合作伙伴关系

合同双方是一个利益共同体，具有相对等同的合同地位，应做到风险分担、

互利共赢、充分信任。

2009年3月16日，前期办经深思熟虑后向协调小组三方提交了《关于上报港珠澳大桥2009年底开工建议及建设方案初步规划的函》，提交了港珠澳大桥总体建设管理思路和建设方案，其中明确提出岛隧工程"拟采用设计施工总包的方式，按一个合同段组织招标"，协调小组三方未有不同意见。2009 年 12 月 16 日，专责小组第二次会议"原则同意大桥前期工作协调小组提出的大桥主体工程计划和项目管理思路"。

5.4　招标过程管理

5.4.1　招标文件编审

大桥招标具有涉及的专业范围广、标段划分复杂、招标类型较多，三地共建共管、审查审批层次多等特点。为了尽可能让编制人员理清编制思路、明确分工，管理局制定了循序渐进、严谨规范的招标文件编制工作流程，为相关工作部门和人员开展招标文件编制工作提供了相对统一的指导路径，并编制了技术路线及流程图（图5.2）。招标文件编制的整个流程，分准备构思、编制、审核修改三个阶段总体介绍，并贯穿于编制"实施八步法"的有关环节中。

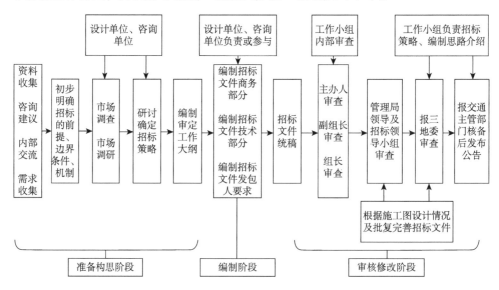

图 5.2　招标工作技术路线及流程图

资料来源：高星林等（2020）

5.4.2 开标与评标的标准化

港珠澳大桥招标工作涉及勘察、设计、监理、检测、施工、材料采购等,周期非常长,为使大桥开评标组织工作能顺利进行,将相关的流程固化尤其重要。针对长期的开评标组织工作,管理局主要采用以下做法。

(1)借鉴 ISO 程序控制做法,明确责任人,系统构建规范化、制度化、程序化的开评标工作机制。

在项目实施开始阶段,为规范和完善大桥项目的招投标活动,保证工程质量和建设工期,控制工程造价,提高投资效益,保护公平竞争,管理局依据内地有关法律规定,同时参考香港、澳门的有关法律,结合本项目三地政府投资共建、技术难度高、建设条件复杂等特点,制定了《港珠澳大桥主体工程建设项目管理制度——港珠澳大桥主体工程建设项目招标投标管理办法》,明确招投标组织的责任人、实施的具体办法,将开评标组织规范化、制度化、程序化。

(2)推行首件制管理理念,将开评标及相关流程固定化。

首件制管理理念是指在首个招标工作开展前,管理局和咨询公司对整个开评标过程进行预演,进而发现问题、解决问题,并以此为标准指导后续招标工作的进行。

管理局推行产品和管理双首件制的管理理念,在项目开始实施招标阶段,编制了《港珠澳大桥招标工作指南》,明确在固定的时间节点要做的具体事项,使开评标工作走向"流水线",避免错漏。随着招标项目的推进,以及过程中相关政策和做法的不断调整,管理局根据实际情况对工作指南不断进行调整,前后总共有五轮的调整,以指导后续招标的顺利进行,并对每个参与开评标工作的同事按此进行培训。

(3)采取预演排练方式,通过事前的预演和排练,找出问题,制定预案。

在开评标组织的关键环节,如开标会和评标会、合同谈判等过程,提前组织参与人员对相关流程进行演练,对可能遇到的问题预先想出处理的方案,以确保组织流程顺畅。

(4)组建三地评审团队,集中封闭评审。

由于大桥组织架构由专责小组—三地委—项目法人三个层面组成,三地共建共管,在开评标的组织环节,需要与行业主管部门、监督部门、三地政府紧密联系,组织协调工作量大。

三地政府除了负责审查招标策略、招标文件外,按照本项目建设管理制度规定,合同单项金额超过人民币 3 000 万元的勘察设计、咨询、监理、施工、物资(设备)采购、科研、专题、养护、服务等招标项目,三地政府还需作为业主代表参与评标，合理明确业主的需求，严格按照评标办法和细则进行评审，严格把关评审结果。A类招标项目评标专家委员会采用"9+4"模式，即从交通运输部评标专家库中随机抽取9名专家，三地政府各委派1名，管理局委派1名共同组成。

5.4.3　招标资料管理

港珠澳大桥的社会关注度高，特别是三地政府共建共管，有关招标工作更是备受关注。在《港珠澳大桥主体工程项目管理制度》中明确规定，招标完成后应向三地委提交招投标情况的书面报告，同时提交招标工作资料汇编供其备案。

招标工作资料汇编是对项目招标过程中的重要资料的汇总，作为竣工资料的一个组成部分，为上级管理单位、审计和行业主管部门提供备查资料，亦可为国内类似招标项目提供宝贵的经验。汇编包括两方面：第一方面包括从招标文件编制开始至开标完成为止，汇总整个过程中的相关文件资料；第二方面是针对市场调查及部分特殊事项，视情况同步形成内部的资料汇编。现主要针对上述第一方面进行介绍，内容如下：工作进展情况；招标工作计划与完成时间对照表；管理局向三地委上报招标文件；三地委关于招标文件的回复意见；行业主管部门关于招标文件的核备意见；招标申请表；招标公告及认刊书；招标文件发售表；投标预备会签到表；招标文件补遗书，申请评标监督及抽取专家的函；开标会签到表；中标候选人公示；管理局上报评标报告的函；行业主管部门出具的评标报告核备意见；中标通知书等。

目前，管理局已对所有招标完成的项目的过程资料进行了收集和归档，包括纸质版本和电子版本文件，所有文件均有专人负责，进行统筹管理。由于有关招标工作资料及时归档汇编，整个招标文件编制及开评标过程得到详细的梳理、"还原"，有效、清晰地展现了招标文件工作的全过程。

5.5　基于严格合同执行的合作伙伴关系

5.5.1　合同管理的复杂性

港珠澳大桥建设技术难度大，外部环境十分复杂，施工风险高，三地政府、管理局、施工单位等各方都难以在签订合同阶段对如此挑战性的工程风险做出准确的预估和预判。在实施过程中，合同管理的复杂性得以充分显现。

（1）大桥主体结构设计使用寿命为120年，目前缺少对应的设计使用寿命为

120 年的定额标准体系。内地现行公路定额是按照工程设计年限为 50 年的常规工艺及现行施工技术规范中规定的质量验收标准进行编制，这对造价的确定和控制带来了极大的挑战。

（2）大桥工程施工期超过 8 年，外部环境动态变化带来大量未知的风险，存在大量工程设计变更，如海中桥梁工程设计方案，包括部分桥梁结构、桥面铺装方案、桥墩身及承台的预制方案、钢筋的使用标准；岛隧工程，如人工岛筑岛方案、管节预制方案、沉管结构方案，隧道基础、岛上结构、最终接头、附属结构的优化等，工程对象和实施方案的变更调整对合同管理带来了极大的挑战。

（3）恶劣的外海施工环境和复杂的地质条件导致大量不可预知的风险。施工海域存在浪高、波长与暗涌现象，吊装作业效率低、施工定位困难，作业效率低；气象条件恶劣，灾害性天气频繁，影响工期。现场复杂的海况及水文情况，导致施工工效很低，设备现场停滞时间较多，设备费用超支严重，这些都远超了合同起草和签订阶段的认知。

（4）采用大量的新技术、新工艺和大型专用装备，现有定额无法涵盖。工程可行性研究阶段编制项目概算时所采用的公路、水运、沿海港口定额，存在明显的定额标准不匹配问题。此外，施工期间人工、地材价格全面上涨，超出有经验的施工单位之预见。

外海施工、超常规的工程规模、超长的施工周期，全新设计方案及施工工艺，导致工程施工中存在不同于常规工程的费用项目。这些费用在初步设计概算中难以充分考虑，如建设临时出运航道、沉管预制工厂、大型墩台预制构件厂、大规模的海上临时设施、大规模的施工营地及码头等。因为工程特点与难点增加了沉管安装保障系统、海上交通等专项费用，以及海事监管配合、新工艺试验、施工演练、施工监控及检测、工程区水文气象观测及预报保障、防台风措施、桥梁防撞工程、外海交通船及海上安全生产经费、中华白海豚保护的非常规工程的HSE 费用。为保障工程顺利完成，增加大型专用船机设备，如桥梁施工中投入多艘大吨位起重船及拖轮，岛隧工程投入的专用大型船机设备等。

针对合同管理的复杂性，管理局的基本方针是在严格履行合同的基础上，建立开放、平等、协同、互信的伙伴关系。在遵守合同的前提下，构建合同相关方合作伙伴关系，平等互利，协商一致。

5.5.2 严格的合同执行

1. 通过合同来管理利益相关者的诉求

所有公开招标的项目，通过招投标管理和三地政府审查备案程序完成合同设定；对于不需要公开招标的项目，逐步引入标准化合同文本规范管理，以中华白海豚的管理为例进行说明。

为了将港珠澳大桥对中华白海豚的不利影响降至最低程度，管理局采取的一系列措施，都体现、落实到合同策划和合同管理中。

（1）专题研究：三地政府委托中国水产科学研究院南海水产研究所开展中华白海豚自然保护区研究工作，形成初步专题研究报告，提出了一系列中华白海豚的保护要求等。

（2）设计和施工联合体合同的要求：以需求引导设计，通过专题研究细化梳理设计需求；施工中采用"大型化、工厂化、标准化、装配化"理念，以有效降低海上施工对海洋环境和中华白海豚的影响。在与岛隧工程设计施工联合体合同中明确约定：联合体必须充分认识到本合同工程穿越中华白海豚自然保护区的特殊性要求，作业期间应按规定采用有效措施满足保护要求，并对保护措施的有效性负责；同时，应充分考虑行业主管部门监测要求，以及作业点的控制或作业强度、作业时间等要求可能对本合同工期产生的影响，发包人并不因此而延长工期。全体外业勘察、施工管理人员和作业人员、中华白海豚专（兼）职观测人员应经保护区主管部门培训，并取得相应的上岗证。严格执行环境保护控制措施，认真落实《港珠澳大桥工程环境影响报告书》《港珠澳大桥工程对珠江口中华白海豚的影响专题研究报告》及有关批复的要求。在靠近粤港分界线区域施工，应加强环境保护，控制作业强度，加强组织管理，并制定防止悬浮物对香港海域产生污染影响的措施。

（3）监测的要求：委托签订了《港珠澳大桥主体工程施工前中华白海豚和渔业资源本底监测咨询合同》，开工前进行全面的本底调查监测。

（4）环保顾问：委托签订了环保顾问合同，委托专业的环保顾问进行专项管理。

（5）生态补偿：委托签订了《港珠澳大桥工程中华白海豚生态补偿协议书》，对中华白海豚进行生态补偿，通过制定生态补偿方案和费用保证，对中华白海豚进行可持续的保护。

2. 合同台账

通过综合管理信息系统的合同管理子系统完成合同签署及支付的审批，有效保障并增强了合同的公开化、透明化。通过合同管理信息系统，建立了合同总台账查询，并结合管理局具体合同管理及合同执行的需要，建立了合同支付情况表、月度合同执行情况表、年度合同执行情况表、分包合同台账、暂定金批复台账及合同支付明细表。

在履行过程中，发现合同有约定不明或未做约定的，及时签订补充合同。根据具体合同实施情况，每季度开展一次合同的执行与变更情况检查，监督签约单位高效、优质地执行合同。根据合同完成情况，及时签订结算协议，完善合同手续。

3. 信誉评价、履约评价、信用评价等过程控制

管理局制定了《港珠澳大桥管理局合同履约检查的工作方案》，对合同履约检查进行常态化管理。在合同实施过程中，通过主要施工、监理合同采用履约检查、每季度信誉评价和年度信用评价等多种方式进行过程管理。按照"现场普查、重点抽查、年度比较、高层互访"机制推进合同履约检查工作，并实施年度履约评价，将各单位每年度的履约情况视情况通报上级单位和行业主管部门，履约评价都出具"履约检查评价报告"，参建方依照评价报告的内容落实相应的整改措施，并提交"履约整改情况报告"，以形成管理的闭环。

在严格履行合同条款的基础上，制定了信誉评价机制，体现过程控制和目标管理相结合，体现合同过程管理中的人本管理、柔性管理和动态管理，强化责任体系和过程控制，设立信誉评价机制及违约条款，并不以寻求扣分扣款、制裁违约行为为目的，而是以强化过程管理和最终总目标实现为目的。

4. 全过程的法律咨询

涉及重大合同事项和合同订立，征求管理局法律顾问或内部法务管理人员意见，接受过程检查和每年的内部审计。

5.5.3　签订合同前的合同谈判

1. 合同谈判的目的

首先，考虑到港珠澳大桥技术复杂，风险高，建设协调难度非常大，招标阶段合同文件的编制是基于招标人的设想，有些做法未必是最好的做法。因此，安排双方谈判，明确建设目标，确定关键的管理思路，更有利于项目管理工作的推动。其次，通过合同谈判，充分调动各单位的积极性，对不确定性、重大风险、视觉盲区能有更早的预见和准备，对原则具体细化，对需要随时间进行动态调整的事项进行优化。

2. 合同谈判的尺度

合同谈判必须清楚哪些内容可以谈，哪些内容不可以谈，必须明确合同谈判不能改变招标文件、投标文件的实质性内容，招标人与中标人仅仅是在法律许可的范围内，将双方的项目管理理念、合作关系进一步强调、落实，以推动项目顺

利开展，达成共赢局面。

3. 合同谈判基本流程与技巧

1）合同预谈判

（1）梳理招标文件，将招标文件中明确由合同谈判阶段明确的事宜进行清理。例如，明确中标人进场后人员的配置、进度款和预付款的支付方式；分包商与主要材料设备供应商的确定、进场时间、驻地建设等内容。

（2）梳理招标人认为在合同谈判阶段需要与中标人交流的事宜。例如，招标人的管理思路、项目实施的重点难点、工作界面划分、节点工期的进一步明确、各标段之间的统筹与协作原则等。

（3）按照招标文件规定，对可能存在的不平衡报价进行调整。

（4）制定合同谈判备忘录（初稿），将上述提到的问题在合同谈判备忘录（初稿）中进行体现。

（5）将合同谈判备忘录（初稿）发给中标人，由中标人事先进行消化，以便合同谈判能顺利开展。

（6）进行合同第一轮谈判即预谈判，由合同双方对合同谈判备忘录中提及的问题进行确认，通过第一轮谈判，达成一致意见的记录在案，如存在问题没有解决，双方可在会后进一步沟通落实。

2）正式合同谈判

在第一阶段的合同谈判没有达成共识的，由双方进一步沟通，做出修改和完善后进行第二阶段的谈判，达成共识后签订谈判备忘录。合同谈判备忘录是合同条款的重要组成部分，签订合同谈判备忘录后，由招标人发出中标通知书，正式签订合同。

4. 实施效果

以港珠澳大桥桥面铺装施工的合同谈判工作为例，招标评标工作结束后，中标人已基本确定，管理局为双方的合同谈判开始做准备，通过合同谈判取得了以下成果。

（1）管理目标认同。通过谈判，承包人清楚地了解港珠澳大桥的历史使命和政治意义，对于港珠澳大桥的管理目标高度认同，承诺整合最优的资源，为港珠澳大桥的建设提供保障。

（2）为建立伙伴关系打开良好的局面。通过合同谈判，双方本着诚信、透明的原则，建立伙伴关系，共同为达成项目建设目标而竭尽全力。正是通过构建这种基于契约精神又愿为共同目标付出的情感，使得管理局和各参建单位在项目建设过程中克服重重困难，保证了港珠澳大桥顺利实施成功。

（3）进一步确认对承包商提出的材料品牌、型号及供应商；明确防腐除锈、防水体系施工的专业分包人；讨论施工管理顾问的聘用方案及其工作安排；梳理施工准备期工作内容及工作安排；明确开工时间和重要节点工期；制定详细的优质优价专项基金及计量与支付条款等。

5.5.4　合理的风险分担

以岛隧工程设计施工总承包为例，即采用固定总价合同模式，通过设立风险包干基金分担风险，并设置了相对合理的合同变更调整范围。

合同约定的可变更范围：对经行业主管部门正式批复的初步设计确定的建设标准，发包人以书面方式明确要求、指令或批复要求联合体执行的提高或降低该建设标准引起的变更设计的增减费用；对于行业主管部门正式批复的初步设计确定的建设规模，发包人以书面方式明确要求、指令或批复要求联合体执行的提高或降低该建设规模引起的增减费用；由于投入工程施工的材料价格涨落超过指定幅度而造成的合同价格调整；由于基准日期以后法律（所指法律仅包括中华人民共和国法律、行政法规、部委规章及广东省人民政府的地方性法规）改变而造成的合同价格的调整；由于合同条款约定的技术标准或规范发生变化而引起的费用增减；由于不可抗力原因造成工程费用的增加。

合同约定可变更的内容包括：取消合同中任何一项工作，但被取消的工作不能转由发包人或其他人实施，由于联合体违约造成的情况除外；原则改变合同中任一工程单元的定义（主要功能、范围）及功能要求；为完成工程需要追加的额外工作；物价波动引起的价格调整，主要针对永久工程中的水泥、钢筋、钢绞线。另外，对于总体计划和总体施工组织设计，双方一致同意推广、采用先进或高效的新技术、新工艺、新材料和优化方法，按监理人及管理局要求，承包人承诺按合同文件及建设项目管理制度及时报审施工实施方案及相应费用调整。即便是采用了这些合理的分担措施，过程中仍出现了大量实际难以预测的风险，引发合同条款的变更。

5.5.5　外海定额

外海定额滞后或计价标准缺失是跨海通道项目合同管理的重大挑战，像东海大桥、杭州湾大桥及港珠澳大桥等项目，设计和施工中采用了大量的新工艺、新材料和新装备。这一部分定额缺项较多，编制及控制大型专用船机设备及大临措施等难度大，且结合项目情况测定补充定额需要较长周期，往往又相对滞后，造成编制的工程可行性研究估算和批复概算与工程实际存在一定差距。

2009 年 10 月，管理局与广东省交通工程造价管理站和交通部公路工程定额站确定了外海施工定额研究专题意向。2011 年 6 月，正式签订了《港珠澳大桥外海工程资源消耗及施工工效（外海施工定额）研究技术服务合同》，由广东省交通工程造价管理站和交通部公路工程定额站联合体承担外海定额专题研究任务，依托港珠澳大桥对跨海通道项目的施工工效、海上混凝土配合比、海上临时钢结构的周转与摊销，以及海中桥梁、沉管隧道、人工岛等工程定额展开研究。

1. 定额研究方向

需求引导定额研究方向，根据跨海桥梁、海中沉管隧道及人工岛的结构特点、施工工艺，结合内地交通运输工程造价管理的要求，围绕造价管理重点，从以下方面开展了研究。

1）交通运输行业公路、水运工程定额测定与编制方法

（1）定额测定原理；

（2）定额测定方法；

（3）大桥定额测算方法；

（4）大桥定额测定调查表。

2）沿海工程施工工效

（1）沿海工程施工工效降低分析；

（2）结构耐久性费用分析。

3）沿海交通建设项目基础定额

（1）海上混凝土配合比；

（2）海上拌合混凝土；

（3）临时钢结构的周转与摊销；

（4）船舶机械艘（台）班费用。

4）沿海桥梁工程定额

（1）桩基础工程（桩基钢管桩插打、钢筋、混凝土及桩基钻孔等）；

（2）墩（台）身预制工程（钢筋、混凝土、硅烷喷涂、存放及预应力钢筋等）；

（3）墩（台）身安装工程（钢围堰安拆、墩台运输、吊装、后浇孔钢筋及混凝土等）；

（4）墩台现浇工程（主墩承台钢套箱安装、封底混凝土、钢筋及混凝土等）；

（5）主墩索塔（索塔钢筋、混凝土及钢索塔吊装等）；

（6）支座工程；

（7）上部主体结构工程（钢箱梁、钢混组合梁制造、运输及架设等）；

（8）牺牲阳极防腐。

5）沿海沉管隧道、人工岛工程定额

（1）管节预制（预制管节钢筋、混凝土、预应力钢绞线、纵向顶推等）；

（2）管节接头处理（钢剪力键、端钢壳、止水带等）；

（3）管节舾装（端封门、压载水箱、预埋件安装及管内钢结构安拆等）；

（4）隧道混凝土工程（暗埋段、敞开段现浇混凝土、预制检修道等）；

（5）人工岛工程（水上振沉钢圆筒、钢副格、榫槽灌浆等）；

（6）沉管隧道基础处理（水上打设挤密砂桩、水下块石基床抛石夯平、水下铺设碎石垫层、回填碎石锁定沉管等）；

（7）管节浮运安装（浮运安装系统集成调试、管节绞移出坞、浮运安装、安装船回航进坞、舾装件水下拆除运输等）。

2. 实施效果

经过长达 6 年多的现场测定与分析工作，2016 年 7 月，完成《广东省沿海桥梁工程预算补充定额》评审；2016 年 10 月，广东省交通运输厅发布施行《广东省沿海桥梁工程预算补充定额》。2016 年 11 月，组织完成《广东省沿海沉管隧道、人工岛工程预算补充定额》评审；2017 年 2 月，广东省交通运输厅发布实施《广东省沿海沉管隧道、人工岛工程预算补充定额》。

项目成果应用到港珠澳大桥调整概算文件编制、项目结（决）算和深中通道项目初步设计概算编制工作中，有效解决了定额缺项及现有定额水平不准的问题。港珠澳大桥桥梁工程部分调概编制完全采用专题研究成果，调整概算建安费与现场情况基本一致，符合各方预期；岛隧工程基本采用专题研究成果，对个别预算补充定额根据现场情况进行了适当调整，以满足项目设计、施工组织及造价等特殊性需求。

2017 年 6 月，"外海桥梁、隧道工程定额研究"获 2017 年度中国公路学会科学技术奖二等奖，项目成果填补了内地交通运输行业沿海离岸施工的海（江）中桥梁、沉管隧道、人工岛工程定额标准的空白，丰富和完善了我国交通建设工程造价标准体系，为我国特大型跨海（江）通道工程的方案比选、投资控制、造价管理和成本核算提供指导和借鉴。

5.5.6　面对工程复杂性的合同柔性机制

在建设工程合同实际履行过程中，管理局及施工单位都发现实际操作中很多情况超出合同订立时双方的预见，如何解决这些问题成了合同管理的重大挑战。

1. 施工现场现金流紧张

2013 年广东省发展和改革委员会发出《关于开展重点项目社会稳定风险排查的通知》，要求对重点项目开展排查社会稳定风险的工作。部分参建单位回复该通知时均提出施工现场现金流紧张、拖欠货款或劳务款为其维稳风险高的原因，并提交了资金严重短缺的原因分析，认为资金严重短缺的原因如下：恶劣的海况、气候环境和复杂地质条件导致施工方案变更、施工作业效率低、投入大、实际工程成本超出合同价。部分参建单位还向管理局提交了施工资金出现严重短缺面临全面停工紧急报告，要求管理局审核对比实际成本与合同价，并采取措施避免全面停工。到 2014 年全线建设进入高峰期，有 4 个合同段均出现现场资金异常紧张的情况，如果资金问题不能得到解决，现场施工极有可能中止。

为何施工现场资金如此紧张？本质原因在于港珠澳大桥的特殊性造成工程可行性研究阶段所编制的概算与实际工程造价存在偏差，合同实施过程中，出现了大量难以事先预计的不确定性和边界条件的变化。

2. 审慎渐进解决资金问题

1）2013 年资金问题初显阶段的思考准备

2013 年管理局陆续收到部分参建单位来函反映，因施工现场恶劣环境和复杂的地质条件导致施工方案变更、实际地质与设计不符导致施工投入加大等原因造成费用增加，以及材料价格上涨造成材料费用大大超出预算等，导致实际施工成本超过合同价。

由于工程施工合同文件中的合同条款已对工程变更及价格调整做出了明确规定，管理局需要核实部分参建单位所提的有关情况是否属于该等工程变更及价格调整的范畴。如果属于，则可按合同约定的调整机制予以解决；如果不属于，则参建单位的该等报告可能隐含其诉求——根据情势变更要求变更合同价款。对于部分参建单位提出的各种原因造成工程实际成本超出合同价，是否会有可能被认定为情势变更，需要具体个案、详细分析研究。管理局在当时掌握的情况与证据尚为有限的情况下，一方面开始搜集有关资料提前做好研究；另一方面也同时要求法律顾问进行法律研究，以备之后决策之需。

2）2014 年资金问题凸显阶段的应急措施

2014 年港珠澳大桥主体工程有 4 个合同段现场资金异常紧张，主体工程的建设工作极有可能中止，工期会因资金问题而延迟。面对严峻的现实情况，管理局向三地委提交了《关于项目施工单位建设资金支持方案的请示》，反映现场现金流紧张的问题。为保证正常的工程建设，管理局一方面在原施工合同基础上加快计量，提高资金支付效率；另一方面积极寻找新的途径协助解决施工单位资金问题。经过考虑，管理局拟订了两个资金支持方案：一是质保金银行保函方案；二是补充工程预付款方案，后又补充拟订了提前支付部分材料款方案。

第一，质保金银行保函方案。

质保金银行保函方案的主要思路是管理局依合同约定扣留的质保金（合同价款的 5%），允许施工单位以银行保函质押替换现金质押，从而释放该部分资金，增加部分现金流。原施工合同是约定从每期进度款中扣留质保金，是承包人以现金质押的方式为工程质量提供担保。若改由施工单位向管理局提供质保金保函，以替代从每期进度款中扣留质保金，是修改了原合同关于质量保证金的条款约定。

根据《中华人民共和国合同法》，合同双方在履行合同过程中经协商一致即可变更合同条款，但《中华人民共和国招标投标法》等相关规定，通过招标而签署的合同，合同的标的、价款、质量、履行期限等主要条款应当与招标文件和中标人的投标文件的内容一致，招标人和中标人不得另行订立背离合同实质性内容的其他协议。

以银行保函代替现金质押的方式，仅是质押形式的变更，实质并不影响工程质量保证的目的，且该种调整有 2013 年的《交通运输部办公厅关于开展公路建设项目保证金专项清理工作的通知》（厅公路字〔2013〕217 号）作为依据。因此，对质押形式的变更不构成对合同主要条款的实质性变更，在合同双方同意做如此变更的情况下，该方案不违反《中华人民共和国合同法》及《中华人民共和国招标投标法》的有关规定。

第二，补充工程预付款方案。

补充工程预付款方案的主要思路是以补充工程预付款的名义向银行融资并将该部分资金交由施工单位使用，缓解资金压力，但因此而超出原施工合同约定的财务成本由施工单位承担，不额外增加三地政府和管理局的风险与成本。

与原施工合同的约定相比，管理局提出的补充工程预付款方案涉及预付款比例的变更。由于合同价款的支付时间、支付方式均为合同主要条款及内容之一，如果提高原合同约定的预付款比例，有可能会被视为合同主要条款及内容的变更。

管理局考虑到海上建设工作面临很多合同签订时双方事先无法预估的情况，施工单位实际投入的设备大大超出合同双方在签订合同时的预计，所以造成施工单位前期实际投入远超预期，造成资金紧张。这是属于在合同履行过程中发生了当事人在订立合同时无法预见的重大变化，继续按原合同条款履行对于一方当事人明显不公平或者不能实现合同目的，在此情形下，合同双方当事人理应且只能修改合同条款以符合实际情形。

《中华人民共和国招标投标法实施条例》第五十七条限制招标人与投标人不

得签订主要条款内容与招标文件及投标文件不符的合同，其目的在于防止双方另行协商合同条款而令招投标活动名存实亡。因此管理局理解，当合同履行过程中，实际情形已发生重大变化，继续按原合同约定履行已明显不公平且不能实现合同目的的状况下，若仍不允许根据实际情况变更合同条款，非现实可行之举，也非招标投标法之立法本意。

为避免招投标监管部门的事后疑问，管理局向招标活动的行政监督部门汇报港珠澳大桥主体工程施工合同履行过程中所碰到的实际问题，说明情形发生变更的情况、合同订立时无法预见的情况，并向其说明修改预付款比例对于实现合同目的，按期完成主体工程建设的必要性。同时，管理局也将该有关方案上报三地政府，以期得到三地政府批准后予以实施。

第三，提前支付部分材料款方案。

提前支付部分材料款方案的操作思路是由管理局与施工单位签订《工程材料款补充协议》，并在协议中对提前支付的材料款总额、成本承担方式、扣回方式等进行约定。该方案中，管理局拟向各施工单位提前支付的材料款额度为原施工合同直接合同额的 10%；因履行《工程材料款补充协议》产生的超出原施工合同的成本由施工单位承担，在当季的工程进度款中扣除。《工程材料款补充协议》中材料款的扣回在原施工合同的最后几笔工程款中扣除，但最晚不超过合同期。为保证资金安全，管理局将要求施工单位在取得补充材料款之前，需要向管理局提供有效的银行保函、发票等。

与前述补充工程预付款方案同理，合同价款的支付时间、支付条件等均为合同主要条款及内容之一。如果管理局提前支付部分材料款，涉及修改支付时间，很可能会被视为合同主要条款及内容的变更。基于该原因，管理局也将该方案上报三地政府，以期得到三地政府批准后予以实施。

为保证工程进度，根据工程实际进展及部分参建单位现金流紧张的现实情况，2014 年管理局提出了质保金银行保函方案、补充工程预付款方案、提前支付部分材料款方案。该等方案都是管理局在合同基本框架不变的前提下，为解决建设现金流紧张而提出的缓解措施与应急方案，分别从不同角度加快对建设单位的资金支付效率，减轻资金缺口压力。但该等方案的实施都面临修改合同关于价款支付时间条款的情形，所面临的法律问题是相同的，但没有涉及合同价款调整的问题。

在 2014 年资金缺口加大的情况下，管理局经上述工作努力，并报三地政府同意，在不改变合同框架及合同价款的前提下，提出加快资金支付的措施与方案并予以实施，顺利度过了 2014 年。

3. 合同价款评估调整的迫切性

1）合同实施过程中复杂性凸显

随着工程的推进，管理局越发意识到，作为开创性工程，其复杂性远超预期。如果继续按原合同条款履行对于一方当事人明显不公平或者不能实现合同目的，也难以保证主体工程建设进度，因此管理局需要根据实际情况审慎地推动项目的进一步发展。

2）合同价款评估调整的解决方案

2015 年主体工程部分合同段现金流紧张局面日益严重，根据 2014 年 11 月 17 日专责小组第七次会议所确定的"遵守合同、深入评估、严格程序、合理调整"的原则，管理局在 2015 年初编制了合同费用评估决定是否调整的工作方案。2015 年 2 月 9 日向三地委上报和请示，建议结合委托审查和评估结果，参考外海定额成果，采取分批、分阶段的原则，成熟一项处理一项，通过协商谈判，经三地委批准后，签订补充协议，有依有据、实事求是地处理合同费用调整事宜。

为提高效率、保证工作质量，管理局建议三地委成立联合工作小组，督促、协调相关事项的开展，或由三地政府委托广东省交通运输工程造价管理站同步开展合同费用评估调整咨询的审查工作，同步委托造价咨询公司、第三方评估机构、设计单位平行开展工作。即委托造价咨询公司深入调研现场的实际情况，分析测算工程的实际费用；委托第三方评估机构审查参建单位提交的资料与财务成本；委托设计单位根据经批准实施的施工组织设计重新编制预算。

考虑到解决资金问题的沟通、协调难度大，承包人上报及核实承包人的诉求需要时间，三地委批准同意的协调、解释时间长，跟承包人谈判需要时间，工作周期长，从流程上看，无论管理局怎么加快工作，都无法立即提供大量资金支持。根据工程实际进展情况，考虑到问题的复杂性，管理局建议分批、分阶段调整，即先谈好调整原则，再行商谈具体调整方案。在此基础上，结合工程实际情况，分阶段，成熟一项处理一项，尽可能缓解承包人资金压力。同时，建议上级主管部门加快工程变更的审批工作，如对于 3 000 万元以上的变更，在上报广东省交通运输厅前须获得三地委的批准；对于较（重）大变更，则须上报上级行业主管部门审批。

该工作方案涉及三类费用的调整，包括人工和地材费用、船舶设备费用和大型措施费用。合同文件约定可调差的材料品种仅包括水泥、钢筋、预应力粗钢筋、钢绞线及国家和行业主管部门相关法律法规规定的其他情况，未直接约定人工、地材、船舶设备费用、大型措施费用可以调差。因此，在具体实施方案中，管理局建议：第一阶段是对施工单位的人工、地材、船舶设备及岛隧总包人工、材料费用进行评估，以决定是否调整；第二阶段是对施工单位的大型措施费用调整、合同条款修改和调整进行评估，后续审慎评估合同条款的修改和调整。

在拟订工作方案前，管理局对工作方案的可行性进行了充分研究，深入分析了有关法律要求、情势变更原则的应用、司法实践关于情势变更的案例，参考德国与中国台湾地区对于工程合同情势变更处理的原则、建筑主管部门对建材与人工价格调整的标准、港珠澳大桥主体工程合同条款的约定等。基于上述研究和分析，管理局认为港珠澳大桥主体工程合同若在履行过程中确实发生了情势变更，根据实际情况进行价格调整，具有法律依据及理论依据，也符合国际惯例。

3）合同价款评估调整的实施情况

2015年4月30日，三地委第十三次会议审议了合同费用评估决定是否调整费用的工作方案。根据三地委的会议精神及要求，管理局于5月13日向三地委上报具体实施方案。5月27日，管理局委托第三方造价咨询单位进行审核，合同费用评估决定是否调整费用的工作方案开始有序实施。

2015年7月至8月，管理局将审核后的第一阶段合同费用评估结果、合同费用评估调整总体情况及暂计量建议上报三地委；随后于8月21日，向广东省交通运输厅上报合同费用评估调整总体情况及暂计量建议。

2015年9月1日，三地委第十四次会议审议合同费用评估决定是否调整事宜。

2015年9月5日，广东省交通运输厅回复合同费用评估决定调整的意见；认可受外海施工环境、大型船舶设备、地材上涨、建设工期长等多种因素的影响，主体工程建设成本增大，超出有经验承包人的正常成本风险，超出项目管理的正常风险，预估费用突破交通运输部批复的概算，现场现金流紧张问题严重影响到项目建设进度，为加快解决建设资金问题，原则同意开展调整概算的工作。考虑工程调整概算所需工作周期长，主体工程海上复杂，有限施工期必须争取，为抓住施工黄金季节，争取工期，加快建设，综合内地高速公路建设的管理经验，同意采用暂计量方式（应控制在批复总概算内）解决现场现金流紧张问题，同时也提出加强暂计量支付的审核把关，严格暂计量资金的支付管理。

2015年9月8日，管理局向三地委上报合同总体评估情况，分析超概算的主要原因，请求三地委解决现金流紧张的问题，尽快启动调整概算的工作。

2016年，管理局向广东省交通运输厅上报岛隧工程合同费用评估调整及暂计量有关事项，广东省交通运输厅考虑主体工程的调概工作正在进行，综合内地高速公路建设管理经验，认同用暂计量方式解决现场现金流紧张的问题。

4. 实施效果

面对合同管理的复杂性，管理局基于严格合同执行的伙伴关系原则，始终保持着谨慎、渐进的处理态度。在风险评估判断的基础上，最开始采取增加资金流、提供短期资金支持、增加预付款的支付比例等措施，然后根据合同费用评估的情况以决定是否调整，并提出暂计量建议。合同条款保持了应对复杂性的弹性和调整机制，在专责小组和三地政府的批准和支持下，依法依规签订了有关补充协议。

在整个合同管理过程中，管理局每一阶段的处理方案都以合法性为前提，并充分尊重现实情况。回顾此期间管理局的考虑与选择，可清晰地看到管理局在处理操作上的依法执行、实事求是、循序渐进的态度和工作方式。

5.6　成效与启示

1. 成效

港珠澳大桥的招标策划成效显著，未收到任何有效投诉，且每次招标引入的都是全国乃至全球的最优资源，或是综合实力最优的资源，实现了资源有效配置。招标策划的成功，体现了项目法人的系统管理思维，加快推进了大桥建设，获得行业主管部门和三地政府的认同，为行业树立典范。

合同管理方面，各职能部门均能严格按合同管理办法的职责要求完成合同签署、支付、执行情况跟进，合同履约情况良好，未有合同纠纷发生。

2. 启示

1）重视招标策划工作

港珠澳大桥主体工程招标突出以目标为导向，策划先行，秉承公开、公平、公正、择优的理念，通过编制招标管理规划，建立了高效的招标管理体系，创新性地开展招标资源配置管理实践，找寻出能有效匹配大型复杂项目管理需求的招标管理策略，实现了创新驱动、模式构建的招标策划工作。

2）"一国两制三地"的招标和合同管理规则

大桥是三地政府共同出资建设的超大型跨界交通基础建设项目，在制度体系、组织框架及文化建设上，有别于常规的高速公路项目或市政项目，三地政府全程参与大桥的实施管理与监督，招投标等主要制度需要报送三地政府批准，三地政府派员在组织架构中任职。正是基于项目三地共建共管的特殊背景，在现有法律法规基础上，研究建立了项目协调决策机制及三地运营管理平台，实行三地共建共管下的特殊举措，包括三地政府联合审批机制、招标工作指南及招标工作资料汇编、招标代理工作方案等，形成了一系列公开、透明和规范的工作机制。

3）重大工程合作伙伴关系

为克服大型复杂工程的不确定性和复杂性，发包人与承包人建立起一种基于信任、公平、利益相关的新型合作伙伴关系，各方决心本着诚信、透明的原则，营造公平开放的氛围，共同为达成项目建设目标而竭尽全力。合作伙伴关系应贯穿于整个招标和合同管理工作，如合理考虑业主管理需求，构建合理的招标模式，合理分配风险；同时给予招标人在招标环节充分的自主选择权，并通过公开透明的公示制度，而不是过度的行政干预制度进行监管；充分重视并发挥合同谈判的重要作用；公平理性地对待过程中的变更问题；合理、理性地分担风险；面临重大工程众多变化和不确定性，及时地对合同予以适当修正，体现了合同管理的柔性调整。

4）针对合同复杂性的造价管理工作

管理局建立完善的建设项目造价管理制度，通过定额法和成本法相结合的方式确定造价，注重调查研究，强化合同管理，建立不同体系造价台账以适应三地管理需求，通过组织开展外海工程资源消耗及施工工效（外海施工定额）研究、借鉴国外及港澳造价通行做法、加强造价调研交流、委托第三方造价咨询单位审核（特别是结算、决算审核）等方式开展造价管理工作，取得了显著成效。外海施工定额研究成果填补了内地交通建设项目沿海桥梁、沉管隧道、人工岛工程定额标准的空白，丰富和完善了内地交通建设工程造价标准体系，在深中通道、宁波舟山港主通道、大连湾跨海工程等项目中得以应用，为其投资控制和造价管理提供了重要借鉴。

5）知识管理和学习

面对复杂工程中大量的创新和"第一次"，业主需要建立全面、系统的知识管理和学习机制，通过事前调研和技术交流、事中的创新和快速标准化、事后的总结改进等工作，贯穿组织知识学习的始终。同时，管理局通过资料汇编等工作，总结项目中的经验和做法，为国内类似重大工程项目管理提供宝贵的经验，为国内外后续项目招标和合同管理项目提供参考和借鉴。

第6章 质量管理

围绕"建设世界级的跨海通道、为用户提供优质服务、成为地标性建筑"的建设目标，管理局确立了 120 年使用寿命的高质量目标。作为"一国两制"下的超级工程，港珠澳大桥的质量管理面临着三地规范标准的差异性及复杂的自然社会环境等挑战。为此，管理局通过引入试验检测中心、测量控制中心及质量顾问等措施构建了一支优秀的质量管理团队，并经过广泛调研、科学论证编制了一套完整且全面的质量管理体系。在项目实施过程中，管理局提出并贯彻全过程"四化"理念、系统集成设计、推行合同谈判、实行产品认证制和首件制、开发信息技术平台及开展质量巡回检测等一系列先进做法，最终保证了工程质量目标的实现，为今后建设超长寿命的同类工程提供了借鉴和参考。

港珠澳大桥在前期准备阶段构筑了"建设世界级的跨海通道、为用户提供优质服务、成为地标性建筑"的建设目标，明确了"120 年设计使用寿命，按三地标准进行建设，施工管理、质量管理和工程质量均达到国际水准，将港珠澳大桥主体工程建设成为三地最优品质的跨海通道"的质量目标。高质量目标指引着质量管理实践。针对港珠澳大桥主体工程质量管理的复杂性，管理局建立了基于全方位、全过程的质量管理体系，并借鉴国际同类项目的成功经验和做法，在项目实施的全过程中采取了一系列先进做法，为我国重大跨界工程的质量管理提供了重要参考。

6.1 质量管理的挑战

港珠澳大桥为连接三地的超大型跨海通道，是促进粤港澳大湾区经济发展的战略性工程。项目受到中央及三地政府的积极推动，以及三地人民和各界媒体的深切关注，具有极高的政治和公众敏感性。打造优质耐久、安全舒适、经济环保、社会认可的高品质工程，既是项目建设者孜孜追求的目标，也是各界对项目的共同期望。因此，港珠澳大桥建设者一直秉承高质量管理，铸就品质工程，具体来说，项目实施面临的挑战主要有以下三个方面。

1. 120 年使用寿命的高要求

大桥设定了 120 年使用寿命的质量目标，体现出对社会公共利益最大化的追求。120 年使用寿命对结构耐久性有着极高要求，不仅需要提高材料的质量标准，也需要先进的施工技术，但当时我国大型施工机械设备大多数依赖进口，对先进的建造技术和高标准的质量控制能力较为欠缺，这些都给建设高质量的大桥造成了极大的困难。

2. 三地规范的差异性

三地在法律法规、行政体制、技术标准、管理程序等方面存在较大差异。根据《三地政府协议》，大桥实施过程中，项目建设技术标准与规范需要同时满足三地标准，即同时满足国标、英标和欧标。如何在充分考虑三地现行体制特点和建设要求的基础上，建立统一的建设标准和总体规划实施方案，是保证大桥建设协调统一及各项目标实现的关键。

3. 自然社会环境的复杂性

珠江口伶仃洋海域，是珠江进入南海的一段喇叭状海口，属亚热带海洋性季风气候，每年遭受 3~4 次台风影响，年均暴雨近 11 场，雷暴天气 62 天，属于全球气象灾害的多发区域。伶仃洋本身属于弱洋流海域，海底软基深厚（即工程所处海床面的淤泥质土、粉质黏土深厚），下卧基岩面起伏变化大，基岩深埋基本处于50~100米范围，且海水氯盐对钢筋、混凝土具有腐蚀性。此外，该海域也是"海上大熊猫"中华白海豚的自然保护区，大桥实施期间对环保要求极高，需要对工程区域的水文气象、海水质量、海洋沉积物、海洋生物等进行实时监控，以确保项目建设做到绿色环保。

除严峻的自然环境外，珠江口还是国际海上交通及华南沿海交通的枢纽，是我国水上运输最繁忙、船舶密度最大的水域之一。大桥建设区域航路纵横交错，日均船舶流量达 4 000 艘次，高速客船达 500 航班/天，是水上交通安全事故频发的敏感区域，如果采用传统的建桥技术和施工组织，将会给伶仃洋上的交通安全埋下隐患。

6.2　质量管理体系

面对主体工程质量管理的多重挑战，管理局从源头抓起，借鉴国际上通行的全面质量管理理念和 PDCA 方法，结合现行的工程法律规范、建设程序，建立了针对港珠澳大桥的质量管理体系。通过质量管理体系，规范工程设计、采购、施工等环节上管理局和参建单位的管理行为，保障大桥建设目标的实现。

6.2.1 质量管理组织体系

由于主体工程复杂性和技术先进性，项目建立了以管理局为核心的多主体质量管理组织体系，如图 6.1 所示。管理局负责主体工程质量管理的统筹规划和协调管理，督促和检查勘察设计、施工、监理、咨询等单位建立健全质量管理体系，做好过程质量控制工作，确保建设质量。与一般项目的质量管理组织相比，本项目的质量管理组织体系更多元化，引入提高试验检测管理水平的试验检测中心和为施工提供精准测量的测量控制中心，以及具有丰富国际项目经验的质量顾问等专业单位，有效补充和加强了管理局质量管理力量。

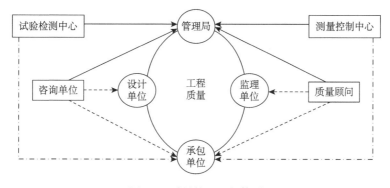

图 6.1　质量管理组织体系

管理局质量管理的组织构成如图 6.2 所示。在管理局内部成立了质量管理委员会，负责大桥主体工程质量管理的组织领导工作，落实局长领导下各分管领导和主管部门分工负责制的质量管理制度。其中，工程管理部负责土建工程的质量管理，其组织机构如图 6.3 所示，交通工程部负责交通工程及沿线附属设施的质量管理，总工办负责勘察设计、科研质量管理，钢结构办公室负责钢结构制造质量管理。质量管理委员会每年召开一次例会，其间根据具体情况不定期召开专题会议，主要检查各部门质量管理工作情况，协调处理质量问题，审议各部门提出的质量管理方案、办法和措施，促进质量管理工作的持续改进。由领导牵头的质量管理委员会，有助于落实各职能部门的质量管理职责，提高管理局整体的管理效率。管理局内部采用"质量管理委员会-职能部门-班组"三级质量管理的组织模式，自上而下将复杂的质量管理工作降解，落实具体的质量管理责任划分。

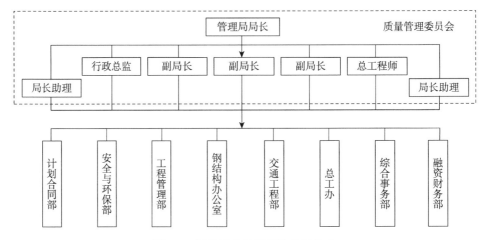

图 6.2　管理局质量管理的组织构成

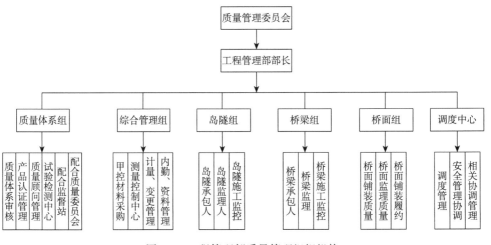

图 6.3　工程管理部质量管理组织机构

6.2.2　质量管理体系文件

为加强港珠澳大桥主体工程建设质量管理，明确工程质量管理职责，规范质量管理行为，实现建设世界一流跨海通道的总目标，管理局对国内外类似项目进行了广泛调研，在吸纳其他项目先进管理经验的基础上，结合项目实际情况，自上而下不断细化质量目标，落实质量管理，最终形成了具有实践指导性的质量管理体系（图 6.4）。

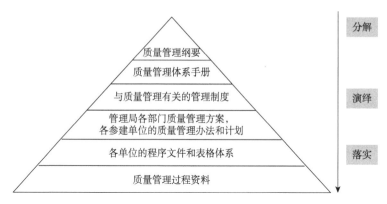

图 6.4　主体工程项目质量管理体系

《质量管理体系手册》是在质量管理纲要的总体规划框架下编制而成，主要是对质量管理纲要进一步细化完善，进一步明确各参建单位的质量管理职责、主要质量管理制度、程序，并对管理局各部门的质量管理工作提出要求，其中涉及质量管理方针和目标、质量管理组织机构及职责、质量管理流程、质量问题与事故处理、工程质量管理制度、办法及工程质量管理重点及措施。

《质量管理方案》是质量管理职能部门的内部控制文件，由各质量管理职能部门组织编制，即管理局总工办、工程管理部、交通工程部、钢结构办公室分别编制和修订《土建工程设计质量管理方案》、《土建工程施工质量管理方案》、《交通工程质量管理方案》及《钢结构工程质量管理方案》。它主要是对专项工程的质量管理提出更为具体的实施方案。例如，《土建工程施工质量管理方案》包括质量管理目标、依据，工程管理部的质量管理职责、组织机构和分工，工程地质勘察管理工作要求，合同段施工质量管理工作要求，质量管理体系审核工作要求，产品认证管理工作要求，质量管理工作要求，工程管理部门内部考核管理，人员配备需求等。各参建单位在遵守大桥建设质量管理有关管理制度的基础上，制定了相应的《质量管理办法》和《质量计划》，并持续改进，不断提升内部管理水平，如为保障施工现场管理，承包人编制了项目部内部管理制度、质量计划、质量管理手册，监理单位编制了监理计划、监理实施细则，试验检测中心编制了质量手册、程序文件、试验检测管理工作实施细则等文件。这些质量管理文件的制定并实施，有效规范了参建各方的管理行为，让管理人员做到管理有据可依。另外，各参建单位编制的《质量管理办法》《质量计划》等质量管理文件需提交管理局审批，审批通过后才可组织实施，这有利于管理局协调各参建方的质量目标，为各参建方的集体行动奠定基础。

6.2.3　质量管理体系运行

质量管理体系的运行以质量计划为主线，以过程管理为中心，遵循 PDCA 循环过程，即项目初期确定质量目标，编制过程管理文件和实体工程质量控制文件；项目建设过程中，管理局和各参建单位严格按照目标、规范、合同等要求进行工程建设，监督检查有关要求的落实和执行情况，对存在问题予以分析和整改，保证项目建设质量始终处于受控状态，基于 PDCA 的质量管理体系要素如图 6.5 所示。

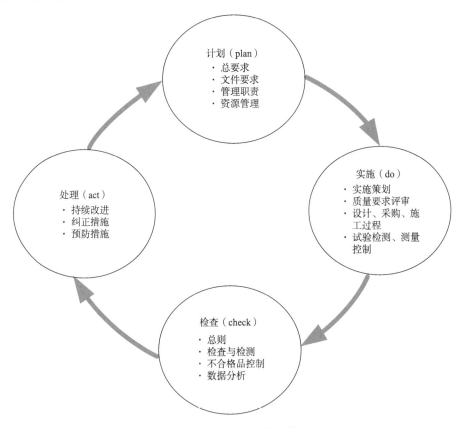

图 6.5　基于 PDCA 的质量管理体系要素

由于港珠澳大桥实施过程中存在众多不确定性，为提高质量管理体系对实际情况的适应性，在实施过程中各单位会根据实际情况进行修改完善，持续改进升级。例如，2011 年 3 月管理局出台《港珠澳大桥主体工程质量管理体系文件》（试行版），试行 1 年多后，根据试行情况和组织机构调整情况，对质量管理体系文件中的组织机构及其职责范围等进行了调整和补充，如增加钢结构办公室，负责钢箱梁制造质量管理；调整工程管理部组织机构，撤销勘察组，增加综合管理组和调度中心等。依据《港珠澳大桥主体工程建设项目质量管理体系实施办法》，各参建单位进场初期及半年后，管理局将组织对参建单位进行两次质量管理体系审核，对现场工程质量进行全面检查，之后每年组织开展一次质量大检查和质量管理体系检查审核，促使参建单位更加重视质量管理体系建设和修订完善工作，并认真执行质量管理制度、程序和标准。

6.3 质量保证与控制

质量保证与控制是实现工程高质量目标的重要基础。根据交通运输部颁布的《公路建设市场管理办法》，项目建立了"政府监督、法人管理、社会监理、企业自检"的四级质量保证体系。通过借鉴国内外类似项目的成功经验和优秀做法，整合全球资源，管理局在项目实施的各个环节，有组织、有目的地开展了理念创新、管理创新和技术创新，采取了一系列先进做法保证工程质量，提升工程品质。

6.3.1 设计环节的质量保证与控制

1. 树立创新理念，引导大桥建设

为确保建设目标的顺利实现，管理局在大桥整体设计环节提出了"全生命周期规划，需求引导设计"的理念（苏权科，2017）。全生命周期规划是将工程规划、设计、施工及运营维护等多个阶段进行统筹考虑，如在初步设计阶段就考虑大桥寿命历程的所有环节，在设计大桥功能和结构的同时考虑到工程全生命周期过程的技术与管理。大桥按照需求引导设计的原则，开展设计工作，实现工程经济效益、社会效益和环境资源效益的和谐统一，确保大桥设计使用寿命达到120 年。需求引导设计，意在争品质、争特色、争创意。从建成效果（图6.6）看，三座通航孔桥分别使用"风帆"、"海豚"和"中国结"来与周边环境、人文文化相融合。大桥下部结构采用埋置式承台和修建沉管隧道，以避免珠江口泥沙淤积、阻挡潮汐或影响航运，这些充分体现了对海洋环境的保护、与自然和谐相处的理念。

　　（a）九洲航道桥　　　　　（b）江海直达船航道桥　　　　（c）青州航道桥

图 6.6　通航孔桥建筑景观效果图

资料来源：港珠澳大桥管理局

　　主体工程的桥梁、人工岛与隧道等关键工程，在海上建造将面临环境保护、安全风险、海上通航及工期紧张等挑战，为编制出快速、可靠、安全、环保的建造方案，管理局大胆地提出贯彻项目全过程的"四化"理念，即"大型化、工厂化、标准化、装配化"，具体含义如下：将海上通道项目分解为大型化的构件，构件设计尽可能标准化，采用通用规格以便在工厂内进行流水线批量生产，再利用大型设备进行海上运输、安装，整个工程就像"搭积木"一样组装而成。这种流水线、标准化的作业方式设想，能够使大桥建设的每个流程和环节实现机械化、自动化和信息化，为大桥施工的精细化建造提供了实践路径，为提高工效、实现建设品质工程提供了有力保障。

　　为确保桥面铺装工程质量，针对桥面铺装工程处在外海环境，湿度大、盐雾高，规模大、工期紧、质量要求高，施工界面协调接口多，施工组织难度大等特点，管理局在项目规划阶段提出"以准入保材料、以考核保人员、以设备保工艺、以工艺保质量"的项目管理理念，并制定《桥面铺装沥青混凝土材料准入管理办法》，从源头上对所有原材料进行质量管控。针对 GA 的特点，在中山新建了集料加工厂，对项目所用材料贴上专用标志，确保材料质量。

　　2. 引入科研力量，攻克技术瓶颈

　　港珠澳大桥是内地首次在外海环境下修建的超大规模桥岛隧集群工程，为保证工程质量，提高构造物的耐久性、使用功能和使用寿命，必须重视工程的结构设计、新材料的应用、先进施工装备的采用及传统施工工艺的改进。工程设计承载了将科学发现、技术创新等成果转化为现实生产力的知识集成和构建过程，其中既有工艺技术、装备技术、检测技术和调控技术的合理选择和创新性集成，又有产品技术设计及其外观设计的创新，其在工程上的创新并非单个企业能够完成。

　　因此，管理局在设计环节，充分利用国家各科研机构的专业优势，通过国家科技支撑计划或委托的方式，以科研项目开展创新研究，攻克设计中的瓶颈问题，借助科研院所的力量，提前对大桥建设过程中的重点、难点问题和潜在风险进行研究、试验和分析，将有关科研成果运用到设计和建设的实践中。例如，在工程初步设计阶段，协调小组就启动了相关技术研究。2009 年，针对大桥 120 年设计使用寿命这一质量目标，委托中交四航工程研究院有限公司联合清华大学承担了"港珠澳大桥耐久性评估与耐久性混凝土试验研究"课题。2010 年立项的国家科技支撑计划"港珠澳大桥跨海集群工程建设关键技术研究与示范"项目，由27 家企事业单位和 8 所高等院校形成了全面覆盖桥、岛、隧工程领域的产学研团队。针对外海厚软基大回淤超长沉管隧道设计与施工关键技术、外海厚软基桥隧转换人工岛建设关键技术、海上装配化桥梁建设关键技术、混凝土结构 120 年使用寿命保障技术等方面进行重点技术攻克研究，为大桥建设品质工程保驾护航。

3. 编制标准体系，实现管理规范化

制定港珠澳大桥的设计标准、施工规范、验收评定标准等是建设高品质工程的基础。项目在可行性研究阶段确立了技术标准"就高不就低"的原则，管理局融合内地、香港和澳门的工程技术标准与规范，编制了适用于本项目的专用技术标准——《港珠澳大桥专用标准体系》，其涵盖了工程的设计、建造和运营阶段，为大桥全过程建设提供了技术支撑，包含《港珠澳大桥项目设计指导准则》《港珠澳大桥工程专用施工规范指南》《港珠澳大桥施工及质量验收标准》等文件。

通过编制《港珠澳大桥专用标准体系》，明确了大桥建设过程中的一些基本原则，如设计基准期与设计使用寿命的选取；耐久性与景观工程相结合的设计目标；对结构选型、材料和构造方面的要求。《港珠澳大桥专用标准体系》为大桥实行精细化、规范化管理奠定了基础。

4. 系统集成设计，强化接口协调管理

交通工程设计工作包含交通安全设施、机电工程、消防工程、综合管线、预留预埋、系统集成 6 大专业领域，涉及管理养护设施、监控、收费、通信、交通安全设施、综合管道、预留预埋设施、供配电、照明、通风、火灾检测报警联动、消防、结构健康监测、景观、供水、航空障碍灯、环保节能、防雷接地、排水设施 19 个专业子项。这是我国公路交通工程行业首次集成 19 个专业设计，在内地、香港、澳门三地标准体系和法律法规框架下，其工作复杂性、创新性与接口协调难度在整个交通工程设计领域史无前例。

交通工程采用系统集成设计，提出了跨界交通工程建设管理、运营服务整体解决方案，如通过设备集控平台，实施监测和控制设备的运行状态（图 6.7 所示），根据各类控制预案进行设备的跨系统联动控制。基于系统集成平台构建中心—现场监控所在异地的灾备关系，当某地遇到整体性灾害事故，另一地可继续提供服务，管理人员的操作不受影响，且平台能与其他管理信息系统进行信息交互，接收和处理其他信息系统发来的消息。这种系统集成设计为整个跨海通道的运营安全、防灾减灾、应急救援提供了保障，也为大桥的智能化运维奠定了基础。

（a）西人工岛综合指挥监控中心

（b）交通监控诱导系统

（c）隧道智能通风、照明系统

（d）大桥综合管线及给排水系统

图 6.7　港珠澳大桥主体工程部分交通工程设计示例
资料来源：港珠澳大桥管理局

5. 改进设计管理，保障设计质量

设计的总体把握和有效管理，是建设高品质工程的核心。管理局在合理设计周期、"两院制"设计复核审查等原则基础上，针对大桥的特殊情况，通过制度创新和管理创新，研究制定了更加有效的管理程序和方法。例如，在设计阶段，管理局组织咨询单位采用前期介入、过程参与、分期分批的方式，跟踪监督设计全程，审查设计大纲、设计输入、中间成果、最终成果。对重大关键技术问题及设计单位与咨询单位意见不一致的技术问题，管理局邀请国内外专家进行评审，对工程设计形成全方位、多层次的监控管理。此外，由交通运输部牵头组织成立了港珠澳大桥技术专家组，为专责小组、三地委和项目法人在重大技术方案、施工方案的论证及重大工程问题的处理等方面提供咨询和技术支持。在施工优化设计中，开展动态设计，以避免勘察结论失误，确保工程质量。在施工阶段，设计人员仍然深入参与项目，保证及时处理设计与施工之间的配合与协调问题。

在设计管理团队的组建上，管理局整合全球资源，委托国内外知名企业参与本项目的设计和技术咨询工作。由林同棪国际、荷兰隧道工程咨询公司，以及中国广州地铁设计研究院股份有限公司和上海市政工程设计研究总院（集团）有限公司组成的咨询联合体，全面负责管理大桥的技术咨询工作。同时，管理局还聘请了该咨询联合体审查所有的施工图设计，团队中配备国际专家，以确保设计审查时参考最新的国际标准。

6.3.2　招标采购环节的质量保证与控制

招标采购作为项目管理的重要环节，影响着资源的有效配置，是项目获取优质、高效资源的重要手段。

1. 通过招标策划，构建招标体系

管理局通过建立高效的招标管理体系，针对每个招标项目进行策划，制定了详细的招标策略。基于项目三地共建共管的特殊性，在现有法律法规基础上，建立了港珠澳大桥招标采购制度体系，编制了《港珠澳大桥主体工程建设项目招标投标管理办法》，明确了三地共建共管模式的招标规则。该管理办法规范和完善了大桥主体工程项目的招标投标活动，贯彻"质量优先、优质优价"的原则，保证工程质量。通过"招标策略—招标工作大纲—招标文件"三级编制体系，有效保证了招标目标的实现，指导工程后续的实施。

例如，在岛隧工程设计施工总承包招标策划组织实施中，先就实施需要解决的问题进行分析预判和梳理，然后在招标策略、市场资源方面，通过对 11 家潜在投标人的调研发现，部分单位在大标段承发包、水下沉管施工技术等方面积累了一定技术基础，具备强大的财务和技术能力，抗风险能力较强，其下属子公司专业齐全、资源整合能力较强。最后，确定组建招标联合体（包括施工、设计、顾问、若干合作及分包企业）的招标策略，可以解决可预见的建造经验缺乏、界面复杂、资源紧张、工程风险大、约束条件多、技术难度大及设计施工总承包组织管理等有关问题，最终实践结果也证明该招标策略的可行性有利于项目顺利实施。

2. 通过市场调研与技术交流，遴选优质资源

港珠澳大桥属于开创性工程，需要整合全国乃至全球的优质资源，主要包含两类：一类是优秀的参建单位、咨询团队等人力资源，有助于构建高质量的项目

管理团队；另一类是提供物力资源的材料设备生产商和供应商。为了确保参建单位等人力资源优中选优，管理局在招标阶段通过书面函调、实地调研、技术交流三种方式对关联行业项目业主、以往类似项目业主、潜在投标人、专业分包、技术和科研合作单位、材料和设备生产商、供应商等进行广泛调研，全面提高准入门槛，确保入围单位均为各行业领先企业。在招标文件中对参建单位派遣的项目管理人员提出了明确要求，主要管理岗位应由经验丰富、责任心强的高级管理人员担任，且企业管理层的主要负责人需要进驻现场。

主体工程所使用的水泥、沥青、钢筋、粉煤灰等主要材料均实行"甲控"，管理局采用公开招标或比选采购，对参与招标或比选的供应厂家实行"短名单"管理模式。采购前，承包人需要设定供应商的经营业绩、质量技术要求等门槛，并将选定的不少于 3 家供应厂商短名单及有关信息报管理局审批。供应厂家一旦中选或入围，材料短缺或原厂家供应不足时，施工单位则可在"短名单"范围内更换、增加供应商。采购招标或比选完成后，须向管理局报备评选文件和采购合同，这一措施能有效防止承包人为低价采购而降低材料质量标准的行为，强化材料质量预控，达到材料供应在质和量方面的稳定效果。

3. 推行合同谈判，明确建设目标

港珠澳大桥的技术要求高、风险大、不确定性多，而招标阶段编制的合同文件均是基于招标人的设想，有些做法未必最优。管理局以集思广益、尊重承包人为出发点，在招标确定中标单位后，与中标单位就招投标阶段尚未明确的问题、双方的项目管理思路等在法律法规许可的基础上进行交流和深入探讨。例如，在岛隧工程设计施工总承包的合同谈判中，谈判的主要内容是强化目标认同及推行伙伴关系；明确系统协调与组织架构、资源保证体系；明确组织管理、质量管理及 HSE 管理；配合年底开工及节点调整、计量支付节点的调整等。通过谈判，双方进一步明确了建设目标，确定了关键的管理思路和质量要求，从而更好地推动项目工作，保证项目质量。合同谈判过程中的深入交流，也为建立开放、平等、协同、互信的伙伴关系打下了良好的基础。

6.3.3　施工环节的质量保证与控制

1. 引入质量管理顾问，增强管理队伍

大桥建设引入了众多世界先进理念和技术，但项目管理人员欠缺对项目建设中引入的先进建造技术和质量的管控能力，内地交通工程行业对监理单位的资质证书要求使得境外公司因无相应等级资质证书而无法承担或参与本项目的监理业务。基于这种情况，管理局编制了《港珠澳大桥主体工程质量管理顾问聘用方案》并获得上级部门审批。通过全球遴选，最终管理局选聘了项目建设管理经验较为丰富的英国莫特麦克唐纳（Mott MacDonald）公司作为质量管理顾问，以弥补管理局和监理单位在专业技术上的不足，其组织结构如图 6.8 所示。

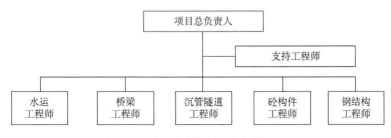

图 6.8　质量管理顾问的组织结构图
资料来源：港珠澳大桥管理局

质量管理顾问作为管理局在合同授权范围内实施工程质量管理的咨询团队，协助管理局对承包人、监理人的工作质量状况实施动态监控，具有检查和建议的权利，但不具备监理人所拥有的监理责任和对工程质量的审批、签认权，也无权对参与本项目的任何其他方发出指示。在经管理局同意的情况下，顾问可与本项目的其他参建方讨论质量问题。质量管理顾问主要针对工程施工过程中难度大、风险高、经验欠缺、涉及耐久性控制的原材料、施工工艺，以及应用新材料、新技术、新设备等方面协助管理局进行质量控制、监督和管理工作。

质量管理顾问的主要工作内容如下。

1）审查质量计划

对承包人提交的质量计划，顾问人主要审查和评估顾问工作单位中质量控制重点和难点的质量保证措施的合理性和可行性，及时向管理局提交质量计划审查报告，指出质量计划中存在的问题及其改进意见，如顾问审查发现主要承包商的质量控制计划和监理的监理计划较为笼统，可在月报中将情况反映给管理局，建议承包商和监理单位在施工期间补充各项工作的详细程序和专项方案。

2）监控首件/首次工序

对于与顾问工作单元有关的工程首件或首次工序，顾问人必须进行全过程现场监控，并参与管理局组织的构件产品认证活动。顾问人应参与工艺试验和足尺试验等，及时发现施工和试验过程中存在的问题，提出解决这些问题的合理化建议，明确工序对应的控制措施、检验方法及标准，并对试验检测结果进行评价，向管理局报告工程首件或首次工序监控中存在的问题和可行性建议。例如，在桥面和索塔的钢结构制造时，质量顾问钢结构工程师约翰·楚克（Jason Chuk）积极参与首件施工，给承包商和监理提供了许多建议，并在事后的"首件"审查会议中总结和汇报有关结论。

3）日常性巡查

在工程首件或首次工序完成后，顾问人按照管理局安排，针对相关工程后续施工中的每个顾问工作单元和整体工程结构进行每月不少于两次的日常巡查（包括参与管理局组织的月度、季度检查、质量管理体系审核、产品认证活动），确保质量控制措施及时落实到位。现场检查的主要发现会写在月报中，每份月报都包含详细描述本月现场检查和相关意见的章节，如果发现明显问题，顾问将向管理局提交详细的评估报告。

4）评价承包人/监理人的质量管理效果

顾问人会在每季度末，结合本季度日常巡查结果，对承包人和监理人质量控制措施的落实情况、质量管理体系的运行效果进行评价，提出存在的问题及其改进措施与建议，形成书面报告提交给管理局。季报中包含该季度顾问人对承包商和监理的绩效评估及对提高现场施工质量控制的改善意见。

5）培训质量管理人员

结合现场巡查结果和项目质量要求，在管理局的组织下，顾问人有针对性地对管理局、监理人和承包人单位的相关人员进行质量管理培训。培训内容应符合本项目不同施工阶段的质量要求，以保证有关人员能够及时理解和接受施工质量控制措施，主要涉及质量管理理论和施工作业两类培训。

对于质量管理理论的培训，顾问团队组织了有关重大国际项目的质量管理及类似国际工程项目案例研究的研讨会，管理局、沉管隧道承包商和监理的 60 多位人员参加了此次会议。对于施工作业培训，顾问团队在 2012 年组织岛隧承包商和监理进行了正式的培训课程，介绍挤密砂桩施工、验收及沉管隧道管节的混凝土浇筑的质量控制及其在其他地方实施的类似项目经验（如韩国釜山巨济海峡通道）。同时，针对现场检查中发现的特殊问题，为有关人员安排有针对性的现场培训，如钢结构工程师杰森·楚克（Jason Chuk）在检查 CB01、CB02 和 CB05 标段的预制场和拼装场时其经验和专业知识给予现场施工人员极大的帮助，成效显著。

6）其他配合工作

按照管理局要求，顾问人应参加监理工作会议、工程质量控制会议、质量事故处理会议，以及管理局组织或参加的其他质量检查等活动；工程交工验收后，顾问人应对合同期内顾问工作进行总结，内容包括顾问工作单位的质量控制效果，顾问人在本项目投入的资源和贡献，以及对本项目质量控制的最终评价等；顾问人需要配合管理局对其的年度工作质量、工作进展及表现的考评工作。

2. 推行产品认证制和首件制，保证源头质量

针对港珠澳大桥"就高不就低"的高质量标准要求，实施过程中研发了大量新材料、新工艺，很多都是首次采用，即便是较为成熟的材料或工艺，在面对港珠澳大桥这种复杂施工环境时，也是一项难度极大的任务。因此，为确保材料和施工源头质量，管理局在主体工程上提出产品认证制和首件制。

1）产品认证制

考虑到港珠澳大桥推行"大型化、工厂化、标准化、装配化"的设计理念，作为大批量使用的结构混凝土和预制构件，其质量决定了工程的质量和寿命。因此，管理局在做好质量基础管理工作的前提下，参考中国香港、澳门混凝土认证及内地铁路桥简支梁（预制梁）生产认可制的经验，引入产品认证作为内控的附加管理手段。

产品认证是由第三方通过检验评定企业的质量管理体系和样品型式试验来确认企业的产品、过程或服务是否符合特定要求，是否具备持续稳定地生产符合标准要求产品的能力。所有港珠澳大桥主体工程生产和供应混凝土、预制构件产品的混凝土搅拌站（船）、预制厂必须通过混凝土、预制构件产品认证。产品认证以《质量管理体系要求》（GB/T 19001—2008）标准来检验评定施工单位的质量管理体系，以《港珠澳大桥施工及质量验收标准》及设计要求来确认施工单位的产品符合性。所有施工单位必须是获得《质量管理体系要求》（GB/T 19001—2008）认证的获证单位，在合同和制度中要求所有施工过程按照《质量管理体系要求》（GB/T 19001—2008）标准进行控制。

港珠澳大桥的混凝土产品认证制是委托澳门土木工程实验室对全桥混凝土搅拌站实施混凝土认证和监督，这为项目混凝土的品质控制增加了一层保障，同时也向香港和澳门提供了一个了解大桥主体工程质量管理状况的窗口，加强了项目质量管理的透明度。

2）首件制

首件制是在一个施工合同段内具有一定批量的分项工程或施工段的首次施工。依据"预防为主、先导试点"的原则，质量管理团队将对首件工程的各项工艺、技术和质量指标进行综合评价，确定最佳工艺，建立样板工程，为工艺方案完善及后续标准化施工提供指导性建议，预防和纠正后续批量生产中可能产生的质量问题。首件制是一种自下而上的质量保证措施，即从工序上实现以分项工程质量保分部工程质量、以分部工程质量保单位工程质量、以单位工程质量保总体工程质量。

与样品先行措施不同，首件制容许在首次施工中不是最佳操作，多数是试验性操作，甚至容许失败、推倒重来，从而总结经验教训。这也是港珠澳大桥建设

难度超高所致，很多新材料、新工艺、新设备第一次使用，无前车之鉴，无经验可循。在首次施工的过程中，业主、设计、监理、检测等多方单位共同监控，实施后再组织参建单位、专家进行评审、修正和验证总结，确定出最佳工艺和施工控制指标，直到各方评审认为工艺成熟后，再建立标准的施工作业指导书和系列规定，指导后续工程批量生产，预防后续批量生产中可能产生的质量问题，从而有效减少返工损失，缩短施工工期。首件制的实施过程，就是品质的过程控制与落实措施，也是过程实体质量提升，以及施工标准化作业的核心内容，其工作流程如图 6.9 所示。

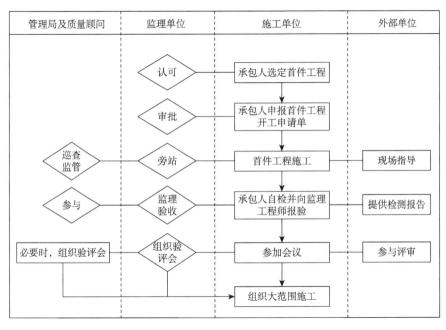

图 6.9　首件制工作流程
资料来源：港珠澳大桥管理局

　　为落实首件制，保证批量工程施工质量，管理局编制了《港珠澳大桥主体工程桥梁及岛隧工程首件工程认可制管理办法》，规定具有一定批量的分项工程必须实行首件工程认可制，未经首件工程认可的分项工程，一律不得批量开工生产。首件制的实施，有效避免了因工艺不成熟而导致的大面积质量问题，为持续改进施工工艺、提高工程质量夯实基础。

3. 落实"四化"建设理念，提升施工质量

　　管理局借鉴制造行业的精益生产、流程管理、供应链管理等理念和做法，提出"大型化、工厂化、标准化、装配化"建设理念，促进了建筑业转型升级，具

体体现在以下几个方面。

1）构件大型化

构件大型化是指建设过程采用大尺度的桥梁、隧道构件，面对大桥特殊的施工条件，采用大型化构件可以优化结构受力，减少现场作业步骤，提升预制和安装的效率。例如，岛隧工程西人工岛由 61 个直径达 22 米、重达 600 吨的钢圆筒围成，完成这些钢圆筒的振沉施工仅用了 4 个月。又如，沉管隧道工程总长 5 664米，由 33 个管节组成，每个管节由 8 个节段组成，每个节段长 22.5 米、宽 37.95米、高 11.4 米，管壁最厚达 1.5 米，重逾 9 000 吨，采用两孔一管廊截面形式，是迄今为止世界上埋置最深、规模最大、单节最长的海底公路沉管。

2）建造工厂化

建造工厂化是把大桥建设向大桥制造转变，将预制构件进行工厂化生产。与传统的现场浇筑比，建造工厂化采用全室内作业、全天候施工，最大限度减少了外部气候环境因素的干扰，保障了构件质量的可靠性和安全性。另外，由于大量构件在工厂生产减少了海上现场浇筑，显著减少了施工对生态环境的负面影响。以岛隧工程为例，大型的"超级沉管"需要"超级车间"才能落地生产，因此在桂山岛北端建设了沉管预制厂（图 6.10），厂内设置两条 300 多米长的流水生产线，集成了钢筋加工、钢筋笼绑扎及顶推、全断面混凝土浇筑、管节顶推、管节一次舾装、深浅坞蓄排水及管节起浮横移等全部工序，各工序和各部位配有专人施工，保证构件生产规范、质量可控。工厂法预制从设计方案上实现了质量可靠性，最终创造了百万立方米混凝土浇筑无一裂缝的世界奇迹。

图 6.10　桂山岛沉管预制厂

资料来源：港珠澳大桥管理局

3）作业标准化

作业标准化是实现工厂化建造的重要基础，主要体现在管理标准化、工地标准化和工艺标准化，专业涵盖人工岛、沉管隧道、钢结构制造等。

管理标准化。除了管理局制定的质量管理体系和项目专用技术标准外，还包括信息管理标准化、试验检测标准化、人员管理标准化、档案管理标准化、标识展板标准化。在项目管理中，管理局开发并运行综合管理信息系统、质量管理监督系统，高标准配置试验检测机构，从严考核参建人员，把技术标准、管理标准、作业标准落实到施工全过程，实现管理流程规范、人员着装整齐、档案资料收集齐全、现场整洁如一。

工地标准化。按照标准化要求建设施工、监理驻地、试验室及施工便道，改善生产生活环境，提高施工管理效率。项目建设初期，管理局就确定了统一办公、统一管理的驻地建设、"专材专用"、"三集中"（钢筋/集料集中加工、混凝土/混合料集中拌制、构件集中预制）的标准化思路，统一规划和建设施工营地、预制厂、混凝土搅拌站、钢筋加工厂（图6.11）、原材料储料仓等。

图6.11　钢筋加工厂示意图

资料来源：港珠澳大桥管理局

工艺标准化。通过首件工程评审，确定行之有效并能持续保持、可反复操作的流程及相对应的人、机、料等要素。例如，东、西人工岛建设采用深插式钢圆筒快速成岛工艺，将120个巨型钢圆筒直接固定在海床上并插入海底，在中间填砂土形成人工岛，人工岛主体建筑采用装配式施工及清水混凝土施工工艺。又如，沉管隧道工程，按照流水式预制工厂进行工艺布置，设置了两条管节预制生产线，所有预制作业在厂房内24小时连续进行，将180米长的标准管节分为8个节段，每节段在固定的台座上浇筑，养护72小时后向前顶推，下一节段与刚顶出的节段相邻匹配预制，逐段预制顶推，直至完成全部8个节段的浇筑；整体顶推至浅坞，完成一次舾装后，关闭浅坞与预制工厂之间的滑动坞门，往坞内灌水，管节起浮移至深坞，完成二次舾装，最后打开深坞门，浮运至沉放现场，如图6.12所示。

图 6.12 沉管预制施工示意图
资料来源：港珠澳大桥管理局

4）施工装配化

施工装备化是实现工厂化建造模式的关键步骤。由于大桥的复杂性和环境的严峻性，其建造现场的装配施工过程难度巨大，需要突破现有技术标准，完成超长、超高、超深、超厚结构的装配作业。为提升项目施工技术和质量水平，实现装配施工，各参建单位纷纷研制或引入先进的设备和工艺。例如，岛隧工程项目经理部在建造过程中自主研发了两类先进的专业施工装备：一是海上作业施工装备，包括基床铺设专用船［图 6.13（a）］、沉管安装船、新型挖泥船［图 6.13（b）］、专用清淤船、抛石夯平船和吊装施工装备；二是工厂化材料预制装备，包括数控钢筋加工生产线、沉管预制全自动液压模板系统［图6.13（c）］、管节同步顶推系统及混凝土搅拌、运输和布料系统。

（a）基床铺设专用船"津平1号"　　　　　　　（b）新型挖泥船

（c）沉管预制全自动液压模板系统

图 6.13　关键装备和重要系统示例

资料来源：港珠澳大桥管理局

4. 开发信息技术平台，助力动态质量管控

港珠澳大桥作为一项世界级的超级工程，其工程的复杂性决定了在项目生命周期内将产生和管理海量的信息，信息资源的开发利用工作极其繁重。为实现创品质工程的目标，提高项目建设质量和管理水平，管理局和各参建单位充分利用现代信息技术，建立统一的数据标准体系，并构建了在统一信息平台上的集成化、网络化、可视化和智能化的管理信息系统。针对质量管理的信息技术平台主要有以下三类：一是综合管理信息系统；二是施工测控系统；三是外海施工保障系统。

1）综合管理信息系统

港珠澳大桥主体工程综合管理信息系统是管理局为项目特定开发的，按照"统一标准、统一产品、统一实施"的原则执行。该系统以平台为基础，包括质量管理、质量监理、工程档案管理等多个子系统，贯穿于主体工程建设的每个环节。综合管理信息系统在质量管理上的主要作用如下：一是高度整合业务数据，系统涵盖了大桥建设期的全部业务，各业务数据之间实现有机关联，各参建单位统一使用系统或用交互接口接入系统，实现对多方数据的整合，便于三地政府对项目进行监管。二是实现施工的实时调度指挥，大桥参与者通过综合管理信息系统，可以合理规划布置施工现场，全程监控工程质量，对现场的突发状况及时采取应急措施，确保工程质量目标的实现。三是实时监测设备状态，综合管理信息系统基于 BIM（building information modeling，建筑信息模型）进行集成应用，通过 BIM 可观测建筑结构的运行参数指标，并对数据进行可视化综合分析，从而精准评估、预测结构状态。

2）施工测控系统

施工测控系统可以有效辅助复杂工程的施工，特别是在外部环境具有高度不确定性时，对减少和控制施工作业风险具有重要作用。大桥主体工程在施工过程中采用的测控系统有管节预制测控系统、基础施工测控系统、沉管浮运安装系统等。混凝土生产控制系统主要监控混凝土的生产温度、生产状态及养护环境等信息，是一个具备时间和空间维度的数字化生产控制系统（林鸣等，2019）。混凝土质量监控采用无线传输网络，实现长时间、无干扰连续监测和全方位监控，监测网络覆盖原材料区、搅拌区、浇筑区、养护区。监测数据实时传输，可依据监测数据及时绘制温度或应变变化曲线。根据监测成果对施工情况开展评估，调整施工参数、优化工程施工方法和工艺，实现温控实时预警和施工前后实时协调，为沉管控裂提供技术数据支持，整体信息化集成系统如图 6.14 所示。

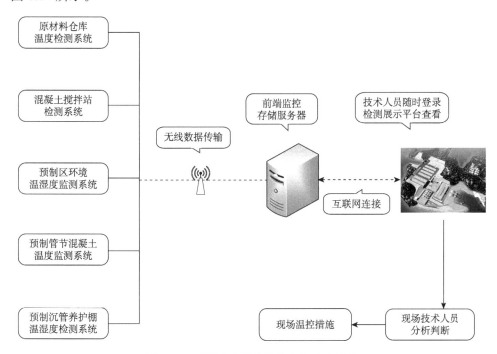

图 6.14　混凝土生产整体信息化集成系统

资料来源：林鸣等（2019）

3）外海施工保障系统

为保障外海施工作业，管理局及各参建单位都建立了各种保障系统，包括港珠澳大桥全球卫星导航系统（global navigation satellite system，GNSS）连续运行参考站系统、作业窗口管理系统、沉管对接窗口预报系统、珠江口异常波预警系统、沉管运动姿态监测系统及回淤预警报系统等，这为管控施工风险提供了有力的技术支撑。GNSS 连续运行参考站系统是我国首个独立的基于虚拟参考站（virtual reference station，VRS）的工程参考站系统。参考站的 GNSS 观测数据通过专线网络汇集到数据中心，由数据中心进行数据统一解算和原始数据存储，并通过公共网络向流动站用户发送差分数据，提供厘米级的实时定位服务，保障了港珠澳大桥建设中的测量定位工作。

5. 开展工程质量巡回检测，强化质量通病治理

2011 年 10 月 10 日，根据上级管理部门关于建设管理提升年、"双标管理"及混凝土质量通病治理相关文件要求，管理局制定了《港珠澳大桥主体工程建设管理提升年活动实施方案》，在做好施工标准化管理工作同时，组织承包人、监理制订针对性预防方案和工艺措施，全面做好混凝土质量通病预防工作。

针对主体工程部分工程质量指标监督检查中反复出现合格率偏低的问题，2014 年 4 月管理局质量管理委员会第五次会议决定由试验检测中心组成专门的质量巡回检测组，按照随机抽检、重点检查问题的原则，对工程原材料、成品、半成品、实体工程质量进行巡回抽检，如实反映工程质量的整体情况，充分暴露突出问题，使管理局及参建各方及时掌握工程质量状况，督促施工现场针对检测过程中发现的问题及时进行整改，加强自检，采取措施以提高工程质量水平。试验检测中心根据管理局要求，制定了《港珠澳大桥主体工程质量巡回检测工作方案》，于 2014 年 5 月成立工程质量巡回检测组，每月定期对各施工工点进行巡回检测，按规定及时出具试验检测报告，并于每月 20 日前向管理局提交月度检测情况报告、各种检测结果汇总统计报表，如实报告工程质量检测数据和趋势。

工程质量巡回检测是督促港珠澳大桥主体工程各参建单位更加认真做好现场质量控制，提高管理工作积极性与确保工程原材料、施工工艺及实体工程质量水平的重要措施。以混凝土构件为例，工程质量巡回检测组每月对原材料、钢筋加工和安装、混凝土性能、混凝土强度等进行巡回检测，及时通报检测情况和发现的问题，督促承包人、监理做好针对性的整改措施，确保了主要质量指标合格率稳步提升，在质量管理中发挥了非常重要的作用。巡回检测工作由试验检测中心组织实施，每月确定具体检测计划和日期后，将检测计划和相关配合要求通知各有关单位及管理局，并按时开展检测工作。其间承包人必须派相关负责人参加见证，管理局根据需要派代表参加监督检测工作。工程质量巡回检测的范围涉及岛隧工程、桥梁工程、土建工程、房建工程、桥面铺装等在建工程，主要针对水泥混凝土原材料、钢材、沥青混凝土原材料、钢筋加工及安装、混凝土

性能和构件、钢结构、基层混合料性能、路基、垫层、基层、沥青混合料性能、浇筑式沥青混合料性能、沥青混凝土面层、路面铺装进行检测。

6.4　档　案　管　理^①

6.4.1　档案管理的关键挑战

1. "一国两制"下，三地公文习惯的差异性

港珠澳大桥项目档案是对"一国两制"伟大实践和粤港澳三地合作典型示范的忠实记录。由于在社会制度、经济形态、法律体系、建造标准等领域存在显著差异，内地与港澳在公文形式、行文格式、文件流转方式等方面存在不同，繁体字和英文的使用、公文标题不同于内地规范，文件以传真或邮件形式进行交换，以个人签名而非盖公章签发文件等差异，给档案题名及组卷的闭合性和原件的真实性判断增加了难度。

文件形成周期长，完成档案整理工作难度大。例如，在解决桥隧工程方案、口岸查验模式、融资方案、环境影响、跨界通行政策等重大问题上，牵头方需要多次向三地各相关部门征求意见，重大事项提请三地委会议讨论，与中央事权有关事项须提请中央专责小组决策。

2. 工程涉及领域广，周期长，档案管理协调难度大

港珠澳大桥主体工程集桥、岛、隧于一体，涉及路桥、水工、钢结构、航道疏浚等，工程内容比普通路桥建设范围更广，需归档的材料多且复杂。项目所处区域地理条件复杂、敏感度高，涉及环境影响、中华白海豚保护、水文、气象、航空限高、海事、通航、锚地调整等不同领域，专业性强，档案整理时须对多个不同专业内容均有所涉猎。由于施工标准不同、技术创新点多，可套用的行业常规表格不多，工程表格及质量监督管理系统在本项目的使用历经反复、多次修订才趋稳定，对归档的及时性和统一性造成挑战。设计施工总承包模式下，施工图、招标图版本较多，难以梳理；有十几个国家和地区的专家参与设计、咨询、质量顾问管理，不同语言版本的文件材料远远超过一般项目，归档整理耗费时间长。此外，项目实行大标段管理，多由联合体组成，工区及监理驻地办达 50 多

---

① 本节档案管理是针对港珠澳大桥主体工程的档案管理，而非仅针对质量管理的档案管理，为行文方便将其放在第 6 章。

个、分散各地的外场基地超 15 处，人员水平参差不齐，档案认识不一，施工期长达 8 年，档案管理协调难度大。

3. 科研档案数量多，档案整理难度大

港珠澳大桥是世界公路建设史上技术最复杂、施工难度最大、建设规模最宏大的桥梁，工程建设过程中进行了大量科研创新，在新技术、新工艺、新材料、新装备等方面进行科技攻关，科研档案"含金量"高。仅国家科技支撑计划"港珠澳大桥跨海集群工程建设关键技术研究与示范"这一项，五大课题下设子课题及专题达 100 多个，产生科研档案 304 卷，远高于普通项目的科研档案数。科研项目文件系统复杂、交叉关联，档案整理难度较大。

6.4.2　档案管理概况

1. 目标任务

港珠澳大桥主体工程以打造广东交通档案示范精品，创全国交通建设项目一流档案为工作目标，积极采取措施应对超大型跨海集群工程的档案工作挑战，始终坚持"对历史负责、为现实服务、替未来着想"的宗旨，在 11 年的实践中形成了符合工程建设实际的档案管理特色经验，以齐全、完整、客观、真实的档案资料，记录港珠澳大桥建设全过程，为我国交通基础设施提供可资借鉴的历史记录。

2. 管理架构

与其他项目采用档案外包的形式不同，港珠澳大桥工程遵照三地委要求，在管理局内设立档案中心，负责项目档案管理工作，并配备专业技术人员，每年档案经费纳入年度预算。2010 年 11 月，三方工作例会同意档案中心筹建方案；2010 年 12 月，管理局档案中心成立，负责港珠澳大桥主体工程档案的统筹规划、组织协调和监督指导等管理工作。

项目成立了档案工作领导小组，局长任组长，各高管任副组长，各部门部长、各项目部负责人为成员，业务归口综合事务部；领导小组下设工作小组，管理局行政总监任组长，综合事务部部长、副部长、档案中心主任为副组长，各部门专兼职档案员为成员，具体负责档案工作的日常管理和编制，如图 6.15 所示。各参建单位实施统一、规范管理，建立了档案管理组织机构，设置独立库房、专人负责档案，形成了完整的项目档案管理组织架构。

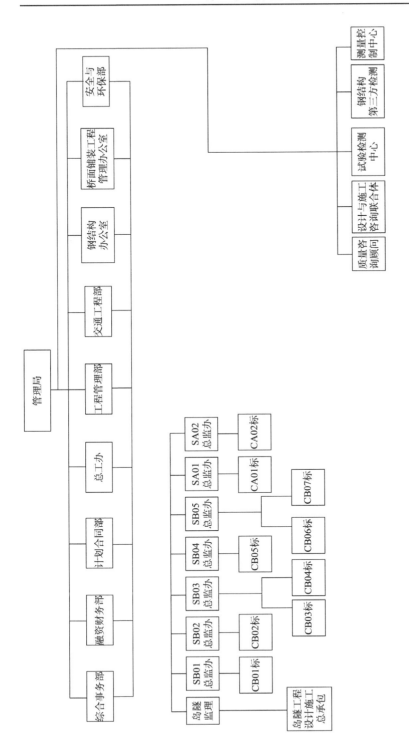

图 6.15 管理局档案管理组织架构

资料来源：港珠澳大桥管理局

3. 管理制度

2004 年 8 月,前期办印发了《档案管理暂行办法》;管理局自成立起,十分重视建立健全档案管理制度,分阶段制定了系列有针对性、操作性强的档案管理办法及工作指引,为档案编制提供了依据和参考,具体包括《港珠澳大桥主体工程项目档案工作规划》《港珠澳大桥项目档案管理办法》《港珠澳大桥主体工程项目档案编制办法》《港珠澳大桥主体工程竣工图编制指南》等。其中《港珠澳大桥主体工程项目档案编制办法》是经广东省档案局、交通厅、质量监督站、交通集团等业内专家评审通过后再印发推广,管理局组织全线档案员对档案编制办法进行专题培训、学习交流。各参建单位结合实际制定了适应本合同段工作需要的档案管理办法等制度,使档案工作始终有规可依、有章可循,表 6.1 为管理局编制的一系列档案管理制度。

表 6.1　管理局档案管理制度一览表

序号	制度名称
1	档案管理暂行办法
2	港珠澳大桥主体工程项目档案管理办法
3	港珠澳大桥主体工程施工总营地工程档案编制细则
4	各部门文件材料收集整理移交指南
5	港珠澳大桥主体工程项目档案工作规划
6	港珠澳大桥主体工程项目档案编制办法（V1.0 版）
7	港珠澳大桥主体工程竣工图编制指南
8	港珠澳大桥主体工程纸质文件材料电子化细化要求
9	港珠澳大桥主体工程声像档案管理细则
10	港珠澳大桥管理局档案中心职责
11	港珠澳大桥管理局档案管理人员岗位职责
12	港珠澳大桥管理局档案库房管理制度
13	港珠澳大桥管理局档案借阅和利用管理制度
14	港珠澳大桥管理局档案保密管理制度
15	港珠澳大桥管理局工程档案借阅和利用管理办法（修订版）

4. 档案办公、库房条件

管理局在档案管理上,除了重视组织、制度等"软件"的建设,还十分重视硬件条件的配置，设有专用的办公用房和档案库房（图 6.16）。建设期，在管理局办公楼二楼专门拨出 374 平方米作为档案中心库房和办公场地，按照国家档案管理规范的要求装修档案库房，安装了档案密集架 57 列。搬至管养中心后，设置档案库房一间（约 266 平方米）、资料室一间（约 204 平方米）；新增密集架 3 组 48 列、空气消毒机 4 台、吊顶式抽湿机 3 台、自动温湿度记录仪、恒温恒湿影像防磁柜、温湿度动态监测系统及数据管理系统、智慧安全用电系统，并安装了档案工作专用电梯，配备了空调、电脑、复印机、打印机、扫描仪、防磁柜等一系列的办公设施。各部门均配有专用资料室，参建单位也相应设置档案资料室，配置档案密集架、资料柜，配备档案办公设备和符合要求的档案装具，2021 年第六次局务会将新档案馆纳入管理局养护和科普基地规划。

图 6.16 档案库房

资料来源：港珠澳大桥管理局

5. 档案团队建设

1）高度重视档案人才工作

档案中心团队是由路桥专业或档案专业高、中级职称人员组成，团队成员曾获得国家档案局全国建设项目档案管理示范工程奖、广东省重大建设项目档案金册奖，具有多年公路建设项目档案管理经验。档案中心常设人员 4 名，均具有档案人员岗位资格证书。中心成立至今，人员稳定，确保了档案工作的专业性和连续性。各部门均设有兼职档案员并保持长期稳定，对各标段形成的文件档案实行统一管理。

2）加强教育培训，细化业务指导

为做好档案管理工作，管理局除在档案人才选定上严格把关外，还定期组织档案培训并纳入全局年度培训计划，组织管理局各部门和各参建单位的专（兼）职档案员参加档案岗位培训、项目档案专业技术人员业务培训，提高专兼职档案人员业务水平。大桥建设过程中，管理局分别组织开展了项目内部兼职档案员培训、项目档案编制办法、首件预立卷、档案系统操作等培训，以及竣工图编制、交工验收专题等培训，明确和规范档案做法，使管理局内部及各参与方的档案管理做到高效化、标准化。

3）开展调研学习和交流

管理局先后到广深沿江高速（深圳段）、江苏润扬长江公路大桥、苏通长江公路大桥、杭州湾跨海大桥、青岛胶州湾大桥、广珠西线三期、虎门大桥、招商局重庆交通科研设计院有限公司等项目和相关企业进行调研交流，查看案卷、参观档案库房、了解工作程序与管理措施，取长补短，主动走出去与同行交流档案工作经验，持续提升档案工作水平。

6.4.3 档案管控措施

依据《港珠澳大桥主体工程建设项目管理制度》，管理局对竣工档案实施全过程管理，严格控制项目档案质量，不断提升项目档案管理水平。在历时 11 年的档案管理实践中，管理局采取了一系列先进措施确保档案"齐全完整、真实准确、科学系统、安全保密"。

1. 实行"三纳入"和"三同步"管理

港珠澳大桥主体工程档案工作实行"三纳入"管理，即"纳入合同管理、纳入监理工作内容、纳入信誉评价考核"，确保档案齐全完整。在招标文件和主要合同文本中，设立竣工资料编制的专项费用，明确竣工文件标准、档案工作相关要求及档案管理领导责任制，要求承包单位设立相应的档案工作管理机构，配备相应工作经验的专职档案管理员。在监理合同中，将监督检查施工单位的档案编制工作纳入监理管理责任范畴，充分发挥监理对工程质量与档案质量的同步监管职能。同时，管理局也将各参建单位的档案管理工作纳入信誉评价考核、中间检查、履约检查等工作中，与计量支付挂钩。对存在档案管理问题的单位，要求报送整改结果，管理局也及时复查直至整改到位，做到动态管控，确保质量。档案中心全程参加对各施工单位的信誉评价，对监理单位开展的监理考核，共计 155 次（累加检查标段 253 个），每一次均形成详细的书面检查意见，反馈《不良行为记录表》，其中涉及扣分的有 86 次、与经济挂钩扣发考核奖金的有 19 次。

港珠澳大桥主体工程档案编制要求做到"同步形成、同步收集、同步整理"。与以往的"重建设、轻档案"不同，主体工程项目档案在交工验收前就生成了临时档号、形成了案卷目录和卷内目录，竣工图生成电子版初稿。同时，监理单位也对施工档案进行了审核并及时提交档案质量审核意见。管理局对各参建单位的档案工作进行了全面评价并形成自检报告，项目档案基本达到"三同步"

管理要求。

2. 实行签名备案制

在大桥建设过程中，管理局认真落实广东省交通运输厅关于开展全省交通建设项目档案工作专项检查要求，制订并印发了《文件材料签字手续专项检查工作方案》，组织各参建单位对归档文件材料签字手续的规范性、真实性开展专项检查。各参建单位依照方案自查自纠，从源头抓整改，杜绝假签名及不符合要求的代签名行为，严格执行相关责任人亲笔签名，确保责任落实。对于使用质量监督管理系统的标段，要求在电脑打印内业资料中补充手工签名，以符合档案管理要求，同时归档原始记录本以保证原始数据的可靠性及数据的可追溯性。参建单位克服了人员分散、调离换岗等困难，展开了覆盖面广、涉及人员较多的自查整改，并形成总结报告，以红头文件的形式报备《文件材料签名备案登记表》《U-Key 使用人员领用登记表》至管理局，进一步增强了文件签名的真实性和严肃性，确保档案真实准确。

3. 全面推行档案首件制和预立卷管理

为统一归档标准，确保档案科学系统，港珠澳大桥主体工程推行档案首件制和预立卷管理。档案中心编制了《项目档案预立卷工作指引》，针对第五大类施工文件、第六大类监理文件占项目档案总量 70%的情况，重点抓施工、监理文件预立卷。借鉴大桥工程实体建设实施首件工程认可制的成功经验，选取了 CB05标、SB03 标作为档案首件样板标，指导其围绕施工文件 30 小类、监理文件 21 小类做好每一类的首件预立卷样板标，反复检查确定样板。

在档案首件样板全线推广前，管理局邀请了广东省交通运输档案信息管理中心验收把关，并组织各参建单位档案分管领导、档案员进行了现场观摩、学习、交流。正式向全线推广后，档案中心按照建设进度分阶段对岛隧工程、桥梁工程、钢结构制造、桥面铺装、交通工程、房建工程等不同标段进行了档案预立卷指导。各标段对照《项目档案编制办法》，结合自身实际进行任务再分解，将责任落实到每种类型档案的具体整理人员身上。每个标段都制作了每种类型档案的"首件"，经管理局档案中心反复检查合格后方可在各部门、工区（驻地办）推广。

其间，档案中心联合工程管理部、交通工程部、总监办开展分阶段检查、日常检查等监督指导，帮助标段解决档案疑问，促进预立卷工作常态化、归档工作有序推进，通过在全线推行档案首件预立卷的工作措施，有效确保了档案"三同步"归档要求。

4. 档案信息化建设

1）开发工程档案子系统

根据项目管理需要，管理局开发了港珠澳大桥综合管理信息系统，内设 20 多个子系统，工程档案子系统是其中重要的组成部分。工程档案子系统将档案管理的分类体系植入系统，同步考虑《项目档案编制办法》内的文件归档类型，设置文件夹目录树，为各方明确归档思路，提供了一个信息共享和实时可见的管理平台，如图 6.17 所示。全部档案以 PDF 格式上传，实现了档案文件级目录检索，便于管理和利用。

图 6.17　工程档案子系统
资料来源：港珠澳大桥管理局

本工程还结合广东省交通建设项目电子档案系统电子文件接收有关技术要求，印发了港珠澳大桥主体工程纸质文件材料电子化细化要求，对纸质文件电子化扫描工作做了规范化要求，对数字档案图像的生产进行指导性约束，对扫描方式、分辨率、扫描质量要求、文件格式、文件大小、电子文件夹命名格式和电子版移交等有关内容和质量进行统一要求。

2）应用广东省交通工程质量监督管理系统

本工程在建设期间部分采用广东省交通工程质量监督管理系统，为实时查阅已形成的施工资料、检测结果、施工记录和大量检测数据等提供了便利。例如，对异常数据的分析和提示，必要时在下道工序中针对性地采取预偏、加强等措施，有效地进行监督和干预。质量监督管理系统形成表格采取手工签名再扫描成PDF格式，挂接上传至档案子系统，更好地确保档案的真实、统一。

3）开展工程档案数据治理需求研究

为适应港珠澳大桥智能化运维需要，充分挖掘和提炼工程档案价值，管理局着力开展工程档案智能化管理和运用研究，在工程档案数据治理需求研究方面进行了积极的探索。管理局先后赴北京、深圳、重庆等地进行深入调研，形成了港珠澳大桥工程档案智能化应用前期工作调研报告，并专项启动了档案数据治理预研究，目前该课题已形成《港珠澳大桥工程档案智能化应用前期工作调研报告》《港珠澳大桥档案数据治理规划方案》等预研成果，如图6.18所示。

图6.18　档案数据治理研究

资料来源：港珠澳大桥管理局

5. 档案安全管理

档案安全管理是十分重要的。由于工程所处自然环境面临高度不确定性和工程中大量涉密技术，管理局应注重档案实体的安全管理和档案信息的涉密安全。

1）档案实体的安全管理

档案保管严格遵守档案专用库房规范要求，严格遵守《档案库房管理规定》，未经批准严禁非档案中心人员进出库房。高度重视档案的安全管理，开展了安全自查及特殊天气情况检查，及时排除安全隐患。

库房配备七氟丙烷气体灭火装置、消防沙池，采用智慧安全用电数据平台，实现远程控制，线路故障自动报警推送及快速定位、功率限定、电力数据实时监控、漏电自检等功能，从源头上解决用电安全隐患。一旦设备发生电气故障，系统会推送信息到微信，实现对电气故障的实时掌握。切实采取防火、防盗、防潮、防光、防鼠、防虫、防尘、防污染、防高温"九防"措施，确保档案安全。

2）档案信息的涉密安全

首先，在档案数据安全上，管理局严格遵守《档案保密管理制度》，严防网络涉密及档案信息外泄。在数据安全防护措施上，档案系统和数据库均实行异地灾备措施，档案文件基础信息数据通过同步软件实时同步至西人工岛机房设置的灾备服务器进行备份，档案系统中的全套档案电子版保存在档案专用文件服务器（图 6.19），通过使用档案专用私有网络硬盘进行定期全量备份。同时部署了防病毒软件和网络安全态势感知平台，对档案系统的网络安全进行实时监测预警；档案子系统实行内外网分离，只允许内部网络访问，断绝互联网访问，确保档案数据防护安全。

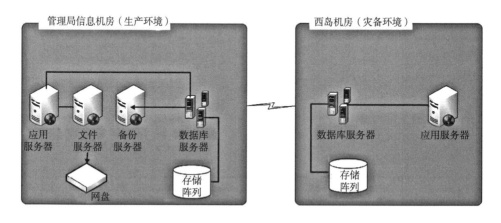

图 6.19　档案数据灾备
资料来源：港珠澳大桥管理局

其次，在数据安全访问控制措施上，为防止网络泄密及档案信息外泄，使用档案系统须经过广东省电子商务认证有限公司认证登记加密的 U-key 登录（U-key 与用户绑定，只有经过系统后台绑定的 U-key 才可以登录档案系统），严格控制档案系统用户权限（对每个用户进行文件目录授权，可控制到只读或可读写），保障数据访问安全。

最后，在档案实体借阅上，档案中心制定了《档案借阅和利用管理制度》并严格遵照执行，日常借阅利用需填写《借阅档案资料审批表》，经审批后方可借阅纸质版和电子版。

6.4.4 档案管理成果

1. 科学合理的文件材料归档

遵照广东省公路建设项目文件材料管理相关办法，本工程的档案资料划分为八大类，管理局档案中心结合实际情况将施工文件归档范围细分为30小类，监理文件细分为21小类，试验检测中心、测量控制中心、钢结构第三方检测、质量顾问、设计及施工咨询等细分为 8~10 小类，并在档案编制办法中对每一小类的形成、收集、整理与组卷方法进行了详细说明，图 6.20 为大桥主体工程施工文件、监理文件归档范围。

施工文件归档范围及分类	监理文件归档范围及分类
1、合同段开工令、总体开工报告、实施性施工组织设计	1、监理规划、监理大纲和监理实施细则及批复
2、单位、分部和分项工程开工报告及批准文件	2、往来文件
3、风险评估报告、施工方案及报批文件	3、监理通知（指令）、开（停、复）工令、备忘录
4、设计交底、图纸会审纪要（或记录）、施工技术交底书	4、监理单位组织召开的工地例会、专题会纪要
5、施工月报、质量月报、试验检测月报、测量月报、施工计划进度报表、HSE月报	5、监理抽检试验管理文件
6、工地试验室管理文件	6、测量仪器检定、校准证书
7、测量仪器检定、校准证书	7、重型击实、配合比设计等标准试验的监理平行试验
8、重型击实、配合比等标准试验	8、原材料监理检试验报告
9、原材料及外购产品质量证明文件及试验报告	9、施工质量监理抽检文件
10、设备文件材料	10、合同段、单位、分部、分项工程质量监理抽检评定（专卷）
11、工艺试验、首制件总结验收评审资料	11、监理月报、质量月报、试验检测月报、测量工作月报、HSE月报
12、合同段、单位、分部、分项工程质量自检评定（专卷）	12、监理日志
13、统计汇总表（专卷）	13、监理巡视、旁站记录
14、分项工程检查、试验、施工记录	14、监理声像材料
15、开工前的交接桩记录、控制点的复测、加密控制点的测量及复测联测记录	15、监理HSE管理文件
16、监控、监测、观测文件	16、监理检测专项分包选聘文件
17、专项检测报告	17、监理抽检原始记录本
18、质量事故（非正常施工事件）情况及调查处理报告、补救后达到要求的认可证明文件	18、工程计量支付文件
19、往来文件	19、工程变更令
20、HSE管理文件	20、索赔文件
21、工地例会及各类专题会议纪要	21、交工验收资料
22、施工日志	
23、工程声像材料	
24、专业分包单位的招标投标、选聘文件	
25、甲控物资采购的招标投标、选聘文件	
26、施工及试验检测原始记录本	
27、工程变更令及变更报告	
28、竣工图	
29、交工验收文件	
30、科研项目文件	

图 6.20 大桥主体工程施工文件、监理文件归档范围
资料来源：港珠澳大桥管理局

项目档案的整编主要依据行业工作规范、行业标准和项目档案编制办法，按"谁形成、谁负责"兼顾文件闭合性的原则，项目文件材料的形成和收集工作与项目建设同步实施。各有关单位按照收集归档责任分工，建立健全各自的项目文件材料收集归档制度和预立卷制度，按照项目建设程序的不同阶段文件材料产生的自然过程，及时收集、整理，做好预立卷工作。管理局结合项目进度，对各参建单位文件材料的形成和收集情况进行检查和考核。

2. 高质量的竣工图汇编

根据建设过程中制定的一系列行之有效的档案管理措施，在工程竣工图编制时，管理局成立了竣工图编制工作小组和审核小组，档案中心印发了《港珠澳大桥主体工程竣工图编制指南》，并组织开展竣工图编制培训会议。为保证竣工图编制质量，管理局向施工单位提供了所属标段的施工图电子版供其编辑，双方签署《施工图电子版使用保密协议》。竣工图的绘制与工程施工基本同步，在施工过程中先绘制草稿，经项目部自检后提交监理检查复核，在交工验收前形成竣工图电子版初稿，待变更批复完成后再进行局部修正，监理和管理局审查复核并签署《竣工图审核表》，然后再加盖竣工图章，相关责任人签字，以形成最终竣工图。

在竣工图审查程序中，要求各施工单位提交竣工图审核时须附上《竣工图审核表》，由编制人、技术负责人签名，提交总监办审核并形成审核意见，审核人签名后再提交给管理局档案中心、工程管理部（交通工程部）、总工办等部门开展审查。最终，形成完整、详细的竣工图，准确反映了项目实体的真实情况，表 6.2 为项目竣工图统计表。

表 6.2　港珠澳大桥主体工程项目竣工图统计表

序号	工程类型	卷数	合同段
1	岛隧工程	129	CT01 标
2	桥梁钢箱梁采购与制造	24	CB01 标
3		19	CB02 标
4	桥梁工程土建工程	23	CB03 标
5		16	CB04 标
6		45	CB05 标
7	桥面铺装	1	CB06 标
8		2	CB07 标
9	交通工程	24	CA02 标
10	房建工程	76	CA01 标
合计		359	

3. 形成一套完整、准确且系统的项目档案

港珠澳大桥主体工程项目共形成档案 24 286 卷，包含立项审批文件 253 卷、设计基础文件 187 卷、设计文件 1 116 卷、工程管理文件（含检测单位）3 921 卷、施工文件 13 246 卷、监理文件 4 498 卷、竣工文件 436 卷、科研项目文件 629 卷。其中，包含竣工图 359 卷、照片档案 157 卷、光盘档案 58 卷、射线底片 397 卷、录像档案 614 卷。各类文件材料均按照自然形成规律并保持其内在有机联系进行系统化整理组卷，相应的案卷目录、卷内目录齐全、规范，案卷题名准确，档案内容真实、准确、完备，整理分类合理、排列有序，能真实反映工程实际情况。

施工单位形成的各类施检原始记录和工程质量评定记录，以及监理、检测单位的各类监理抽检和试验检测文件规范、统一，能全面、真实、客观地反映施工过程和工程实体质量。

6.5　成效与启示

1. 成效

面对港珠澳大桥主体极其复杂的施工任务、严峻的施工作业环境、超高质量要求等挑战，管理者围绕"建设使用寿命 120 年的世界级跨海通道"的质量目标，提出"四化"理念，全面推进规范化、标准化、程序化和专业化的管理手段，在工程质量管理上取得了良好成效。

从项目本身的质量要求而言，项目质量控制情况总体较好，成品混凝土强度、氯离子扩散系数等主要质量指标合格率达到 100%。33 个沉管管节的安装精度均控制在允许范围内，东西人工岛岛体结构、岛上建筑等工程质量良好。桥梁墩台预制满足结构物尺寸、强度及保护层厚度等控制指标要求，钢箱梁制造安装、航道桥钢塔吊装均实现了项目专用验收标准规定的精度要求，桥面铺装各项指标均符合设计及规范要求。

从项目的质量成就而言，港珠澳大桥荣获了多项工程领域的国际大奖，如 2020 年获得国际桥梁大会（International Bridge Conference，IBC）首次设立的"超级工程奖"，2018 年荣获英国土木工程师学会"隧道工程奖"，工程领域专家学者对港珠澳大桥的认可也反映出工程质量管理的成功。

在大桥质量管理实施过程中，通过不断探索学习、持续改进，形成了一套全方面、全过程的重大工程质量管理体系，而且将"四化"管理理念成功应用于质

量管理的全过程，为桥岛隧集群跨海、跨界重大工程等类似工程的质量管理积累了宝贵经验。建设过程中的众多管理创新和技术创新推动了我国工程领域的转型升级和高质量发展，大桥屡获工程国际领域大奖又进一步提升了我国工程行业的国际影响力和工程企业的国际竞争力。

2. 启示

港珠澳大桥的成功建设为我国乃至世界的重大工程质量管理实践提供了宝贵启示，总结为以下几点。

1）建立超长寿命与品质工程的质量管理体系

港珠澳大桥 120 年设计使用寿命的建设目标，使得其质量管理与一般项目的质量管理有着本质区别。项目质量管理的影响因素众多，如参与方多样、技术难度高、环境复杂等，内部和外部因素相互影响、相互制约。管理局针对港珠澳大桥的建设目标，编制了《港珠澳大桥专用标准》《招标管理办法》等标准化文件，建立了相应的质量管理体系，自上而下对质量管理的复杂性进行降解，使得质量管控有据可依，工程质量目标顺利实现。港珠澳大桥制定的质量管理体系是对我国现有桥隧工程质量管理体系的一次创新实践，不仅体现在管理制度上，也体现在不同制度模式下三地政府的协作上。它的成功运行提高了质量管理的水平，为今后建设超长寿命的同类品质工程提供了借鉴和参考。

2）聘用质量管理顾问

港珠澳大桥在建设过程中采用了欧美相关规范的技术指标，引入了境外先进的建造技术，但由于内地交通工程行业对监理单位的资质证书要求，无法通过招标聘请境外公司担任监理，管理局通过聘请质量管理顾问的方式柔性引入境外优秀的质量管理团队，针对工程中的关键施工部位、关键施工工序等质量控制的重点、难点展开相关工作。质量管理顾问对工程质量的管理不仅包括对质量计划的审查、工程施工的监控、日常巡查，还包括对承包人、监理人的质量管理效果的评价、培训质量管理人员。这不仅有助于本工程的质量提升，通过对项目实施过程问题的凝练、总结及解决方案的集中学习，更有助于我国建造水平和管理水平的整体提高。

3）工厂化建造的管理创新

面对超高的技术标准、严格的质量要求及环境复杂等挑战，采用传统的现场建造方法已无法满足港珠澳大桥主体工程的施工要求。借鉴制造行业中的工厂化模式，在岛隧工程和桥梁工程施工阶段，均采用了工厂化建造模式，践行"大型化、工厂化、标准化、装配化"的四化理念，施工效率得到大幅提高，且降低了对周边环境的影响。主体工程的工厂化建造模式是建筑行业转型发展的一次重要探索，其成功经验为工厂化建造模式的推广提供了参考。

4）信息技术的开发利用

港珠澳大桥实施全过程中，始终将做好质量体系审核和持续改进作为质量管理工作的核心，实施精细化动态管控，完善每个环节和每道工序，全力以赴确保工程 120 年寿命质量目标的顺利实现。做好精细化动态管控的基础是要高效处理施工过程中产生的海量信息，管理局及各参建方充分利用数字化信息技术手段，建立有助于质量管理的各类相关信息系统，不但实现了数据自动采集、追踪、分析和处理，而且有效缩短了各参建方之间的沟通路径，在质量动态监控、风险预警和突发事件应对等方面起到了重要作用。信息化技术的充分开发与应用，为在项目建设过程中开展精细化的动态管控提供了技术支撑，其作用随着技术更迭将不断提升。

5）重视档案管理

项目档案真实记录了工程建设管理全过程工作，对于提高工程标准化建设、创品质工程，积累同类项目建设管理经验有着积极的凭证和参考作用，也为项目调概、结（决）算工作、审计工作等提供有力保障。重大工程在建设过程中通常会形成数百项发明专利和一系列科技成果，完整、准确、系统的档案管理为这些宝贵实践经验转化为行业标准和规范提供了基础材料。

第7章 设计施工总承包管理

港珠澳大桥岛隧工程是我国交通运输行业迄今为止标段规模最大、技术挑战最高、涉及主体最多的工程，采用何种交付模式直接决定了建设成效。管理局创新地设计了"业主提出初步设计方案+联合体模式（有特别组建要求）"的港珠澳大桥设计施工总承包模式；在具体管理模式设计上，整合全球顶级设计、施工和咨询团队，保证组建的设计施工总承包联合体具有一流的国际水准；采用伙伴关系理念来协同各方有效的运作，并且通过制定流程和规范设计做到设计施工联动。该模式有效促进了设计施工单位的紧密结合，有利于信息沟通和资源整合与技术创新，保证了岛隧工程各项建设目标的最终实现。

设计施工总承包模式情景下，施工融入设计有利于优化设计细节方案，提高可施性，缩短工期，减少设计变更，保证质量与投资效益；能够推进建设行业勘察、设计、施工企业经营结构调整，整合与优化资源，培育大型建设企业综合实力与国际化竞争力。港珠澳大桥岛隧工程采用设计施工总承包模式能够促进设计施工单位的紧密结合，有利于资源的整合和配置，更好地解决施工难题和保障工程质量。

7.1 岛隧工程承发包模式的选择

7.1.1 岛隧工程的概述

岛隧工程是港珠澳大桥主体工程的关键路径工程，其长度虽仅占港珠澳大桥主体工程不到 23%，但其造价却占 30% 以上，它的技术与环境复杂度高，对总体工期影响甚大，具有如下特点。

1. 工程规模

岛隧工程是处于主体工程关键路径的重要组成部分,大桥管理局于2010年11月25日发出中标通知,正式将岛隧工程设计施工发包交由中国交通建设股份有限公司联合体(以下简称中交联合体)承建。岛隧工程由沉管隧道、东人工岛、西人工岛三大部分组成,其中沉管隧道是目前世界上综合难度最大的沉管隧道之一。

岛隧工程起于伶仃洋粤港分界线,沿 23DY 锚地北侧向西,穿越珠江口铜鼓航道、伶仃西航道,止于西人工岛结合部非通航孔桥西端,包括两个海中人工岛、6.786 千米长的海底隧道及 654 米长的海中桥梁,全长共 7.440 千米,合同工期 63 个月。岛隧工程是主体工程标段工程造价最高的招标项目,签约合同价为131 亿元。

2. 自然条件

岛隧工程地处珠江口外伶仃洋海域,通航密度大、航道等级高,区域自然条件十分复杂,位于海洋性气候中,对结构耐久性提出了更高的要求。东岸有大屿山国际机场,西岸有澳门机场,离机场较近处的桥梁建筑高度将受到机场限高的制约,特别是东岸大濠水道通航孔方案,桥下通航净空要求高,桥塔高度受到大屿山机场航空限高的制约,工程方案选择范围受到制约。根据初步计算,桥区设计风速达 50.6 米/秒,大濠水道处船舶撞击力达 4 万吨,基岩埋深近 100 米,这些都大大增加了方案选择及结构设计的难度。同时,该区域易受台风影响,热带气旋、大雾、暴雨等灾害性天气出现频率高,对施工工期及施工安全会带来不利影响。

3. 社会法律环境

港珠澳大桥是在“一国两制”下,由粤港澳三地合作建设的重大跨界公共交通工程项目。为顺利建设港珠澳大桥主体工程,三地政府签署了《三地政府协议》,制定了《管理局章程》;大桥按 120 年使用寿命设计,并建立起一系列的专用设计标准、施工规范及质量验收评定标准体系,建立起一套完善的可满足三地政府管理要求的大桥主体工程项目建设管理制度体系等。因此,岛隧工程虽是主体工程极其重要的组成部分,位于内地水域,需按照“属地”法律适用原则进行组织建设和管理,但由于大桥主体工程连接粤港澳三地、跨界跨海及三地共建共管的显著特点,其组织建设仍然面临巨大挑战。

4. 技术环境

技术标准原则的确立就是技术的先进性及施工的难度、可靠性、时间、资金约束之间的一种平衡性原则，需要在项目的初步设计开展之前完成研究工作。因此，岛隧工程在设计、建造过程中，提出"就高不就低"原则，确定项目各分部、分项工程设计和建造采用的规范与标准。

岛隧工程的沉管隧道是目前世界范围内综合难度最大的沉管隧道之一，岛隧工程结合、长距离通风及安全设计、超大管节预制、复杂海洋条件下管节的浮运和沉放、高水压条件下管节的对接及接头的水密性和耐久性、隧道软土地基不均匀沉降控制等技术极具挑战性，特别是连接沉管隧道的东、西人工岛的填筑与岛上深基坑施工，其技术难度也是世界级的。深厚软土的加固处理，人工岛各部分差异沉降的控制，岛体与沉管隧道的安全稳定连接，岛、隧运营阶段的可靠性及耐久性技术等，都是项目管理的重点、难点。

7.1.2　设计施工总承包模式面临的挑战

目前实施设计施工总承包模式过程中存在的问题主要表现为以下两大层面。

1. 基本面问题

（1）制度和法律层面：虽然我国交通建设领域积极尝试设计施工总承包模式，但目前在法律和制度层面仍存在大量空白，对设计施工总承包模式的有效运作没有形成有力的支持和保障。

（2）社会资源方面：我国设计施工总承包模式市场发育还不成熟，没有形成由合格的业主、承包商和专业分包商构成的，合理匹配的市场格局。

（3）国内设计施工总承包管理经验不足：我国交通建设项目采用总承包模式的案例较少，经验比较缺乏；交通部 2006 年在全国多个省份开展设计施工总承包模式项目试点工作，试点情况并不理想，大规模推广设计施工总承包模式受阻。

2. 项目运作层面问题

（1）牵头人的设计、施工及综合管理能力不足。早期的设计施工总承包项目或以设计院牵头，或以施工单位牵头，由于传统的设计、施工单位的理念及工作习惯不同，作为牵头人短时间难以转变思维，造成工作中很难统筹好设计及施工两个方面。

（2）设计和施工单位独立经营，习惯各自的思维及传统模式，并存在不同的利益诉求。传统设计院一般不会介入项目的施工阶段，进行设计时也很少与施工单位沟通，不能结合施工开展有针对的有效设计；施工单位一般按图施工，未能在设计阶段主动提出合理建议，难以实现设计、施工方案最优。

（3）项目总承包模式设计及准备不充分。由于交通建设领域成熟的设计施工总承包案例极少，没有可供项目参考的成熟模式，各项目采用各自模式：有以设计院牵头，设计院完成设计、收取设计费和管理费后，直接分包给施工单位施工，实施以包代管的模式；也有以施工单位牵头，找一家设计院，要求设计院按照其意图进行设计，导致设计缺乏独立性，不能实现项目目标。另外，项目实施中，设计与施工沟通不够充分，未能形成统一的整体，导致总承包优势未得到发挥。总承包项目招标前，完成的基础性技术、管理要求不具体，或深度不够，也给后续实施阶段大量变更、索赔争议埋下隐患。

（4）联合体内部管理不善。对联合体成员及利益的差异性认识不足，管理机制设置不合理，沟通信息不畅；组织架构不够平衡稳定，议事规则和协调机制缺乏权威性，职责分工和费用划分不明确，设计施工沟通不充分。

7.1.3 岛隧工程设计施工总承包模式

鉴于港珠澳大桥主体工程的复杂性，尤其是关键路径的岛隧工程段更是集成海中隧道长、造价高、水深且海床地质复杂、技术标准高、施工难度大、环境要求高、海上施工风险高、工期紧等特点，再加上近几年交通运输部和各地高速公路建设项目业主陆续开展了公路设计施工总承包试点工作，考虑到采用设计施工总承包模式能降解岛隧工程项目复杂性，管理局在大量调研工作的基础上，决定港珠澳大桥岛隧工程采用设计施工总承包模式（张劲文等，2012），既不同于国际常用的方式，也不同于内地以往项目采用的总承包模式，是根据项目特点及国情创新的新模式，具有如下特点。

（1）由内地具有设计、施工综合管理能力的大型央企集团公司牵头组建境内境外合作联合体，联合体成员包括具有同类工程经验的境外设计合作方及施工管理顾问，较好地融合了两方面的优势。内地大型骨干企业具备统筹设计、施工，以及高效整合资源的能力及经验；境外合作方可带来先进的理念、技术和管理经验。

（2）强调设计牵头人及设计团队在联合体中的相对独立性，较好地融合了两方面的要求。在充分发挥设计施工总承包模式优点的同时，满足国家及地方有关法律法规对基本建设项目设计管理的要求。

（3）创新性地建立了总承包管理理念及《建设项目管理制度》，实施"设计施工联动、施工驱动设计"的总体思想；倡导项目伙伴关系，推广项目管理理念和文化，着力打造优秀的设计施工总承包团队，构建有利于发挥设计施工总承包模式优势的环境，具有管理的创新性。

港珠澳大桥岛隧工程是我国第一个大规模外海沉管隧道项目，采用设计施工总承包管理模式，其示范性不仅集中体现在建成后的港珠澳大桥工程实体中，也同时体现在成功的大桥设计施工总承包模式的项目管理实践中。

7.2　岛隧工程设计施工总承包模式的设计

7.2.1　设计背景

港珠澳大桥岛隧工程设计施工总承包模式优势的体现需要对联合体的组建、接口管理机制、设计施工联动控制机制、人员管理等方面加强专门设计和有效管理，以满足以下管理要求。

1. 平衡基建程序和设计施工联动

岛隧工程设计施工总承包模式要求在国内法律框架下保证设计的独立性（设计人承担终身设计质量责任）并执行外部设计审查程序，这影响了设计施工联动模式（即设计与施工流水搭接）的实施，需要采用管理化解，如合理划分设计单元、综合安排出图计划，重点发挥设计前期及设计过程中施工的驱动作用等。

2. 平衡业主的介入深度

设计施工总承包模式的最大优势是让有能力的总承包商来实施项目设计和施工管理，因此业主必须要平衡传统方式下的控制模式和设计施工总承包方式下的监管模式。业主通过对联合体的组建方式、内部管理程序，对项目实施过程进行审计、稽查、检查，建立试验检测中心、测量控制中心、档案管理中心等进行实质性操作的管理实体来对项目进行深度介入，而这会令设计施工总承包模式的运作面临挑战。因此，业主需要转变思维，在保证对联合体总体监管的前提下，支持和激励承包商充分发挥主观能动性，优化设计、施工方案，优化资源配置，以最大限度发挥联合体的优势。同时，总承包商也要建立适宜的管理机制。

3. 平衡联合体组织的柔性

岛隧工程规模大、品质要求高、技术复杂、建设周期长、施工环境条件差、工期紧、不确定因素及风险因素多，对联合体成员素质、技术水平、专用设备、资源投入、管理效能、承担风险能力、技术和管理创新能力等要求较高，要求联合体必须长期稳定、有效，同时联合体组织必须根据任务来进行动态调整。

7.2.2 设计方案

岛隧工程采用的是以业主提供的初步设计方案，招标选择联合体（对联合体有特殊组建和管理要求）进行设计施工总承包的管理模式。岛隧工程的设计施工总承包模式与国内外现有的总承包模式存在不同，主要表现为建设阶段的界面设计和对总承包商的要求上。该模式定位有其自身的特性，更有利于工程建设目标实现（表 7.1）。

表 7.1 岛隧工程设计施工总承包的模式定位

管理模式	业主提供初步设计方案、联合体方式（对联合体有特别组建要求）的设计施工总承包模式			
模式定位	介于 A 和 B 两种模式之间		介于 C 和 D 两种模式之间	
	A：业主仅提供使用功能要求的设计施工承包模式	B：提供初步设计方案，投标人完成施工图设计后报价模式	C：依据项目需求设计或施工做牵头人并独自组建联合体模式	D：独立法人单独承担整个项目的设计施工总承包模式
	业主提供初步设计方案模式		联合体（有特别组建要求）模式	
特定要求	投标阶段：依据初步设计方案	投标报价	联合体组建要求	总牵头人、设计牵头人：分别为综合实力和业绩优异的大型施工、设计企业
		制定施工图勘察、设计方案		一家境外设计合作方
		提出施工图设计阶段研究、验证计划		一家施工管理顾问
		提出优化设计方案		
	实施阶段：依据合同文件	进行施工图设计	实施阶段要求	保证设计的相对独立性
		设计施工联动，完善、优化、增值		境外设计合作方对施工图进行审核
		完成项目施工并交验		施工管理顾问对施工方案进行审核
风险特征	业主风险	消减了结构和功能要求不全面、实施期间产生歧义、大量索赔等风险	业主风险	消减了总承包人过失或总承包人无力承担损失给业主带来的风险
		转移了初步设计到施工图设计阶段的风险		消减了业主管理失误的风险
	投标人风险	承担无施工图条件下投标报价的风险	投标人风险	利益共享、风险共担，分散了风险
		承担初步设计到施工图设计阶段的风险		优势互补、科学管理，消减了风险
比较优势	与 A 模式相比	更适应港珠澳大桥项目的复杂性和目标控制	与 C 模式相比	联合体实力更强，国际化，更适应于港珠澳大桥项目的高要求
	与 B 模式相比	更有助于施工驱动设计、设计施工联动	与 D 模式相比	提升综合能力和抗风险能力，有助于解决港珠澳大桥难题

7.2.3 设计特性

岛隧工程的设计施工总承包模式具有四方面的特性：必要性、创新性、挑战性和示范性。

1. 必要性

国外已建成的大型海底隧道均采用设计施工总承包模式，岛隧工程技术难度大，工程中需要设计、施工联动配合的工作非常多。沉管隧道涉及超大管节预制、复杂海洋条件下管节的浮运和沉放、高水压条件下管节对接、保证接头的水密性和耐久性等一系列设计施工紧密关联，难以分开处理的问题；采用两个人工岛与沉管隧道连接的方式，人工岛和沉管隧道均处于深厚软土地基区，地质情况复杂，控制差异沉降问题突出，需人工岛和沉管隧道设计施工相互配合解决。

另外，工程工期比同类工程短，须采取设计施工总承包模式，若采取传统设计、施工分开招标模式，工期将大大增加，难以实现通车目标。在设计施工总承包模式下，设计施工互动将有助于缩短工期。

2. 创新性

岛隧工程设计施工总承包模式既不同于国际常用的方式，也不同于内地以往项目采用的总承包模式，是根据项目特点和国情创新的新模式。

（1）由内地具有设计、施工综合管理能力的央企牵头组建境内境外合作联合体，联合体成员包括具有同类工程经验的境外设计合作方及施工管理顾问。这为高质量的工程设计、提前解决施工中可能碰到的重大问题，整合全球技术资源提供了重要保障，从而强化了设计阶段的工程管理能力。

（2）岛隧工程设计施工总承包模式强调设计牵头人及设计团队在联合体中的相对独立性，较好地融合两方面的需求：在充分发挥设计施工总承包模式优点的同时，满足国家及地方有关法律法规对基本建设项目设计管理的要求。

（3）构建"设计施工联动、施工驱动设计"的设计施工总承包联合体的运行导则，并建立一系列匹配的制度和流程。

3. 挑战性

岛隧工程设计施工总承包商采取多元主体的联合体模式，其主体利益及文化的多元化给组织协调和管理带来了一定的挑战性。另外，设计施工总承包模式在国内交通项目经验不多，对参与管理的政府、业主及监理也提出了新的要求。

（1）联合体成员都是独立法人，利益诉求不同，因此需要建立有效的管理措施和利益分配机制来避免局部与整体的冲突，实现目标认同，建立开放、平等、协同、互信的伙伴关系。

（2）来自不同国家和地区的参建单位之间的文化差异是客观存在的，需要构建有效的沟通渠道，认同联合体各成员的文化习惯，给他们创造充分发挥作用的有利环境。

（3）港珠澳大桥属于超大、超长建设周期项目，联合体的持续稳定和高效运行面临着多方不确定性因素，因此构建平衡稳定的组织架构、权威的议事规则、协调机制是十分重要的。

4. 示范性

岛隧工程是我国第一个大规模外海沉管隧道项目，采用设计施工总承包的管理模式，其示范性不仅集中体现在建成后的港珠澳大桥工程实体中，也同时体现在成功的大桥设计施工总承包模式的项目管理实践中。从理论和实践两个层面系统研究相关管理问题，积极探索和创新，完成对本次设计施工总承包模式的系统总结，构建理论实践结合、体系完整、内容丰富翔实、具有较强的指导性和推广性，适合中国国情的大型工程设计施工总承包模式，为我国未来工程建设提供了较好的示范作用。

7.3　岛隧工程设计施工总承包模式的组织架构与制度

7.3.1　联合体组建

港珠澳大桥岛隧工程设计施工总承包联合体成员包括：中国交通建设股份有限公司（联合体总牵头人，施工牵头人）、中交公路规划设计院（设计牵头人）、美国艾奕康有限公司、丹麦科威国际工程咨询公司、中国上海城建（集团）公司、中国上海市隧道工程轨道交通设计研究院、中交第四航务工程勘察设计院有限公司（以下简称中交四航院），联合体内部任务界面划分如图 7.1 所示。

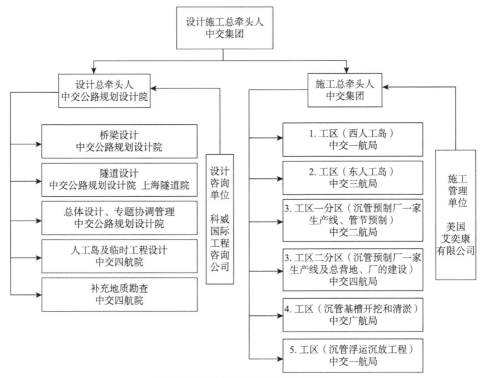

图 7.1　联合体内部任务界面划分

承担联合体牵头人的中国交通建设股份有限公司具备承担本项目设计、施工任务的能力，同时为了提升项目建设品质，更有效控制风险，选择了国内外同类工程经验丰富、市场信誉好，与其有战略合作的单位作为联合体成员。在项目实施过程中，联合体成员充分发挥各自专业的专长，补充联合体在相关方面的经验，吸纳和运用国际先进的大型工程管理思想及手段，实现了优势互补。

联合体组织的构建以实行伙伴关系为目标，以风险共担、利益共享为原则，以混合编组、统一安排方式成立项目经理部。具体任务划分以利于项目为原则，发挥联合体成员专长，合理分工，通过组织的合理架构，进行统一协调管理。

（1）由联合体各成员单位主要行政领导共同设计联合体指挥部，牵头人任指挥长，为联合体常设最高协调决策机构，负责对项目实施中的重大问题进行决策，统筹协调各成员间的资源保证等，协商联合体运行中出现的问题。

（2）由联合体指挥部任命项目经理，全权授权项目经理具体负责项目组织实施，项目经理兼任联合体指挥部常务副总指挥和会议召集人（集团总裁兼任总指挥）。

（3）以牵头人为主建立项目经理部、设计总体组等主要管理机构，同时在联合体范围内打破单位界限，选择年富力强、具有各专业专长的人加入项目经理部并混合编组，在最高管理层面充分发挥各单位的经验，集各家之长。

（4）按照各联合体成员的专业特长进行合理分工，充分利用联合体内资源，由联合体成员分别担任独立设计咨询、独立管理咨询及施工技术支持，分清工作界面，制定工作制度，明确责、权、利关系，各成员既统一又保持独立性，以充分化解项目风险。

（5）承担具体施工工区任务的团队，在满足基本经验、业绩要求基础上，以牵头人下属单位为主，联合体成员单位在项目经理部层面参与管理，按照分工提供咨询，职责清晰，确保施工管理明确。

（6）施工主要管理人员及设计主要人员保持在 35 岁左右，年富力强且有发展潜力，保持人员长周期工作的连续性，保持管理队伍的稳定性，设计施工总承包联合体组建方案如图 7.2 所示。

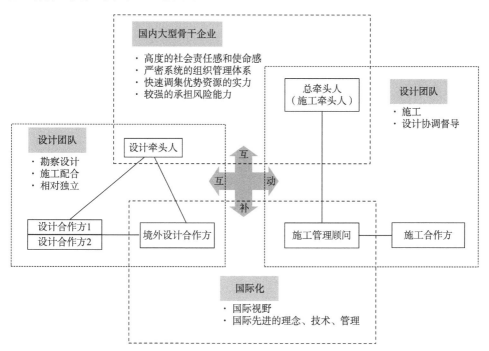

图 7.2　设计施工总承包联合体组建方案

7.3.2　组织架构

为高效合理地开展设计施工总承包管理，岛隧工程建设从实际出发，组建总承包项目经理部及设计、施工团队，自上而下设置分层组织结构，并确定了分层组织机构的职能。岛隧工程项目采取直线职能型组织，如图 7.3 所示，包括联合体指挥部、项目管理机构和项目执行机构三部分，其中项目管理机构即项目经理部，项目执行机构为设计部和施工工区。

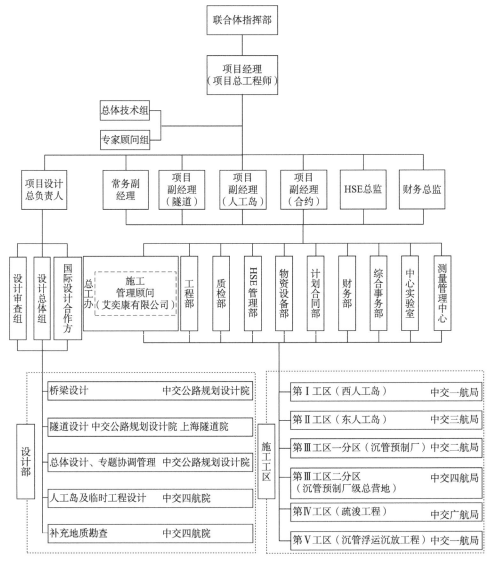

图 7.3　岛隧工程设计施工总承包管理组织架构

资料来源：林鸣等（2019）

该组织架构中，在联合体指挥部授权下，采用"项目经理部+工区"的两级管理模式，将管理层与执行层分离，以适应岛隧工程任务复杂、范围广的特点，便于突出生产作业的管理主线，提高直线指令的反应速度及管理效率。项目经理部是技术中心、科研中心、成本控制中心、进度控制中心、设备和物资管理中心、安全质量管控中心、风险管理中心和人才培训中心；五大施工工区配置适当的职能部门，保证有能力独立完成生产作业任务，对环境条件变化快速做出反应，并与项目经理部密切互动，接受其统筹管理。

各部分的组织职能如下。

1. 联合体指挥部

联合体指挥部是项目最高决策机构，由联合体各成员单位主要行政领导组成，牵头人集团总裁任指挥长，共同负责对项目实施中的重大问题进行协调决策，为项目实施提供优质服务和技术、资源支持。联合体指挥部按照招标文件要求任命项目经理，全权授权项目经理负责项目具体组织实施。

2. 项目经理部

项目经理部由项目经理统筹，包括分管各项工作的副经理和各职能部门。职能管理层设"八部一室一中心一顾问"，分别为总工办、工程部、质检部、HSE管理部、物资设备部、计划合同部、财务部、综合事务部、中心实验室、测量管理中心和施工管理顾问。项目经理为岛隧工程实施过程中设计和施工的总负责人，全面控制项目设计和施工质量、HSE、进度和成本管理；项目总工程师负责项目技术、质量管理；四名项目副经理分别负责项目实施过程中的勘察设计、合约计划、人工岛施工生产和隧道施工生产工作，其中分管勘察设计的副经理即项目设计总负责人；HSE 总监负责职业健康、安全、环保管理工作；财务总监负责项目财务管理。各职能部门分工协作，负责链接业主需求，并开展对施工工区职能部门的对口联系与管理，共同服务于岛隧工程设计施工总承包管理。

项目经理部是岛隧工程项目的统筹、协调主体，全面统筹技术、风险、质量、HSE、成本和进度管理，协调设计与施工接口，具体统筹、协调职能如下。

1）对技术、风险、质量、HSE、成本、进度、信息共享的全面统筹

（1）技术管理方面：项目经理部统筹设计、施工，群策群力，研讨工程关键技术问题，创新思路，寻找设计施工综合最优方案，并推进落实；统一建立中心测量队，全面负责工程测量控制检测工作；统一建立中心混凝土试验室，制定试验检测工作计划，监督、指导各工区试验室及时完成各项试验检测工作。

（2）风险管理方面：项目经理部统一、规范开展风险管理工作，成立风险管理委员会，统一建立风险管理体系和程序。

（3）质量管理方面：项目经理部统一编制质量管理体系文件，成立质量管理领导小组，负责安排重大质量活动，开展质量管理的总结、考核工作。

（4）HSE 管理方面：项目经理部统一编制 HSE 管理体系文件，统一领导台风期防台防汛工作、突发事件及事故应急处理工作、施工水域船舶通航安全管理

及航行疏导管理工作、中华白海豚保护工作。

（5）成本管理方面：项目经理部对外统一进行工程款计量收取、合同结算、价格调整工作；统筹大宗物资和甲控物资采购、重大装备制造和船舶设备管理。

（6）进度管理方面：项目经理部会同各工区根据工期要求，制定详细的工序施工进度计划。设计部根据施工进度计划，考虑相对合理的设计周期，编制设计出图计划，确保施工供图需要，并反馈施工。经核定后作为设计施工一体的工作计划，由项目经理部批准此计划并跟进、督促落实。

（7）信息共享方面：项目经理部统一建立对外网站及信息办公系统，与设计分部、工区共享共用，保证信息透明公开。在设计施工过程中，保持施工图设计、施工组织设计的畅通交流，对互为设计条件的基础资料，通过内部工作联系单的形式进行规范管理；对于设计施工共享的业主需求、气象资料、水文等基础资料，由项目经理部统筹设计分部、工区共同办理，共同把关。

2）对设计、施工的接口协调

项目经理部对设计、施工的协调是在保证设计独立性的基础上展开。总工办是设计与施工的归口管理部门，负责工区、项目经理部及设计分部之间的协调，具体包括：组织工区或项目经理部职能部门提资设计条件的审核；组织对设计所需的相关科研数据及成果的审核；组织设计方案和施工方案的讨论，施工图设计初稿的内审工作；组织工程变更的审核。

第一，设计部。

设计分部以设计总负责人为核心，由设计总体组、审查组、境外设计合作方构成。设计总体组是设计团队的核心，负责总体设计及协调；分项组由桥梁设计组、隧道设计组、总体设计与专题协调管理组、人工岛及临时工程设计组、补充地质勘察组构成。

设计分部在项目经理部的统筹与协调下与施工工区配合，按照国家相关规定完成岛隧工程施工图设计，履行设计单位职责。在勘察设计方面，负责勘察技术及质量管理，提出勘察技术要求、审阅勘察工作大纲、检查勘察外业质量及进度，以及与管理局、监理技术部门进行勘察技术、质量方面的协调。在设计类科研管理方面，负责设计类科研项目的日常组织管理与协调，包括组织科研项目的立项审批、承包单位比选及科研工作大纲评审、过程检查和成果验收、资料归档等工作，并在科研项目开展过程中与业主做好沟通协调。在专项设计方面，负责设计质量管理和设计接口管理，严格执行"二校三审"制度，接受项目经理部内部及设计单位审查、设计独立审查、咨询人全过程咨询及业主委托的各级审查和评审，协调好与港珠澳大桥其他标段的设计接口。在服务施工方面，参与施工方案编制，对施工方案是否满足设计要求进行全面复核；负责选派设计代表驻现场跟踪设计方案的实施，根据现场情况及时进行设计优化、修改或变更。

第二，施工工区。

施工工区按照单位（项）工程划分为西人工岛、东人工岛、沉管预制厂及总营地、疏浚工程、沉管浮运沉放工程五大工区，各工区按照施工需要建立各自生产体系，按要求完成工区施工任务。工区内部设常务副经理、总工程师、生产副经理、HSE 总监及工程部、HSE 管理部、质检部等职能部门，与项目经理部各部门对口管理。

工区项目常务副经理全面主持工区各项工作，签订和履行《项目管理目标责任书》，组建项目管理组织机构，在项目经理部管理制度体系基础上，制定本工区各项管理制度，配套各种资源并合理利用；接受项目经理部及业主、总监办和相关部门的指导和监督，定期或不定期地报告进度、质量、成本、HSE 及其他各项管理工作情况。

7.3.3　管理制度

为提升项目管理水平，规范岛隧工程设计施工管理行为，项目经理部依据《设计施工总承包联合体协议》、管理局印发的《建设项目管理制度》及相关规定，立足于与各参建单位原有管理模式的相互兼容，与联合体各成员单位多元文化的相容，与国际惯例的接轨，以综合事务部为牵头部门组织编制各项工作管理制度，梳理管理流程，明确工作界面，形成《港珠澳大桥主体工程岛隧工程设计施工总承包管理制度汇编》（以下简称《管理制度汇编》）。《管理制度汇编》涵盖技术管理、计划合同管理、进度管理、成本管理、物资设备管理、综合事务管理等管理办法，从制度上对日常管理工作及施工团队和设计团队相互配合协调工作做出规定，明确勘察设计及施工工作相关表格及成果文件的编写格式。

随着对工程认知的加深，项目经理部根据工程实践需求对管理制度进行两次修订和完善，共形成 A、B、C 三版《管理制度汇编》文件。A 版《管理制度汇编》是在项目中标后，根据招标文件要求和投标承诺，组织专门小组编制的包含113 项管理制度及各部门、各岗位工作职责的第一版制度汇编。在此基础上，为更好地适应项目管理需要，使接口更加顺畅、流程更加清晰、职责更加明确、行为更加规范，项目经理部于2011年下半年组织对管理制度进行及时修订，于2012年 1 月 1 日发布 B 版《管理制度汇编》，包含管理制度和管理职责两部分内容，其中管理制度包括各方面的 52 项管理办法，每项管理办法都涵盖组织机构及职责、流程、附表，以及与工作内容有关的其他规定。涉及项目 HSE、质量、试验检测方面的相关管理要求和程序则包含在《HSE 管理体系文件》、《质量管理体系文件》和《试验检测体系文件》中，并根据管理需要对文件做出修订和完善。

于 2016 年 3 月 8 日发布的 C 版《管理制度汇编》是对 B 版的全面修订和补充,如将 B 版中的"施工作业现场文明施工管理办法"修订为包含 HSE 管理、工程质量管理、工程进度管理和标准化文明工地建设四方面考评内容的"综合考评管理办法",新增钢筋保护层雷达测定仪使用管理办法、科研及技术成果奖励办法和总营地 1 # 码头管理办法等内容。

1. 联合体运行管理模式

为保证由多家单位组成的联合体形成浑然一体的项目经理部,采用如下运行管理模式。

(1)编制联合体管理计划,规范联合体管理模式,以联合体协议书、工作计划书等形式明确各成员在联合体中的表决权、承担的主要职责、项目实施阶段的具体分工和费用划分、各成员应投入的资源等,明确各成员依法及依据与业主签订的合同所应承担的责任和义务,详细划分共同责任、独立承担的责任、连带责任等,作为共同约束,构成保持联合体平衡、稳定的基础。

(2)推行伙伴关系,在联合体协议书中约定对有争议问题的解决机制及决策流程,以化解团队内部的矛盾、分歧与争端。

(3)联合体各单位围绕项目经理部要求按照分工展开工作,并直接接受项目经理部统一领导,由项目经理部对各成员单位的工作进行考核,考核分月度、季度、年度进行,考核结果上报业主及联合体指挥部。

(4)采用现代化项目管理手段,制定项目管理计划,各联合体成员按项目经理手册中既定的程序有条不紊地实施项目,同时在项目实施过程中采用持续改进的机制,确保项目质量、实现工程建设目标。

(5)联合体指挥部及项目经理部建立各成员平等、快速获取信息的固定渠道(会议、通报、文件流转)、发表意见的固定渠道(会议、报告、联系单等)及各层级的对应沟通渠道、方法及规定,明确沟通的形式、内部文件流转程序等。

(6)项目经理不定期向联合体成员报告项目运行情况,使联合体成员及时掌握对等的信息、项目进展情况。

(7)保证各成员与发包人沟通渠道的畅通,以及充分表达意见的自由。

(8)建立责任体系,明确每一项工作的责任主体、责任追究方式,建立完善的奖惩制度,并定期考核。

(9)主要针对各成员单位分工协作、设计施工联动的效果、工程建设目标的实现情况定期评审,总结出现的问题及经验,制定改进措施,跟踪实施效果。

2. 持续改进机制

岛隧工程规模大、建设期长、接口多(且接口关系复杂),决定了持续改进机制在整个管理体系中的重要地位及发挥作用的巨大潜力。为提升设计施工联合体的管理效率，岛隧项目建立了有效的持续改进机制并持续有效地、不断地优化管理体系，在项目执行过程中，以业主的要求和令业主满意为目标，对项目实施进行全面跟踪，如图 7.4 所示。

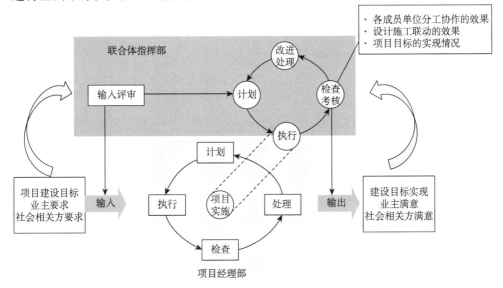

图 7.4　联合体持续改进机制

以下为岛隧项目为确保持续改进机制有效实施的措施。

（1）定期进行项目管理执行情况的检测、分析并提出改进方法。

（2）召开定期会议商讨有关联合体管理的持续改进事项，联合体定期会议按每月一次举行，特别事项可安排召开特别会议。

（3）每次会议后必须编制会议纪要，清晰地表达会议讨论事项，并列出该事项的负责人和任务完成日期。

（4）每六个月编写联合体组织管理报告，总结在该段时间内联合体组织管理的执行情况，内容如下。

第一，审核该段时间内对重大事项表决的科学性和有效性。

第二，审核该段时间内联合体的沟通情况。

第三，审核持续改进的执行情况。

联合体持续改进的执行环节，一部分在联合体指挥部完成，一部分与项目实施联动，转化为项目部的 PDCA。

3. 内部文件流转机制

设计施工总承包模式下，联合体内部设计与施工之间、设计分部与项目经理部之间、施工工区与项目经理部之间的工作流程异常复杂。为保障工作流程的流畅，需要针对工程流畅的重要载体——文件流程，构建文件流转机制。岛隧工程设计施工总承包联合体采用的文件流转机制的管理流程图，如图 7.5 所示。

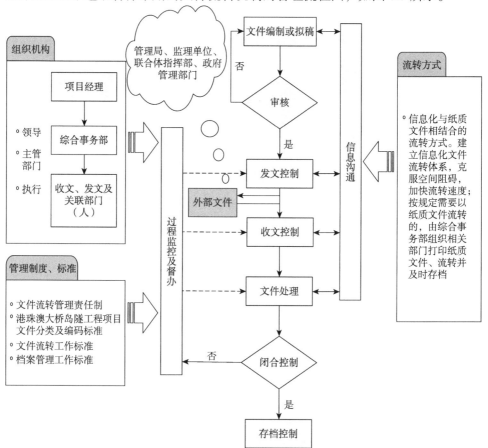

图 7.5　岛隧工程项目文件流转机制的管理流程图

7.4　岛隧工程设计施工的联动管理

7.4.1　接口管理

1. 现场接口协调的特点及重点

与传统的 DBB 模式相比，岛隧工程采用的设计施工总承包模式在施工团队与设计团队的沟通、协调、配合等方面有本质的改进，如图 7.6 所示，主要表现如下：①后互动改进为全过程互动，线互动改进为全面互动，施工服从设计改为施工驱动设计、设计施工联动；②不同阶段设计施工协调配合的内容及重点各不相同；③设计施工总承包模式有边设计边施工的特点，设计施工重叠段是协调配合的重点。岛隧工程设计、施工条件复杂，须特别处理好边设计边施工与保证工程质量的关系。

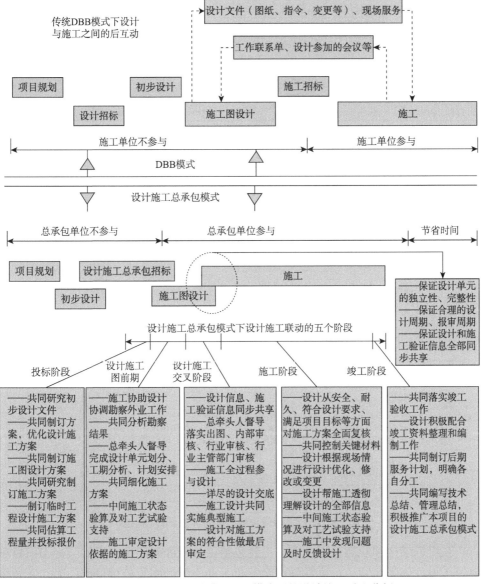

图 7.6   设计施工总承包与 DBB 模式下的设计施工对比分析

2. 协调配合的管理机构及配合方式

岛隧工程项目涉及四个设计分部、六个施工工区，作业差别大、范围广、相互关联度高，生产、技术及环境条件影响复杂，相关信息变化快、流量大，沟通的系统性要求高、管理过程复杂。此外，还须克服工区孤岛、不同文化、三地差异构成的阻碍，满足各应急事件提出的特殊要求，处理好设计和施工之间技术要求高、难度大等协调和沟通问题。

1）协调管理架构

本项目设计施工沟通、协调及配合，采用标准化、流程化管理，如图7.7所示。

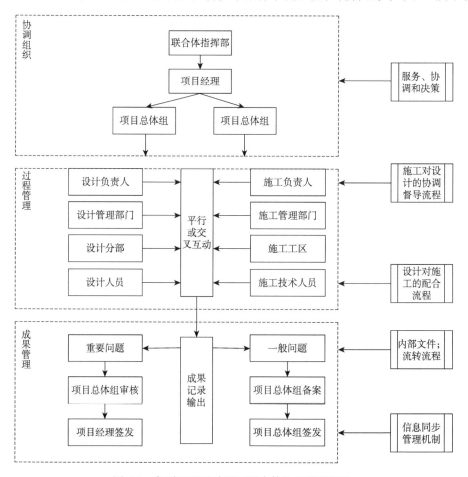

图 7.7　岛隧工程设计施工联合体协调管理架构

在组织结构和职能管理方面，主要包括项目经理和四个主责部门：①项目总体组（设计施工之间）；②管理职能的总工办（设计施工的接口部门）；③调度室（生产指挥过程和应急事件）；④综合事务部（文件、会议、意见收集等）。

在制度和流程设计上，构建了《管理制度汇编》，在其中明确地给定了设计接口管理细则、设计与施工接口管理办法、施工图内部审核管理办法、施工图管理办法、施工技术交底管理办法、重大设计施工方案咨询管理规定、施工组织设计管理办法等。

2）协调配合方式

岛隧工程设计施工通过每日调度会、每周计划会、每月评审会、专题会，对设计施工沟通、协调和配合的具体过程进行控制，落实计划、协调、检查、评审和持续改进等相关事宜，主要采用七种方式（表 7.2）。

表 7.2　岛隧工程设计施工联合体协调管理方式

互动方式	类别	核心内容
专题工作组方式	专用互动机制	设计施工分别派人组成工作组，针对重大或复杂问题，主要用于施工图设计前期及施工期间遇到的较复杂问题
互审方式	专用互动机制	设计前期施工对设计依据的施工方案进行审定，设计完成后对施工图进行审核并提出反馈意见；设计对主要材料采购方案、施工方案从安全性、耐久性、是否符合设计要求、是否满足项目目标方面进行全面复核
交底方式	专用互动机制	设计前期施工方案交底和施工前的设计交底
互派常驻代表方式	专用互动机制	发挥各自优势，融入对方，获取最直接信息
会议方式	定期互动机制	依据任务安排及进度计划确定会议内容及时间，主要用于检查任务落实情况，计划执行情况，检讨存在的问题并制定解决方案，讨论重大技术、管理问题，协调设计施工之间的矛盾
工作联系单方式	日常互动机制	日常沟通、协调、配合
公告方式	即时互动机制	设计和施工按规定内容及格式实时在网络平台上发布提示信息，展示各自最新工作进展情况，使对方一目了然，以便对方主动安排互动事宜

3）协调沟通方式

岛隧工程的沟通方式主要采取分类管理，不同类别采用不同的沟通方式（表 7.3）。

表 7.3　岛隧工程设计施工联合体协调沟通方式

沟通类别	沟通方法		沟通通道	
	主要形式	沟通方向	主要载体	网络类型
技术或管理方案研讨	会议、演示	双向	资料、演示文稿、语言	轮式、全通道式
实施方案征求意见	调查表、座谈会	双向	文件、资料、网络、语言	轮式、链式
设计或施工计划制定	报告、会议、指令	上报讨论下达	文件、网络、语言	链式

续表

沟通类别	沟通方法		沟通通道	
	主要形式	沟通方向	主要载体	网络类型
合同或方案内部评审	文件流转、会议	单向或双向	文件、网络、语言	环式、轮式
生产指挥或紧急状态	指示、指令、命令	下行（反馈）	文件、高频对讲（广播）、网络、告示	链式
实施问题或现场情况	报告、工作联系单	上行（批示）	报告文件（单）、高频对讲、网络、语言	链式
文化、思想、生活	大会、座谈会、意见箱、文体活动		手册、简报、广播、宣传栏、标识、非正式沟通渠道	
贯穿本项目始终的核心沟通方式			每日调度会、每周计划会和每月评审会，即"三会沟通机制"	

3. 设计施工接口管理机制

岛隧工程项目的内部接口管理机制，主要由接口的计划管理和接口的技术管理机制构成，具体实施设计施工接口管理的核心如下：以制度为基础、流程为主线，对接口实施计划管理，对管理效果进行评审和持续改进。

1）接口的计划管理

岛隧工程项目接口类别多，层次差别大，不宜设置固定的管理机构或模式，因此通过制定具体的管理制度和规定来进行管理职能分配，确定接口管理的相关责任人；通过接口管理会议协调接口技术参数、技术标准和进度计划；采用具体的接口例会、接口会签、接口的对口联系人等来进行接口的日常管理。

2）接口的技术管理

（1）分级管理机制。项目接口主要分为三级：一级是设计内部接口、施工内部接口、设计施工间接口；二级是依据业主提供的组织分解结构及账目分解结构划分；三级是依据工序划分。

（2）接口技术文件（文件管理机制）。按照上面的分级分别编制：一级是规划性文件，主要制定接口界面划分表、接口工作关系表等；二级是标准性文件，明确接口具体技术参数、技术标准等；三级是操作性文件，明确交接流程，制定接口内容检查表、交接记录及确认表等。

（3）接口状态管理机制。对接口实施动态管理。管理的重点是接口调整（包括交接前的调整、交接过程中的调整、交接后的调整等），及时解决出现的新问题，并通过建立反馈机制、检查机制、快速决策机制，实现对接口状态的动态管理。

7.4.2　联动机制

设计施工总承包管理的核心在于总承包商有效地实施工程设计与施工的联动

管理。有效的联动管理能够提升工程质量，减少界面管理，提高设计方案的可施工性，减少工程建设风险。

以下主要分析港珠澳大桥岛隧工程设计施工联动的实际操作（活动）及对操作（活动）的管理，重点分析设计施工联动的基本内涵、设计施工联合体的组织设计、设计施工联动的程序和机制，并从一般管理学角度分析设计联动管理的目标、原则、管理主体、冲突解决的手段方法、现场综合控制及设计施工联动绩效的综合评价等。

1. 联动管理的主体分析

分析港珠澳大桥岛隧工程设计施工总承包有关典型案例，岛隧工程中的常见联动包括以下三种情况。

（1）设计、施工单位之间的联动；

（2）设计、施工和供应商之间的联动；

（3）科研、设计和施工单位之间的联动。

设计施工总承包联合体涉及的联动主体主要包括设计部门、施工部门、科研部门及供应商四个方面，有关主体在联动过程中的行为概要描述如下。

1）设计部门的主体行为分析

设计方作为设计施工联动的行为主体，是联动管理的核心主体之一，在联动管理中承担重要的任务，难点在于既要保证设计能够适应施工单位的设备能力和技术特点，还要保持设计的独立性和可实施性，也要整合设计联合体内部资源，做好多专业、多领域和不同系统之间的界面和接口管理。设计方是多家设计单位组成的联合体，其中一家设计单位应作为联合体主办人，对该项目的设计工作全面负责，还须负责联合体成员之间的界面接口管理和系统统筹协调。设计方应严格执行有关法律法规及行业标准，保证设计文件内容和深度达到合同要求，并在设计过程中积极配合咨询人及其他审查单位的工作。设计方在设计方案中对业主要求的反应，以及设计方案的质量和可行性关系到整个工程的成败，因此设计方在设计过程中对自身的管理是一个非常重要的行为。

2）施工部门的主体行为分析

施工方在设计施工联动管理中的行为分为两种情况，一种是设计单位作为联合体的牵头单位时，施工方参与设计方案的设计过程，并配合设计单位对设计方案进行审核，以保证设计方案的可施工性；另一种是施工方作为联合体的牵头单位，即作为承包人，这也是我国目前设计施工总承包中采用的主要形式，即施工方负责联动管理的全过程，包括对设计方案进行全面复核，确保方案安全可靠，并根据现场情况开展设计优化、修改或变更工作，按照"施工驱动设计"的原则对设计方的全部勘察设计工作进行协调督导等。

3）科研部门的主体行为分析

科研机构在设计施工联动管理中的主要任务是配合设计方、施工方针对设计方案的可施工性进行论证。

4）供应商的主体行为分析

供应商主要包括三种类型：一般材料供应商、大宗材料供应商（如钢材、水泥）、关键设备供应商及战略资源供应商（如垄断性产品、创新类产品）等。不同类型的供应商在具体行为上并不相同，对于大宗材料供应商，总承包商要防范市场价格波动所带来的影响，重点就供货时间、供货数量、配送方式、供货价格及调整方案等达成一致意见；对于战略资源供应商，总承包商往往需要联合业主共同和战略资源供应商形成伙伴关系，共同研发战略资源或及时且优先供应资源。

2. 联动管理的基本原则

在"施工驱动设计、设计施工联动"的管理理念指引下，设计施工总承包联动管理须遵循以下三个基本原则。

（1）平衡基建程序和设计施工联动。岛隧工程设计施工总承包管理模式要求在国内法律框架下保证设计的独立性（设计人承担终身设计质量责任）并执行外部设计审查程序，影响设计方与施工流水搭接及相应优势发挥，需要通过创新管理方式进行化解，如合理划分设计单元、综合安排出图计划、重点发挥设计前期及设计过程中施工的驱动作用等。

（2）平衡业主的介入深度。设计施工总承包模式最大的优势是让有能力的总承包商来实施项目的设计和施工及其管理，因此业主必须要平衡传统方式下的控制模式和设计施工总承包下的监管模式。港珠澳大桥通过对联合体的组建方式、内部管理程序、项目实施过程进行审计、稽查、检查，建立了试验检测中心、测量控制中心、档案管理中心等进行实质性操作的管理实体来对项目进行深度介入，反而会令设计施工总承包模式的运作面临挑战。这就要求业主转变思维，在保证对联合体总体监管的前提下，支持和激励承包商充分发挥主观能动性、优化设计、施工方案、资源配置，最大限度发挥联合体的优势，同时总承包商也要建立相适宜的管理机制进行统筹规划，加强协调。

（3）平衡联合体组织的柔性。岛隧工程规模大、品质要求高、技术复杂、建设周期长、施工环境条件差、工期紧、不确定因素及风险因素多，对联合体成员素质、技术水平、专用设备、资源投入、管理效能，以及承担风险、技术和管理创新能力等要求较高，要求联合体必须长期稳定、有效，但同时联合体组织必须根据任务来进行动态调整。

3. 联动管理的基本流程

设计施工联动的基本程序如下。

1）设计前期

设计施工联动首先是技术层面的配合，根据设计需要，由总项目部组织总部及工区安排施工技术专家参与方案研讨，对总体技术方案进行研究、决策。

2）总体设计

设计方与业主、咨询方共同讨论、沟通交流，就基础方案及总体施工工序做出设计。

3）施工计划的统筹

由总项目部会同各工区根据工期要求制定各工程单元细化的工序施工进度计划，设计方根据施工进度计划，考虑相对合理的设计周期，编制设计出图计划，确保施工供图需要，并反馈施工，经核定后作为设计施工一体的工作计划。

4）设计统筹工作

在我国国情背景下以"设计施工联动、施工驱动设计"为原则来开展工作，表现在以下三方面：①补充勘察，总项目部及设计方联合进行管理，各工区服从总项目部统筹安排，在现场与勘察互相配合；②专题管理，总项目部统筹设计、施工专业进行会商、研讨；③各分项工程设计，总项目部统筹设计、施工群策群力，研讨工程关键技术问题，寻找设计、施工最优方案，并推进落实。

5）各分项工程设计

总体方案设计，由设计牵头邀请施工专家参加研讨，施工组织及设备规划将主要听取施工的意见。另外，结构总体设计需同步展开，细化施工组织概念设计，由设计需求推动施工组织前沿，推动专用设备同步工作。针对设计中提出的关键技术问题，由总项目部调配资源开展科研攻关。

6）施工统筹工作

第一，设计文件完成后，设计团队参与对施工组织方案的审阅，施工团队对设计文件复核，以确保匹配性，减少差错。第二，每批图纸施工前，设计团队充分与工区进行交底，使工区充分理解设计意图。第三，施工中，对已施工工程单元，设计团队深入工区现场，参加质量检查，根据现场情况加快变更效率，确保现场进展。第四，设计团队积极配合开展监测工作，提出监测技术要求，参与监测方案审查，跟踪分析监测成果，并与原设计对比，修正优化设计理论及模型并进行预测指导。

4. 联动管理的质量控制

联动管理的质量控制主要是明确业主与监理如何保障设计施工总承包工程的

运行，从而保证工程建设基本目标不调整，即对初步设计的坚持，保证工程建设过程中有效规避偷工减料行为。

1）业主的管理策略

虽然总承包商需要按照合同的约定进行工程项目管理，并实现安全、质量、投资及进度等各项目标，但业主希望在总承包商完全履行总承包合同的同时，更能够充分发挥以下作用。

（1）管理局在合同中创新提出和所有参建单位构建同舟共济的伙伴关系，打造命运共同体，最大限度激发承包人的自主创新。

在重大工程中，人是工程实施中最活跃、最重要的因素，能否发挥全体建设者的主观能动性是港珠澳大桥能否成功的关键。管理局通过伙伴关系，确保参建各方矢志不渝地围绕建设目标，共同面对制约项目建设的各种难题。这样把管理局和承包商放在真正公平、公正、平等的位置上，给承包商以真善美的激励，并体现在全过程管理的实际行动中，不断加强承包商对业主的信任，逐渐发展为一种主动式的伦理原则，伙伴关系理念让大家产生一种互相信任、互相理解、互相尊重的情感，并共同享受项目带给我们的荣耀与满足，让建设者有更多的荣誉感、自豪感和成就感。

这种伙伴关系战略，让承包商不仅仅是承建角色，也积极主动地为项目面临的困难想办法，而不是一味地"等、靠、要"，如在大桥调整概算过程中，管理局采取了多种合同和财务措施支持承包商渡过难关，承包商自身也想方设法，通过上级单位和银行支持垫付了大量资金，确保工程能够正常推进。伙伴关系促使大家齐心齐力，做到了共同面对和攻克任何阻碍大桥建设的问题。

（2）合理分担风险，让更有能力的一方承担相应风险，有利于项目总体风险控制，业主能拥有更大的控制权。

业主在采用了总承包模式后，大都希望把项目风险尽可能地转移给总承包商，但在总承包合同约定时却又不愿意转让与风险配套的利益或项目控制权，业主往往还希望拥有传统模式下对项目建设过程的控制力。这种控制力或影响力涉及各个方面，可能包括对供货商或施工分包商的选择方面，也可能包括对项目的进度计划安排，还可能包括具体的施工环节审查确认权等。业主希望拥有的这种控制力，与总承包商的执行权和管理权可能会产生很大的冲突。港珠澳大桥的设计施工总承包模式，让更有能力的一方承担相应风险，让渡了业主的部分权力，如所有物资设备材料采购均由总承包方负责采购和研发，业主只依照合同和项目管理制度进行监管，让总承包方有更大的自主权和积极性，增强了创新的动力，有力地促进了设计施工联动，产生了很好的效果。

（3）业主通过合同授权总承包方在业主的监管下进行物资设备材料采购和研发，使设备材料质量更优、项目建设周期更短，更能适应今后的操作需要。

从法律的角度讲，业主与总承包商是项目建设合同的平等主体，双方的权利与义务受合同约束，并受合同法约束。业主作为投资方或投资方代表，是项目的所有者、管理者（或决策者），是工程建设的检查者和接收者，是与总承包商对应的合同买方。总承包商是合同的卖方，是依据总承包合同的项目建设执行者、项目管理的服务提供方，是工程建设项目实体的构造者，负责向业主移交实体工程。业主在项目建设中的管理行为，不再是具体的控制与管理行为，不再是针对设计、采购和施工进行具体控制与管理，而是应该转变为对总承包商的管理行为和控制行为的管理。在项目的实施过程中，业主在总承包合同范围内通过对总承包商进行管理和控制，实现对项目总体的管理与控制。因此，业主应该更多地考虑对项目要管到何种程度，如何抓大放小，做到松手而不放手，如何发挥总承包商的专业水平和作用。业主要避免干涉过多，不仅过多地承担了责任，还影响了总承包商的积极性。

从项目建设的全过程来看，业主是项目的决策者和管理者，总承包商是项目的控制者和执行者，供货商和施工承包商等各级分包商是项目的作业者。在这三个层次中，总承包商作为项目建设的执行者，负责项目的设计，以及供货商和施工承包商的管理，并对项目的安全、质量、进度和费用进行具体控制，是项目实施环节的核心。总承包商在项目执行中的核心权力应该是依据总承包合同确定由谁来提供具体的产品或服务，确定以何种节奏来完成项目建设，以实现合同约定的项目建设目标。

2）业主应建立适应总承包模式的项目组织结构

在传统的项目管理模式中，业主是项目的决策者，是项目建设的管理者和执行者，是设计、采购与施工的协调者，还是项目最终的接收者。业主直接组织设计，负责具体的采购工作并组织整个施工过程，在项目建设过程中业主的管理意图可以通过内部的管理程序实现。

在总承包模式下，业主转变为决策者、管理者和接收者，大部分的管理职能和执行职能通过总承包合同转移给了总承包商，业主的构思与设想必须通过总承包商合同来实现，并会受到合同条款的制约。因此，业主需要根据新的职能定位，建立适应总承包模式的项目管理组织结构，确保与总承包商的管理接口顺畅。

3）明晰总承包项目的合同界面和权利划分

在总承包模式下，业主与总承包商之间形成项目的主合同，总承包商与供货商、施工分包商签订执行合同，实质上，总承包商是项目整个合同体系的中心。因此，业主对项目管理的要求，如安全管理、质量控制、进度控制、分包商的选择、现场管理要求、信息收集、报告报表等，不能再通过业主指令的方式直接向执行者下达，而应该形成具体的书面要求并体现在总承包商招标与合同签约中。

业主对供货商和施工分包商的具体要求，应该作为总承包合同的一部分。事实上，国外投资项目的总承包合同有很多合同附件，专门约定双方的界面与权利。

4）业主要适应总承包模式的管理定位

业主应回到基础资料的提供者、工程建设的监督者（或管理者）、工程项目的接收者的角色，做好决策、检查和接收三项工作，总承包范围内的具体执行行为由总承包商去完成。业主的开明和对总承包商放手，并不意味着业主对总承包商放任不管。业主恰当的检查、督促和约束，会促使总承包商发挥其应有的作用，及时解决项目实施过程中出现的问题和矛盾。

决策是项目业主的权利和职责。业主除了在项目前期进行决策工作外，在总承包合同执行阶段，还应该对可能造成项目重大变化的事项进行决策，但应该根据总承包商提交的意见和文件行使决策权。一般情况下，业主的决策可能会引起总承包合同价格的变动。

检查是业主管理总承包商的主要手段，目的是确认项目建设是否处于整体受控状态，确认总承包商是否在积极履行合同，发现需要调整和加强的区域并提出明确要求。为保证业主接收的工程是符合原定目标的，业主需要在过程中对总承包商的工作进行检查，以确保总承包商的服务质量。业主的检查除了质量和进度外，更多地应该针对总承包商的工作。业主检查时的依据是设计文件、总承包商的项目执行计划和各类计划等。

业主可以通过合同约定，把对总承包商的管理工作分为审批、审查和审阅三级。凡是涉及业主直接利益，或需要业主承担直接后果和责任的，业主可以设为审批，如总承包商付款申请、总承包商的总体执行计划等。凡是业主希望关注但工作责任由总承包商承担的事项，业主可以设为审查，如总承包商提交的各类方案、进度计划、工作制度，总承包商签订的分包合同等，即查看是否存在影响业主利益、影响项目目标的事项；业主的审查并不干涉总承包商的工作，但可以保证业主的权利。其他的事项，业主应采用审阅的方式处理，即由总承包商报送备案。

5）业主应给予总承包商足够的信任度和工作自由度

理论上，总承包商比业主直接管理项目有更大的优势。因此，开明的业主应该对总承包商予以足够的信任，对总承包商的项目执行情况看主流或大趋势。对总承包商偶尔的工作失误保持一种较为宽容的态度，控制和减少对总承包商的质疑，更多关注总承包商解决问题的结果，而不是发生问题的过程。在信任的基础上，减少对总承包商的干涉，给予总承包商足够的自由度，使总承包商能够按照完整的管理设想实施项目建设。

6）合理的利益分配与风险分置

成功的项目，是业主与总承包商双赢的项目。在总承包项目上，合理的风险分置和利益分配是总承包商积极发挥作用的原动力。风险与利益应该相当，过度地考虑一方的利益与风险会造成协作过程中的矛盾。当总承包商的风险明显大于利益时，总承包商不可能有积极的履约行为。总承包商积极的履约行为，意味着其会配置合理的管理资源，会积极主动地协调和解决问题，会积极推动项目建设进度并合理调节安全、质量、进度和费用之间的矛盾。当总承包商被动履约时，意味着项目存在较大的问题。因此，在总承包合同签约谈判时，业主应充分倾听总承包商意见并尽可能对等地分配利益和风险。

7）业主对总承包商要有激励措施

业主对总承包商的激励包括物质激励和非物质激励，业主可以更为广泛地使用非物质激励。例如，业主应该在总承包合同中明确提出创造优质工程的目标或计划。没有一个承包商不希望所执行的项目能够争取优质工程的奖项，"创优"的目标和计划无疑会促使总承包商从设计、采购到施工的各个阶段，从安全、质量、进度到投资等各要素都投入更多的关注。业主应该对所实施的项目合理划分标段并尽量引入不同的总承包商，为总承包商提供一个比赛平台，并对总承包商的管理团队定期进行评价。业主如果能够经常分阶段对总承包商执行团队进行评价，肯定其发挥积极作用的方面并给予宣传表扬，尤其是把肯定意见反馈到总承包商的公司层，将能激发总承包商执行团队的积极性。

总承包商作用的充分发挥是项目目标实现与项目最终成功的关键。在调动和发挥总承包商作用的问题上，业主起到关键作用和主导作用。业主应始终保持开明与信任的态度，通过调整其在项目管理中的角色定位，理顺各方的界面关系，采取有效的控制措施，激发总承包的积极性并引导总承包商发挥其应有的作用，必将促进项目建设过程取得全面成功。

8）监理的监管策略

监理单位与施工总承包商是监理与被监理的关系，承包商在施工时须接受监理单位的督促和检查，并为监理单位开展工作提供方便，包括提供监理工作所需的原始记录、施工组织设计进度计划等技术资料。凡分包商须进行阶段验收或隐蔽工程项目的验收，总承包商应先验收，通过后再交监理单位验收。监理单位要为施工的顺利创造条件，按时按计划做好验收工作。

7.4.3 典型案例：西人工岛围护结构

这部分将以港珠澳大桥西人工岛围护结构作为案例，进行设计施工的联动分析。

1. 西人工岛的基本概况

港珠澳大桥在伶仃西和铜鼓航道处采用海底隧道，隧道出口与桥梁相接处修

建东、西人工岛衔接，两岛间平均距离为 5 584 米。人工岛的基本功能是实现海
上桥梁和隧道的顺利衔接，满足岛上建筑物布置需要，并提供基本防护功能，
保障主体建筑物（岛上隧道）的顺利建设和正常运营。人工岛要保证自身稳定
耐久，控制岛内地基沉降，为岛上建筑物提供防浪、防冲刷、防（船）撞等保
护条件。

　　西人工岛靠近珠海侧，东侧与隧道衔接，西侧与青州航道桥的引桥衔接，人
工岛平面基本呈椭圆形，起止位置为 K12+548 至 K13+173，从人工岛挡浪墙外线
计算岛长 625 米，横向最宽处约 183 米，工程区域天然水深约–8.0 米，人工岛岛
内回填顶面交工标高为 4.26 米。人工岛内隧道分为暗埋段和引道段，其中暗埋段
起止位置为 K12+588 至 K12+751，长度为 163 米；引道段起止位置为 K12+751 至
K13+81，长度 330 米，岛内隧道纵向坡度为 2.98%。西人工岛概况图如图 7.8 所
示，西人工岛围护结构图如图 7.9 所示。

图 7.8　西人工岛概况图
资料来源：港珠澳大桥管理局

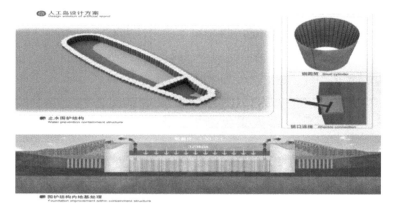

图 7.9　西人工岛围护结构图
资料来源：港珠澳大桥管理局

西人工岛内设置分割围堰，分为西小岛和西大岛，先行施工小岛后施工大岛。采用直径 22.0 米钢圆筒，圆筒沿人工岛岸壁前沿线布置，西小岛圆筒个数为 17 个（含 4 个分割围堰），西大岛圆筒个数为 44 个，总数 61 个。为满足沉管安装驳船的进出要求，人工岛东端的 3 个钢圆筒拆除后其净宽按 66.0 米控制。

2. 项目特点和总体施工部署

本项目的钢圆筒制作运输、振沉具有以下特点。

（1）结构形式新。国内首次采用振沉大圆筒结构作为海上人工岛的岛壁结构，钢圆筒的制作、运输、振沉等工序的相关施工组织难度大。

（2）项目工期紧迫。西人工岛中先建设西小岛，用于隧道止推段施工，是整个人工岛建设的控制性程序。

（3）振沉钢圆筒精度要求高。钢圆筒及副格构成的岛壁要求有止水功能，只有保证从制作到振沉的每一道工序施工精度，才能满足止水要求。

（4）安全管理难度突出。施工区域靠近多条航道，过往船只多；钢圆筒迎风面积大，结构重心高，运输过程的钢圆筒的稳定性控制难度大；整个钢圆筒施工贯穿台风期，防台风任务重。

（5）项目处于中华白海豚保护区核心区和缓冲区，保护工作压力很大。招标文件对中华白海豚保护提出了诸如瞭望观察、监视、噪声及水污染监测与控制等要求，施工工艺和施工安排将因此受到限制。

项目的总体施工部署如下。

（1）钢圆筒在上海振华重工长兴岛基地加工，副格在江门新会预制厂制作，通过大型运输船运至施工现场，使用大型起重船配套专用振沉设备进行振沉。西人工岛围护结构总体施工流程图，如图 7.10 所示。

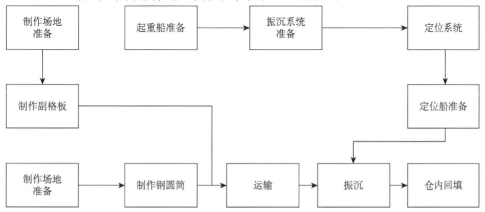

图 7.10　西人工岛围护结构总体施工流程图
资料来源：港珠澳大桥管理局

（2）按先西小岛，后西大岛的施工整体安排，其中施工工序包括钢圆筒的制作、运输、振沉，副格制作、运输、振沉。

（3）钢圆筒制作采用两节对接法，制作 20.9 米高的钢圆筒为标准节段，根据整体筒体的高度制作上接筒体，将两节筒拼接成成品筒，运至出运码头装船。副格在江门新会预制厂内制作，制作完成后运至出运码头装船。

（4）钢圆筒采用大型船舶运至现场，采用定位系统，先采用定位船进行粗定位，起重船将钢圆筒吊入定位船的导向架进行精定位及垂直度调整，达到设计标准精度进行振沉。

（5）副格板用于两个钢圆筒之间的连接，相连两组钢圆筒振沉完毕后，副格板运至现场，采用起重船起吊后插入预设在钢圆筒上的宽榫槽，自沉结束后采用振沉系统进行振沉。

（6）形成仓格后采用中粗砂回填，形成岛的围闭结构。

3. 西人工岛围护结构的方案优化路径

1）初步设计批复意见

批复意见中对西人工岛设计方面进一步优化的要求如下。

（1）"原则同意西人工岛总体外形及布置……但对进岛立交匝道布置及岛上总体布置要进一步优化。"

（2）"同意岛壁采用抛石斜坡堤结构，下阶段结合地质详勘情况对岛壁及围护结构方案做进一步比较和优化。"

（3）"原则同意人工岛地基处理方案。岛壁区采用部分开挖换填中粗砂振冲密实+挤密砂桩+排水砂桩地基处理方案；岛内吹填区采用部分开挖换填砂振冲密实+排水砂井地基处理方案。但应进一步查明第三层土的应力历史，以优化处理方案。"

（4）"尽量减少现场船机使用数量、控制现场作业量。"

（5）"原则同意西人工岛采用'小岛'方案、围护结构采用格形钢板桩方案，以及施工组织安排。但应对西岛岛隧结合部施工组织设计，岛上隧道基坑支护设计做进一步优化。"

2）投标文件中对初步设计批复意见的执行情况

（1）人工岛总体布置严格遵照初步设计批复意见执行。

第一，西人工岛岛型采用"蚝贝"外形方案，均位于-10 米等深线外，减少阻水效应。

第二，西人工岛总体外形及布置采用初步设计批复方案，全长 625 米，面积为 97 962 平方米，主要功能为运营、管理服务，对进岛立交匝道布置及岛上总体布置进一步优化。

第三，投标阶段采用初步设计确定的人工岛潮位、波浪、潮流、允许越浪量、容许工后沉降、抗震等方面的设计标准，施工图设计阶段将结合试验研究对部分指标做进一步研究和优化。

（2）岛体结构采用初步设计批复中确定的方案并根据批复意见对相关方面开展优化。

首先，岛壁采用抛石斜坡堤结构，对初步设计的岛壁及围护结构方案进行了进一步优化，对围护结构提出了大圆筒的替代方案，以减少现场船机数量，加快工期。

其次，岛壁区采用部分开挖换填中粗砂振冲密实+挤密砂桩+排水砂桩地基处理方案；岛内吹填区采用部分开挖换填砂振冲密实+排水砂井地基处理方案，通过对地质资料的进一步细化分析，对地基处理方案范围、深度进行了优化。

最后，西人工岛采用"小岛"方案、围护结构采用格形钢板桩方案，将岛上隧道暗埋段基础的嵌岩桩与摩擦桩方案进行比较，推荐采用摩擦桩使暗埋段与斜坡段地基刚度过渡更均匀，对西岛岛隧结合施工组织设计及岛上隧道基坑支护设计做进一步优化。

（3）施工图设计阶段对审批意见的执行情况如下。

其一，施工图总体设计遵循初步设计批复，保持人工岛外形及布置、面积、主要功能、设计标准等不变。

其二，施工图设计遵循批复意见，在沿用抛石斜坡堤方案的同时，采用钢圆筒插入不透水层形成与护岸结构相结合的基坑围护结构。

其三，岛壁区基本沿用原案，对挤密砂桩打设范围及深度进行了优化；岛内区采用陆上插排水板+降水联合堆载预压方案对岛域进行大超比预压，有效降低工后沉降量。

其四，以上作业减少了交叉作业和水上作业量，主体结构陆上预制，使用大型船机进行装配安装，抵抗恶劣天气的能力强，施工安全度高，体现了"大型化、工厂化、标准化、装配化"理念。

其五，由于大岛的基坑围护结构采用了大直径钢圆筒，为合理安排施工船机、减少工序，小岛同样采用钢圆筒方案。

3）施工图设计对初步设计的进一步优化

采用大型起重船将预制的大直径钢圆筒人工岛外圈振沉至不透水层，并在圆筒之间打设两道弧形钢板副格，将永久的抛石斜坡堤和临时的隧道围护结构相结合，充分发挥深插式钢圆筒截断深层滑动面的构造作用，优化岛壁结构基础挤密砂桩的置换率和打设深度，使人工岛内外两侧可以同步施工，快速筑岛。

综上，西人工岛围护结构方案的优化路径图，如图 7.11 所示。

图 7.11　西人工岛围护结构方案的优化路径图

资料来源：港珠澳大桥管理局

4. 西人工岛围护结构方案的设计施工联动过程

西人工岛属于岛隧工程的第 I 工区，施工是由中交联合体及中交一航局来承担，设计主要是由设计联合体中的中交公路规划设计院进行总体设计、专题协调，中交四航院进行具体的人工岛设计，由上海市政工程设计研究院、林同棪国际、荷兰隧道工程咨询公司、广州地铁设计研究院股份有限公司组成的咨询联合体对《港珠澳大桥主体工程岛隧工程西人工岛维护结构总体方案》进行审查，中铁武汉大桥工程咨询监理有限公司联合体作为监理单位进行施工方案的审查和实施现场监理。

将西人工岛围护结构方案的联动过程划分为初步设计阶段、投标设计阶段、施工图设计阶段和施工阶段。根据联动的参与主体，把联动分为设计施工联动、设计施工供应商联动、设计施工科研联动三种类型，具体的联动分析如表 7.4 所示。

表 7.4　西人工岛围护结构方案的联动分析

阶段		方案	主体	备注
初步设计阶段		1. "小岛"形钢板桩围堰结构 2. "大岛"地连墙+旋喷桩+内支撑的基坑围堰结构	业主、中交公路规划设计院	
投标设计阶段		优化方案 1：基本优化方案，岛壁结构与隧道基坑围护结构分离的局部优化方案 优化方案 2：采用深插式钢圆筒，岛壁结构与隧道基坑围护结构结合	中交联合体：设计分部：中交公路规划设计院、丹麦科威国际工程咨询公司、上海市隧道工程轨道交通设计研究院、中交四航院；施工分部：中国交通建设股份有限公司、上海城建（集团）公司	设计施工联动
施工图设计阶段	港珠澳大桥岛隧工程部分关键装备专题协调会（2010 年 12 月 3 日）	1. 确定振华重工为钢圆筒制造、运输承包商，负责钢圆筒制造、运输，配合现场振沉施工 2. 振华重工应尽快组织专业人员与工区进行技术交流，确定振沉事宜	项目经理部相关部门、振华重工、第 I 工区（中交一航局）、第 II 工区（中交三航局）、第 III 工区一分区（中交二航局）、第 III 工区二分区（中交四航局）	设计施工供应商联动

续表

阶段		方案	主体	备注
施工图设计阶段	人工岛钢圆筒振沉大型振动锤购置合同成功签订（2010 年 12 月 12 日）	美国 APE 公司承诺在钢圆筒振沉期间，派出足够得力的工程技术人员驻现场服务，且免费提供港珠澳大桥人工岛钢圆筒振沉期间的锤组配件	中交一航局、美国 APE 公司	设计施工供应商联动
	钢圆筒副格振沉试验方案评审会（2011 年 1 月 10 日）	1. 验证壁厚分别为 16 毫米、14 毫米、12 毫米时弧形钢板副格施工可行性 2. 设计分别对钢管桩长度、壁厚和弧形钢板副格长度、壁厚进行优化，并确定试验条件 3. 第 Ⅰ 工区修改完善试验方案，经设计、经理部签认后立即实施本次副格板振沉试验	管理局、项目经理部、设计分部、第 Ⅰ 工区	设计施工联动
	西人工岛岛隧结合部施工工序、工艺施工图内部审查会（2011 年 1 月 14 日）	1. 钢圆筒施工工序建议先施工小岛与大岛分隔处的一排四个钢圆筒，然后振沉小岛余下的钢圆筒。请设计Ⅰ工区结合模型试验成果最终调整明确钢圆筒打设顺序 2. 小岛钢圆筒打设后，对岛头区的流态影响很大。请第Ⅰ工区考虑在钢圆筒打设前，完成岛头 E1、E2 的支撑桩及两侧砂桩施工的可行性验证，以减少小岛形成后对岛头区施工的影响 3. 犄角掩护体尽量采用大直径钢管桩，其施工工序应考虑对砂桩及沉管桩基施工的影响，请研究补充犄角掩护体打设时机安排	中交公路规划设计院有限公司、上海市隧道工程轨道交通设计研究院、中交四航院、项目经理部、第 Ⅰ 工区	设计施工联动
	钢圆筒结构图内部审核（2011 年 1 月 15 日）	1. 建议将钢圆筒制作精度增加一项"筒顶平整度"允许值为"±20 毫米"；将垂直度偏差"1/500"改为"1/1 000" 2. 西人工岛钢圆筒加工时注意 X06 和 X12 钢圆筒上有止水钢板桩榫槽 3. 振华重工应配合相关单位完成钢圆筒上监测设施的安装	项目经理部、第Ⅰ和Ⅱ工区、振华重工	设计施工供应商联动
	港珠澳大桥岛隧工程人工岛施工期潮流和局部冲刷物理模型试验研究大纲（2011 年 1 月 24 日）	1. 为人工岛钢圆筒打设施工期间基坑局部冲刷物模试验研究技术路线 2. 提出人工岛的永久防护方案，包括岛隧结合部和岛桥结合部 3. 工程实施过程中做好现场水流及冲刷监测，及时验证试验结果，修改试验参数，提高后续试验结果的正确性	管理局、项目经理部、中交四航院、天津大学、荷兰隧道工程咨询公司、交通运输部天津水运工程科学研究院	设计施工科研联动
	西人工岛主格钢圆筒及副格总体施工方案讨论会（2011 年 2 月 22 日）	1. 明确先编制主格钢圆筒及副格施工总体方案，同时要求对主格钢圆筒和副格制作、运输、打设等重点工序须编写专项 2. 施工方案，即专项施工方案与总体施工方案同步编制	项目经理部、设计分部、第 Ⅰ 工区、振华重工	设计施工供应商联动
	钢圆筒副格振沉试验首战告捷（2011 年 3 月 4 日）	试验中采用 3 根钢管桩呈等边三角形布置，单根桩长 30 米，桩外侧壁焊榫槽，通过打桩机打入地面 20 米，模拟钢圆筒振沉状态。3 块副格沿钢管桩外侧榫槽向下振沉，单块副格长 22 米，弦长 9.52 米，靠重力沿宽榫槽压入至泥面停止后，再采用 2 台振动锤最终振沉至设计标高	第 Ⅰ 工区	设计施工科研联动

续表

	阶段	方案	主体	备注
施工图设计阶段	西人工岛围护结构专家评审会（2011年3月20日、21日）	1. 西人工岛围护结构设计通过对初步设计的优化，合理可行，设计深度符合交通运输部的相关规定要求 2. 西人工岛围护结构专项施工方案针对性强，具有可实施性，可以用于指导后续施工	中外知名水工专家、项目经理部、管理局、三地委、主体工程设计及施工咨询项目部、中铁武汉大桥工程咨询监理有限公司联合体、港珠澳大桥岛隧工程总监办等	设计施工联动
	西人工岛岛体施工组织设计审查会（2011年5月3日）	对岛体围护结构施工、陆域形成及岛壁施工进行讨论，并对风险管理、海上交通、施工期流水、地形变化、台风等进行补充	项目经理部、设计分部、第Ⅰ工区	设计施工联动
施工阶段	首个钢圆筒振沉总结会（2011年5月15日）	1. 首个钢圆筒振沉整套工艺的成套施工设备安全可靠 2. 能够满足施工要求，垂直度等各项质量指标满足设计要求 3. 整套振沉系统是完善的、可操控的 4. 岛壁围堰有钢圆筒振沉、岛壁稳定和达到止水效果等三个重要环节，钢圆筒振沉经典型施工验证是成功的，下一步对稳定性演算、冲刷观测及应急处置等精心准备，对副格振沉及止水施工进一步优化	中交联合体、工区、振华重工、项目经理部各有关部门	设计施工供应商联动
	西人工岛岛隧结合部施工工序专题讨论会（2011年5月23日）	1. 设计分部根据讨论意见调整施工工序，并对各工序中的工程量进一步细化 2. 增加岛头防护桩的施工 3. 第Ⅰ工区根据调整后的施工工序和工程量安排施工进度计划和组织资源 4. 第Ⅰ工区配合设计分部（中交四航院）确定E1管节减载回填方案	项目经理部、设计分部、第Ⅰ工区	设计施工联动
	西人工岛榫槽止水专项施工方案审查会（2011年7月9日）	1. 第Ⅰ工区须对西人工岛榫槽止水开展典型施工，并对前期的抽水试验降井的埋设进一步试验以满足设计要求 2. 针对榫槽灌浆不能到底情况，第Ⅰ工区联合科研、设计单位进行改进	项目经理部、设计分部、第Ⅰ工区	设计施工联动
	西人工岛工序转换及施工、技术准备专题讨论会（2011年7月21日）	1. 第Ⅰ工区尽快进行榫槽注浆后的副格降水典型试验，并进行副格抽水试验；尽快完成高压旋喷桩止水预案验证，做好实施准备 2. 要求设计分部尽快明确砂桩的设计变更；尽快提供西小岛岛隧结合部的砂桩施工图	项目经理部、设计分部、第Ⅰ工区	设计施工联动
	东、西人工岛监测工作会（2011年9月19日）	统一了东、西人工岛监测方案，对监测项目数量、监测频率、报警值、永久监测点、信息化施工等事宜逐一进行了落实	项目经理部领导与设计分部、总工办、质检部、测量管理中心、第Ⅰ工区、第Ⅱ工区	设计施工联动
	港珠澳大桥岛隧工程设计施工总承包建设管理研讨会（2011年9月25日、26日）	参会院士、专家对设计施工总承包建设管理模式进行了研讨，对进一步做好港珠澳大桥岛隧工程的设计施工总承包管理工作提出了许多建设性意见	岛隧工程项目经理部、中国公路学会、交通运输部、香港大学、信息产业部、武钢集团、中国石油等5名院士、行业内专家	设计施工科研联动

西人工岛围护结构四个阶段联动频次分析图，如图 7.12 所示。

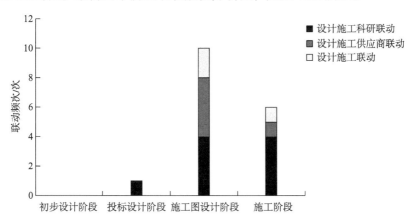

图 7.12　西人工岛围护结构四个阶段联动频次分析图
资料来源：港珠澳大桥管理局

从图 7.12 可以看出，西人工岛围护结构方案四个阶段中，联动出现在后面三个阶段。其中，设计施工联动在施工图设计阶段、施工阶段次数最多；设计施工供应商联动在施工图设计阶段次数最多；设计施工科研联动在施工图设计阶段次数最多。正是整个阶段的设计方、施工方、科研单位、供应商的一次次联动，促进了西人工岛围护结构方案的一次次优化，最终方案对比分析如表 7.5 所示。

表 7.5　西人工岛基坑围护结构方案比较一览表

比较项目	初步设计推荐方案	施工图设计方案
基坑围护结构	西小岛采用格形钢板桩围堰结构；西大岛围护结构采用"地连墙+内支撑"，基坑止水依托地连墙和高压旋喷桩止水帷幕组合结构	整岛采用直径 22 米钢圆筒插入不透水层，圆筒间采用两道弧形钢板副格止水连接，形成围护止水一体的基坑支护结构
	优化方案整体性好，稳定性高，且施工工序少；基坑内无横撑，施工作业面连续；锁扣的止水效果可靠，底部止水保留了淤泥质土层预防黏性土中夹有透水层，安全度高

5. 岛隧工程人工岛联动效果

设计施工总承包模式运用于西人工岛围护结构方案具有较大的成效，主要体现在工程进度和质量方面。

1）进度

（1）钢圆筒进度表，如表 7.6 所示。

表 7.6　钢圆筒进度表

时间	事件
2011 年 3 月 4 日	钢圆筒副格振沉试验首战告捷
2011 年 5 月 2 日	首个钢圆筒制作完成并前往珠海施工现场

续表

时间	事件
2011 年 5 月 8 日	首个钢圆筒顺利运抵珠海
2011 年 5 月 15 日	首个钢圆筒振沉成功
2011 年 5 月 24 日	第二船钢圆筒运往珠海
2011 年 5 月 27 日	第二船钢圆筒到达桂山锚地
2011 年 5 月 29 日	第 3 个钢圆筒顺利振沉
2011 年 6 月 5 日	第 10 个特大型钢圆筒顺利振沉到位
2011 年 6 月 10 日	第三船钢圆筒开始运往珠海
2011 年 6 月 14 日	第三船钢圆筒到达珠海
2011 年 7 月 1 日	累计成功振沉钢圆筒 11 个
2011 年 7 月 2 日	振沉 2 个钢圆筒，创下日沉圆筒新纪录，至此共 13 个钢圆筒振沉
2011 年 7 月 3 日	振沉 2 个钢圆筒，至此共 15 个钢圆筒振沉
2011 年 7 月 3 日	第四船钢圆筒开始运往珠海
2011 年 7 月 7 日	第四船钢圆筒到达珠海
2011 年 7 月 9 日	振沉西小岛最后一个钢圆筒，共振沉 20 个钢圆筒
2011 年 7 月 13 日	共顺利振沉 27 个钢圆筒
2011 年 7 月 18 日	第五船钢圆筒开始运往珠海
2011 年 7 月 24 日	振沉第 30、31 个钢圆筒
2011 年 7 月 26 日	振沉第 34、35 个钢圆筒
2011 年 8 月 6 日	第六船钢圆筒运抵珠江
2011 年 8 月 8 日	顺利振沉第 39、40 个钢圆筒
2011 年 8 月 19 日	第七船钢圆筒开始运往珠海
2011 年 8 月 23 日	第七船钢圆筒到达珠海
2011 年 8 月 24 日	累计振沉钢圆筒 45 个
2011 年 8 月 27 日	振沉 3 个钢圆筒，创造日振沉钢圆筒的新纪录
2011 年 8 月 30 日	完成了西人工岛的 61 个钢圆筒的制作
2011 年 9 月 2 日	第八船钢圆筒开始运往珠海
2011 年 9 月 5 日	第八船钢圆筒到达珠海
2011 年 9 月 11 日	完成了西人工岛全部钢圆筒的振沉

虽然西人工岛钢圆筒制作和运输计划在 2011 年 8 月 27 日完成，比计划延迟

了至少 3 天，但是钢圆筒振沉比计划工期提前近 9 天，总工期比计划提前，使"当年开工、当年成岛"的计划目标得以提前实现。

（2）副格进度表，如表 7.7 所示。

表 7.7　副格进度表

时间	事件
2011 年 5 月 31 日	首片副格振沉完毕
2011 年 6 月 5 日	第 7 片副格顺利振沉到位
2011 年 6 月 14 日	完成振沉 5 片副格，再创日振沉副格新纪录
2011 年 7 月 19 日	振沉 7 片副格，创造副格日振沉最高纪录，累计振沉副格 35 片
2011 年 7 月 22 日	振沉西小岛最后一片副格
2011 年 8 月 14 日	制作副格 91 片，振沉 70 片
2011 年 8 月 30 日	完成了西人工岛的 124 片副格制作
2011 年 9 月 2 日	完成了第 100 片副格振沉
2011 年 10 月 2 日	完成了西人工岛全部副格振沉

副格的制作比计划工期提前近 10 天，副格的振沉比计划晚了 3 天，施工总工期比计划提前，实现了"当年开工、当年成岛"的目标。

2）质量

在西人工岛围护结构施工过程中，各月质量情况如表 7.8 所示。

表 7.8　西人工岛围护结构质量情况

时间	本月计划	完成情况	质量
2011 年 2 月	计划下月完成钢圆筒加工制作 6 组	完成要求	
2011 年 3 月	计划下月完成西岛钢圆筒及副格制作加工的胎架制作，以及钢圆筒及副格的第一轮和第一轮制作，即 10 组	完成要求	西人工岛钢圆筒制作材料检测有序开展，无施工质量的问题
2011 年 4 月	计划下月完成第一船全部钢圆筒的制作并运输到现场；计划完成西岛第一组钢圆筒的振沉，时间节点计划为 5 月 15 日	完成要求	无施工质量的问题
2011 年 5 月	计划下月完成第二船（9 组）钢圆筒的制作并运输到现场，并完成其中 7 组钢圆筒的振沉，完成第三船（8 组）钢圆筒的制作并进行装船	完成要求	钢圆筒各项指标符合设计要求，无施工质量的问题
2011 年 6 月	西人工岛钢圆筒振沉施工准备	西人工岛钢圆筒振沉施工由于计划时未考虑到西小岛基坑部分的钢圆筒打设，因此完成情况与上月计划有了一点偏差	钢圆筒场内吊具改进后，第三船钢圆筒到场检验质量明显提高，现场钢圆筒打设各项数据符合设计要求，前期打设的钢圆筒沉降位移和冲刷监测数据在可控范围内
2011 年 7 月	计划完成第三船（8 组）钢圆筒的振沉，完成第四船（9 组）钢圆筒的制作和运输	完成要求	无施工质量的问题

续表

时间	本月计划	完成情况	质量
2011 年 8 月	计划完成第七船（8 组）钢圆筒的振沉，完成最后一船（9 组）钢圆筒的制作和运输，并完成其中 8 组钢圆筒的振沉，完成西岛全部剩余副格的制作，副格打设完成全部工程量的 25.8%	完成要求	无施工质量的问题
2011 年 9 月	完成剩余 20 片副格打设，并完成相应的副格内填砂	完成要求	无施工质量的问题
2011 年 10 月		完成要求	无施工质量的问题

在中交联合体的精心设计、精确制造和精密施工下，钢圆筒的制作达到了质量要求，钢圆筒振沉垂直度偏差在 1/1 000 以上，创造了钢圆筒体量、钢圆筒振沉施工垂直度偏差控制精度的高标准要求。副格的制作和振沉也同样达到了要求。设计施工联动保证了西人工岛围护结构的质量。

7.5 成效与启示

港珠澳大桥岛隧工程是标段规模最大、技术挑战最高、涉及主体最多的工程，采用何种交付模式直接决定了项目参与主体的权责利及风险分配和工作方式。设计施工总承包模式在港珠澳大桥工程建设中继承和创新了一般的设计施工总承包模式，保证了岛隧工程的成功建设。

（1）岛隧工程的技术具有较大的不确定性和探索性，采取设计施工总承包模式是一种必要和充分的选择。岛隧工程钢圆筒在设计与施工、沉管管节设计、生产、浮运与沉放等方面面临着重大技术挑战和风险，且主体结构工期紧，施工区域通航密度高、受台风和中华白海豚保护等影响，这些工程的集群性、技术复杂性、工期与质量目标控制要求高，使得传统的 DBB 模式并不完全适用。设计施工总承包模式的优势在于促进设计施工联动，采用多次交互和迭代方式来寻求问题的解决方案。

（2）构建适合中国国情和港珠澳大桥项目特点的设计施工总承包模式，是后期工程推行设计施工总承包模式顺利实施的重要基础。港珠澳大桥设计施工总承包模式处于三地共管的环境中，三地的法律框架、制度体系、标准规范、管理模式等各不相同，因而要求该模式在考虑到设计施工总承包模式标准化条款基础上，还要考虑粤港澳三地的相关要求，使其有较强的兼容性。在具体管理模式设计上，整合全球顶级设计、施工和咨询团队，保证组建的设计施工总承包联合体具有世界一流水准；参与各方构建开放、平等、协同、互信的伙伴关系，保证设计的独立性并执行外部审查程序。基于上述考虑,最终设计出"业主提出初步设计方案+'施工驱动设计、设计施工联动'的境内境外联合体模式(招标进行了特别设计)"的港珠澳大桥设计施工总承包模式。该模式在后期运行过程中充分做到业主和承包商紧密协作,联合体内部通过流程和规范设计做到设计施工联动,解决系列关键技术和管理难题。

(3)岛隧工程设计施工总承包模式重在设计施工联动机制,其主要表现在流程设计及手段控制上。两种手段主要包括行政管理和经济商业管理,其行政管理包括计划、指令和指导,审批、监督和检查;经济商业管理则包含经济责任承包、激励机制等。在联动程序上,设计前期,总项目部组织设计、工区等单位的技术专家参与设计方案研讨;总体设计,设计方与业主、咨询方共同讨论,就总体方案及施工工序做出设计;施工计划统筹,总项目部会同工区单位根据工期要求及单元细化施工工序,形成施工总体计划,反馈给设计方;各分项工程设计,设计牵头单位组织施工专家参与研讨,对于施工组织及设备则主要听取施工单位意见,在细化设计过程中推动专用设备设计同步工作;施工统筹,施工团队对设计文件复核,在每批图纸施工前,设计方充分与工区交底,深入工区现场,参加质量检查和监测等相关工作。

第 8 章　HSE 管理

HSE 管理的战略目标如下：追求零伤害、零污染、零事故，由于工程施工和作业环境的复杂性，传统的安全环保管理不足以实现该目标。为此管理局借鉴石油化工行业的 HSE 管理体系，并结合工程特点，建立以业主 HSE 管理为主导的 HSE 管理体系，确定"以人为本、全员参与；安全第一、预防为主；保护环境、清洁生产；科技创新、持续改进"的 HSE 方针，并形成相应制度文件。贯彻"本质安全"的理念，管理局从技术方案出发，对安全风险源头进行管控，并借助信息技术，实现动态管理。为避免对中华白海豚造成伤害，管理局在建设过程中吸收国内外先进技术，进行施工工艺和工法创新。秉持"以人为本"的指导思想，管理局通过相应管理程序，保障特殊作业特别是孤岛作业人员的身心健康。

港珠澳大桥是隧、岛、桥三种结构组成的大型复杂集群工程，推动工程建设中 HSE 管理达到国际先进水平，将其建成绿色环保示范工程，传统的安全环保管理模式已不能满足要求。HSE 管理体系作为集成化的、持续改进的、风险前置的、责任清晰的职业健康和工程安全环保先进管理理念及体系，是支撑该工程高质量完成的极其重要的内容之一。

8.1　HSE 管理的关键挑战

港珠澳大桥工程 HSE 管理的战略目标如下：追求零伤害、零污染、零事故，在 HSE 管理方面达到国际同行业先进水平，把港珠澳大桥建成绿色环保的示范工程。由于港珠澳大桥主体工程施工和作业环境的复杂性，传统的 HSE 管理无法实现预设的高目标和高要求，项目 HSE 管理面临着极大挑战。

8.1.1　工程施工挑战

第一，港珠澳大桥工程规模大，工程组成包括海中桥梁、海中人工岛、海底隧道等，且技术难度高、施工周期长、管理难度大，HSE 管理要结合技术及工法进行创新和突破，才能实现更有效的管理。

第二，海上施工船舶/设备众多，还有很多大型专用船机设备，传统的安全管理面临挑战，需要优先引进海上交通先进技术、设备和电子助航技术、设备，从本质上提高海上交通安全的可靠性。

第三，施工人员众多，后勤保障难度大（交通、通信、供水、供电、饮食等）。同时，对于岛隧项目的工作人员来说，长时间外海孤岛施工，需要承受巨大的身体和精神压力，传统的职业健康管理面临挑战。

第四，海域桥桩施工，口岸及人工岛等填海区的陆域形成，海底隧道开挖回填等会造成水体中悬浮物浓度升高，甚至长久性地改变该区域的海洋生态环境，对水生生物和底栖生物的生活环境和生物种类维护造成负面影响，需要有针对性地进行 HSE 管理。

8.1.2　作业环境挑战

第一，港珠澳大桥工程所处区域天气条件复杂多变，灾害性天气频发，影响工程的主要灾害性天气包括热带气旋及风暴潮、雷暴、大雾、寒潮、大风、暴雨等，以上灾害性天气均需有针对性的防范措施。

第二，工程所在的珠江口水域是全球最重要的贸易航段之一，作为大型船舶进出珠江三角洲的唯一通道，每天航经船舶达 4 000 艘次，年货物吞吐量超 20 亿吨（不含港澳）。珠江口水域也是全世界高速客船航行最频密的水域，每天穿梭于粤港澳的高速客船达 500 航次，通航环境十分复杂。

第三，环境敏感区域多，特别是工程穿越中华白海豚保护区，因此，需要对自然保护区内的中华白海豚群落实施有效的保护与管理措施，把大桥建设可能对海域环境、海洋资源及自然保护区造成的影响降到最低。

第四，粤港澳三地三种制度，因而在法律法规、政府管理体制、建设技术规范等方面均存在较大差异。大桥在进行 HSE 管理时，既要满足三地基础设施建设项目各自的法规与程序，更要保证三方能协调一致以满足大桥工程管理的需求，因而协调工作量大、难度大。

8.2 HSE 管理体系

港珠澳大桥的工程环境特点和工程施工特点，使得 HSE 管理对象极多，且相互关联，迫切需要一套创新的管理体系。借鉴石油化工行业的 HSE 管理体系，并结合工程特点，管理局建立了以业主 HSE 管理为主导，以 HSE 管理体系建设和运行为核心，以"HSE 组织管理体系、HSE 制度保障体系、HSE 培训教育体系、HSE 预控防范体系、HSE 检查考核体系、HSE 应急管控体系"为一体的 HSE 管理体系。

8.2.1 HSE 管理体系创新

1. HSE 管理体系的跨行业借鉴

HSE 管理体系是 HSE 管理组织机构、职责、方法、程序、过程和资源等要素通过先进、科学、系统的运行模式有机地融合在一起而形成的相互关联、相互作用的动态管理体系。1985 年国际大型石油化工企业壳牌公司最早提出该体系，1996 年 1 月 ISO/TC67 的工艺设备和系统分委会发布《石油天然气工业健康、安全与环境管理体系》（ISO/CD 14690-1996），1997 年 6 月中国石油参照《石油天然气工业健康、安全与环境管理体系》（ISO/CD 14690-1996）制定了企业标准《石油天然气工业健康、安全与环境管理体系》（SY/T6276-1997），形成了行业系统的 HSE 管理体系标准。石油化工行业的 HSE 管理体系，是目前世界上最为严格的风险管理模式，在复杂风险管理方面具有持续改进、风险前置、闭环控制等无可比拟的优势。因此，港珠澳大桥引入石油化工行业的 HSE 管理体系，旨在实现健康、安全和环境方面的风险最小化的目标。

结合工程施工特点和工程环境特点，对主体工程的 HSE 管理重点进行梳理，主要包括以下三方面。

（1）在职业健康保护方面，管理重点是特殊施工区域环境下的职业健康防护。特殊施工区域包括外海孤岛作业、特种设备机械作业、水下潜水作业等，在作业过程中施工人员可能会面临机械伤害、起重伤害、高空坠落、淹溺等安全风险，须加强特殊施工区域环境下施工人员的职业健康防护。

（2）在生产安全方面，管理重点是不同类型且数量众多的作业工人、特种机械设备、众多的施工区域场所（海上施工平台、各种预制加工场、钢结构加工车间）及复杂的施工工艺过程。另外，还须对施工区域的水上交通安全、大型构件的海上运输安全及海上防台风工作进行重点管理。

（3）在环境保护方面，不仅要做好施工现场"文明施工"管理，还要确保海上施工废弃物的合理处置，做好有关生态环境保护与监测、渔业资源增殖放流等工作，以及保护中华白海豚的生存环境。

2. HSE 管理体系的形成

引入 HSE 管理体系理念，实施一体化管理，可以有效满足港珠澳大桥工程建设管理的特殊性要求。但港珠澳大桥主体工程具有自身的特点，生搬硬套石油化工行业的 HSE 管理体系并不完全适合，HSE 管理体系的建立尚需进一步创新。

管理局协同科研单位在借鉴《质量管理体系文件指南》、《环境管理体系——要求及使用指南》（GB/T 24001—2004）、《职业健康安全管理体系规范》（GB/T 28001—2001）、《中国石油天然气集团公司企业标准》（Q/SY 1002.1—2007）、《工程建设施工企业质量管理规范》（GB/T 50430—2007）、《公路桥梁和隧道工程设计安全风险评估指南（试行）》（交公路发〔2010〕175 号）、《关于开展公路桥梁和隧道工程施工安全风险评估试行工作的通知》（交质监发〔2011〕217 号）、《高速公路路堑高边坡工程施工安全风险评估指南（试行）的通知》（交安监发〔2014〕266 号）等文件的基础上，结合港珠澳工程建设的特点，从实现项目职业健康、安全与环境管理整体目标出发，应用系统论、控制论、信息论，通过不断改进、优化融合，最终形成了《港珠澳大桥工程建设职业健康安全环境管理指南》。

在该成果的指导下，管理局构建了共性通用、特性突出、统一规范的港珠澳大桥工程 HSE 制度标准体系。该体系以建设项目业主为主体，各参建单位在业主的统一组织领导和监控下，完成业主赋予的专业活动和法定的 HSE 管理职责，有利于保证参与建设的单位在同一个管理体系框架下达成同一个目标。该体系完全符合国家标准、行业规定及其他规定，与交通运输部和广东省关于公路、水运工程设计和施工风险评估，以及"平安工地"建设、"安全标准化"工作的规定和要求完全兼容，是更严格、更有效落实这些要求的保障工具。

8.2.2　HSE 管理体系框架

管理局建立以业主 HSE 管理为主导的一体化 HSE 管理体系，该体系框架模型如图 8.1 所示。在该模型中，以 HSE 管理体系建设和运行为核心，以"HSE 组织管理体系、HSE 制度保障体系、HSE 培训教育体系、HSE 预控防范体系、HSE 检查考核体系、HSE 应急管控体系"为一体，按照 PDCA 稳定运行，实现闭环管理，从而实现管理效能的持续提升。

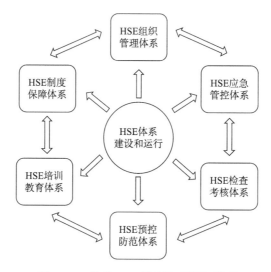

图 8.1　一体化 HSE 管理体系框架模型

1. HSE 组织管理体系

成立管理局 HSE 委员会，定期审议 HSE 工作总结与计划、HSE 重要事项，监督、指导主体工程 HSE 各项工作开展。按照"五级"联动 HSE 监管模式（图 8.2），逐级落实 HSE 综合监管、直接监管、属地监管职责。

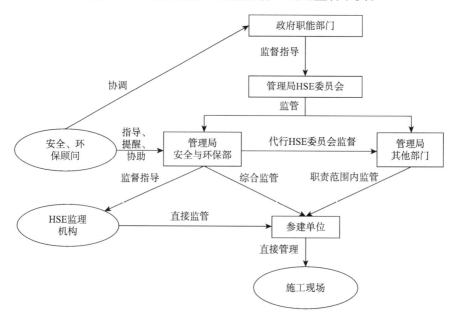

图 8.2　港珠澳大桥"五级"联动 HSE 监管模式

管理局设置专门的安全与环保部门，代行 HSE 委员会的日常监督指导职能，实施主体工程项目建设的 HSE 综合监管。委托专门的 HSE 监理机构，对参建单位、作业现场进行 HSE 的直接监管。引入安全顾问、环保顾问，指导、协助管理局严格按照国家、省（市）及行业法律法规、规范和规定，履行 HSE 监管职责。与海事局、施工单位共同构筑安全生产责任链，依托海事部门的监管力量，对海上施工作业船舶安全、大型水工作业通航安全实施专业化监管。与安全生产监督管理局、环境保护局、海事局、国家海洋局等，以及港澳相关部门建立长效联系机制，定期报告工程进展和 HSE 管理情况，接受其监督、指导。按照 HSE 法律法规要求和合同中 HSE 条款的约定，督促各参建单位逐级建立了专（兼）职 HSE 管理机构，并配备了足够的专（兼）职 HSE 管理人员。

2. HSE 制度保障体系

HSE 制度保障体系主要是指 HSE 管理制度办法及要求，包括有关 HSE 方面的法律法规要求、HSE 合同协议要求、HSE 技术标准要求及 HSE 程序运行要求。

3. HSE 培训教育体系

HSE 培训教育体系主要是指 HSE 培训教育宣传，包括领导层 HSE 意识培训、HSE 管理人员资格及能力培训、新入场员工"三级教育培训"、特种作业人员继续教育培训及专项培训（通航、防台、环保等），营造具有项目特色的 HSE 文化氛围。

4. HSE 预控防范体系

HSE 预控防范体系包括风险管控体系、"三同时（同时设计、同时施工、同时完工验收投入使用）"管理、重大施工方案 HSE 专项评审、HSE 监测管控及特种作业许可管控，掌握工程建设 IISE 管理的主动权。

5. HSE 检查考核体系

HSE 检查考核体系包括监督检查标准体系，日常、月（季）度的专项及检查、隐患整改与处置管控机制，信誉及达标考核体系，努力将各类事故隐患消除在萌芽状态。

6. HSE 应急管控体系

HSE 应急管控体系包括应急预案体系、预警预控体系、应急保障体系及应急组织保障体系，强化应对突发事件的快速处置和保障能力。

8.2.3 HSE 管理体系内容

根据 HSE 管理体系理念，管理局确定港珠澳大桥工程的 HSE 管理方针如下："以人为本、全员参与；安全第一、预防为主；保护环境、清洁生产；科技创新、持续改进"。为保证 HSE 方针的贯彻落实，管理局和承包人应明确各职能部门和岗位的 HSE 职责和权限，形成文件并与业务活动相结合。《港珠澳大桥主体工程建设 HSE 管理体系》文件（图 8.3）包括：1 个导则——用于对体系的要素、层次与相关关联进行逻辑排列，以及对外宣传和说明；20 个程序文件——用于规范管理局各职能部门 HSE 职责和权限（表 8.1）；34 个作业文件——用于规范参建单位作业现场 HSE 行为和隐患防治、应急处置（表 8.2）。

图 8.3　《港珠澳大桥主体工程建设 HSE 管理体系》文件

表 8.1　《港珠澳大桥主体工程建设 HSE 管理体系》—HSE 程序文件

文件编号	HSE 程序文件名称
HZMB/PD—01	危害因素辨识、风险评价与控制程序
HZMB/PD—02	环境因素识别、评价与控制程序
HZMB/PD—03	HSE 法律法规及其他要求控制程序
HZMB/PD—04	HSE 目标、指标和管理方案控制程序
HZMB/PD—05	员工 HSE 培训控制程序

续表

文件编号	HSE 程序文件名称
HZMB/PD—06	HSE 信息交流与协商控制程序
HZMB/PD—07	HSE 文件控制程序
HZMB/PD—08	HSE 设施完整性控制程序
HZMB/PD—09	监理人、承包人 HSE 管理控制程序
HZMB/PD—10	HSE 作业许可管理控制程序
HZMB/PD—11	员工健康管理控制程序
HZMB/PD—12	HSE 管理控制程序
HZMB/PD—13	HSE 变更管理控制程序
HZMB/PD—14	HSE 应急准备与响应控制程序
HZMB/PD—15	HSE 检查与考核管理控制程序
HZMB/PD—16	HSE 合规性评价管理控制程序
HZMB/PD—17	HSE 不符合、纠正和预防措施管理控制程序
HZMB/PD—18	HSE 事故报告、调查和处理管理控制程序
HZMB/PD—19	HSE 记录控制程序
HZMB/PD—20	HSE 审核与管理评审控制程序

表 8.2　《港珠澳大桥主体工程建设 HSE 管理体系》—HSE 作业文件

文件编号	HSE 作业文件名称
HZMB/OD—01	HSE 专项费用管理办法
HZMB/OD—02	HSE 责任制度
HZMB/OD—03	HSE 培训管理实施细则
HZMB/OD—04	HSE 会议管理实施细则
HZMB/OD—05	HSE 信息管理实施细则
HZMB/OD—06	建设项目 HSE "三同时" 管理实施细则
HZMB/OD—07	施工船舶安全管理实施细则
HZMB/OD—08	特种设备安全管理实施细则
HZMB/OD—09	HSE 监理管理实施细则
HZMB/OD—10	起重作业安全许可管理实施细则
HZMB/OD—11	进入受限空间作业安全许可管理实施细则

续表

文件编号	HSE 作业文件名称
HZMB/OD—12	高处作业安全许可管理实施细则
HZMB/OD—13	临时用电作业安全许可管理实施细则
HZMB/OD—14	爆破作业安全许可管理实施细则
HZMB/OD—15	潜水作业安全许可管理实施细则
HZMB/OD—16	职业卫生管理实施细则
HZMB/OD—17	劳动防护用品管理实施细则
HZMB/OD—18	保健津贴与防暑降温用品管理实施细则
HZMB/OD—19	HSE 作业计划书管理实施细则
HZMB/OD—20	消防安全管理实施细则
HZMB/OD—21	海上交通安全管理实施细则
HZMB/OD—22	异常气候安全管理实施细则
HZMB/OD—23	清洁生产管理实施细则
HZMB/OD—24	中华白海豚保护管理实施细则
HZMB/OD—25	大气污染控制管理实施细则
HZMB/OD—26	废水污染控制管理实施细则
HZMB/OD—27	固体废弃物污染控制管理实施细则
HZMB/OD—28	噪声污染控制管理实施细则
HZMB/OD—29	施工悬浮泥沙污染控制管理实施细则
HZMB/OD—30	办公、生活区 HSE 管理实施细则
HZMB/OD—31	安全观察与沟通管理实施细则
HZMB/OD—32	HSE 监督检查与考核管理实施细则
HZMB/OD—33	HSE 监测管理实施细则
HZMB/OD—34	HSE 事故隐患治理管理实施细则

　　各参建单位都有支持 HSE 管理体系建立和运行的义务，并承担相应的 HSE 管理职责。各参建单位也出台了相应的 HSE 管理文件，建立与管理局匹配的 HSE 管理制度，落实 HSE 技术和管理措施，形成港珠澳大桥 HSE 管理体系（图 8.4）。

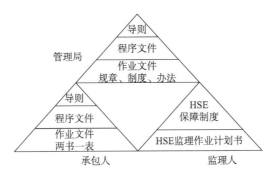

图 8.4　港珠澳大桥 HSE 管理体系

管理局对承包单位及监理单位、其他参建单位 HSE 管理制度体系建设提出以下要求。

1. 承包单位 HSE 管理体系建设要求

建立与之匹配的 HSE 管理体系文件，并确保和管理局 HSE 管理体系的一致性；审核分包单位/工区的 HSE 管理和业绩，提出有关 HSE 的要求，形成明确双方关系的文件。要结合 HSE 管理体系及风险管理的要求，编制 HSE 作业计划书，落实 HSE 技术和管理措施；对本组织相关的经营管理活动进行 HSE 风险识别，确定量化的绩效指标，制定 HSE 活动和任务规划，建立 HSE 文件化体系，构建维护 HSE 管理体系运行的 HSE 检查、审核和评审三级监控机制。

2. 监理单位、其他参建单位 HSE 管理制度体系建设要求

监理单位、其他参建单位应建立符合管理局 HSE 管理体系框架和要求的 HSE 管理制度体系，并在工程建设过程中实施与持续改进。

8.2.4　HSE 管理体系运行

在 HSE 管理方面，业主须承担 HSE 管理统筹协调与主导责任，其主要职责为按照各项法律法规要求，选择具有相应资质的各参建单位，并监督/指导参建各方履行 HSE 职责。设计/咨询方主要为业主提供有关 HSE 方面的技术服务和支持，并在工程方案设计阶段履行"三同时"设计职责。监理方受业主方委托，对工程建造过程实施监督管理，其 HSE 表现及责任亦对业主方负责。承包人为工程建设实施过程的主体责任单位，应该遵循法律法规和合同条款，落实工程施工过程各项 HSE 措施，完成合同约定工程建设内容，并对所承担工程建设过程的 HSE 表现负责。根据上述分析，结合港珠澳大桥主体工程任务特点，构筑参建各方不同阶段 HSE 管理责任和流程图，如图 8.5 所示。

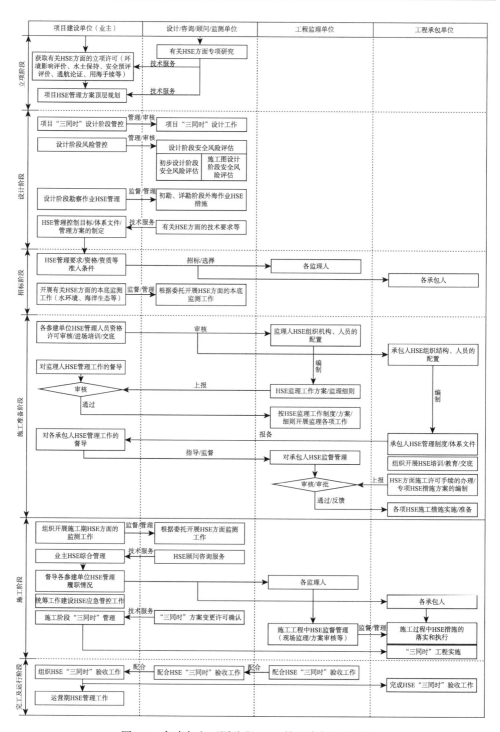

图 8.5　参建各方不同阶段 HSE 管理责任和流程图

8.3　安 全 管 理

港珠澳大桥主体工程施工难度大、技术标准与设计要求高，对工程期间的安全管理要求非常严格。主体工程远离岸基，海上施工项目多，水上作业船舶数量及特种设备种类多，建设过程常受台风、暴雨、雷电等极端天气影响，易发生安全事故，造成人员伤亡和财产损失。因此，管理局贯彻"本质安全"的理念，从技术方案出发，从安全风险源头进行管控，并借助信息技术，实现对安全风险的动态管理。针对施工船舶、特种设备等易产生风险的对象，以及异常气候带来的安全风险，管理局制定了相应的安全管理细则以减少安全事故的发生。

8.3.1　本质安全：技术方案的源头管控

在大桥 HSE 管理中提出了"安全第一、预防为主"方针，其核心理念是实施"本质安全"管理。本质安全的概念最早由英国化学工程师特雷伟·克莱茨（Trevor Kletz）在 1978 年提出，强调减少危险而不仅仅是控制危险。随着概念的不断发展，目前普遍认可的本质安全是指在一定的经济与技术条件下，在工程的生命周期过程（设计、建设、运营等）中对系统的危险源进行预先辨识、评价、分级，进而对其进行消除、减小、控制（郝贵，2008）。管理局高度重视安全生产管理，推行"本质安全"理念，在港珠澳大桥施工过程中，积极开展安全风险管理，部署落实施工安全风险评估，对危险源与环境因素进行识别、评价、管控，并定期更新危险源及环境因素辨识、评价信息，从危险的源头进行管控，以达到有效控制安全风险的目的。

围绕节段式沉管隧道、海上桥梁埋置式承台施工等关键技术，管理局与参建单位、技术专家组保持了良好互动，积极开展各种工艺、工法和检测技术研究比对，对技术方案可行性和安全风险进行评估，确保将工程风险降至最低。

以岛隧工程为例。2013 年底，超强台风"海燕"登陆菲律宾，我国海南岛的许多重要设施遭到严重破坏，引起国家高度关注，也引起岛隧工程项目的思考。当时工程已开工近 3 年，人工岛施工图设计已经完成，主体结构已完成 60% 以上，但考虑灾害性天气的发展趋势，咨询联合体对东西人工岛的防浪设防标准多次提出咨询意见，提示应防范全球变暖等带来的海平面上升等风险。管理局提出开展设计风险回头看，过程中，该意见引起多方的争议，因为之前的设计是符合标准、符合流程的，且工程已在实施过程中，如果再评估，进行设计方案变更，会带来合同、程序、返工等多方面的问题。中交岛隧工程项目经理部重新评估人工岛防灾能力，提出了抬高东西人工岛挡浪墙设防标准等设计变更方案。管理局组织各方召开设计方案变更专家评审会议，各方最终达成了共识，通过对设计进行系统排查和论证，准备将总体防灾标准提高10%~15%。在该目标的指导下，开展系列模型试验，重新调整人工岛部分设计方案，提高挡浪墙标高、岛面高程、消浪块体重量，提高主体建筑抗风等级，全面优化排水系统。根据调整的设计方案，现场进行了部分工程返工。2017年8月，超强台风"天鸽"正面袭击珠海，造成数十亿元的损失，岛隧工程人工岛经受住了考验，岛上设施几乎毫发无损。

沉管浮运安装是岛隧工程中风险最大的施工项目，从源头进行管控的风险管理方式有效保障了管节浮运安装施工和最终接头拖运安装施工的顺利推进。在每次施工前，项目部都会组织召开风险评估专家咨询会，研究当期项目风险、重大风险处置措施，审查相关应急预案，全力做到风险可控。项目开创性地建立了沉管浮运安装窗口风险管理体系，委托国家海洋环境预报中心进行现场环境监测和风险管理。国家海洋环境预报中心会对浮运安装窗口期的气象、海况、水文、回淤等情况进行全面、全程风险评估，并在沉管安装期间进行跟踪预报和实时验证监测，如图8.6所示。

图 8.6　国家海洋环境预报中心的环境预报
资料来源：港珠澳大桥管理局

8.3.2　动态管理：以信息技术为支撑

鉴于港珠澳大桥主体工程建设远离岸基实施的特点，必须建立完善的预警/预控体系，对工程建设过程风险源及施工实时情况实时动态掌控，第一时间从源头把控、消除潜在风险，降低突发事件所造成的人财物损失。主体工程建设期应急管理预警/预控体系主要包括视频监控系统、船舶自动识别系统（automatic identification system，AIS）、船舶交通管理系统（vessel traffic management system，VTMS）等，并通过配合现场 HSE 管理人员的直接监控，实现动态管理的目的。

1. 施工现场视频监控系统

在管理局要求下，相关施工单位在海上重要施工平台、船舶、人工岛建筑布置视频监控点，利用无线视频技术，实时将施工现场的视频信号发送到调度中心（应急指挥中心）视频监控平台。管理局、各施工单位可以通过视频监控系统，对施工现场进行实时监视，配合通信系统对重要施工进行远程指挥，尤其在进行防台等应急处置过程中，可结合各类气象信息、AIS 等在第一时间掌握现场总体形势，进行统筹指挥和救援。

2. AIS

针对主体工程施工船舶多、通航条件复杂的特点，管理局借助海事系统的AIS，实时掌握施工区域的各类船只动态。在招标阶段要求施工船舶加装 AIS，所有入场的各类船舶安装 AIS 并向管理局调度中心备案。管理局调度中心通过录入AIS 码对船舶进行备注和识别，并通过视频监控系统的输出终端将船只在视频上显示出来。在应急过程中尤其防台期间，通过 AIS 能及时对船舶所处位置进行定位、监视，掌握其动态，统筹开展调度指挥和应急撤离。

3. VTMS

管理局要求项目各级调度中心引入海事部门建立的 VTMS，利用雷达监控技术，实现对自有施工船舶和社会船舶远程监控，实时掌握施工船舶动态，判断社会船舶穿越施工区域对工程的影响程度。同时，利用 VTMS 的船舶轨迹监控回放功能，可为海事部门分析海上交通事故提供依据。

4. 海洋环境预报保障系统

为保障项目沉管浮运安装作业及防范各类恶劣天气，施工前期，中交集团岛隧工程项目经理部积极筹建海洋环境预报保障系统。该系统由国家海洋环境预报中心协作建立，在北京及珠海都有国家海洋环境预报中心设立的专项工作组，对整个施工范围内的气象、波浪、海流等进行观测与分析。在该系统的支持下，港珠澳大桥主体工程实时了解施工海域详细、完整的海洋环境信息。

以岛隧工程 E15 管节的沉管安装为例，在安装 E15 管节时，因为基槽回淤等问题，遭遇了三次浮运、两次返航的情况。2014 年 11 月 15 日是 E15 管节沉放的"窗口期"，当管节浮运到系泊位置准备沉放时，突然发现基床上有 4~5 厘米的异常回淤，条件不利于沉放，管节不能按时安装，必须尽快拖回预制场，但此时封航已经结束，积压的进出港口的船舶开始大规模航行到施工水域。海事局会同管理局立刻组织召开港珠澳大桥岛隧工程 E15 管节回拖水上交通安全保障工作协调会，紧急出台 E15 管节回拖方案水上交通安全保障工作方案、航标撤除设置方案。在广州海事局紧急协调下，10 艘海事警戒船艇连续作战，2014 年 11 月 17 日 19 时 17 分，沉管正式回拖。广州 VTMS 中心和深圳 VTMS 中心持续播发航行安全信息，协同现场警戒船艇做好交通管控。2014 年 11 月 18 日 2 时 40 分，沉管安全护送回牛头岛预制场。随即，在交通运输部的协调下，天津水运工程科学研究院、南京水利科学研究院、中山大学、中交四航院等国内 25 位对珠江口泥沙、潮汐和气象方面最有研究的专家，成立了技术攻关"国家队"，开展基槽回淤专题研究。2015 年 2 月 24 日，E15 沉管再次出征，就在沉管即将到达转向区时，多波束监测数据显示，基床面出现大面积的异常堆积物，总量达 2 000 方，最厚处达到 60 厘米，只能再次返航。2015 年 3 月 24 日，浮运船队携 E15 管节第三次踏浪出海，经过数轮观测、调整后，E15 管节在 40 多米深的海底与 E14 管节精准对接。图 8.7 为 E15 管节的沉管安装指挥现场。

图 8.7　E15 管节的沉管安装指挥现场

资料来源：港珠澳大桥管理局

8.3.3　关键风险：施工船舶与特种设备安全管理

在极易发生重大财产损失和人员伤亡事故的"敏感地带"和"咽喉水域"，建起一座超级工程，建设者除了面临技术挑战，更需要解决工程建设对施工环境近乎苛刻的要求、与通航环境的相互影响，以及水上交通安全工作的巨大挑战。管理局为规范港珠澳大桥主体工程建设过程中施工船舶海上航行、停泊、作业的秩序，加强对使用特种设备的安全监督管理，保障水上交通的有序和畅通，以及特种设备的安全运行，保证作业人员和船舶安全，特别制定了《港珠澳大桥主体工程施工船舶安全管理实施细则》和《港珠澳大桥主体工程特种设备安全管理实施细则》。

1. 施工船舶安全管理

1）严格船舶准入管理

船舶和船上有关航行安全的重要设备应具有船舶检验部门签发的有效技术证书，船舶应持有有效的船舶国籍证书，或船舶登记证书，或船舶执照，并按照《中华人民共和国船舶最低安全配员规则》要求足额配备保证船舶安全的合格船员。所有砂石运输船、施工船和交通船应配备 AIS、甚高频（very high frequency，VHF）等设备。

2）严格施工安全管理

在沿海水域进行水上水下施工，以及划定相应的安全作业区，应报经行政主管部门核准并公告，无关的船舶不得进入安全作业区，申请人也不得擅自扩大安全作业区的范围。在港区内使用岸线或者进行水上水下施工，包括架空施工，应附图报经行政主管部门审核同意。施工船舶应在核定航区或作业水域内施工。未经行政主管部门批准，不得在港区、锚地、航道、通航密集区设置、构筑设施或者进行其他有碍航行安全的活动。

3）严格船舶航行管理

船舶航行应遵守《国际海上避碰规则》《中华人民共和国内河避碰规则》等有关规定。施工船舶穿越桥孔或过江架空管线前，应预先了解其净空高度、宽度、水深、流速等情况。在狭窄水道或来往船舶较多的水域施工时，通信频道应有专人值守，并及时沟通避让方式。

严禁损坏助航标志和导航设施，造成助航标志或导航设施损坏的，应当立即向行政主管部门报告，并承担相应的赔偿责任。航标周围不得建造或设置影响其工作效能的障碍物，航标、航道附近有有碍航行安全的灯光，应采取适当的遮蔽措施。

4）严格船舶安全保障管理

为保障航行、停泊和作业的安全，承包人应随时与有关行政主管部门保持通信联络畅通，保持助航标志、导航设施有效，准确、及时获取海洋气象预报和必要的航海图书资料。

除此外，管理局还对解系缆绳作业，舷外作业，使用船电作业，进入施工船舶封闭处所作业，使用、收放船舶舷梯，自航式施工船舶作业，非自航式施工船舶的作业进行了详细的安全规定。

2. 特种设备安全管理

特种设备是指涉及生命安全、危险性较大的压力容器（含气瓶）、压力管道、电梯、起重机械、场（厂）内专用机动车辆，包括其所用的材料、附属的安全附件、安全保护装置和与安全保护装置相关的设施。

管理局对承包人的特种设备安全管理提出以下要求。

（1）各承包人依据《特种设备安全监察条例》和《港珠澳大桥主体工程特种设备安全管理实施细则》，编制各单位的特种设备安全管理制度和岗位安全技术操作规程，明确职责，做好特种设备的安全管理工作，并对特种设备的安全使用全面负责，设置或指定特种设备安全管理机构，配备专职的安全管理人员。

（2）加强特种设备操作人员的培训教育和管理工作。

（3）组织进行特种设备使用状况的经常性安全检查，发现问题及时处理；定期进行特种设备维修保养情况检查和安全附件、安全保护装置安全性检查，发现问题及时处理，确保特种设备及安全附件、安全保护装置处于完好工作状态；严禁特种设备带病运行。

（4）建立健全特种设备事故应急处置预案，定期培训和演练；建立特种设备现场应急处置机制，授权特种设备操作人员或安全管理人员，在发现特种设备重大安全隐患紧急情况时的应急处置权限。

（5）严格执行特种设备采购、使用、维修保养、检测检验、报废相关制度和程序。对特种设备进行强制保险，提高事故赔付能力，严禁采购、使用国家产业政策明令淘汰的特种设备。

（6）鼓励参建单位推行科学的管理方法，采用先进技术，提高特种设备安全性能和管理水平，增强防范特种设备事故的能力。

交通运输部、广州海事局、深圳海事局及其派出机构为管理局的施工船舶和特种设备安全管理、通航与防台安全管理等做了大量支撑工作。截至 2017 年 11 月底，成功实施 12 个阶段共 41 次航道（路）调整转换工作；制定各种施工船舶专用航线 19 条；设置开通 7 条临时航路；规划 3 处大型超深超高船舶专用防台水域和 39 处施工船舶防台推荐水域；设置、撤除和调整航标 910 座次，应急处置航标险情 31 宗；累计疏通 300 多万艘次的过往船舶，组织 2 600 万方人工岛填岛作业的砂石运输船舶和 2 400 万方倾废作业的淤泥运输船舶；完成 33 节沉管（含最终接头）共 45 次的浮运安装（含演练、拖运和应急回拖等），841 航次 670 件大型构件运输，40 项关键性构件吊装的水上交通安全保障工作；累计组织召开 600 多次协调会议，协调解决通航安全问题近千项，编制纪要 505 份，发布航行通告 300 余份，办理许可 457 宗；开展了专项督察 46 次，发现安全隐患问题 299 项，提出安全管理建议 235 项；组织大桥建设现场巡航 14 969 次，出动海巡船艇 14 565 艘次，出动海事执法人员 101 460 人次，巡航里程 284 248 海里（1 海里 ≈ 1 852 米）；开展 33 次扫海测量，扫测面积 91.83 平方千米，印制图纸图册共 46 777 份；编制 51 幅航路图疏导船舶航行。

8.3.4　异常气候：特殊环境的人员安全管理

为确保港珠澳大桥主体工程在异常气候条件下的施工作业安全，保障员工的职业健康和生命安全，管理局制定了《港珠澳大桥主体工程异常气候安全管理实施细则》。

1. 基本要求

（1）承包人建立健全应对异常气候的组织机构，明确职责和分工。

（2）针对工程项目特点和施工区域异常气候特点，建立健全异常气候条件下的安全生产、风险规避规章制度和突发事件应急处置预案。加强施工队伍和员工的日常培训教育工作，使全体员工具备必要的异常气候条件下安全生产、应急逃生知识和技能。

（3）配备必要的应急处置设备、设施，定期组织异常气候条件下的应急预案演练，强化施工队伍应对异常气候条件下突发事件的应急处置能力。

（4）建立异常气候信息收集、传递的长效机制，及时将异常天气预报发布到各施工队伍，提出安全作业要求，对施工队伍落实安全要求的情况进行监督、检查。

2. 处置措施要求

1）雷雨天气

强制要求：接到预报信息后，及时调整施工安排，做好终止野外施工、人员撤离的准备工作。在雷雨来临前，终止野外施工，安全撤离人员。

现场（应急）处置措施：在采取必要的应急措施后，迅速终止施工作业，安排人员有序撤离。紧急情况下，首先撤离作业人员到安全区域，若遇人员遭受雷击，应迅速采取正确的急救措施并拨打医院急救电话或就近送医治疗。无法确保撤离通道安全的情况下，应安排人员就地躲避。

2）高温天气

强制要求：远离基地的施工现场应设置医疗救护站。

现场（应急）处置措施：加强员工个体防护措施，配备必要的劳保用品和防暑降温物品，设置必要的防晒设施。

3）热带气旋

强制要求：接到预报信息后，及时调整施工安排，做好终止施工、人员撤离的准备工作。在热带气旋来临前，终止施工作业，安全撤离人员。

现场（应急）处置措施：突遇热带气旋袭击，应做好以下工作：在采取必要的应急措施后，迅速终止施工作业，安排人员有序撤离。紧急情况下，应首先撤离作业人员到安全区域，若遇人员受伤，应迅速采取正确的急救措施并拨打医院急救电话或就近送医治疗。无法确保撤离通道安全的情况下，应安排人员就地躲避。

4）台风天气

强制要求：接到警报信息后，及时调整施工安排，做好终止施工、人员撤离的准备工作。在台风多发季节，或已得到台风警报信息，船舶重要设施严禁随意拆检，并在甲板两舷及人行通道设置临时护绳或护栏。在台风来临前，终止施工作业，安全撤离人员。

现场（应急）处置措施：在台风期间，承包人须设有抗台指挥人，严格执行甚高频守听制度，及时收听、记录气象预报及台风警报，并在"台风位置标示图"上跟踪、标绘台风路径及未来走向。在台风威胁中，承包人应与船舶保持密切联系，随时掌握施工船舶进入避风锚地的位置和锚泊情况，加强值班、勘测锚位、备妥主机。

5）季风气候

现场（应急）处置措施：安排专人接收气象和海浪信息，当风浪可能对船舶或设备造成威胁时，应立即停止作业。

6）能见度低的天气

强制要求：有关部门发布停航通告后，必须停止航行。

现场（应急）处置措施：船舶雾航应严格执行《国际海上避碰规则》和《中华人民共和国内河避碰规则》的有关规定。船舶航行时，驾驶人员应按规定鸣放雾号，减速慢行，注视雷达信息，并派专人进行瞭望。航行中突然遭遇浓雾应立即减速，并测定船位；继续航行时，执行有关规定。同时，应运用 AIS 警戒周围船舶。

7）无掩盖水域

强制要求：施工船舶的作业性能应满足无掩护水域的工况条件，避风锚地应选择在相对较近、水文气象条件较好的水域。

现场（应急）处置措施：停止作业后，施工船舶应将其重钩、桩锤、抓斗、臂架及属具等进行封固保管。

8）光线不足

现场（应急）处置措施：船舶或作业场所在夜间施工时，应设置满足施工要求的照明设备。作业现场的预留孔洞、上下道口及沟槽等危险部位应设置夜间红灯警示，并设置防误入防护网或栏杆、屏障等；探照灯或其他照明设备的光束不得直接照射施工船舶、机械的操作和指挥人员。施工船舶应按规定显示航行、作业和停泊的号灯；碍航的水上设施、未完工程等应设置警示照明灯；加强夜间护船值班，并记录情况。

大桥主体工程施工期共经受了 38 次台风防御的应急管理考验。2012 年 7 月，第 8 号台风"韦森特"热带风暴在菲律宾东部海域生成，并登陆广东沿海、珠江口地区，最大风速达 41.3 米/秒，海面最大风力达到 12 级、阵风 14~16 级，并带来大暴雨。管理局高度重视台风防御工作，针对第 8 号"韦森特"热带风暴路径多变、强度大的特点，管理局调度中心按照防台预案要求电话通知岛隧工程项目经理部启动Ⅳ级响应，对防台进展情况实施应急监视，要求定期上报防台信息，并跟进有关台风信息与防台工作进展。2012 年 7 月 22 日，"韦森特"逐渐由热带风暴发展为台风，情况紧急，调度中心启动防台预案Ⅲ级应急响应，实施应急监视，定期上报防台信息。7 月 23 日早晨防台、抗台工作正式启动。23 日中午 12：00，西人工岛尽最大能力撤出岛上施工员工。4 小时后，根据管理局防台预案的有关规定，经请示应急指挥中心总指挥朱永灵局长同意，将防台应急响应升级为Ⅰ级响应，并执行响应的流程。8 小时后，管理局朱永灵局长、余烈副局长赶赴工程现场，详细询问施工一线的防台防汛情况。10 小时后，调度中心开始以每半小时一通话的频率与船舶及西人工岛保持联系，以每小时一报的频率向岛隧工程项目经理部反馈现场情况，并按预案要求每小时向各工区、各船舶发布一次台风消息，每两小时向管理局、总监办快报防台情况。13 小时后（7 月 24 日 1：00），管理局调度中心、岛隧工程项目经理部各领导与工区领导办公室灯火通明，各领导按照职责分工坚守岗位；14 小时后，珠海市发出近十年来的首次台风红色预警，管理局和岛隧工程项目经理部领导集聚调度中心，查看台风运行轨迹、了解现场防台情况；16 小时 15 分钟后，"韦森特"在离珠海市区不远的台山赤溪镇登陆，现场风力逐步减弱；17 小时后，"韦森特"已经对现场不构成威胁，现场和船舶一切正常之后开始按分工轮流值守；20 小时后，按照正常工作时间，管理局和岛隧工程项目经理部全部进入常态工作岗位。

2012 年第 8 号台风"韦森特"台风移动路径多变、发展强度大，来势凶猛，登陆广东沿海、珠江口地区时，最大风速达 41.3 米/秒，海面最大风力达到 12 级、阵风 14~16 级，并带来大暴雨，对港珠澳大桥防台防汛工作是一次非常严峻的考验。在港珠澳大桥安全管理体系的有效指导及参建单位和员工的齐心协力下，人身安全、工程设备及工区均经受住了台风考验，成功抵御并避免了台风"韦森特"可能造成的毁灭性破坏。

8.4　职业健康管理

港珠澳大桥主体工程涉及众多的特殊作业环境，如箱梁内部拼装、隧道内部施工等密闭空间作业，以及钢结构除锈喷涂、混凝土加工搅拌、潜水作业及海上高温高湿环境作业等。同时，作业过程需要大量利用电气焊、砂轮、钻机等机具，因此加强对特殊作业环境下施工人员职业健康防护是非常有必要的。管理局贯彻落实"以人为本"的指导思想，制定了相应的控制程序。针对孤岛作业可能会给施工人员带来的身体和精神压力，通过"硬"管理和"软"管理双管齐下的方式，保障施工人员身心健康。

8.4.1　以人为本，保障职业健康管理

为及时掌握管理局、参建单位员工身体健康状况，实现对员工健康和劳动保护的有效管理，管理局制定了《港珠澳大桥主体工程员工健康管理控制程序》，所涉及的利益相关方的职责如表 8.3 所示。

表 8.3　职业健康管理利益相关方的职责

利益相关方	职责
管理局综合事务部	管理局员工常规健康体检计划的编制、实施和管理，普通劳保用品选型、采购、保管和发放管理
管理局安全与环保部	管理局员工职业健康体检计划的编制、实施和管理，劳保用品发放标准的制定，及特殊劳保用品的选型、保管和发放管理，对参建单位施工现场作业过程中产生的粉尘、噪声等超标排放，以及员工常规健康体检、职业健康体检、劳保用品配备的实施情况进行监督、检查和考核
管理局财务部	负责管理局员工健康和劳动防护用品经费落实和使用管理
监理人	负责对承包人员工健康和劳动保护的情况进行监督管理
参建单位	依照本程序要求，负责落实本单位员工健康、职业健康、职业病防治、劳保用品的管理，以及施工现场作业过程中产生的粉尘、噪声等的监测和管理

具体要求主要包括以下几个方面。

1. 职业健康管理要求

为预防和消除主体工程建设过程中的职业病危害，防治职业病，提高员工职业健康水平，保护劳动者健康和相关权益，管理局制定了《港珠澳大桥主体工程职业卫生管理实施细则》，对管理局员工、参建单位员工的职业健康管理、作业场所管理、劳动防护用品管理、公共卫生与个人卫生、职业卫生健康监护等做出了详细的要求。

2. 职业危害因素监测要求

管理局要求参建单位定期组织实施作业场所职业危害因素的监测，定期监测应委托当地有资质的环保监测部门进行，监测点的设置及监测频率应符合国家职业卫生有关标准，监测结果应及时送达管理局安全与环保部备案。在监测中发现不合格时，应组织查找原因并采取适当的整改措施。监测内容主要包括粉尘、悬浮物、噪声环境、振动环境、辐射环境、高温环境及其他可能造成职业危害的因素。

3. 劳动保护要求

劳动保护是HSE防护措施落实的基本体现，也是现场HSE管理根本状况的直接反映。为此，管理局制定了《港珠澳大桥主体工程劳动防护用品管理实施细则》与《港珠澳大桥主体工程保健津贴与防暑降温用品管理实施细则》，管理局、参建单位安全与环保部门根据各岗位工作特点，制定劳保用品、保健津贴和防暑降温用品发放标准，经管理者代表审批后执行。

2016 年 8 月 24 日上午，管理局前往港珠澳大桥 CB06 标、CB07 标桥面铺装施工一线看望现场施工人员（图 8.8）。当日大桥桥面温度高达 35℃，项目部对管理局的慰问表示感谢，并从生产施工安排、应急处置、后勤保障等多方面进一步开展防暑降温工作，确保高温天气下一线员工的安全和健康，防止高温中暑及各类生产安全事故发生。

图 8.8　2016 年管理局送清凉

资料来源：港珠澳大桥管理局

8.4.2 孤岛作业职业健康管理

岛隧项目的工作人员长时间在外海孤岛施工，承受巨大的身体和精神压力。岛隧工程项目经理部依照管理局制定的《港珠澳大桥主体工程员工健康管理控制程序》，对施工人员的职业健康进行管理。管理方法主要分两类，一类是制度规范类的"硬"管理，一类是教育与感化类的"软"管理。

1. 制度规范类

1）6S 标准化作业

"6S"即整理（seiri）、整顿（seiton）、清扫（seiso）、清洁（seiketsu）、素养（shitsuke）、安全（safety）。岛隧工程沉管预制厂从管节预制施工之初即全力推行"6S"管理，不断总结经验，提升管理，并将成熟的"6S"管理经验用于东、西人工岛上施工管理，均取得成功，有力保障了现场 HSE 标准化管理。

2）文明工地规范

印发《沉管隧道内安全文明施工检查确认表》，隧道内各施工点全面使用该规范表格进行现场检查，各级领导及隧道内各单位加强隧道内安全文明施工巡查力度。在最终接头安装前，调配隧道内文明施工班组，配置大功率吸尘器，每日清扫除尘，设置足量移动环保厕所，并安排专人管理。

3）班前作业早晚班会

建立推广"安全两会"制度，即班前安全会、班组长安全周会制度，其中班前安全会全员参与，是班组建设的核心途径，发挥至关重要的作用。通过各级管理人员不懈努力，班前安全会已成为项目班组安全管理、一线员工安全教育培训的最重要途径，有力提升了一线员工的安全意识和安全技能，强化了班组的凝聚力和管理水平。

2. 教育与感化类

通过文化建设、领导带班制度、员工培训、思想教育等途径，工人形成了"不安全我不干"的意识，达到本质安全管理的目的。

1）文化建设：突出以人为本原则

岛隧工程工期长，一线员工需要长期在外海、船舶、孤岛环境下进行重复性作业，保证员工身心健康十分重要。项目以文化建设为载体，突出"以人为本"的原则，严抓人心工程，各级管理人员发自内心、真正对一线员工进行人文关怀。

例如，由方驳改造而成的沉管隧道基础抛石夯平专用船舶"振驳28号"，其施工、生活环境相对于其他船舶较为艰苦。2014 年 4~5 月，项目对船舶生活区开展大规模改造，并增配电视机、跑步机、乒乓球桌、哑铃及动感单车等休闲健身器材，改造完成后的生活区活动空间增加，极大改善了抛石夯平船上施工人员生活质量。

2）领导带班制度

项目经理部每天安排一名领导和一名部门负责人带队到施工现场进行巡查，积极排查各类风险，督促现场整改完善；HSE 管理部每天安排 2~3 名专职 HSE 管理人员与工区 HSE 管理人员一起实施现场安全巡查，及时发现并解决现场安全隐患及人员违章行为。

8.5　环境管理核心：中华白海豚保护管理

港珠澳大桥所处海域设有中华白海豚国家级自然保护区，环境敏感点众多，海洋水质和生物保护要求高，施工废弃物处理量大，对环境管理要求极高，尤其是中华白海豚的保护管理。中华白海豚被列入《濒危野生动植物国际贸易公约》和《世界自然保护联盟濒危物种红色名录》，有"水上大熊猫"之称。为保护海洋环境，避免对中华白海豚造成伤害，大桥在建设过程中吸收世界先进技术，创新施工工艺和工法，通过提高作业效率、缩短海上施工时间等方式，尽可能减少对中华白海豚的影响。

8.5.1　大桥建设对中华白海豚生态环境的影响

专题研究报告表明，施工期间不仅施工船舶可能会碰撞中华白海豚，水下爆破作业也可能会伤害中华白海豚。同时，因施工产生的悬浮物、污染物可能会对中华白海豚的生存环境造成污染。大桥及海底隧道建设均需要较大规模的海床挖掘及填海，可能会使水中悬浮物增加，形成混浊区，致使水体透光度和含氧量下降，给保护区附近水质带来一定的负面影响。虽然悬浮物增加或海水含氧量下降对水中鲸豚类动物的直接影响有限，但悬浮物增加可能会增加海豚体表感染细菌的机会。另外，保护区水域的鱼类虽然对浑浊水体有较高的适应性，但悬浮有机物对溶解氧的消耗作用有可能造成相对低氧的区域，从而使鱼类产生回避反应，间接影响到中华白海豚的觅食。

除施工阶段，运营阶段也可能会对中华白海豚造成影响。桥上车辆噪声可能会影响中华白海豚的回声定位系统，大桥桥墩和人工岛会永久改变附近的水流特征引起区域流场的变化，进而可能改变当地的海底生态系统，并可能引起底层鱼类的分布变化和中华白海豚的觅食活动。

综上所述，通过专题研究发现，港珠澳大桥工程的建设和运营可能会从多个方面对中华白海豚的生活环境、生存空间及个体造成直接或间接的负面影响，因此需要在建设和运营中采取一系列缓解与保护措施。

8.5.2 中华白海豚保护基本要求

管理局始终重视海洋资源与生态环境保护，尤其是对中华白海豚的保护。在开工前，开展了中华白海豚保护专题研究，决定采用"大型化、工厂化、标准化、装配化"的设计理念，将沉管隧道、桥梁承台和墩身及钢箱梁在岸上工厂化预制、海上装配化安装，以提高作业效率，缩短海上施工时间，实现"减少占用海域面积，降低阻水率，减少施工噪声，有效降低海上施工对海洋环境和中华白海豚的影响"的目标。根据专题报告研究结论，还研究编制海洋环境保护和中华白海豚保护工作方案，制定具体工作措施，在建设过程中逐一落实。

基于中华白海豚听力系统敏锐、对声音信号比较敏感的特点，管理局联合中国科学院水生生物研究所、中山大学、交通运输部规划研究院，根据港珠澳大桥施工水域实际情况，研究提出施工海域中华白海豚声学驱赶保护方法，以避免其被工程建设和渔业活动误伤、误杀。特别是，港珠澳大桥主体工程建设制定了极其严格的水下爆破作业审批规定，整个项目建设期间，除桂山牛头岛沉管预制工厂施工中需要对坞口及附近连接航道进行少量爆破作业外，大桥全线均尽最大努力避免了水下爆破作业，最大限度地保护中华白海豚及其生存环境。

除此之外，针对工程施工期间的承包人的中华白海豚保护管理，管理局提出以下基本要求。

（1）承包人成立专门的中华白海豚保护领导小组，由承包人的主要负责人牵头。

（2）建立健全中华白海豚保护管理制度和责任追究制度，确保落实到位。

（3）建立管理局、监理人、承包人及与中华白海豚保护管理机构的定期联系机制，定期召开联席会议。同时，管理局、监理人、承包人在召开安全环保会议时，应对前期中华白海豚保护措施的落实情况进行总结，安排下阶段工作，并进行信息的相互传递。

（4）施工作业过程中，出现任何可能影响中华白海豚的异常情况，都应查明原因、果断处理、及时上报；发生任何可能影响或直接影响中华白海豚的事件（或事故），都应立即暂停施工，启动应急处置程序，确保万无一失。

（5）承包人施工现场管理人员、作业人员、中华白海豚观察员应经中华白海豚保护管理机构专门培训并取证上岗。

　　（6）承包人每年 10 月 15 日前，提交下年度中华白海豚保护区内施工组织计划，并确保获取保护区主管部门批准许可，如因实际情况施工组织计划须做出重大变化时，承包人须及时向业主或监理人提交更新的施工组织计划并经批准后实施。每年 3 月前，承包人应将 4~8 月中华白海豚保护区内的详细施工组织计划报保护区管理局审批，获得批准后方可在保护区内施工作业。

　　2011 年 1 月 24 日，港珠澳大桥工程中华白海豚保护培训班开班仪式在珠海顺利开班，广东省海洋与渔业局、广东省海洋与水产自然保护区管理总站、珠江口中华白海豚国家级自然保护区管理局等单位的领导出席了开班仪式，如图 8.9 所示。

图 8.9　港珠澳大桥工程中华白海豚保护培训班开班仪式
资料来源：港珠澳大桥管理局

　　2014 年 10 月 30 日，珠江口中华白海豚监测技术交流会议在广东珠江口中华白海豚国家级自然保护区管理局召开。管理局、路政署、港珠澳大桥香港工程管理处、保护区管理局、国家海洋局南海海洋工程勘察与环境研究院（环保顾问）、厦门大学等单位的领导和代表出席会议。与会人员参观了保护区管理局的宣传展厅，并在会上交流了施工水下噪声监测、中华白海豚声学行为反应、施工对中华白海豚游走影响监测等研究的方法和成果。本次会议是在跨境环保联络小组工作的基础上，开展的中华白海豚保护技术专项交流活动，如图 8.10 所示。

图 8.10　珠江口中华白海豚监测技术交流会议
资料来源：港珠澳大桥管理局

8.5.3　施工船舶管理措施

（1）海上施工作业船只，均应配备 2 名及以上的中华白海豚观察员。施工作业船只进入作业区域作业前，观察员应在船上视野开阔无遮挡处值班（耙吸式挖泥船和打桩船周围设立半径不少于 500 米的监视缓冲区），使用望远镜搜索海面。观察员每隔 30 分钟轮换一次以消除疲劳，并保持与船舶控制台的联系通畅。

（2）对中华白海豚的监视性观测，应覆盖在施工船舶周围 360 度范围，持续观测时间应至少为 5 分钟（4~8 月应至少为 10 分钟），以确认 500 米范围内是否有中华白海豚出没。如果施工区域 500 米范围内发现中华白海豚出没，严禁施工作业。只有施工区域 360 度、500 米范围内连续 5 分钟未发现中华白海豚出没迹象，方可进行施工作业。观察员在上岗前，应对望远镜、通信器材进行检查，确保其完好、有效。

（3）在施工作业过程中，观察员应始终如一地履行职责，一旦发现中华白海豚出没，应立即发出警示。接到观察员的警示后，施工作业应立即停止，并尽量减少船舶机械设备的开动量，降低机械噪声。

（4）施工作业期间，应聘请有资质的专业机构或人员监测水中的噪声水平，并观察判断噪声对中华白海豚行为变化的影响。

（5）合理安排工期、施工船舶和机械配置，尽量减少同一区域同一时段施工船只和作业机械数量，并保持船舶和机械良好的性能状态，尽可能减少施工噪声及累加效应。

（6）船舶进入中华白海豚保护区，限制航速在 10 节以下，防止航船撞击和降低噪声滋扰。

（7）施工船舶在航行过程中，如发现中华白海豚在船舶 500 米范围内出没，应实施减速慢行或避让措施，直至中华白海豚游离到安全距离。

2013 年 2 月 1 日早上，一艘载满急需钻机设备的"盛世 2 号"货船驶往青州航道桥 56#墩钻孔平台工地时，发现船前有一群中华白海豚，约百米处有海鸥群近百只。正在船上例行春节前 HSE 检查的工程师当即组织工区 HSE 管理人员、船长船员等 12 人，按照中华白海豚保护相关要求，立即停船抛锚为中华白海豚让道，组织船上观测员认真做好观豚记录，留下影像资料。约一小时后，经观察"盛世 2 号"货船周边至 1 海里内未再见中华白海豚出现，海豚群已顺利自然离开后，船舶方继续前行，如图 8.11 所示。

图 8.11　路遇中华白海豚
资料来源：港珠澳大桥管理局

8.5.4　施工要求与措施

（1）桥桩钻孔应尽量采用围水干排钻孔的施工方法，尽量避免湿排钻孔方法，减少悬浮物产生及扩散。

（2）在人工岛护岸回填等施工过程中，疏浚、吹填和沉管隧道基槽开挖等施工作业应尽量采取先围后填和先围后挖的施工顺序。

（3）应合理安排工期，控制每日挖泥量，土方应进行表面覆盖，以减少水流或雨水冲刷造成的悬浮物扩散。

（4）填海砂源禁止选择在中华白海豚保护区内。

（5）使用自航式耙吸船在中华白海豚保护区范围内施工作业，采取防止淤泥溢流的可靠措施时，最好利用环保阀以减少溢流；使用大型耙吸式挖泥船，应采用自动调节溢流口的装置，减轻溢流对施工海域的污染。

（6）挖泥船在倾倒区抛泥后，应及时关闭舱门，在确定舱门关闭无误后方可返航。在疏浚作业期间，应特别留意气象预报，在恶劣天气条件下，应提前做好防护准备并停止挖泥和倾倒作业。

（7）根据作业区具体情况，采取布设幕网等措施，确保高悬浮物控制在有限范围内。

（8）本工程与广州港出海航道三期工程的施工后期有作业区重叠或附近有

其他工程项目施工，合理安排施工顺序，尽量避免施工区重叠的叠加影响。

以对岛隧沉管安装过程中所产生大量疏浚弃土的处理为例，海洋法规定，弃土必须输送至划定区域倾倒。为减少开挖总量，对抓斗船施工工艺进行了改良，安装抓斗监控摄像头，并在施工中采用电脑控制，提高开挖精度。此外，为减少运输过程中挖泥溢出污染周边海域，减小了每一层开挖厚度，并降低抓斗船的装斗率。从岛隧工程疏浚现场运送到大万山南倾倒区抛卸，4 000 多万立方米的挖泥总量，7 年间数万次的往返，倾倒区水质从未出现过一次污染物超标事件。

8.5.5 繁殖期保护措施

（1）岛隧工程处于中华白海豚活动重要分布区内，在4~8月的中华白海豚繁殖高峰季节，原则上应避免集中、大型及敏感的施工作业活动。

（2）特殊情况下，必须进行的施工作业活动，应严格落实《港珠澳大桥主体工程初步设计阶段珠江口中华白海豚国家级自然保护区内施工方案专项论证报告》及批复的有关要求，制定安全技术方案和应急处置措施，报中华白海豚保护机构同意后，方可施工，未经许可，严禁施工作业。

（3）经审批同意的4~8月的施工作业活动，承包人应采取有效措施，严格控制噪声对中华白海豚交配活动和幼豚的影响。

港珠澳大桥主体工程自建设以来，直接投入中华白海豚生态补偿费用 8 000 万元，用于施工中相关的监测费用4 137万元，环保顾问费用900万元，渔业资源生态损失补偿费用约 1.88 亿元，有关环保课题研究经费约 1 000 万元，其他费用约 800 万元，上述费用共计约 3.4 亿元。

8.6 成效与启示

港珠澳大桥主体工程的建设过程，没有出现大的安全事故和环境污染事故，做到了人与工程、环境和谐相处。港珠澳大桥主体工程的 HSE 管理经验，为我国大型交通基础设施特别是跨海桥梁工程建设提供了宝贵经验和有益借鉴。

1. 成效

自 2009 年开工建设以来，岛隧工程 13 船钢圆筒累计 48 000 千米的海上运输"安然准时"，沉管预制 156 道工序无一偏差，38 次"外海远征"平安往返，经40 次台风侵袭工程、人员无一受损，港珠澳大桥工程荣获 2015 年全国"AAA 级安全文明标准化工地"称号。"AAA 级安全文明标准化工地"是全国安全文明施工方面的最高奖项，被业内誉为建筑安全文明施工方面的"鲁班奖"，获得该荣誉既是对项目全体员工在安全文明施工管理所付出努力的肯定，同时也是对管理局安全管理的肯定。特别是，港珠澳大桥工程累计开展了近 40 次防台风工作。2018 年 9 月，强台风"山竹"登陆广东，处于中心风圈范围内的大桥情况正常，经受住了检验。监控数据显示，在台风"山竹"过境期间，大桥现场检测到的瞬时最大风速为每秒 55 米，但索力、位移、振动皆在设计允许范围内。2018 年 11 月，习近平总书记在上海中国国际进口博览会向其他国家政府首脑介绍港珠澳大桥时，特别肯定大桥抗台风取得的成绩。

　　港珠澳大桥建设以来，中华白海豚得到了较好的保护。在 2005~2006 年的大桥工程前期研究阶段，协调小组就专门委托中国水产科学研究院南海水产研究所进行中华白海豚的专题研究。大桥开工建设前，委托南海水产研究所开展了中华白海豚本底调查，建设期间又委托其进行中华白海豚监测和中期评估。最终"大桥通车、中华白海豚不搬家"的承诺守住了。海天之间，人与自然和谐共处，超级工程与中华白海豚相互守望。作为举世瞩目的超级工程，港珠澳大桥的意义，不仅是中国由桥梁大国迈向桥梁强国的里程碑，也是一座代表人类与海洋和谐相处的丰碑。

　　2. 启示

　　（1）跨行业经验借鉴与创新。在大型基础设施建设过程中，由于项目的独特性和创新性，往往会面临传统管理方式无法解决的问题，跨行业借鉴是一种解决问题的有效方式。在进行跨行业经验应用时，不能生搬硬套，要在进行异同分析的基础上，结合大型基础设施工程的具体特点，制定相应的管理方案。

　　（2）跨部门紧密协作。大型基础设施的建设涉及面广，仅靠传统建设管理部门的力量，往往无法实现建设的高目标要求，而跨部门协作可以有效提高管理效率和水平。通过跨部门协作，建立信息共享、协同行动的机制，可以有效保障大型复杂基础设施工程建设的顺利进行与高效完成。

　　（3）业主主导的 HSE 体系化管理。大型基础设施建设工程是复杂的巨系统工程，任何一个子系统都不能单独实现系统目标，必须建立一个稳定的组织系统和高效的运行体系。业主作为实现项目全生命周期管理目标的主要推动者和主导者，在工程建设过程具有不可转移的主导地位，并负有统筹协调的职责，以业主为主导的管理体系是必然要求。

　　（4）从危险源出发的本质安全管理理念。传统安全管理的特点是强制性、被动性、事后经验性，对具有较高环境和施工复杂性的大型基础设施工程来说，这种管理方式已不再适用。从危险源出发，秉持"本质安全"理念进行安全管理，通过对各种技术方案可行性和安全风险的分析评估，确保在事前将工程风险降至最低，方能为工程安全建设保驾护航。

（5）以信息技术为支撑的动态管理。通过信息技术进行大型复杂基础设施工程的安全风险管理是未来发展的必然趋势。传统的静态风险管理无法满足现代工程的安全风险管理要求，以信息技术为支撑的安全风险预警/预控体系，可以对工程建设过程中的风险源及施工情况实时、动态掌控，能够在第一时间从源头发现、把控和消除潜在风险，降低突发事件所造成的人财物损失，确保施工安全。

（6）特殊环境下的 HSE 管理。对于工程本身所处环境具有特殊性，或由于施工特点导致施工人员作业环境具有特殊性的大型基础设施工程而言，需要针对特殊环境制定相应的 HSE 管理措施，在保护自然环境的同时，重点保障员工的生命及身心健康。

第9章 技术管理与科技创新

港珠澳大桥被新闻媒体誉为桥梁界的"珠穆朗玛峰"，因其不仅面临着超级技术难题，大桥设计、建造、运营还面临"一国两制"粤港澳三种不同技术管理标准等一系列挑战，统筹协调难度非常大。在缺少可供参考经验的情况下，管理局发挥"一国两制"的制度优势，基于一般的技术管理体系基本要素，梳理大桥技术管理与创新的顶层设计与总体部署，构建了相应的技术管理方针、管理机构与合作网络等机制与制度，归纳总结了科学原始性创新、前瞻引领性创新、使命驱动型创新和新基建特别创新等不同创新内容，彰显了中国奋斗精神和科技创新自信。

9.1 背景与关键挑战

港珠澳大桥被新闻媒体誉为"当今世界上最具挑战性的超级工程"，其也创造了多项世界纪录：世界上最长的跨海大桥、世界上最长的海底沉管隧道、世界上最大断面的公路沉管隧道、世界上最大的沉管隧道预制工厂、世界上最大的八锤联动振沉系统、世界上最大的起重船、世界上最大橡胶隔震支座等。这意味着港珠澳大桥项目在"一国两制"的跨界跨境建设条件和桥岛隧集群复杂技术方面特点突出，面临的重大技术挑战在国内外缺少成功范例可供借鉴。

9.1.1 建设目标挑战

港珠澳大桥是我国打造超级湾区计划的战略一环，从最初民间人士提议、三地酝酿建设到建成通车，历经了35年的岁月，中间经历了一系列意外和波折。港珠澳大桥建设规模宏大，区域建设条件复杂，在具体建设目标确定时面临极大挑战。作为一个历史性工程，经过前期多轮的规划论证，大桥建设目标定位为建设世界级跨海通道、为用户提供优质服务、成为地标性建筑，其内涵包括：①采用世界先进的理念，整合顶级设计及咨询团队进行技术管理与科技创新，确保港珠澳大桥设计使用寿命达到 120 年；②通过高品质设计和建设、高水平维护和保养，确保港珠澳大桥拥有完善、舒适的硬件技术系统；③从功能概念、地理概念、行业概念和技术概念上均成为地标性建筑，利用尖端工程"黑科技"使得港珠澳大桥占据独特的工程技术高地。

9.1.2　技术标准挑战

粤港澳三地的技术标准不同，为了科学协调统筹三地规范，港珠澳大桥提出了"就高不就低"的建设标准原则，这促使大桥制定了 120 年设计使用寿命的技术标准。但由于过去内地没有一套从材料到施工、工艺再到验收指标的能保证使用寿命达到 120 年的标准，这导致了大桥的耐久性设计是一道跨不过的门槛。即便是明确规定大桥使用寿命为 120 年的英国，其解决办法是直接采用不锈钢来建造大桥，但不锈钢的造价是普通钢筋的 8~10 倍。另外，欧盟曾花了 6 年时间形成耐久性模式规范，不过没有详细数据，不同国家还需要根据自己的海水条件、材料、工艺重新来修正设计模型和参数。

岛隧工程是我国首条大规模外海沉管隧道，也是世界迄今为止唯一的深埋隧道，而当时内地的沉管隧道工程加起来不到 4 千米，基本需要从零开始、从零跨越。另外，一直以来外海沉管隧道施工核心技术掌握在为数不多的几家境外公司手里，2007 年港珠澳大桥工程师们去韩国考察沉管隧道施工技术，提出到附近参观他们的隧道和装备，然而接待方拒绝了考察团想参观设备的请求，安装船也不让靠前，考察团只能在距离大桥约 300 米的海面上，用卡片机拍了几张照片。

在世界上，"深埋沉管"属于技术禁区。内地当时并不拥有该技术，而拥有该技术的公司也不对我们开放此技术。例如，沉管沉放以后，可以通过遥控水下调节架进行自动对接调整，这项专利属于荷兰某公司，如果要建造我们自己的安装船，遥控水下调节架问题的解决有两种方式：要么购买荷兰公司的专利，要么自己研发，不过前者要付专利费，但荷兰公司明确表示"不转让专利"。为此，港珠澳大桥组织相关人员进行攻关，在科研攻关通过专家组评审正准备制造时，荷兰公司提出该公司已经在半年前在中国申请了这项技术的保护，要求支付高昂的技术转让费，否则就可能构成侵权，这种代价极为高昂，因此，亟须研发全新的、可替代的安装系统。

9.1.3 技术创新组织挑战

港珠澳大桥是跨越三个司法管辖区域建设运营的重大工程，三地政府在建设理念上存在一定差异，这既是大桥独特性所在，也是技术的复杂性、艰巨性所在。另外，大桥工程技术需求具有显著不确定性，需要跨组织、跨部门、跨行业、跨地区协同创新。这导致了大桥早就突破了传统的土木行业的管理框架和模式，工程技术创新主体从传统的设计承包方延伸至装备制造商、新材料供应商、信息技术和数据服务商、气象水文机构等，是典型的开放创新系统。

同时，全国范围内几乎没有单个企业能胜任完成这种巨大的挑战，亟须针对大桥项目特点和行业现状，紧紧围绕建设目标，探寻一条科技创新之路。

9.1.4 装备材料挑战

建造港珠澳大桥是一项系统性工程，任一环节的缺陷都会造成短板效应，钢材和混凝土等原材料的质量、建造过程中能调用的吊船等大型设备，都在考验着全社会的工业化水平。过去建桥的老办法是千军万马到现场去，人工浇筑混凝土墩台，然后再一块块地焊接桥身的钢箱梁，"四十年前的厂房、二十年前的设备"，基本是大桥招标之前国内桥梁钢结构制造企业的真实写照。整个行业现状的工装及技术水平较低、产品质量及稳定性受人为因素影响较大，能够具备与港珠澳大桥钢结构制造类似业绩，在生产产能、质量保证、工期保障、基地部署等方面相匹配的市场资源几乎没有。

外海大型深水沉管隧道施工在中国是第一次，其施工装备与核心技术一直垄断在为数不多的几家外国公司手里。例如，东、西人工岛之间要在水下约50米处开挖沉管隧道的基槽，每次抓斗挖泥的范围误差都不能超过 0.5 米，基槽挖好后进行修整，这涉及抓斗式挖泥船、挤密砂桩船、清淤船等大型船机设备。这项技术装备拟从日本引进，当时管理局跟日本公司进行洽谈，想要购买整套设备，但是日本公司提出"船可以卖，但里面的控制系统不卖，你们要做工程我们可以帮你们去做"。这意味着大桥开建之前就要着手研发大型施工装备，通过高、新、尖的装备来实现宏大的设计构思和技术创新，以保障工程顺利实施。

9.1.5 安全环保挑战

港珠澳大桥水上交通及超大构件运输、安装作业风险高，"大型化、工厂化、标准化、装配化"实施技术难度大，桥区灾害性天气台风、阵风、雷暴等对施工作业威胁大，并且工程区域地处珠江口中华白海豚保护区，海洋生态和环境保护要求高。国内大型工程项目的管理制度和方法还不够规范和严密，施工企业的安全管理制度还不够完善，与世界先进水平之间还有不小的差距。

传统的交通建设安全管理制度体系对跨海工程针对性不强，安全管理理念、管理模式、管理经验覆盖的广度与深度、规范性，相关管理工作的联动一致性不足，以及大桥建设过程面临复杂条件，高空作业、受限空间作业、水上作业、动火动电作业、高速移动作业、易燃易爆作业等比以往交通土建工程更密集。另外，员工常年面对一望无际的大海，长期海上单调施工极易使员工产生孤独感，引发心理失衡等问题。这些风险与大型跨海桥隧工程建设过程特殊性、复杂性组合后，风险与危害会显著放大，传统管理显然不能满足本项目安全管理可靠性的要求。

而在跨海大桥的施工安全及管理技术方面，国外针对不同的施工问题开展技术研究，制定出了非常细致的跨海大桥施工安全和管理技术体系，但这种细致化的工程管理体系在国内工程的研究与应用还十分缺乏，现有成果难以支撑港珠澳大桥施工安全方面的需求。港珠澳大桥项目所在区域自然保护区种类多、生态环境敏感，需要特别注重绿色环保、可持续发展理念，尽量减少施工对环境的伤害。尤其是穿越被誉为"海上大熊猫"的国家级保护动物中华白海豚保护区，海洋生态和环境保护要求极高，施工安全组织与环境保护关联且协调难度大。为此，港珠澳大桥项目首次在交通行业引入 HSE 管理体系。

9.2　技术管理体系及制度

港珠澳大桥攻克了多个世界级难题，打破了多项世界纪录，是一座名副其实的科技大桥。在这些世界级挑战的背后，是一系列科技攻坚行动的强力支撑。然而，由于参建单位多，产业链、价值链、供应链涉及广泛，港珠澳大桥工程的科技创新往往跨领域、跨组织、跨行业，单纯依靠"超级英雄"式的"创新冠军"破解技术难题是一项不可能完成的任务。为此，管理局需要以全局视角对大桥技术管理所涉及的各方面、各层次、各种要素进行统筹考虑和组织管理，以推动各项技术顺利落地。

9.2.1　顶层设计与总体部署

1. 创新理念引导工程实践

港珠澳大桥是我国从"建桥大国"迈向"建桥强国"的一座里程碑，整个工程以创新为引领。为了建立工程和管理技术的创新平台和保证机制，把跨海通道岛、隧、桥工程技术创新贯穿工程建设的全过程，全体参建员工凝聚起新时代的"主人翁精神"、"担当精神"、"创新精神"、"铁人精神"和"工匠精神"，坚守"建百年大桥、创一流工程"的共同信念，从港珠澳大桥运输钢圆筒的"每一船都是第一船"，到钢圆筒振沉的"每一个都是第一个"，从基槽开挖的"每一斗都是第一斗"，到沉管预制安装的"每一节都是第一节"就是写照。

创新理念是建立和推动工程技术和管理技术创新的第一步，包括设计创新理念、施工创新理念、管理创新理念、发展创新理念等。同时，基于伙伴关系理念构建的发包人和总承包人之间的关系，基于负责担当和奉献精神构建的优秀工程文化，对树立设计施工总承包模式下的发包人和总承包人的价值观、工程观、功德观都起到独特的作用。大桥建设者最终依靠创新平台和保障机制，加强先进技术的研发，不再局限于"拿来"或"引进"，而是通过自我研发和创新，走自主研发之路，以掌握核心技术推进建设。

设计创新理念侧重全生命周期规划，需求引导设计，如采用"珠联璧合"的整体思路考虑设计方案和景观，重点将人工岛设计成"蚝贝"造型，将九洲航道桥、江海直达船航道桥、青洲航道桥的桥塔分别以"风帆""海豚""中国结"的造型展示，显示粤港澳三地的区域特点，并根据大桥的实际情况开展景观设计，实现环境、生态、景观及城市文化、时代精神的协调统一，满足交通发展需求。施工创新理念主要是强调"四化"，即"大型化、工厂化、标准化、装配化"，在管理创新理念上，整合全球优质的资源为我所用，在自主创新的基础上实现自主建设。同时，在发展创新理念上推行伙伴关系，坚持绿色环保的发展理念，走可持续发展之路。

2. 国家科技项目顶层支撑引领

港珠澳大桥建设条件复杂、重大技术难题众多，整个项目科技攻关难度大，亟须在工程研究中掌握各方面的基础资料、梳顺管理中诸多可行性问题，以进行有效的技术管理和科技创新。为此，国家高度重视，以港珠澳大桥工程建设项目为依托，强力组织推进大型复杂交通工程建设管理理论的研究和工程技术攻关，其中由交通运输部申报的"港珠澳大桥跨海集群工程建设关键技术研究与示范"

项目于 2010 年列入国家科技支撑计划，共设五大课题、19 个子课题、73 项专题，总经费约 1.2 亿元，着重聚焦海底沉管隧道、人工岛、桥梁和建设管理等关键技术问题。

该国家科技支撑项目由管理局牵头组织实施，前后共有 27 家企事业单位和 8 所高等院校、500 余名科研人员参与其中，研究团队集合了业主、设计、施工、研究机构等，并在同济大学、西南交通大学、清华大学等业内顶尖高校的参与下，攻克了一批关键性技术难题，研发出一系列具有自主知识产权的创新产品，使得相应的设计、施工和管理技术水平提升到世界前列，最终确保了港珠澳大桥这一巨型跨海通道的建设任务得以高效、优质、安全地实施完成。

3. 以项目法人结构体系激发创新活力

港珠澳大桥采用"专责小组-三地委-项目法人"的"三级架构、两级协调"的协调与决策管理机制，充分发挥项目法人的技术管理与科技创新的主导作用，另外参与各方人员的政治素养、专业技术均是国内一流水平，并具有极强合作共建思维，满足项目建设需要。例如在项目前期工作阶段，项目法人提出港珠澳大桥主体工程项目建设愿景和建设目标，并对建设目标的内涵进行释义，经专责小组会议审议通过；构建了《项目管理规划》的纲领性文件，从核心载体、核心要素、保障措施 3 大层级、11 个部分对技术管理和科技创新进行了系统策划。

在此基础上，项目法人组织开展了建设目的、建设理念、服务功能、运营维护、安全运营、应急管理、防灾减灾、环境保护等方面的研究，并特别聚焦基础性、前瞻性的创新问题。另外，鉴于设计、施工的技术空白，项目法人首先组织研究出一个基本的框架内容，在启动招标前，管理局系统分析项目的边界条件，经过深度策划和多维度的市场调研，形成标准并作为招标的最低要求，再深入挖掘与大桥匹配的潜在优质资源，以满足工程要求。

9.2.2 管理方针与制度

1. 指导方针与管理目标

港珠澳大桥的技术管理与科技创新的总目标是通过建立伙伴合作管理模式，调动参研人员的积极性，实现从选题、立项、组织实施、验收（或鉴定）、应用和报奖全过程的有效管理。具体地，项目法人牵头和组织攻克关键技术，着力解决大桥在设计、施工、运营和管理上的技术瓶颈问题，并围绕建设目标，为建设畅通、安全、高效、绿色的桥隧岛综合集群工程提供强有力的组织机制保障。

为充分调动技术管理与科技创新工作者在大桥创新活动中的主动性和积极性，管理局紧盯目标，强化举措，高标准、高质量、高效率地推进技术管理与科技创新。在高标准方面，港珠澳大桥提出了"技术标准就高不就低"的原则，有力地保障了工程的高规格和高标准；在高质量方面，管理局定下了总体勘察设计质量达到国家优秀工程勘察设计金质奖标准、工程整体质量达到工程鲁班奖标准、工程整体质量和技术水平达到詹天佑奖标准、整体工程技术水平和创新能力达到国家科学技术进步奖标准、工程整体质量和技术水平达到国家优质工程金奖标准等目标；在高效率方面，则是指创新活动体现在提高项目的建设效率上，即在确保质量和安全的前提下，节约工程造价、缩短建设工期。

另外，港珠澳大桥依托工程技术攻关工作，加强我国交通基础设施领域技术人才培养，聚焦培养世界一流的建设和管理人才，具体包括通过内地、香港和澳门三方合作，培养组织全球合作的高级行政和技术管理人才；通过科研项目的实施，培养世界一流水平的行业高级研发人才；通过参与科研项目的高校院所，培养博士和硕士人才。

2. 技术管理基本制度与体系

管理局认识到在项目实施前编制综合、完整、全面的技术管理与科技创新规划是极关键、极重要的。从招投标环节开始，紧紧围绕建设目标，深入分析项目招标特点与需求，通过目标设定驱动顶层设计，制定项目招标管理规划。在此基础上，管理局构建相应的管理组织体系，聚集了国内最好的技术专家、设计、施工和监理队伍。同时，积极推行由境内大型骨干企业牵头，境外合作方作为成员组成联合体，在发挥境内企业自身经验实力的同时，通过有效整合，引入境外合作方的先进技术和管理经验。

管理局在制度设计上参考和引进了香港、内地高铁对混凝土、预制构件推行的产品认证制度，要求参建单位构建完善的质量管理体系并实行审查制度。另外，开展专用技术标准制定，要求主体工程的产品形成过程，须遵循港珠澳大桥专用标准体系。该技术体系涵盖了工程可行性研究、设计、建造和运营的全生命周期，工程可行性研究阶段即启动并有计划、分步骤地开展编制工作，伴随着项目的生命周期趋于成熟，对大桥全过程实施形成技术支撑。

3. 整合全球资源，推动全球合作

鉴于粤港澳三地设计技术规范要求及设计习惯不完全一致，为保证大桥按统一标准建设，统一确定设计中采用的技术标准及规范要求，管理局组织设计、咨询、科研等单位收集三地及世界范围内现有相关规范，然后对规范的适用性进行分析比较，并根据具体设计内容及项目特点提出规范使用要求，吸取、归纳、综合了中国香港地区及相关国际标准的长处，逐步建立了完整的项目技术标准体系，如行车道宽度采用了内地标准 3.75 米，应急车道宽度采用了中国香港标准 3.1 米。

作为世界级的超大型跨海集群工程，港珠澳大桥在国内及世界范围内都无范例可借鉴。为此，管理局放眼全球，推动示范性的全球合作，主要根据世界先进的理念、整合全球顶级设计及咨询团队，为大桥工程在技术风险和重大风险控制上提供支撑，并在一些细节设计及制造环节提供了技术优化和把关作用，同时也带来了新理念、新技术及新的施工工艺。特别是，根据中国情境和国际惯例，管理要求设计施工总承包联合体的组建避免"拉郎配"的方式，规定采用全球合作联合模式，设置设计咨询复核、内地牵头联合等间接方式，针对核心技术和关键创新引入世界优质资源。

9.2.3　管理机构与合作网络建设

1. 高标准构建管理梯队

为了保证大桥技术管理与科技创新的科学性和高效率，建立分层协调机制和决策平台，使得各项活动有序展开。交通运输部牵头组织成立了由41位著名专家组成的港珠澳大桥技术专家组，其中中国内地专家37名、中国香港专家2名、国外专家 2 名，为专责小组、三地委和项目法人在重大技术方案、科技创新方案的论证，以及重大工程问题的处理措施等方面提供决策与咨询。参建单位和科研项目承担单位对具体工程技术研发项目实行可分解的目标管理，并将总目标分解为多级子目标，按照公司、子公司、项目部，构建层次分明的技术研发项目目标管理体系，促进科研项目承担单位进行"自我控制"。

例如，中交一航局在原有的公司、子公司和项目部三级科技管理组织基础上，重新调整科技委员会，构建公司决策层直接参与科技决策的机制，组建技术专家委员会，对技术创新管理进行监督和引领，使决策效率和执行力大大加强。同时，为推动技术创新管理的实施，构建了以中交一航局技术专家委员会下设专家组为技术指导，以参建子公司技术管理部门、港珠澳大桥工程项目部为主体，以外部高等院校和科研机构为支撑，业主、相关供应商协同参与的"产学研"相结合的技术创新动态组织机构，多维一体、协同共进。

2. 管理局科技管理创新架构体系

管理局设立了"管理局-参建单位"两级技术管理体系，实行统一领导、分工负责、归口管理的原则。管理局层面成立了港珠澳大桥创新活动领导小组，负责制定创新规划，审批相关制度，协调并决策创新活动中的重大问题，审核奖惩建议，并对创新活动的开展进行监督。领导小组下设工作小组，各参建单位也设立或指定相关部门作为二级管理机构，并配备相应管理人员。

同时，管理局按照归口管理的原则，组建了总工办，负责技术管理与科技创新的相关制度制定、项目申请、过程检查、成果验收及创新活动工作小组日常工作等。总工办下设科研管理组，包括科研管理组主管 1 名、科研管理专员 1 名和专题管理专员 1 名，负责科研管理和专题研究的管理工作。科研管理组主管的工作是在总工程师/副总工程师及分管副部长的领导下，主管工程建设过程中的科研管理工作和专题研究管理工作，通过技术管理、科研管理和科技创新管理，为解决建设过程中的各种难题提供强有力的技术支持，推广科研成果在工程建设过程中的应用，提高工程建设品质。科研管理专员负责协助主管做好科研管理工作，执行科研和科技创新管理的具体工作。专题管理专员的职责是协助主管做好工程建设过程中的专题管理工作。

3. 创新协同合作网络

港珠澳大桥工程技术创新资源分散于不同组织，需要整合内外部组织合力来应对建设难题，但其技术创新是分阶段、多主体参与、多要素协同整合的过程，成败不仅取决于技术的发展与进步，更大程度上取决于创新过程中多主体的协同，而时间约束性、组织临时性、创新系统性、主体多元化及多层次等特征，显著增加了主体间关系的复杂性，使协同创新面临严峻的组织障碍，这对协同创新的实现提出了挑战。

为此，港珠澳大桥工程联合海内外一流的单位和人才"集中力量干大事"，依靠多主体协作、发挥集体智慧的创新网络，构建了技术创新的基础性制度。各参与主体委派的专业团队共同构成跨组织松散型项目组织，形成了技术创新联合体和创新网络（图 9.1），其中管理局在整个创新系统的科研合作中居于网络中心位置，并是该创新系统中最大的机构合作网络。作为承担港珠澳大桥主体部分建设、运营和管理等组织实施工作的统筹协调机构，管理局能够根据内外部条件主动设计和构建整个创新生态系统，决定着创新生态系统的共生情况，是创新生态系统的"序主体"和"参变量"。众多施工单位、科研院所等是创新网络的重要组成部分，促进了知识和资源的循环流动，最终实现为重大工程创新提供跨行业、多元化的组织结构支撑，促进新技术涌现。

图 9.1 港珠澳大桥的合作网络图

9.3　主要科技创新成果

大桥所处的特殊区位、建设条件和具有多重功能等特点，决定了其创新内容是多层次的，既包含重大工程在基础研究领域取得独有的发现或发明的科学原始性创新，也有突出前瞻性和战略性，催生颠覆性的前瞻引领性创新成果；为打破技术垄断和填补空白，部分技术研究主题设定是基于重大工程的特殊使命，带有强烈的"使命驱动"特征的创新。另外，作为数字化、信息化时代的产物，新兴技术的到来和应用为整个新基建产业的起航插上了有力的翅膀，港珠澳大桥也先后聚焦了部分新基建创新技术，这为大桥的建设运营注入了新动能。总体看，这些不同类型、不同层次的创新成果协同推进了大桥的科研创新活动，具体如表 9.1 所示。

表 9.1　港珠澳大桥不同创新内容

创新类型	科学原始性创新	前瞻引领性创新	使命驱动型创新	新基建特别创新
创新内容	基础理论突破	聚焦行业前沿	破解卡脖子难题	智能建造
创新队伍	高校团队为主	科研团队	科研团队	开放协同创新
创新内涵	突出原始创新	攻克核心技术	攻克核心技术	集成创新

9.3.1　科学原始性创新

1. 提出并构建"港珠澳耐久性模型"

桥梁结构耐久性一直是内地桥梁工程界的软肋，如何提高外海高盐、高温、高湿环境下大型集群工程的混凝土结构耐久性是港珠澳大桥建设面临的重大挑战之一。为此，大桥提出了 120 年使用寿命的建设目标，而工程所处的伶仃洋海域，具有气温高、湿度大、海水含盐度高的特点，受海水、海风、盐雾、潮汐、干湿循环等众多因素影响，混凝土结构的腐蚀环境严酷，如何在如此恶劣腐蚀环境下，确保混凝土结构达到 120 年的使用寿命是前所未有的挑战。

目前世界范围内的混凝土结构耐久性设计可以分为定性设计方法和使用数学模型的定量设计方法。定性设计方法基于工程经验直接给出在确定环境作用和指定使用年限下的材料、构造及防腐蚀要求，即"凭经验设计"方式来确定耐久性控制指标。这些耐久性控制指标与设计年限之间只是假定的符合关系，不是直接的对应关系。该种方式是目前多数设计规范采用的方法，欧洲的厄勒海峡大桥、中国香港的昂船洲大桥等具有 100/120 年设计使用年限的工程均采取这种方式。定量设计方法则是使用数学模型，针对确定的环境作用、指定的使用年限及明确的耐久性极限状态进行设计。定性设计和定量设计两种方法并不对立，学术界对不同耐久性过程的研究深度并不均一，提出数学模型的工程可用程度也有差异。

鉴于港珠澳大桥面临着世界罕见的苛刻环境条件，又是具有多种结构形式和严格的耐久性要求的跨海集群工程混凝土结构，与之相匹配的工程耐久性设计、施工控制方面的经验与成果较少。大桥科研人员基于科学设计、严格施工和加强后期维护等方面的研究，系统开展了混凝土结构耐久性设计技术、施工质量控制技术、耐久性评估与维护技术方面的研究工作，研发了耐久性实时监测系统与隧道缺陷识别系统，提出了耐久性质量评价准则与维护管理策略，有效支撑了港珠澳大桥工程的耐久性设计、施工与管理。

具体来说，科研人员创建了基于可靠度理论的混凝土结构耐久性设计方法，建立了基于失效概率的质量与寿命之间的定量关系，实现了耐久性定量设计的重大技术创新；创立了腐蚀风险-防护效果-全生命成本相结合的附加防腐蚀措施设计方法，降低了设计使用年限百年以上标准的跨海集群工程全生命成本和腐蚀风险。另外，引入综合考虑设计、施工、材料水平和环境作用等因素的混凝土结构腐蚀风险评价方法，建立了基于长期防护效果和全生命成本分析的附加防腐蚀措施设计原则，创新发展了混凝土结构附加防腐蚀设计技术；建立了基于暴露试验和工程调查的混凝土结构寿命计算模型，确定了与 120 年设计使用年限有定量关系的耐久性质量控制指标。整体看，大桥提出了"港珠澳耐久性模型"等一整套具有中国特色、世界水平的海洋工程防腐技术措施，填补了该领域内地标准的空白。

2. 海底隧道防火理论突破

由于海底隧道位置特殊、结构狭长，一旦海底隧道内发生火灾，极易造成重大生命财产损失，国内外多起隧道火灾事故提供了血的教训。国外相关领域专家曾做过研究，发现在隧道内无风的情况下，若有大货车发生火灾事故并燃烧，1分钟左右烟气就会蔓延到人的高度，并且随着火势的蔓延大货车随时都有爆炸的可能，如果不能迅速逃离现场就会有生命危险。

世界各国对隧道防火安全问题都给予了高度重视。欧洲、日本及中国已开展了不少隧道火灾事故和安全问题研究，制定了一批技术规范、标准和指南，取得了较多成果。但迄今为止，针对离岸海底沉管隧道火灾的试验研究几乎还是空白，特别是火势会怎样蔓延、灭火有哪些规律等，这在国际上都没有数据。同时，国内尚缺乏沉管隧道消防设计规范的指导，火灾设计当量、排烟量、独立排烟系统设计方案等诸多技术难题都成为制约消防设计的关键。为了对沉管隧道建设过程中隧道结构体耐火防护技术，以及运营中的防灾救援技术进行系统研究，提升隧道防火抗灾特性，保障隧道运营安全，管理局联合招商局重庆交通科研设计院有限公司开展了"离岸特长沉管隧道防灾减灾关键技术研究"课题。

课题组先将拟选定的防火材料运送到招商局重庆交通科研设计院有限公司的高温炉燃烧，燃烧完后比较材料防火性能，再进行材料尺寸优化，优化完成后再送去燃烧实验。经过两三个周期，隧道防火涂料才确定下来，然后再进行火灾试验，用数值模拟初步确定温度场、烟雾场、通风、消防、逃生的条件，然后将优化后的设计参数告知设计单位，设计单位再来优化土建工程、交通工程设施及消防设施的设计。设计优化完成后再安排实验，该实验建立了离岸特长沉管隧道防灾减灾综合试验平台，并通过开展足尺沉管隧道火灾试验，研究离岸特长沉管隧道典型火灾事故的发生发展规律和特性。

在港珠澳大桥海底沉管隧道施工前，工程设计研究团队研制了长 150 米、内宽 14.6 米、内高 7.1 米的港珠澳大桥沉管隧道 1∶1 足尺防灾减灾试验平台和交通行业最大的高温试验炉，并开发了燃烧、排烟、逃生等综合试验技术，先后开展了上百次中巴车、小轿车、货车燃烧和油池火等不同火源类型的火灾试验。在隧道 1∶1 足尺防灾减灾试验平台建成后，研究团队进行真车燃烧火灾试验，耗费燃油用量约 6 吨，木材用量约 10 吨，燃烧汽车 4 辆。前后共进行了约 80 组试验，有效试验数据约 5 000 万个，试验监控视频约 200 小时，有效试验照片约 1.5 万张（苏权科等，2015）。

该研究突破了火灾试验平台、隧道火灾场景、沉管隧道结构耐火保护、沉管隧道接头及结构火灾力学行为、侧向集中排烟控制策略、安全设施配置标准、防灾救援疏散、沉管隧道防水灾监测等关键技术，揭示了沉管隧道火灾发生发展过程规律，研发了沉管隧道接头渗漏水智能监测装备，得到一系列隧道防灾减灾关键参数，建立了沉管隧道安全等级体系及设施配置标准。该研究国内外首次进行了 1∶1 足尺沉管隧道防灾减灾综合试验，开发了沉管隧道运营火灾、通风排烟、火灾报警、消防减灾、逃生救援等综合试验系统和试验技术，填补了国际上的空白，并且在世界上首次获取了火灾中沉管隧道内的温度、烟雾流速、厚度等第一手数据，形成了港珠澳大桥沉管隧道防灾减灾的成套关键技术。

这些研究成果为港珠澳大桥离岸特长沉管隧道防火灾设计技术指标及运营管理提供了技术支撑，编制的《沉管隧道防火安全管理分级指南》《沉管隧道结构抗灾设计指南》《沉管隧道通风与消防设施布设设计指南》三部指南，已经在港珠澳大桥沉管隧道通风与消防设施布置设计及隧道结构防火设计中应用；研究成果已纳入《公路隧道火灾报警系统技术条件》《公路隧道消防技术规程》《公路隧道设计规范》等国家/行业规范。同时，应用于重庆渝中隧道、重庆曾家岩嘉陵江大桥隧道、重庆两江隧道、厦门西通道海底隧道、深中通道沉管隧道等，对我国公路隧道尤其是跨海通道工程的防灾减灾起到了重要支撑作用。

3. 桥梁结构抗风标准修订

我国内地桥梁的设计风速参数均按 100 年设计基准期取值，但港珠澳大桥设计标准高，设计风速参数需要按 120 年重现期取值，这导致了不能套用现有标准进行结构抗风设计。另外，大桥桥位地处西太平洋强风带，台风频发，而大桥主梁大部分采用钢结构，是风致振动的敏感结构，具有阻尼低、刚度小、质量轻的特点，这些环境条件可能对大桥的结构安全和建成后服役性能造成重大影响。由于结构风荷载的计算没有明确可依的规范，抗风安全和舒适性是大桥设计和建造过程中面临的关键问题之一。

为了确保大桥在极端风速下的抗风安全及常遇风速下的行车舒适性，港珠澳大桥一开始考虑邀请具有此类工程经验的外国著名公司为大桥提供海洋风环境预报保障服务，但对方开出的 1.2 亿欧元高价，远超工程预算。在此情况下，管理局联合清华大学、同济大学、西南交通大学等高校开展了港珠澳大桥所有通航孔桥和钢箱梁非通航孔桥的抗风性能研究工作，以检验大桥的动力和静力抗风稳定性。

而从虎门口到珠江口的伶仃洋面，宽达六十多千米，这片水域之前没有过任何建筑，地质情况、水文情况、自然灾害等基本信息也不清楚，整个研究团队首先需要摸排清楚这里最极端的风速多大、浪有多高、地震震级有多大，才能为大桥设计施工提供依据。为此，研究团队在港珠澳大桥选线附近的岛屿上，以及澳门友谊大桥上提前建立了 3 个测风塔，在海上预置了浮标，用于采集海浪及洋流数据，前期风测了 5 年，波浪测了 2 年多，开工以后继续观察了一段时间。在此基础上跟以前六年的岸上气象资料对比，从长时间序列中找出规律并建立初步关系。

为了做抗风分析，判断最大的风场怎么分布，是不是朝同一个方向，以及 120 年间可能达到的最大风速是多少，研究团队利用世界最大的边界层风洞实验设备开展了常规节段模型、大比例尺节段模型、全桥气动弹性模型及施工期桥塔自立状态气动弹性模型风洞试验，并采用主梁节段模型风洞试验研究主梁的涡振性能和颤振性能，利用桥塔气弹模型风洞试验研究桥塔自立状态的驰振性能和涡振性能。经过一年多时间的反复试验，研究团队为港珠澳大桥的抗风设计和风致振动抑制措施提供了科学依据，并为存在的抗风问题提出有效、经济的措施。

研究成果表明港珠澳大桥青州航道桥主梁原始断面和增加风嘴断面涡振性能不满足规范要求，主梁原始断面和增加风嘴断面满足颤振稳定性要求，增加抑流板断面在+5 度风攻角下的颤振稳定性不满足要求，并且+5 度为最不利风攻角，为此国家修改以前的 3 度风攻角的相关标准，这是港珠澳大桥对国家抗风技术和抗风技术标准的贡献。2018 年 9 月台风"山竹"经过港珠澳大桥，桥址实测风速达 17 级，大桥的抗风安全性经受了实际检验。

9.3.2 前瞻引领性创新

1. 发展特大型跨海桥隧工程首级 GPS 控制网测量技术

在工程项目中有"基础建设、测绘先行"的说法，近十年来我国先后建成了东海大桥、杭州湾大桥等一批超大型跨海桥梁，测绘工作者对特大型跨海桥梁工程首级 GPS（global positioning system，全球定位系统）控制网测量技术进行了积极探索。与已建和在建的其他跨海桥梁相比，港珠澳大桥工程占线长、控制范围广，内地坐标系在工程区域内存在较大的投影长度变形，不能满足工程施工的需要，亟须建立大桥工程坐标系，并且大桥首级 GPS 控制网测量的技术难度更大、精度要求更高、需解决的技术问题更复杂。

针对港珠澳大桥首级 GPS 控制网跨海距离长、边长相差悬殊、图形结构差、测区内卫星定位误差影响大，以及三地测量基准不统一等问题，为了统一三地的坐标和高程基准，满足大桥工程建设的需要，前期办在借鉴以往跨海桥梁工程首级 GPS 控制网测量技术的基础上，联合国家测绘局第一大地测量队、中交公路规划设计院有限公司、珠海市重大项目推进办公室、香港路政署测量部、香港地政总署、澳门建设发展办公室、澳门地图绘制暨地籍局等部门和单位，研究解决大桥首级 GPS 控制网建立与复测中的相关技术问题，为统一跨海桥隧工程首级 GPS 控制网测量的技术标准提供参考依据。

为解决前述跨海工程测量控制方面存在的问题，港珠澳大桥共布设了 16 个 GPS 兼平面控制点，分布在香港、澳门、珠海三地，平面测量为 B 级 GPS 精度，高程测量为二等水准精度，并于 2008 年 9 月至 2009 年 2 月建立了港珠澳大桥首级 GPS 控制网。然后在整个建设期间完成了 8 次复测，先后开展了特大型跨海桥隧工程首级 GPS 控制网建立与复测的技术研究，提出较为完整的特大型跨海桥隧工程首级 GPS 控制网测量的技术方法，包括工程坐标系设计与建立、首级 GPS 控制网精度设计、网形设计、外业观测、数据处理及控制点稳定性分析方法等。

港珠澳大桥首级控制网综合利用 GPS、水准、重力场的理论与方法，建立了大桥首级三维控制网和相应的高精度似大地水准面，在三个方面取得了突破：①首级平面 GPS 控制网采用了先进的数据处理方案，获得了高精度的坐标成果，其基线精度优于 0.5 ppm，相对点位精度优于 2 毫米；②通过三地联测，分别确定了内地坐标系、香港与澳门坐标系之间的转换参数，并建立了大桥工程建设所需的高程基准和相应的独立坐标系；③依据最新的地球重力场理论和方法，建立了高精度的港珠澳大桥地区局部重力似大地水准面，与 GPS 水准联合求解后，精度达到 6 毫米。港珠澳大桥首级 GPS 控制网为大桥工程建设提供了精确可靠的现代测绘基准，对我国大桥首级控制网的建立具有重要的指导意义，并且是我国目前最精确的局部似大地水准面之一，达到了国际先进水平。

2. 创建沉管预制的"世界级工厂"

港珠澳大桥海底沉管隧道全长 5 664 米，由 33 个管节连接而成，设计使用寿命 120 年。沉管为节段式组合，每个标准沉管长 180 米、宽 37.95 米、高 11.4 米，由 8 个 22.5 米的节段组成，标准管节重近 8 万吨，体量相当于一艘中型航母。该沉管隧道是世界上设计使用时间最长、外形尺寸最大的，并且构造复杂，管节混凝土浇筑量巨大，如标准沉管由 8 个节段组成，每个 22.5 米长的小节段浇筑混凝土约 3 400 立方米。

沉管隧道工程的管节预制，具有管节构件规模超大、工期超长、质量要求超高、精度控制要求严等特点。管节预制的质量将接受沉管安装后隧道长期运营期间混凝土防水的巨大考验，因此管节混凝土的强度、耐久性、施工性、抗裂性各项指标都必须严格控制，而预制管节大体积混凝土的施工质量控制，特别是混凝土控裂面临着世界性难题。另外，工程周边为中华白海豚活动保护区域，沉管预制必须落实安全环保要求，配置的污水处理站必须成为超级工程的"环保卫士"。在此情况下，为了系统地解决大体积混凝土管节的控裂和耐久性问题，为港珠澳大桥 120 年使用年限提供保障，大桥提出了工业化制造的理念。

2011 年，港珠澳大桥岛隧工程项目在距施工现场约 13 千米的牛头岛投资约 10 亿元，建起一座面积超过 10 个足球场、世界上最大的"现代化"沉管预制工厂（图 9.2），厂内设置了两条 300 多米长的流水生产线，集成了钢筋加工、钢筋笼绑扎、混凝土浇筑、管节一次舾装、深浅坞蓄排水及管节起浮横移等全部工序。

图 9.2　港珠澳大桥沉管预制工厂（黄育波 摄）

岛隧工程沉管预制工厂的建设攻克了工厂总体布局、预制流水线方案、超大型预制管节钢筋笼制作、混凝土浇筑、模板安装与拆卸及重达 8 万吨管节顶推等一系列关键系统方案和设备选型等问题。在全体人员的共同努力下，预制工厂在完成 33 节沉管预制工作的同时，创造了一系列工程奇迹：总共浇筑了 100 万方混凝土、沉管没有一条裂缝、设备没有发生一次故障、厂区实现"6S"标准、在全世界范围内首次实现巨型沉管顶推 200 余米。通过安全环保培训、检查监督等各种方式，实现了"三零"（零污染、零事故、零伤亡）的 HSE 管理目标，将工程建设对环境的影响降到最低，中华白海豚种群数量稳定，达到了中华白海豚"零伤亡"目标要求。

港珠澳大桥"工厂法"预制沉管在国内尚属首例且攻克了世界首次曲线沉管工厂法预制难题，共形成了近百项专利，取得的成果可推广至行业其他领域构件预制中，能极大地提高土木行业施工标准化及品质管理水平。沉管预制工厂的成功，有力推动了公路桥梁建设大规模向工业化生产的进程。目前，该预制工厂继顺利完成港珠澳大桥 33 节沉管预制任务之后，又肩负起深中通道 22 节沉管制作的艰巨使命。

3. 桥面铺装技术创新与精益施工实践

钢桥面铺装一直是桥梁工程界的世界性技术难题，在已经建成通车的大型桥梁中，有不少桥梁因钢桥面铺装方案选择不善，导致经常性的维修，影响交通畅行。港珠澳大桥是世界单体面积最大的桥面铺装项目，铺装面积达 70 万平方米，相当于 98 个足球场，而且港珠澳大桥建设技术标准高，设计要求桥面沥青混凝土达到 15 年的设计使用寿命，这一质量要求远高于当时国内普通桥梁。

港珠澳大桥铺装规模大、外海施工作业环境条件复杂，特别是有效作业窗口期有限（桥区年平均相对湿度 78%~80%，年平均降水日数约 140 天），工期非常紧，整个桥面铺装工程所面临的问题也是西方发达国家未曾遇到的。如何保证材料质量、提高工效、提升施工管控水平，是实现设计要求、保证桥面实施质量的关键环节，并直接影响着工程的成败。

为此，港珠澳大桥建设团队开展工程铺装材料、施工装备、施工工艺等方面研究，开发了浇筑式沥青混合料专用改性剂、全自动双组分防水材料喷涂系统、复合沥青混合系统等。例如，研发了"防水黏结层+浇筑式沥青铺装+SMA13"的全新铺装体系，其综合工效比 MA 提高 5 倍，并通过室内试验、理论分析、现场铺筑试验等手段，对 GMA（guss mastic asphalt，浇筑式沥青玛蹄脂混合料）钢桥面铺装成套技术及工程应用进行了系统的研究，发现可将 GMA 的高温稳定性提高 1 倍以上，并且 GMA 沥青混合料的施工质量、均匀性均得到提高，节省了材料的使用，减少了废气排放对环境的影响，未来可减少路面维修工作量。

为了保证钢桥面铺装工程质量，克服桥位区气候多变，夏季阵雨多、气候潮湿、风力大等环境因素，港珠澳大桥采取了精益施工管理模式，在原施工设备和工艺的基础上，将传统粗放式工程管理按精益施工的理念，开发了双组分高压无气全自动喷涂系统，并配套移动式风雨棚。该设备可自行沿道路纵向前移，实现横纵向均匀喷涂，作业宽度达到 1.0~14.5 米，在操作工人减少 60%的前提下，作业效率提高了 50%以上。该方法创造了施工的工厂环境，解决了铺装现场"晴天一身灰、雨天一身泥"的问题，做到了把"粗活做细、细活做精"，最终有效促进了钢桥面铺装工程机械化、标准化施工技术水平达到行业最高水准。

9.3.3　使命驱动型创新

1. 沉管隧道关键技术创新

港珠澳大桥最初的设计方案拟以全线跨海大桥的工程形式跨越伶仃洋海域，然而考虑到珠江三角洲地区社会经济的长远发展，大桥的建设需为未来航运发展留有充分的发展空间，特别是要满足 30 万吨级的船舶及香港大屿山国际机场的航空净高要求，最后工程设计师提出以桥隧工程结合的跨海通道形式解决这一难题，并在优选大桥主航道海底隧道方案时，认为沉管法有更为明显的优势。

目前，国际上沉管隧道有刚性、柔性两种结构体系，仅适用于浅埋隧道。港珠澳大桥沉管隧道作为世界首条深埋沉管隧道，埋深 20 多米，所受深埋荷载超过以往沉管的 5 倍，这带来的最大问题是沉管接头抗力不足，容易造成沉管意外损伤，导致结构劣化，影响寿命。权威的沉管隧道专家提出采用"深埋浅做"的方案：一是在沉管顶部回填轻质填料，需要增加 12 亿元工程投资，工期也会延长；另一方案是在运营期内进行维护性疏浚，累计需要花费约 50 亿元维护费。

2012 年初，岛隧工程项目组织攻关，从结构体系的角度进行大量的计算分析研究，开展模型试验。经过一年多的时间，创新性地提出了"半刚性"沉管结构理念，利用水压力在沉管接头结合面形成的摩擦力，与结构剪力键协同受力，将接头抗力提高 3 倍，满足沉管深埋要求，并组织完成了方案设计。"半刚性"沉管结构突破了过去 100 多年欧美发达国家形成的关于沉管隧道的刚性和柔性结构体系，拓宽了沉管隧道的应用范围，大桥工程节约成本在 10 亿元以上，节约工期 1 年半，为建成一条不漏水的沉管隧道奠定了基础，具体参见第 10 章。

岛隧工程最终接头重达 6 100 吨，是世界桥梁工程单体吊装最重的构件，整个最终接头是沉管隧道对接控制最困难的工作。为此，项目人员于 2012 年专门赴日本进行最终接头调研，但寻求解决方案未果，后决定自主攻关解决这一难题。研究团队历时 5 年发明了整体式主动止水最终接头技术，并在世界上第一次对最终接头脱开进行精调，最终贯通精度创下了 2.6 毫米的纪录。这创新了工厂制造、整体安装、可逆向操作的工法，可以在一天内完成传统方案需半年才能完成的隧道贯通。2017 年在港珠澳大桥贯通仪式上，荷兰隧道工程咨询公司隧道专家汉斯先生评价"港珠澳大桥海底隧道一个项目就集中了如此多的技术挑战，超越了任何之前沉管隧道没有超越过的技术极限"。

2. 人工岛关键技术创新

港珠澳大桥采用"海中桥隧"方案，首先需要解决的问题就是必须找到两个海中小岛，作为主体桥梁和沉管隧道的转换平台。由于设计线路上并没有现成的小岛，因此需要在伶仃洋中填出两个足够大的人工岛，于是港珠澳大桥主体工程隧道的东、西两端各设置一个海中人工岛，选定在珠江口的伶仃洋上，以衔接桥梁和海底隧道。两座人工岛设计形状均为"蚝贝"形，从人工岛挡浪墙外边线计算，东岛的岛长约为 625 米，横向最宽处约为 215 米，施工总面积约为 10 万平方米；西岛的岛长约为 625 米，最宽处约为 190 米，面积约为 9.8 万平方米。

人工岛下部有厚度达 30 米以上的软弱地层，初步设计筑岛方案拟挖除软土、换填砂，抛石筑堤形成围堰，围堰内吹填砂形成陆域，但这种方法对海洋环境影响大，工期需要 3 年，无法满足大桥通车目标。2008 年，港珠澳大桥提出利用深厚软土的易插入性，采用大直径钢圆筒快速筑岛的设想，整个科研团队组织了技术攻关，攻克结构体系、振沉装备、钢圆筒制造运输打设、止水副格等关键技术，创新了深插大直径钢圆筒快速筑岛新技术。该技术原理是通过采用八锤联动液压振动锤组对巨大钢圆筒进行振沉，围成人工岛设计轮廓，随后在钢圆筒之间插入弧形钢板副格，形成稳定的岛壁围护止水结构，人工岛内回填砂石形成陆域，最后应用先进的挤密砂桩技术加固处理岛内软基，修建岛上建筑物。

隧道东、西人工岛共需打设钢圆筒 120 个，钢圆筒直径 22 米，高 40~50 米，插入海床 20~30 米，单个重量超过 500 吨，是世界上第一次采用八锤联动液压振沉系统快速施工。2010 年 9 月西人工岛顺利成岛，东人工岛同年 12 月成岛，东西双岛的建设成功实现了"当年动工、当年成岛"的目标，并取得钢圆筒体量、高度、垂直精度、八锤联动、万吨轮运载、日沉 3 筒等多项世界第一。

总体来看，在整个人工岛建设过程中，采用"大直径钢圆筒+八锤联动液压振动锤组+大型浮吊"的关键创新技术，对整个人工岛造陆起着支撑作用。该技术方法创新使用钢圆筒来"圈海"，设计采用的钢圆筒单个重量近 600 吨，相当于 14 层楼高，且使用大型先进的成套设备，是此技术方案成功的基础。

3. 自主研发重大装备

当前，我国基础设施建设行业规模已经跻身世界前列，但在持续高速发展的同时，在港珠澳大桥建设之初，跨海桥梁隧道建设装备与世界一流跨海通道不相匹配，始终面临装备落后或者受制于人的困境，如 2009 年港珠澳大桥前期勘探时，内地还没有大型勘探船等，须租用渔船和货船进行改造使用。

作为世界级工程，港珠澳大桥建设带动了一批大型工程机械及专业装备的研发。为了确保大桥顺利建设的同时提升了中国装备技术水平，管理局牵头自主研发并攻克了 10 余项外海沉管安装世界级工程难题，实现了相应装备的"从 0 到 1"的技术创新。这有效地解决了沉管隧道施工"卡脖子"问题，使得中国在外海沉管隧道施工领域成为全球领军国之一。

这些尖端工程装备包括内地首条实现定深平挖的抓斗式挖泥船"金雄号"，基槽清淤船"捷龙号"，大型沉管安装船，深水高精度碎石基床铺设整平船"津平 1 号"，深水抛石夯平船，以及外海快速成岛装备等。其中，外海深水高精度碎石基床铺设整平施工船，被誉为深水碎石基床铺设"3D 打印机"。该船的研发成功突破了境外技术封锁，使得"外海深水碎石基床高精度整平"成为现实，并达到世界先进水平，创造了基床铺设精度垄间高差 35 毫米世界纪录，刷新了世界行业领域关于深海碎石作业平整度难以精确控制的传统观念。沉管安装船突破了境外技术封锁，可浮运安装 8 万吨级超大型沉管，成为该项施工领域世界最大、功能最先进的专用施工船舶，实现了超大沉管毫米级的对接精度。

9.3.4　新基建特别创新

1. BIM 技术的全过程应用

港珠澳大桥是"桥、岛、隧一体化"的世界级交通集群工程，主体交通工程包括收费、通信、监控、交通安全设施、供配电、照明、通风、消防、给排水、综合管线、防雷接地、通信管道等，每个专业所用设备的种类、功能不同，系统之间数据相互交叉且设备之间的接口协议众多，连接复杂。在项目实施过程中，管理设计、施工、运营维护的不同阶段的众多系统，困难很大。

而 BIM 技术的出现很大程度地改善了这一现状，重新定义了整个建设过程。为了研究高效和可视化的施工进度管理系统，在工程设计中，港珠澳大桥分析并制定了符合交通工程实际情况的建模标准、模型数据分层标准、构件和设备及管线编码原则，创建交通工程各子系统构件库，建立了交通工程三维可视化模型，实现了三维可视化浏览、方案优化、碰撞检查分析、辅助导出二维图纸等功能。这有效地减少了联合设计中的"错漏碰"，同时就隧道和桥梁中复杂管线的关键部位，制定合理的碰撞检查规则。依据检查报告发现、纠正并优化净空和管线排布，最终为设计优化提供方案，减少在施工阶段可能存在的错误损失和返工的可能性。

　　在施工过程中，港珠澳大桥东人工岛主体建筑机电设备专业管线繁多，净空要求高，设计周期长，负一层侧壁预留孔洞无法更改，在众多局限条件下完成管线综合难度大。大桥在 BIM 技术的支持下提高了图纸的准确性，在多维度的空间下模拟真实管道的路由走向，相比传统 CAD（computer aided design，计算机辅助设计）二维图纸更能表达现场真实工况，并可协助施工单位解决复杂的机电安装节点。这样运用 BIM 技术可对项目进行建模和优化，提前发现项目中管线碰撞问题，通过协同设计，把管线问题反馈至给排水专业，局部生成节点大样以指导现场施工。

2. 结构健康监测系统设计与实践

　　港珠澳大桥地处台风多发区，在长期服役过程中的环境侵蚀、材料老化和荷载的长期效应、疲劳效应与突发灾害等灾变因素的耦合作用，将不可避免地导致结构和系统的损伤积累和抗力衰减。为了保障大桥在运营中的安全，避免灾难性事故发生，大桥将自动化健康监测技术与人工巡检技术相结合，构建起一个技术先进、措施合理、实用经济、易于管理、开放兼容、符合港珠澳大桥需求的结构运营期健康监测及巡检管理系统。

　　结构运营期健康监测及巡检管理系统综合利用现代传感测试、信号分析、远程智能控制、计算机技术、损伤识别、结构安全评定等当代新设备和新技术进行设计与实施。该系统根据功能划分为六个软件子系统：构件巡检维护子系统、监测数据采集子系统、结构健康评级子系统、结构健康评估子系统、结构维护决策子系统、结构健康数据管理子系统。

　　构件巡检维护子系统采用智能巡检终端形式，完成结构巡检数据采集、数据管理及巡检养护等功能，巡检数据输入中心数据库，实现对巡检数据的平台化管理。监测数据采集子系统，通过各种传感器、采集设备，完成桥梁、隧道、人工岛等结构实时监测、数据采集、实时显示、远程传输及存储功能，为其他子系统提供结构实时监测数据源，满足数据处理、评级、评估、决策维护的需要。结构健康评级子系统，采用健康监测的各种数据处理分析方法和模型，完成对结构构件危险性评级、构件的易损性评级、构件外观性评级、结构综合性评级，并对各种评级结构形成评级报告，提供报告的查询、显示及下载功能。

　　结构健康评估子系统，实现结构预警、损伤诊断及极限评估功能，并提供各种结构评估的报告，提供报告的查询、显示及下载功能。结构维护决策子系统，根据结构评级、评估、巡检维护子系统的输出结果，制定维护养护策略、方法、计划，并编制巡检养护手册，提供手册的在线查询管理功能。

　　结构健康数据管理子系统，是整个桥梁、隧道巡检数据和实时监测数据的管理平台，实现对结构静态数据和动态数据的管理，提供数据维护、查询及报表打印等功能，并提供远程在线形式，提供数据的实时监测、数据查询与统计及各种评估报告等业务功能，系统用户界面采用 Web GIS、Web3D 等直观的显示形式，综合使用各种图表显示数据。

3. 岛隧工程工厂化建造信息化管理

岛隧工程的管节浮运线路位于伶仃洋最繁忙的通航水域，工程现场水文和气象条件复杂，沉管浮运和安装的操控难度大。沉管管节和最终接头构件主要在工厂预制，可选择气象窗口并能大幅减少潜水作业量，实现快速安装，并使工程质量更可控。如果在浮运和安装环节稍有差错，就可能导致沉管倾斜沉落，或者安装精度不够，造成工程成本倍增、进度延迟。

在岛隧工程施工中，传感器、GPS、声呐系统、气象系统、远距离无线网、卫星系统等技术被用于采集与传输各类信息，包括了管节子生产、浮运、安装等过程的相关信息，以及工程现场人员、船机设备、水文气象信息，并结合现场指挥系统、气象水文预报系统等，搭建相应的信息支撑平台。根据气象水文的监测和预报信息，结合现场指挥系统中的沉管生产进度信息，决策人员可以确定最佳的浮运与安装时间窗口。同时，现场指挥人员和设备操作人员通过信息支撑平台紧密交流与合作，以及感知船机设备的运行状态，科学操控。

在管节浮运过程中，操作人员通过传感器、声呐系统等实时地感知沉管运动姿态，并根据拖船系泊索张力传感器数据进行综合分析，操纵拖船牵引控制系统，避免沉管姿态的倾斜。在管节安装过程中，操作人员通过实时感知沉管的沉放速度和姿态、风浪流条件参数、回淤情况等，操纵深水无人沉放系统和位置调节系统控制沉放速度与姿态，以保障沉管安装对接的精度。在信息支撑平台支持下，决策人员、现场指挥人员及设备操作人员形成一个高效的"作战团队"，紧密交流与合作，协调操控各个船机设备，对沉管浮运、沉放和安装对接进行精准作业。

9.4　成效与启示

港珠澳大桥以科技为引领、立足自主创新、集优质资源、举行业之力攻关科技课题，不仅完成了多个"第一"，填补了多项技术理论空白，打破了多个"世界纪录"，还有效地解决了"科研生产两张皮"的问题，相较于一般意义上的"做做计算、做做实验、发表文章、最后验证"式的科研活动，港珠澳大桥聚焦科研的"前瞻性、系统性、协同性、有效性",注重帮助解决重大工程建设问题,是典型的闭环科研。同时,将科技成果运用到工程实际中,切实有效解决项目建设中遇到的技术难题,大大提升大桥的创新能力和科技成果转化能力,代表了国家整体科技水平的进步。

在整个项目建设期间,港珠澳大桥根据工程建设的实际需求,分阶段推进科技管理及技术创新工作。先后共开展科研专题 300 余项,累计投入近 5 亿元,涉及 100 多家科研单位,1 000 多名科研人员,整个科研攻关和建设实践取得了耀眼的成绩:项目创新工法 31 项,创新软件 13 项,创新装备 31 项,创新产品 3 项;共申请专利 454 项,获国内专利授权 53 项;编制标准、指南 30 项,出版专著 18 部,获得软件著作权 11 项;共编制技术标准体系标准 57 本,其中执行标准 44 本,指导性标准 13 本,涵盖综合、桥梁、岛隧、交通工程等各领域。

这些成果有效地支撑了港珠澳大桥工程建设与运营管理,其中连续钢箱梁正交异性钢桥面板抗疲劳性能关键技术攻克疲劳难题,为大桥 120 年设计使用寿命提供了保障;大直径钢管复合桩助力大桥稳稳"扎根"海床;大直径钢圆筒振沉围筑技术使东西人工岛 7 个月快速成岛;大桥工程结构健康监测系统等诸多成果,强有力地保障了港珠澳大桥的建设和使用。这些创新一是攻克难题填补了很多技术空白,突破技术封锁和一些技术禁区,把"不可能"变成了"可能";二是通过科技创新,把原来的低端变成高端,使桥梁产业整体实现了升级,把传统粗放的施工方法改进成了现代化的生产设备和施工工艺,有力推动土木工程向标准化、专业化的工业化生产转变。

港珠澳大桥顺利实施的背后汇集了一大批"中国装备",采用了一系列"中国工法",诞生了一整套"中国标准",从侧面反映了"桥梁强国""大国制造"的实践历程。大桥在建设管理、工程技术、施工安全和环境保护等领域取得的许多科技成果获得了工程界的高度肯定和社会的广泛赞扬,并为港珠澳大桥赢得多项重要荣誉,如"港珠澳大桥工程建设关键技术"成果被授予广东省科学技术进步奖特等奖,"外海厚软基大回淤超长沉管隧道设计与施工关键技术"成果荣获中国公路学会科学技术奖特等奖;代表我国桥梁工程首次荣膺国际桥梁大会"超级工程奖"和国际桥梁与结构工程协会(International Association for Bridge and Structural Engineering,IABSE)唯一的 2020 年度"杰出结构奖"等。

港珠澳大桥在创新管理体系、协同治理框架设计等方面体现了当代中国公路交通建设的能力,凸显了碧海变通途的背后是"中国力量",彰显了中国奋斗精神和科技创新自信,作为土木工程领域的生动案例库,折射了中国公路交通建设的现状和未来。目前,港珠澳大桥的示范效应和标杆效应已经显现,国外一些项目方考察了港珠澳大桥后认为,中国建设企业完全具备高质量、高标准的施工能力,依托港珠澳大桥的科研成果和技术创新,大桥相关参与方已经成功中标承揽包括美国、德国、塞尔维亚、挪威等国家的桥梁工程业务。丹麦和德国拟修建费马恩跨海通道，当地的业主和承包商都反复到港珠澳大桥参观。早期港珠澳大桥相关机构常去美国马里兰州切萨皮克海湾大桥管理局学习，现在倒过来，他们说自己以前的方法已落后，修建第二通道时要学习港珠澳大桥的先进技术。

然而，由于时间紧、任务重、经费少，加之首次开展如此大规模的科学研究，大桥实践人员的经验也有些不足，导致科技创新存在一定的局限性。例如，在沉管隧道防灾减灾技术方面，实验隧道的断面与实际隧道完全一致，但长度仅为 150 米，尽管采取了阻力格栅措施以模拟增加隧道长度，但与真实情况尚有出入，这对火灾温度场分布、烟雾流态、洞门"堰口"风速存在一定影响。在跨海集群工程混凝土结构 120 年使用寿命保障关键技术部分参数，尤其是钢筋锈蚀临界浓度的取值分析方面，受到测试手段与试验时间的限制，可用数据偏少，所得出的耐久性评估尚具有较大的不确定性，后期仍须加强对这部分数据的收集和分析，不断积累数据进行更新和完善。

第10章 全球合作

　　为了满足港珠澳大桥工程的高质量要求，克服关键环节资源不足的限制，提升工程品质，管控建设风险，管理局采用创新的全球合作模式，在三地共建共管的资源平台下，构建合作伙伴关系管理理念，基于项目各阶段的不同问题和目标，选取世界一流的工程设计和咨询公司，采用境内境外联合体（由内地企业牵头）和境外顾问等模式来实现合作，并进行了良好的跨文化冲突管理。管理局面向全球市场开展了一系列专题研究、市场调查和双向技术交流，这是港珠澳大桥区别于国内其他项目的突出特点。实践证明，管理局积极利用全球优质资源，立足自主创新、以我为主、为我所用，为"一带一路"倡议、中国标准输出、跨文化沟通等探索了方向。

　　港珠澳大桥工程规模大、技术标准高，必须树立现代工程管理理念，克服关键环节资源不足的限制，控制工程风险，提升项目品质。根据港珠澳大桥工程项目特点和实际需求，采用创新的全球合作模式，基于合作伙伴关系的先进项目管理理念，针对工程可行性研究、设计、建设和运营各阶段的不同需求、问题和目标，择优选取了在不同领域一流的工程设计和咨询公司进行合作。实践证明，管理局积极利用全球优质资源，立足"自主创新、以我为主、为我所用"，充分发挥世界类似工程项目建设经验和世界知名企业的技术与管理能力，有效解决了大桥工程管理与技术难题，保证了项目建设目标的圆满实现。

10.1　整合全球资源的需要与关键挑战

10.1.1　全球合作的导向

1. 目标导向：港珠澳大桥的高质量要求

管理局在前期准备阶段就明确提出了高远建设目标，确定了 120 年设计使用寿命，按三地标准"就高不就低"的原则确定项目专用标准进行建设，施工管理、质量管理和工程质量均达到世界水准，将港珠澳大桥主体工程建设成世界级跨海通道的质量目标，整合全球优势资源，才能打造世界级工程。

2. 需求导向：风险管控与品质提升

港珠澳大桥具有工程规模大、技术标准高且界面复杂等特点，为了确保建设任务顺利完成，迫切需要整合全球范围内的一流建设资源，集思广益，充分吸收和借鉴类似工程项目建设经验，寻求世界上具有专业经验的单位参与项目建设，提高项目风险管理水平，在全球现有技术质量管理水平基础上再上新台阶。

3. 问题导向：关键环节资源不足

复杂的海床结构，恶劣且不确定的海洋自然环境，超长的跨海距离，巨大的工程体量，使得在这片海域上修建跨海通道困难重重，如海底沉管隧道建造技术的储备不足是管理局遇到的一个关键难题。虽然中国的工程师们已有建设多座跨海大桥的经验，但还从来没有在外海修建过如此体量和埋深的海底隧道。内地在外海沉管隧道建造经验和技术储备严重缺乏，无成熟经验可以借鉴。鉴此，管理局必须设法借鉴境外经验或引入境外的优质设计及咨询资源，以辅助管理局在关键环节的决策和系统性的管控工作（高星林和陈小燕，2022）。

10.1.2　关键挑战和背景

1. 内地法律的限制

对于内地企业而言，依据《中华人民共和国建筑法》《建设工程勘察设计管理条例》《建设工程勘察设计资质管理规定》，承揽设计业务须经资质审查合格，取得相应等级的资质证书后，方可在其资质等级许可的范围内从事建筑活动。受限于内地法律法规，境外优秀的勘察设计不具备相应的资质，无法直接承担勘察设计或施工任务。因此，境外合作方的参与受制于境外招标程序的复杂性、境外资质认可及市场准入的难度，给港珠澳大桥直接引入境外优质资源带来了障碍和困难。

2. 三地共建共管的资源平台

大桥作为广东、香港、澳门三地共建共管的合作项目，大桥前期工作由香港方牵头开展。由于香港是一个全球开放市场，项目从一开始就对标全球，面向全球寻求参照系，融入全球工程背景和环境，这是三地合作的优势。我国香港、我国澳门合作方也有充分与国外优质设计咨询机构合作的经历和经验，因此，充分利用三地共建共管的资源平台也是引入优质资源的重要出发点。

3. 我国中外合作"两张皮"的现实窘境

虽然我国在建设领域有引入国外设计及设计咨询的经验，却常面临中外融合程度不足的现实窘境。国外设计及咨询理念虽然较为先进，但面临着适应中国国情的问题，在具体落地方面存在一些挑战。因此，为了满足我国法律法规的有关规定，有效引入国外的优质资源，实现"两种资源"的有机融合，需要合理、合规地设计中外合作模式。

10.2　全球合作模式构建

基于港珠澳大桥设计、建设和运营各阶段的不同需求、问题和目标，通过公开招投标等方式最终选取了在不同领域一流的工程设计和咨询公司，构建了港珠澳大桥全球合作模式（图 10.1）。受制于全球招标程序的复杂性、境外资质认可及准入的难度，全球先进经验和资源的引入主要依托咨询联合体，或者引进境外技术顾问和团队的模式（高星林等，2020）。

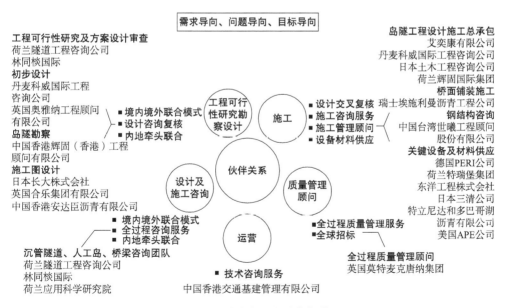

图 10.1　港珠澳大桥全球合作模式

在设计工作中，为引入优质资源并满足法律法规的规定，管理局通过联合体

（由内地企业牵头）和境外顾问的形式，如初步设计、桥梁施工图设计、岛隧工程设计施工总承包的设计部分等均采用联合体形式。针对施工业务，采用境外顾问的模式，如岛隧工程设计施工总承包模式的施工联合体和桥面铺装施工等都设置了施工技术及管理顾问。

通过采用全球合作联合模式，设置联合体内部的设计咨询复核、内地牵头联合等间接方式，既能满足法律法规的有关规定，又能针对核心关键环节有效引入优质资源。这些优质资源的引入，让大桥勘察设计和施工工作有效借鉴世界先进的经验与理念，强强合作加快了大桥管理与技术难题的有效解决，有效规避了工程风险，大桥关键标段的全球合作模式如表 10.1 所示。

表 10.1 关键标段的全球合作模式

标段	合作模式	内地企业	境外企业
初步设计（DP01 标）	联合体	中交公路规划设计院有限公司（主办人） 上海市隧道工程轨道交通设计研究院 中交第一航务工程勘察设计院有限公司	丹麦科威国际工程咨询公司-沉管隧道设计和设计复核审查 英国奥雅纳工程顾问有限公司-参与桥梁设计
桥梁施工图设计（DB01 标）	联合体	中交公路规划设计院有限公司（主办人）	日本长大株式会社-桥梁箱梁设计 中国香港安达臣沥青有限公司-桥面铺装设计
桥梁施工图设计（DB02 标）	联合体	中铁大桥勘测设计院集团有限公司（主办人）	英国合乐集团有限公司-桥梁组合梁设计
设计及施工咨询（SC01 标）	联合体	上海市政工程设计研究总院（主办人） 广州地铁设计研究院股份有限公司	荷兰隧道工程咨询公司-岛隧工程设计施工咨询，专用标准、岛隧运营维护手册的编制 美国林同棪国际-桥梁设计施工咨询
桥梁钢箱梁监理（SB01 标、SB02 标）	境外顾问、联合体	中国船级社实业公司（SB01 标） 武汉桥梁建筑工程监理有限公司（SB02 标）	中国台湾世曦工程顾问股份有限公司-钢结构咨询
岛隧工程设计施工总承包（CT01 标）	境外顾问、联合体	中国交通建设股份有限公司（总牵头人） 中交公路规划设计院有限公司（设计牵头人） 上海城建（集团）公司 上海市隧道工程轨道交通设计研究院 中交四航局	美国艾奕康有限公司（施工管理顾问）-岛隧施工管理顾问 丹麦科威国际工程咨询公司（参与隧道施工图总体设计，后调整为日本土木工程咨询公司）-沉管隧道设计合作方 德国 PERI 公司-沉管隧道及人工岛模板体系设计及咨询 荷兰特瑞堡集团-隧道止水带供应及咨询 日本东洋建设工机-钢筋加工机床设备 日本三清公司-沉管安装深水测控 德国威克诺森机械公司 德国大象公司-混凝土振捣棒、拖泵、布料杆 中国香港威胜利工程有限公司-沉管隧道顶推系统设计、建造、技术服务

续表

标段	合作模式	内地企业	境外企业
桥面铺装（CB06 标、CB07 标）	境外顾问	重庆市智翔铺道技术工程有限公司（CB06 标）广东长大公路工程有限公司（CB07 标）	瑞士埃施利曼沥青工程公司-桥铺施工管理顾问
质量管理顾问	境外顾问		英国莫特麦克唐纳集团-施工质量管理顾问
运营管理技术咨询	境外顾问		中国香港交通基建管理有限公司-运营技术咨询

10.3 全球合作实施

引入优质资源旨在借鉴世界先进经验，参与重要设计并对设计复核把关，参与并协助进行风险管理、质量管理等，特别是针对核心关键环节引入了全球优质资源，可以弥补设计、咨询和施工方面某些资源和能力的不足。委托知名、具有类似工程经验的咨询团队参与项目的设计、技术咨询、质量顾问等工作，在合作分工上必须有明确的规定和说明。由于每个标段在推进过程中面临着不同的棘手问题，本节以初步设计、桥梁施工图设计、设计及施工咨询、岛隧工程的设计部分等案例，介绍管理局在全球合作中应用的不同合作模式（朱永灵和曾亦军，2019）。

10.3.1 联合体设计模式

境外的设计企业没有内地的设计资质，如何解决境外优秀企业参与的问题，是招标阶段的一大难题。

管理局的最终方案是允许但非强制性要求投标人以境内境外合作设计单位组成联合体形式投标，同时明确联合体主办人应为境内的设计企业，并须符合《中华人民共和国招标投标法》及内地法律对于境外企业参与内地建设工程设计工作的法律要求。此外，为适应主体工程在技术方面的需求，管理局又提出投标人需要具有海洋环境下桥梁或沉管隧道等方面的设计或设计咨询经验的要求。由于境内设计单位在这方面的经验缺乏，投标人要满足上述招标文件的资质要求，将不可避免地需要联合境外具有丰富经验的设计单位进行联合投标。

管理局鼓励境内外设计企业强强联合，联合体成员构成总体上应能够在专业和经验方面互补。鉴于境外成员没有内地设计资质的问题，要求联合体中境外成员的设计成果须由内地的主办人签署确认，这有效解决了境外企业在内地从事设计的资质问题。举例而言，根据工作计划，大桥主体工程初步设计招标工作于2008年12月1日正式启动。2009年3月，初步设计最终选择了中交公路规划设计院有限公司为联合体主办人，丹麦科威国际工程咨询公司、英国奥雅纳工程顾问有限公司、上海市隧道工程轨道交通设计研究院、中交第一航务工程勘察设计院有限公司为联合体成员。上述模式构建中明确由内地企业牵头、境外优质企业参与，既充分尊重联合体成员的自主性，又明确了联合体成员的设计分工合作和设计交叉复核机制，充分兼顾项目多专业、设计复杂的特性，各成员承担不同的工作内容。

10.3.2　全过程勘察设计与施工咨询模式

勘察设计及施工咨询联合体工作内容涵盖勘察设计、招标、造价咨询、施工过程、竣工验收、运营维护等全生命周期，联合体直接对管理局负责。咨询主要分为两个阶段：第一阶段为初步设计和招标期间咨询；第二阶段为施工图设计和施工期间咨询，包括运营维护咨询内容。

前期办借助各类信息化手段，广泛调研，分类汇总全球类似项目的设计及施工咨询单位的工作业绩（主要针对隧道），分析潜在投标人的数量，并进一步综合分析得出投标人资格与业绩条件等核心招标策略。鉴于设计及施工咨询工作的关键在"人"，拥有类似项目丰富经验的设计或咨询经验的人员是本项目合同履行和工作质量的最重要保障。

考虑到联合团队中各成员语言不同问题，为使技术细节讨论顺畅和充分，招标文件特别要求联合体需为团队配备专业翻译助手，要求提供中英双语设计文件，配备本地化、强有力的中英双语专业人才。荷兰隧道工程咨询公司的李英博士认为，业主的这种安排做得非常好，为高效合作扫清了最基本的障碍。这也是其他全球合作项目容易忽略的部分。事后实践表明，项目专职的专家、咨询师、设计师和工程师分别来自中国、日本、美国和荷兰等国家，而其中代表人物如李英博士、日本长大株式会社的沈赤博士等，都是精通专业和双语的复合型人才，在联合体团队中发挥了至关重要的沟通协调作用，为高效合作奠定基础。

10.3.3　"境内施工+境外顾问"的模式

岛隧工程项目的设计和施工面临着众多国内首创的关键性技术环节，外海深埋沉管隧道核心技术一直掌握在少数几家国外公司手里，我们没有经验可以借鉴，如何在岛隧工程中引入优质资源解决关键问题是一项巨大挑战。

综合考虑，管理局提出以境内建设资源为主、借鉴全球先进技术和优质资源为辅的指导思想，并期望通过岛隧工程来提高总承包企业的实力和全球影响力。因此，管理局放弃了国际招标，而采用类似于初步设计招标时要求的联合体的做法，明确要求联合体必须包括具备全球影响力的施工管理顾问和境外设计合作方。对联合体内的施工团队则创新性地提出"境内施工+境外顾问"的模式，要求引入施工咨询服务，施工企业为境内企业，但该施工企业需要聘请境外的施工管理顾问，以加强联合体在超大型跨海通道（尤其是沉管隧道）方面的技术力量，控制项目总体风险。施工管理顾问应按建设项目管理制度和发包人要求，负责联合体项目管理咨询、质量管理，重大施工组织设计及技术方案的审查等，岛隧工程设计施工总承包模式招标中则要求设计团队引入国外沉管隧道设计咨询复核团队。最终，丹麦科威国际工程咨询公司及日本土木工程咨询公司参与了沉管隧道设计，美国艾奕康有限公司为施工管理顾问，岛隧工程设计施工总承包方还自行选择了德国 PERI 公司等有关设备制造和安装企业提供服务。这些优质资源的引入，有效增强了设计施工总承包队伍的整体技术力量，强化了质量管理理念与措施，有效化解了施工风险，确保施工质量。

例如，美国艾奕康有限公司作为岛隧项目管理层"八部两中心一顾问"的组成部分，提出了风险前导的先进理念，引进了与国际项目接轨的管理方法，指导建立全面风险管理体系并负责定期内审，参与岛隧工程日常风险管理活动，这有效地保证了项目风险管理的效果。同时，作为岛隧总包质量咨询顾问定期进行现场巡视，对施工现场质量、安全等提出管理意见与建议。

中交联合体还聘用了日本大成建设集团的技术专家花田幸生（Hanada Yukio），利用其个人在日本及国外多年从事沉管安装施工的丰富经验与技术能力，对岛隧工程沉管安装施工进行针对性的技术指导，并参与了沉管安装作业的重大施工组织设计和施工工艺的编制工作；对管节一次舾装和二次舾装施工作业的具体工序环节进行了现场质量督查和监理；对沉管海上作业的浮运拖带、定位锚定系泊、拉合对接等具体工序进行了相应的技术指导，全程参与了33节沉管及最终接头的安装作业。

10.3.4 专项顾问服务

除了全过程勘察设计及施工咨询服务外，管理局还设置了专项顾问服务。例如，在全过程施工中，聘请了世界知名的英国莫特麦克唐纳集团作为项目管理的质量管理顾问；聘请瑞士埃施利曼沥青工程公司董事会主席埃施利曼先生为桥面施工质量顾问，在铺装施工准备期、施工期开展全过程技术咨询服务，助推项目质量管理水平提升。

2014 年 6 月，国际浇注式沥青协会前主席、欧洲资深浇注式路面专家、瑞士埃施利曼沥青工程公司董事会主席埃施利曼先生被聘为桥面施工质量顾问，桥面施工质量顾问为项目的顺利实施、对标国际标准起到了重要的作用。埃施利曼强调"精品工程"和"投入产出比"的概念，即从项目建设、运营的全局出发，在工程建设期投入最好、最先进机械设备及原材料打造精品工程，而这部分所增加的费用将远远小于日后反复维修所耗费的人力及物力。这一概念使小组成员意识到科学态度和理性思考的重要性。

10.3.5　跨文化冲突管理

在与境外公司的合作过程中，因各自信息掌握深度及文化或习惯差异难免会发生争议和冲突，如何能够信任尊重、紧密合作是摆在管理局面前的一个不小的难题。其中，管理局与荷兰隧道工程咨询公司、日本长大株式会社、德国 PERI 公司等公司在合作中通过不断磨合、积极沟通、理解和协调，为跨文化冲突管理积累了宝贵的经验。

举例说明，从 2012 年底至 2013 年底，在沉管隧道的设计和咨询工作中，咨询单位荷兰隧道工程咨询公司对岛隧工程设计施工总承包方提出的"半刚性"方案存在分歧，事情的大致经过如下。

2012 年 11 月底，第 1、2 个隧道沉管管节已经在桂山预制厂完成预制，施工图设计也基本完成前 6 个管节的设计和审查工作，但是设计、咨询单位对整个隧道的"柔性"纵向结构计算的讨论还未达成一致，设计认为其柔性隧道方案纵向设计计算满足要求，但荷兰隧道工程咨询公司认为目前设计存在不能完全满足结构安全要求的方面。随后，岛隧工程总承包方中交联合体向管理局提出了一个技术上还从未采用过的深埋段不剪断临时预应力（"半刚性"）的隧道纵向设计方案来提高设计安全系数，放弃原来的"柔性"方案，考虑到工期的压力，希望管理局尽快予以认可。

通过管理局沟通协调，荷兰隧道工程咨询公司获得了部分新方案资料并及时进行了审查。荷兰隧道工程咨询公司审查认为，新方案在以前重大项目中没有先例，港珠澳大桥关涉重大，贸然采用，可能会给项目建设带来各种无法预见的风险。在 2012 年 12 月 20 日召开的专家会上，荷兰隧道工程咨询公司对设计的创新方法当时没有给予认可，建议坚持全力推进初步设计已经批复的原方案，并设法解决原方案存在的问题。

在这种情况下，荷兰隧道工程咨询公司项目经理李英博士向管理局主要领导建议：管理局、咨询和设计三方需要敞开心扉谈一次，并提交了对与咨询和设计相关的管理程序修改的建议，目的就是为了消除疑虑，提高各方的工作效率和合作成效。

2013 年 6 月 18 日，管理局组织召开了第二次"半刚性"方案专家咨询会。从 6 月 14 日开始，管理局组织设计和咨询加强交流，积极准备专家咨询会上的汇报材料。6 月 18 日，李英博士代表荷兰隧道工程咨询公司汇报获得了很好的反响，荷兰隧道工程咨询公司在会上基本认可了"半刚性"方案作为隧道的纵向方案，但强调这属于在施工图设计阶段后期的重大变更，在设计假设条件和计算方法上指出了很多分歧点，提出一系列遗留风险需要设计和施工单位考虑和解决。

为了彻底解决和决策"半刚性"问题，经过充分的准备，2013 年 8 月 19 日至 21 日，管理局提请召开了港珠澳大桥第五次技术专家组会议（港珠澳大桥技术专家组由交通运输部牵头组织成立），岛隧组专家全面听取了各方的工作报告，并对关键性技术问题展开激烈深入的讨论。第五次技术专家组会议明确了深埋段隧道纵向设计问题解决的方向，并专门建议委托荷兰隧道工程咨询公司执行和设计方同等深度的"半刚性"平行计算，以解决技术分歧。这次会议是在沉管隧道工程推进困难时雪中送炭，为解决分歧提供了及时的技术支持，为管理决策提供了依据。

在 2013 年 11 月 26 日的评审会议上，依据平行计算的结果，荷兰隧道工程咨询公司已经改变了对"半刚性"的态度，并认可了岛隧工程设计施工总承包方修改完善后的深埋段 E9~E27 管节的施工图设计"半刚性"方案。

在整个过程中，主要利益相关方面临跨文化的重大冲突，冲突的解决得益于各方的职业和专业素养，得益于管理局倡导的严格履行合同下的伙伴关系，其中荷兰隧道工程咨询公司严谨审查，提出了不少有价值的专业咨询意见。虽然各方一度存在争议，但在合作、开放的心态和伙伴关系的环境中，荷兰隧道工程咨询公司从开始对"半刚性"方案的反对到后来的支持，而过程中的技术分歧和辩论，促进了岛隧工程设计施工总承包方对工程方案的优化，最终得以完善和实施，提高了工程风险控制能力，保障了工程安全。

10.4　全球合作交流

管理局通过合同机制的设计，在设计、施工和总承包合同中，设定若干明确专题研究项目和预留合同费用的方式，让不同参建方充分发挥各自优势进行专业性的深度搜索、科学研究和自主创新。在大桥前期、建设和试运营的全过程不同阶段，管理局通过项目考察、市场调研、专业咨询交流等方式，总结、学习已有的工程管理经验和先进技术，解决不同阶段涉及的问题和挑战。

10.4.1　专题研究

专题研究与设计紧密联系，实现对设计文件和施工的支撑，是成功设计和施工的重要基础。专题研究重点解决建设和管理的关键技术问题，通过专题研究，充分了解先进技术发展状况，在此基础上，推动技术消化吸收、升级，或者推动原创性技术研究，专题研究成果支撑并应用于设计和施工各个环节。

举例而言，沉管隧道 E29 和 E30 沉管之间的最终接头是沉管隧道贯通的控制性工程。从 20 世纪 90 年代起，随着日本大量沉管隧道的建设，最终接头施工相关技术得到了丰富和发展，已经拥有 3 种最具代表性的工法。2012 年，岛隧工程项目经理部开始构思沉管隧道最终接头方案，去日本调研考察后，带回两个思路，一个是用传统的海底现浇的方式，另一个是创新的整体式结构。为验证采用何种方案，岛隧工程项目经理部三年中开展了 50 多项专题研究、百余次攻关会议、10 余次专家咨询会、数十次验证试验和调试演练。为了降低工程风险，缩短最终接头海底施工时间，保证工程质量，在推翻了十几个方案后，最终将初步设计中的止水板方案改为整体预制安装方案。正是在充分了解国际技术发展现状的基础上，港珠澳大桥沉管隧道最终接头借鉴了日本某些解题思路，但并没有沿用日本现成传统的施工工艺，而是独辟蹊径，走了一条自主研发的技术创新道路。

10.4.2　全球市场调查

管理局通过市场调查和技术交流等多种手段，针对港珠澳大桥工程技术及标准、基础建设条件、项目管理模式、承包商选择、具体专业技术难题等内容，在世界范围内，通过对全球重大工程进行大范围和深度调研，结合项目的实际情况，成功解决了诸多制约项目的难题，促进了项目的成功，这样的案例非常多。

港珠澳大桥的设计标准是在调研了世界范围内的项目后确定的，充分吸收了全世界最新的理念和标准。大桥隧道消防安全、疏散通道结构设计参考了全球很多项目，包括荷兰西斯凯尔特隧道、日本东京湾横断公路隧道、上海大连路隧道等。荷兰西斯凯尔特隧道是每条长 6.6 千米的双管道路隧道，考虑安全疏散，它的两条隧管间每隔 250 米就设置了一个横向通道。日本东京湾横断公路隧道利用车道板下的空间作为安全通道，每隔 300 米就设置了一处逃生滑梯和消防人员出入口。上海大连路隧道，它的设计为双向四车道，线路总长 2 528 米，在距两隧道端部各 1/3 处立 2 个联络通道。综合了这几个项目优势，隧道最终同时设计了逃生滑梯和联络通道，以保证隧道运营的安全管理和防灾要求。

基于跨领域、全球化的组织学习和合作，可以拓展已有边界条件，避免认知局限性导致的决策偏差。例如，对于港珠澳大桥施工总营地设计，管理局借鉴了东京湾区羽田机场的经验，采用砖混结构和钢筋混凝土结构，更加适合湾区高温、高湿、高热及台风频发和施工周期长的客观环境条件，体现工程品质和以人为本的宗旨。钢结构桥梁制造借鉴了日本汽车制造业的 6S 管理模式，实现了"工地工厂化、6S 工地化、现场标准化"的现场管理目标，提升了生产效率和质量。

又如，桥面铺装问题是大桥建设的一个老大难问题。世界上广泛应用的浇筑式混凝土技术有德国和日本的 GA 与英国的 MA，但这两项技术在我国桥梁的应用中均出现过较大问题。经过一系列的项目考察、市场调研（表 10.2）和专题研究，最终集合了 MA 和 GA 技术的优点，创新应用了 GMA 浇筑式沥青新技术。

表 10.2 桥面铺装调研和技术交流过程

时间	形式	对象	主要内容
2012 年 12 月 12 日	函调	英国、法国、瑞士、日本、中国香港地区及内地知名桥面铺装施工企业	收集施工企业基本信息，了解其招标策略、工期安排、施工组织、成功经验等
2013 年 4 月 22 日至 26 日	参观座谈	冲绳伊良部大桥、冲绳泊大桥、东京京门大桥、东京彩虹大桥、东京湾跨海公路；日铺公司技术研究中心、日沥公司等	招标策略、招标范围及标段划分、施工图设计及技术要求、施工组织管理等
2013 年 7 月 26 日至 8 月 4 日	参观座谈	土耳其博斯普鲁斯海峡第一、二大桥，英国塞文第一、二大桥及埃思茅斯大桥 土耳其的 ERSE 铺装公司和 ISFALT 沥青供应公司、德国汉堡的 LINTEC 公司、国际浇注式沥青协会时任主席埃施利曼先生、英国的斯特灵劳埃德公司和 SPE 公司	钢桥面铺装设计和方案、施工组织管理、机械化施工现状及防水层应用效果等问题

10.4.3 双向交流

港珠澳大桥建设阶段，管理局与多个类似的大型项目参建单位进行了卓有成效的双向技术交流。据初步统计，有 80 多个国家和地区的行业专家或领导到访项目参观、交流；同时管理局也派出专家赴大型国际项目调研交流。例如，2016 年 5 月 11 日，来自 20 多个国家和地区的 200 多位国际桥梁与结构工程协会专家到港珠澳大桥现场参观考察并利用机会和其中部分专家在现场召开小型专题研讨会。2018 年 7 月，管理局赴韩国参加广安大桥通车 15 周年运营管理经验交流会议并签署桥梁运营维护合作备忘录等。2019 年 5 月，韩国广安大桥的业主再次到访大桥，双方就大桥的运营维护情况进行了深入交流。

10.5　成效与启示

世界级项目必须整合全球优势资源才能打造真正的世界级工程。港珠澳大桥高目标要求及项目的基本特征（如超大体量、紧工期、高质量要求、高技术要求等）决定了其建设和管理过程中需要引入优质资源，促进全球合作。

以荷兰隧道工程咨询公司、日本长大株式会社、德国 PERI 公司等为代表的公司，为管理局控制重大风险、不断提升项目品质、不断改善细节质量发挥了积极、重要的作用。2017 年 7 月 7 日，在沉管隧道贯通仪式上，荷兰隧道工程咨询公司执行总裁、隧道专业负责人和首席隧道专家汉斯·德维特（Hans de Wit）评价港珠澳大桥的沉管隧道技术："港珠澳大桥沉管隧道超越了之前任何沉管隧道的技术极限。因为港珠澳大桥沉管隧道的建成，中国从一个沉管隧道建设技术的相对小国发展成为国际沉管隧道技术的领军国家之一。"施工完成后，日本长大株式会社的沈赤博士在给管理局的新年贺卡中写道："这次你们（港珠澳大桥）的钢结构加工无疑是世界上最高水准，其重大意义今后会更加明显。"有着 30 多年隧道工程经验，曾参与厄勒海峡、博斯普鲁斯海峡大桥及釜山巨济海底隧道施工的日本技术顾问花田幸生对港珠澳大桥沉管隧道的设计和建造这样评价："我认为这是非常难的。从最初的现浇混凝土到整体预制的方式，采用了一个非常先进的工艺，这是技术的创新和进步，值得称赞。"

港珠澳大桥主体工程建设期间，包括由管理局、承包人或分包商聘请的专业单位或顾问等境外参建单位，共计有 15 个境外单位或自然人顾问参与主体工程的建设，到现场参与总人数近 100 人，总合同金额超过 3 亿元。港珠澳大桥以需求和问题为导向，针对世界范围内重大工程的知识学习和知识管理，为解决制约大桥成功建设的难题提供了创新方案，价值巨大。在港珠澳大桥建设过程中，积累形成了一系列管理经验和科技成果，目前管理局已开始进行技术与管理总结，加快技术成果转化与输出，持续扩大港珠澳大桥在世界上的影响力，促进中国桥梁建设技术走出国门。

港珠澳大桥的资源引入和全球合作，是基于大桥团队系统调研全球超大型项目后，在大桥项目规划阶段，针对大桥的实际情况进行项目推演，制定了整体性的框架思路，之后在大桥建设的实践中，始终保持开放的态度，坚持问题导向和目标导向，形象地讲是"摸着石头过河"，实事求是，边干边学习边调整，逐步完善形成的（朱永灵等，2020），主要经验包括以下三个方面。

（1）整合全球优质资源，构建同舟共济的伙伴关系。港珠澳大桥的全球合作主要在系统风险和重大风险控制上提供支撑，在细节设计和制造环节等方面提供了优化和把关作用，合作伙伴带来了新的理念、新的技术及新的施工工艺，也带来了新的管理理念和视野。管理局协调参建各方始终坚持目标导向，构建合作伙伴关系，坦诚相待，尊重个性差异，化解冲突，积极寻求矛盾出口，攻克了一个又一个技术难题，规避了一次又一次的风险，过程中展示了这些合作公司负责的专业精神和独立精神。

（2）立足于自主创新"以我为主"，引入全球资源"为我所用"。港珠澳大桥的全球合作交流是通过具有前瞻性的管理策划与具体实践形成的。在设计、设计及施工咨询、质量管理顾问、施工管理顾问、运营等方面，立足"自主创新、以我为主、为我所用"，引入全球资源，构建了深厚的伙伴关系，最终形成了以"控制重大风险、提升项目品质、改善细节质量、提供技术支持"为需求导向的不同阶段、不同环节、不同层次的境外单位参与机制，并在招标实践和合同实施中得以执行。大桥项目管理者以全球视野选任最优秀的合作伙伴，并在不违反法律的强制性规定前提下，追求管理上的自主创新。

（3）为"一带一路"倡议、中国标准推广、跨文化沟通探索方向。鉴于内地法律对境外企业参与咨询、监理及施工方面的限制，前期办及管理局在招标规划时，需要根据各具体标段的实际情况设计出既能符合法律规定又能满足项目引入优质资源的现实需要的招标模式，充分体现了管理局的创新思维。在现有法律规定的边界条件下，以目标为导向、创新驱动，提出"境内施工+境外顾问"的模式，一方面做到了依法依规，另一方面也实现了引进技术资源为项目保驾护航。全球资源的引进，大大促进了基础设施建设的交流，让团队的视野更开阔，让世界更了解中国团队和创新品质，互相借鉴提高，促进项目进步，直接或间接地提高港珠澳大桥的影响力。

港珠澳大桥在建设过程中获得和积累的宝贵经验，将使中国桥梁建设技术走出国门，为同类工程建设提供可复制的经验和可供比对的标准。港珠澳大桥的成功建设，是中国情景和项目实际的结合，形成了"一国两制"条件下的港珠澳大桥的独特的管理体系和管理模式，为"一带一路"倡议实施、中国标准推广、跨文化沟通等探索了方向。

第11章 （试）运营管理

建设的桥梁强国不等于运维的桥梁强国。港珠澳大桥的设计使用寿命周期为120年，如何在其全生命周期内通过高品质的运营管理、高水平的维护保养、高效率的应急救援，保证大桥安全、畅通和舒适的使用功能？如何在大桥建设成功的基础上通过可持续的运营和维护进一步实现其经济和社会价值？管理局从项目全生命周期视角出发，围绕运营管理目标，推行"管理制度化、运维智能化、经营市场化、服务专业化"的运营管理理念；提前策划和统筹安排，按照运营筹备、试运营和正式运营三个阶段逐步推进工作，动态调整组织架构，实现建转营平稳过渡、（试）运营期各项业务运转良好。

2018年2月6日，港珠澳大桥主体工程通过交工验收，标志着管理局负责的主体工程建设工作基本完成。10月23日上午，大桥开通仪式在广东省珠海市举行，中共中央总书记、国家主席、中央军委主席习近平出席仪式，宣布大桥正式开通，并强调用好和管好大桥，进一步为粤港澳大湾区建设发挥更重要的作用。大桥于10月24日9时正式通车运营，进入试运营阶段。根据《三地政府协议》和《管理局章程》的规定，大桥通车后，管理局作为项目法人将负责主体部分运营、维护和管理的组织实施工作。大桥的设计使用寿命为120年，如何在其全生命周期内保持安全、畅通和舒适的使用功能从而实现可持续运营？如何通过可靠和有效的运营实现大桥的经济和社会价值？如何实现大桥融合香港、广东和澳门三地经济、文化和心理，并促使大湾区成为世界级的区域中心？这些都是值得高度关注和研究解决的重大问题，本章主要聚焦管理局在运营筹备阶段和试运营期的管理工作。

11.1 运营管理特征与挑战

港珠澳大桥作为首个连接香港、广东和澳门三地的超大型跨海交通工程，其运营同建设管理类似，涉及法律、公共事务、技术标准、资金来源、口岸管理、边界管理等一系列跨界相关问题，所处政治和体制环境复杂性高，因此具有很强的独特性。此外，大桥地处沿海，气温高、湿度大、海水含盐度高，大量的钢结构和混凝土结构面临外部环境的耐久性考验，因此面临艰巨且复杂的运营养护工作任务。具体而言，大桥的运营和维护管理活动主要有以下几个特征。

1. 项目地位和运营需求需要高水准服务

作为三地政府在"一国两制"框架下首次合作共建的超大型跨海通道，大桥项目社会影响力大、社会关注度高，社会各界对大桥的运营管理有很高的期待和要求。大桥的服务对象主要是三地司乘人员，在运营需求等方面都有别于常规路桥项目，主体工程连接三地，是整个项目的运营管理服务窗口。同时，主体工程、香港接线及口岸、澳门接线及口岸、珠海接线及口岸运营主体之间关于收费服务、调度监控、应急救援、路况维护及设施保障等方面的服务质量存在横向对比。从大桥内、外部视角看，社会对运营服务品质、应急救援效率、维修保养等服务水平都提出了更高要求，迫切需要打造及维持大桥高标准的专属运营品牌，以保证优质的服务水准。

2. 跨海集群工程带来的运维技术复杂性

跨海集群工程所需的运维技术复杂，运维方法综合性强。主体工程是桥岛隧组合结构，工程结构复杂，养护技术要求高，尤其是超长沉管隧道的评估与养护、海中钢箱梁与桥面铺装的评估养护，以及人工岛的检测养护是运营阶段面临的重大挑战。此外，机电工程系统共有 13 个分系统，其运行状况直接影响到集群工程设施的运行安全及通行服务质量，同时结构健康检查、耐久性监测系统等动态监测数据实时传入监控中心。从全生命管理角度出发，管理者必须及时掌握桥隧结构健康的变化状况，方能快速反应，及时开展维护工作，确保主体结构的健康和安全运行。

3. 跨界通行带来的运维管理界面复杂性

三地实行不同的法律制度，运维管理涉及三地信息交换处理和三地联动的跨界问题。同时，主体工程在口岸限定区内，过往车辆和司乘人员、运营养护物资和人员等存在跨界通行的显著特点。本项目涉及 39 个行政事权部门，包括海关、边检、交警、消防、海事等，运营养护管理界面十分复杂。在法律制度、政府管理、技术条件差异的基础上，大桥的运维管理还面临社会环境和文化的差异。这要求大桥运营管理在组织机构、协同管理模式、联动应急管理系统等方面进行创新，探索匹配性的运营管理路线，因此管理局需与各政府部门厘清各自职责，在国家、广东省、珠海市和香港、澳门交通管理组织体系和机构的基础上建立联动协作机制和联动模式。

4. 管理局组织架构平稳过渡的需求

管理局需做好在建设收尾及运营筹备期、试运营期、正式运营期三个阶段组织架构的平稳过渡。过渡阶段主要包含建设收尾、运营筹备、试运营三类业务，且三类业务之间的大量工作紧密交叉，需要同步推进，实现工作重心逐步转移。这直接关系到项目通车、正常运行、人员队伍稳定等问题，是实现建转营平稳过渡的关键。

5. 超级工程综合开发的必要性

鉴于大桥项目品牌价值巨大，但由于跨界管制通行的特点，预期通行费收入不足，从对三地政府高度负责的角度，需要充分利用项目品牌资源和通道资源进行综合开发，以弥补通行费的不足，减轻三地政府财政负担。管理局拟在适当时机启动综合开发商业策划，委托专业单位或咨询机构研究提出港珠澳大桥综合开发商业策划方案，开展旅游、文创、广告及通道租赁业务，后续将充分利用项目品牌资源和通道资源进行综合开发。

11.2　运营管理综合策划

工程的运营筹备和试运行是其由建设阶段向运行阶段的过渡，其目的是让工程尽快进入正常平稳的运行状态，达到预期的设计使用功能。工程运营准备工作是建设项目的一部分，在竣工前应安排充分的时间做好工程的运营计划和准备工作。工程运行管理必须有效利用前期策划、设计、施工及设备安装、检查验收、运行维护各个阶段的信息，这有助于对工程安全运行和健康状况进行合理判断，包括工程运行的准备、计划和组织等方面工作；运营服务管理，涉及与服务相关的经营管理工作，如服务标准、综合开发等；养护维修管理，包括工程系统的保养和维修等；系统健康管理，如健康监测、健康诊断等。

11.2.1　运营管理目标与理念

管理局充分借鉴香港青马大桥自 1997 年通车运营以来未发生过一例养护及救援作业伤亡事故的优质运营管理经验，根据大桥运营特点提出本项目在试运营期内相对短周期的服务目标：全方位对标香港青马大桥的运营养护水准，以青马大桥为参照系，硬件一次性配置到位，服务水准等在管理上持续改进。

为此，管理局委托香港青马大桥管制区公司专门为大桥提供运营维护管理咨询服务。正如在建设阶段管理局始终坚持咬定建设目标，在运营阶段也坚持目标导向，把"建设是发展、养护管理也是发展"的理念贯穿于大桥运营的全过程。运营目标源于大桥建设目标，又超越建设目标。在建设与运营目标相辅相成基础上，要充分发挥大桥的大通道作用，增强香港及珠江东岸地区经济辐射的带动作用，充分发掘珠江西岸潜力，支持促进大湾区经济社会发展，这也是港珠澳大桥所担负的使命。

1. 运营管理目标

港珠澳大桥的运营管理目标如下："为用户提供优质服务、运营世界级品牌、创造社会和经济价值"，可精简为 12 字："卓越服务、享誉国际、创造价值"。含义是通过高品质的运营管理、高水平的维护保养、高效率的应急救援，将港珠澳大桥建设成为交通基建项目运营管理典范和行业领跑者；传承大桥建设及管理的创新思路，继续探索并开创运营管理新模式，传递并推广大型交通项目新时代建设和运营管理新理念；精心运营港珠澳大桥品牌，推动形成大桥品牌产业链，实现三地文化的交融，创造更多的社会和经济价值。根据《港珠澳大桥主体工程运营模式构建及策划》，运营管理目标诠释的具体内容如下。

（1）为用户提供优质服务：通过面向运营需求和用户需求的设计和建造品质、专用运营维护标准和操作手册，致力于通过设施保证、服务保证、通行环境保证和维护保证四大保证，为用户提供安全、快捷、舒适、完善、人性化的通行服务，使得港珠澳大桥实际使用寿命超过 120 年。

（2）运营世界级品牌：打造世界级运营项目，成为世界跨海通道运营管理规则的制定者和行业的领跑者；精心运营港珠澳大桥品牌，推动形成大桥品牌产业链，成为项目管理品牌输出的示范者；传递项目建设和运营管理的思想，成为国际性组织的发起者和组织者，让中国桥梁建设技术走出国门。

（3）创造社会和经济价值：充分发挥港珠澳大桥在粤港澳大湾区的大通道作用，通过物流、人流等经济要素的流动和文化的融合，促进港澳和珠江三角洲两岸社会、经济的长远繁荣发展，最大限度地发挥大桥的社会经济价值，将大桥打造成为三地融合发展的纽带，成为三地互联互通、协调发展的桥梁。

2. 运营管理理念

港珠澳大桥的运营工作围绕养护、应急、服务、管理"四位一体"的功能定位，坚持科学发展观和以人为本、环境友好、务实和谐的宗旨，推行"管理制度化、运维智能化、经营市场化、服务专业化"的运营管理理念。

（1）以制度保障管理高效率和服务高水准，实现管理制度化。在管理层面，管理局建立并逐步完善管理制度文件，明晰各业务管理程序和服务标准，确保港珠澳大桥拥有安全、舒适的行车环境，提供文明、快捷、高效的运营服务，并通过严格的奖惩激励及考核机制确保各项制度执行到位。在技术层面，针对工程特性及养护作业的复杂性，建立并逐步完善工程养护技术文件，量化作业指导标准，规范操作流程，为作业人员及养护合作单位提供维护作业及决策依据，最大限度延长大桥实际使用寿命。

（2）以科技创新为动力，实现运维智能化。管理局将基于改革创新实现运维管理由"传统型"向"智慧型"的转变。一方面，大力推进各业务板块机械化作业，在已有先进检测、养护、救援、收费等设备的基础上，结合项目业务需求，针对性地进行设备改造或专项研究，逐步推行运营养护作业的机械化、自动化。另一方面，基于"互联网+"的智能化管理平台，运用信息化及大数据处理技术、综合信息办公系统、结构健康检测系统、应急管理系统、BIM 模型、资产管理系统等，实现智慧型运维管理。

（3）以品牌建设为核心，实现经营市场化。按照信息化、智能化的新型高速公路运营养护需求，结合大桥运营业务需求，加强对收费、养护、监控、救援等核心业务板块的技术、设备及信息系统的研发，通过与市场企业的紧密合作，实现对技术产品的推广。结合粤港澳大湾区的国家战略，利用大桥独特的资源优势，逐步推进跨界经济发展、广告、物流、旅游、项目管理与技术咨询、配套设施服务、通道资源等多个领域融合发展，拓展港珠澳大桥品牌。

（4）以满足用户需求与提升员工素质为导向，实现服务专业化。港珠澳大桥运营养护的服务对象主要是三地司乘人员，管理局以满足用户需求与提升员工素质为导向，加强文化建设，强化服务意识，实现服务专业化。从用户需求出发，以司乘人员的感受为先，全方位提升并保证路况等用户体验；加强员工素质培养，在保证人才优聘的基础上，注重一线运营业务人员的培训，建立统一规范的服务标准和流程；加强企业文化建设，强化服务意识和服务教育引导，提升员工认同感与自豪感，为员工提供良好的工作和生活环境。

11.2.2　运营工作范围

运营工作范围包括运营管理、养护管理和行政管理等方面的工作。运营管理工作主要包括收费管理、交通管理、路政执法管理、紧急救援管理、安全环保管理和辅业管理。养护管理工作包括主体结构及设施养护、机电供配电系统养护、绿化、日常保洁、小修保养、专项工程、大修工程等内容。行政管理工作主要包括人力资源、计划合同、财务、后勤和办公行政事务等内容。以上单项内容具体体现在运营期间四类业务板块，包括运营管理、土建养护及检测、机电养护及检测，以及其他业务（表 11.1）。

表 11.1 港珠澳大桥运营主要业务板块

分项内容	工作描述
运营管理	
收费、票务管理	收费服务、票据管理、收费结算及数据统计分析等
监控调度管理	路况监控、信息收发、应急调度处置、施工协调、通信联络及客服处理等
应急拯救	应急预案及演练、应急拯救、牵引清障等
路政管理	路况巡视、路产损害索赔、事故处理等
消防救援	灭火救援、抢险救援
其他行政事权管理	交警、海关、边检、海事等
土建养护及检测	
保洁、小修保养等低技术含量型工作	补坑堵漏等小修保养、常规病害处置，以及日常保洁、绿化养护等
国家规定须进行招标实施的项目	大修及改扩建工程
日常结构巡视检查、检测	桥隧结构日常检查、经常性检查、周期性检查
国家规定须专业资质单位开展的检测项目	路面检测、结构沉降、变形检测、桩基冲刷、海床变动检测等
结构健康检测	桥隧结构健康监测及数据分析
机电养护及检测	
设备巡检	机电、供配电系统设备日常检查、经常性检查、周期性检查
小修、保养	机电、供配电设备日常维护、定期维护、系统故障检修；部分专业性强的维修保养或更换事项外委（如进口设备、大功率水泵、压容器等）
国家规定须专业资质单位开展的检测项目	变电站电器预防性试验、高压变配电站继电保护整定、变电站安全用具耐压试验、变电站日常维护、防雷检测、主塔升降机/电梯年检等
国家规定须进行招标实施的项目	大、中修专项
其他业务	
技术咨询	技术咨询服务、技术输出
综合开发	广告经营、通道租赁等

11.2.3 运营管理实施策略

养护管理、安全管控是港珠澳大桥运营管理的核心任务；品牌建设、信息化建设、科技与创新管理是大桥管理的核心要素；人才培养与制度建设是运营的重要保障。基于核心任务、核心要素和重要保障的综合集成，对实现港珠澳大桥运营养护管理目标具有决定性意义。具体而言，大桥运营管理的实施策略体现于以下几方面。

1. 三地协调机制

大桥跨越三个司法管辖区域和三个独立的关税区，其运营需主体工程、香港接线及口岸、澳门接线及口岸、珠海接线及口岸运营主体协调一致，并涉及三地政府之间的协同配合，将通关与通行作为一个整体来考虑。三地协调问题涉及政府监管的诸多方面，三地行使行政管理职能的政府部门众多，协调难度及耗费的资源多，提高三地协调监管机制的效率，才能实现运营目标，实现肩负的促进三地经济融合发展的战略重任。

在借鉴建设期管理模式和经验的基础上，大桥继续采用了"专责小组–三地委–管理局"的组织架构及协调决策模式，并在（试）运营期创建了"工作组+联络员"的三地联动模式（图 11.1）。该机制有效保证了三地协调和沟通，促进决策的高效性。同时，三地委设应急协调组，管理局、珠海、香港和澳门设立应急工作组，协调组可以在三地联动救援时，对大桥及三地应急工作组在重大事件应急救援工作中出现的争议问题进行协调。

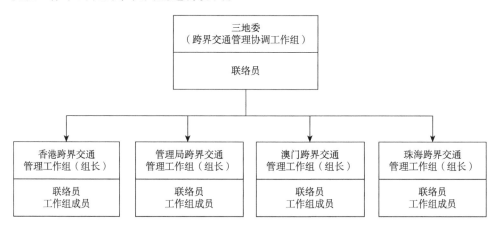

图 11.1　　"工作组+联络员"的三地联动模式

2. 项目设计阶段的运营和养护科研项目规划

管理局在前期设计阶段就开始考虑大桥建成后的运营问题，开展了相关工作的筹划，如考虑到了艰巨的健康监测与养护管理问题，管理局设计编制了大桥科研规划方案并最终形成了《港珠澳大桥运营养护期科研规划》，为创建大桥畅、安、舒、美的运营环境提供技术支撑。总体设计阶段共进行了 8 项专题研究，如《港珠澳大桥项目运营及维护准则》的目的是统一三地的运营维护标准，结合国内外研究成果和工程实际情况，细化运营维护原则及技术标准。

3. 运营筹备、试运营、运营阶段逐步推进

对于港珠澳大桥主体工程的运营工作，管理局超前谋划、统筹安排。主体工程运营工作主要按照运营筹备、试运营和正式运营三个阶段逐步推进（图 11.2），实现建设收尾、运营筹备、试运营三类业务同步推进，使得工作重心逐步转移。运营筹备阶段承接项目建设期，试运营阶段的目标在于完善营运组织架构和运营制度。运营阶段即项目竣工验收后的持续运营阶段，明确此阶段以"领先行业、健康发展"为原则，以"依托运营目标和运营理念、高标准开展运营工作、成为行业的领军者"为工作目标。

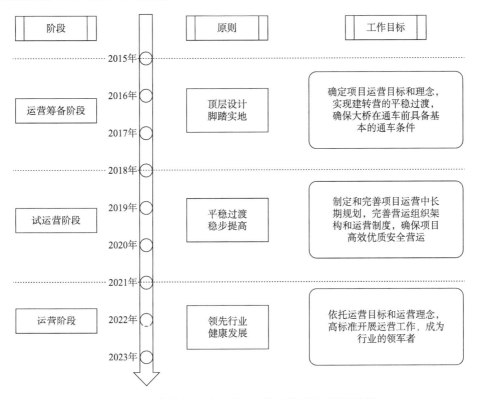

图 11.2　运营筹备、试运营和运营阶段策划（原计划）

重大基础设施都面临运营管理智能化的共性需求。港珠澳大桥作为重大基础设施的典型代表也面临着以大数据、人工智能等为代表的信息技术快速发展引发的运营管理变革的挑战，需要在智能运营的新背景下进一步建立、推动和发展中国桥梁的运营管理标准。港珠澳大桥在建设期通过一系列的工艺、设备、材料及管理模式等方面的创新取得了多项突破，管理局将进一步改革创新，以科技创新为动力，实现运维管理的智慧转变，遵循"创新引领、顶层设计、统筹规划、整

体推进"原则，实现"互通、共享、智能"一体化的实践逻辑，构建桥梁人工智能运营管理新的价值链。

4. 管理局组织架构动态调整

考虑大桥在不同阶段运营养护管理和业务发展不同的需求，管理局在运营筹备、试运营和运营阶段动态调整组织架构，如运营筹备阶段需要保证建转营组织架构的平稳过渡和人员队伍的稳定；运营阶段组织架构亦应根据管理上的新需求和业务发展新常态，在合适时机做出调整。因此，管理局在设立组织架构方面预留一定弹性，从全局的角度协同各部门力量，保证各部门工作的延续和相对均衡。

5. 养护单位及早介入

管理局要求养护单位及早介入，在项目交工验收之前提前做好运营准备工作，就工程设计、施工改进方面提出建议，为数字化养护、结构健康监测、运营养护管理系统等课题研究提供具体的需求和修改建议。同时，需要在运营之前做好岗位培训工作。交工验收前，管理局组织承包人开展设备维护和现场实操技术培训，针对性地讲解设备功能、巡检重点及保养方法，要求建设阶段承包人提供相应的养护计划、养护方法及养护重点等。运营阶段，管理局也会组织开展定期业务培训。

6. 运营人才培养

管理局运营人才主要立足于自主培养，保证现有建设期所有努力工作的员工能在运营机构中得到妥善安置，特殊岗位引进运营专才，不足部分考虑面向社会招聘补充，保证人才选聘择优录取。同时在人才方面，建立一套与本项目运营养护标准及其要求匹配的薪酬体系，加强员工素质培养，注重一线运营业务人员的培训工作，开展常态化、系统性和持续性的培训和演练工作，并把科技创新研究成果纳入绩效考核体系，积极营造尊重人才、凝聚人才的环境。

11.3 运营筹备阶段管理

运营筹备阶段，自筹备工作启动到项目交工验收为止，以"顶层设计、脚踏实地"为原则，以"确定项目运营目标和理念，实现建转营的平稳过渡，确保大桥在通车前具备基本的通车条件"为工作目标。具体而言，运营筹备阶段需要确定运营中长期目标和运营理念，创新港珠澳大桥运营管理模式；组建一个高效合

理的运营组织架构，制定工作标准、管理流程和制度体系，统筹安排建设与运营
筹备工作，实现建转营的平稳顺利过渡。

11.3.1 运营筹备工作计划

管理局在 2015 年 7 月正式启动了主体工程运营筹备工作（具体规划和筹备阶
段的进度安排见表 11.2），成立了运营筹备领导小组和工作小组，分别由朱永灵
局长和张劲文工程总监担任组长，全面负责并推进运营筹备工作，开展具有针对
性的前期调研工作，先后召开了五次运营筹备小组和工作小组会议，以及多次专
题会议。2016 年 12 月 27 日，管理局成立营运管理部，牵头统筹和协同各部门推
进运营筹备工作开展。2018 年 2 月 6 日，主体工程交工验收会议顺利召开，意味
着大桥迈入运营筹备工作的冲刺阶段。

表 11.2 具体规划和筹备阶段的进度安排

阶段	主要目标	具体工作任务
规划阶段 2015 年 7 月至 2017 年 12 月	确定运营模式总体 思路	1. 成立筹备领导小组及工作小组 2. 市场调研（国内） 3. 运营专才引入 4. 市场调研（国外） 5. 运营筹备技术咨询 6. 确定运营模式总体思路
	编制运营规划文件	1. 编制运营管理模式及运营筹备工作总体规划 2. 编制三地委审议运营管理模式及运营筹备工作总体规划 3. 编制运营管理长远规划及第一个五年规划（2018~2022 年）
筹备阶段 2016 年 7 月至 2018 年 2 月	组织架构及人员 安置	1. 编制组织架构 2. 三地委审议组织架构 3. 人员需求计划及招聘 4. 人员培训上岗
	管理制度及技术标 准体系文件编制	1. 运营管理制度文件体系框架编制 2. 运营管理制度文件编制 3. 运营管理制度报审 4. 土建部分运营维护技术手册编制 5. 交通工程部分运营维护技术手册编制 6. 土建部分运营维护操作手册编制 7. 交通工程部分运营维护操作手册编制
	运营合作单位选择 及协调	1. 养护基地规划方案编制 2. 养护管理及技术方案竞赛 3. 养护合作单位招标 4. 物业、保安等后勤管理合作单位确定 5. 交通、边防、消防、海事等合署办公及应急救援机制的协调、 建立和演练 6. 交警、边防、消防、海事等合署办公进驻运作
	综合开发	1. 委托专业单位编制综合开发方案 2. 三地委审议方案 3. 综合开发前期准备

续表

阶段	主要目标	具体工作任务
筹备阶段 2016年7月至2018年2月	专项工作	1. 运营养护专项检查与整治提升活动 2. 运营期间电价谈判 3. 运营信息系统开发顶层设计 4. 运营信息系统开发 5. 备品、备件的整理及信息资源库的建立 6. 建立材料供应台账

11.3.2 运营与养护模式策划和构建

在运营筹备阶段，管理局开展了一系列调研工作，先后对中国广东省内外、中国香港、中国澳门及美国、加拿大、日本、韩国等国家和地区典型项目的运营和养护等业务管理模式进行调研，了解及借鉴桥隧项目或跨界项目的运营管理理念及先进维护技术。调研分为国内项目（内地、香港和澳门）和国外项目调研两个层面，逐步深入。国内项目调研目的在于借鉴内地和香港重大基础设施项目的运营模式、基本理念和运营管理经验，而国外项目调研的目的在于重点了解及借鉴国际上桥隧项目或跨界项目的维护技术和管理理念。调研采取"走出去"和"引进来"相结合方式，对外以现场考察为主，对内以邀请运营管理专家来管理局进行交流为辅。在省内项目（如广东虎门大桥）、省外项目（如青岛胶州湾海底隧道、上海长江隧道、江苏苏通大桥、江苏泰州大桥、秦岭终南山公路隧道）、港澳项目和国外项目调研的基础上，管理局充分吸收国内外项目运营管理的经验。

根据主体工程交通工程施工图设计合同文件的要求，交通工程施工图设计单位（北京交科公路勘察设计研究院有限公司）完成了港珠澳大桥运营管理模式的研究，并形成了《港珠澳大桥运营管理模式研究报告》。报告中总结了目前国内公路交通项目中收费、养护、路政、交通安全、消防救援等方面的运营管理模式，并提出了大桥主体工程运营管理的建议方案。

1. 运营模式比较和确定

政府投资模式下的工程项目运营管理包括事业单位模式、法人公司模式、政府部门模式、委托经营模式。一般来说，运营模式基本上可以分为自行运营模式和委托运营模式两类。

（1）自行运营模式：目前运营模式中，自营仍是主流，由各项目公司自行组建独立法人机构，主要管理人员由上级集团公司任命，下设含收费、运营、养护、财务等主要职能部门，并根据项目特点及需要设置其他部门，全面负责运营期间的各项业务及协调工作。业主的人员配备及机构较为齐全，可有效解决建转营的人员配置问题。

（2）委托运营模式：由项目公司通过公开招标或委托等方式，选择总承包方负责部分或全部的日常运营业务（包括收费/养护/监控/路政等，具体根据委托内容而定），业主保留少部分人员进行合同管理及日常考核。上海长江隧道是比较典型及完整意义上的委托运营模式。在建设后期，上海长江隧桥建设发展有限公司确定了采用运营养护一体化模式，通过公开招标引入运营养护总承包单位，参与部分工程决策及交工验收，实现建、管、养一体化管理。在委托合同中，对总承包单位的管理权责、管理目标、人员及设备配置提出了明确要求，清晰界定运营养护工作界面，项目公司按照委托合同对运营总包单位进行季度考核，并作为委托合同费用的支付依据之一。

根据调研情况，自行运营模式包括虎门大桥、青岛胶州湾隧道、广州地铁、苏通大桥、泰州大桥、秦岭终南山公路隧道等。委托运营模式包括广东西部沿海高速、上海长江隧道等，广州市政隧道和澳门桥梁运营模式相当于委托运营模式（受政府委托）。国内大部分调研项目的土建养护工作采用外委模式，其中，日常保洁、小修保养项目一般由同一上级公司的下属专业养护公司实施，大中修项目则另行通过公开招标确定。对于外委养护的效果，反应不一：一方面是由于非完全竞争的市场环境，养护企业的实力及投入有限；另一方面养护企业工作责任心，以及追求利润的最大化，也使得养护效果难以得到有效保障。对此，各调研项目采取了相应措施：加强合同考核及管理力度，加大业主技术力量投入，履行日常检查等；自行组建养护队伍，组织开展养护工作，如青岛胶州湾项目。

综上，市场化委托模式导致信息不对称，管理者（即政府或业主）失去专业化，掌握的信息太少，导致业主管理者越来越没有发言权，而且该委托模式并没有为政府和业主节省养护资金。由于内地未形成成熟有效的市场竞争环境，自行运营模式仍为内地主流的运营管理方式，该模式不仅妥善解决人员分流和配置问题，也将更有效保障项目的运营效率。

2. 养护模式比较和确定

目前国内高速公路的养护模式，针对土建养护和机电养护，根据市场化程度的不同可分为自行养护和委托养护两种方式；根据计量方式不同，可以分为计量式养护模式和绩效式养护模式。无论采用自行养护还是委托养护模式，项目公司均须配备一定数量熟悉项目情况的专业技术人才，以便更好地保障养护质量及效果。

（1）自行养护模式：该模式是指高速公路单位拥有自己的养护队伍，自行（一般是成立养护中心）完成养护施工任务，只有在对技术要求很高，自身无法满足要求的情况下才聘请外单位参与的一种养护管理模式。

（2）委托养护模式：该模式是指高速公路单位只设立养护管理部门，不参与或只参与少部分简单的养护施工任务，全部或大部分养护施工任务均通过对外发包形式来招标选择队伍完成。委托养护模式根据市场化程度的不同，可分为专项大中修对外承包模式和完全市场化模式。国内大部分调研项目的土建养护工作采用外包模式，其中，日常保洁、小修保养项目一般由同一上级公司的下属养护公司实施，大中修项目则另行招标确定。日常养护合同分为固定费用和绩效费用两种模式：日常保洁采取固定费用模式；桥涵巡查、互通绿化等项目采取绩效费用模式。对于外包养护的效果各公司反映不一，一方面是非完全竞争的市场环境，养护企业的实力及投入有限；另一方面养护企业工作责任心，以及追求利润最大化也使得养护效果难以得到有效保障。

调研发现，对委托养护模式，调研反映运营工作考核难度较大，建议港珠澳大桥项目明晰考核目标、量化考核指标、细化考核办法、贴近工程实际等。大桥的运营管理模式将上述两种模式纳入了统一考量，采纳混合模式，即核心业务自行养护，日常简单业务外委。

3. 港珠澳大桥运营养护业务模块

1）收费管理—独立路段、独立结算

港珠澳大桥全线设置一处主线收费站。由于收费站位于口岸限定区，大桥不具备全省联网收费的条件，采取独立路段、独立结算的开放式收费管理模式。

2）监控管理—三地联动监控模式

港珠澳大桥主体工程与粤港澳三地的连接路网紧密相连，采用粤港澳三地联动监控，加强三地信息交互，实现监控数据实时共享。港珠澳大桥设有两个中心，分别位于管理局的网络数据中心和西人工岛的监控中心，两个中心在功能配置上实现相互备份，推行"大监控、大安全"的管理理念，以西人工岛监控中心为依托，协调驻岛联勤单位日常管理及突发事件应急处置，集大桥运营状况监视、各类运营信息上传下达、突发事件现场应急指挥和业务运作评估四大功能于一体，为主体工程的安全、畅通运营提供业务支撑。

3）土建养护—混合模式

港珠澳大桥养护维修管理的目标如下：结构安全、设施完好、环境整洁，为社会提供安全、舒适的行车环境。养护维修管理围绕养护、应急、服务、管理"四位一体"的功能定位，对接国家路网大环境下智慧型养护的总体要求，结合"可维、可达、可检、可换"的养护理念，配备一系列维护、检修辅助设备及快速检修平台。试运营阶段，土建部分自营也转换为外委模式，管理局因此能保证比较精简的模式（表11.3）。

表 11.3 运营和养护模式策划

分项内容	策划管理模式	备注	实际模式
运营管理			
收费、票务管理	自营	组建收费站，独立路段、独立结算，保障服务质量	基本不变
监控调度管理	自营	调度监控是保障项目平稳运作的核心业务，自行组建调度中心、监控中心，两者具备互相备份功能，以确保项目运行安全（后合并为调动监控中心）	
应急拯救	自营	运营初期以自营为主，市场救援力量为辅，引入社会化成熟的拯救力量；自行组建牵引拯救队，保障高水准的应急服务质量	
路政管理	自营	按广东省公路管理局有关规定，按全省统一模式组建路政队	
消防救援	政府消防	消防作业责任重大，政府消防的装备水平、人员素质及队伍管理更能保障救援质量，专业性更强	
其他行政事务管理	联勤机制	由政府负责，合署办公，管理局与各相关方建立联动协调机制	
土建养护及检测			
保洁、小修保养等常规工作	招标	组建养护中心，制订养护工作计划，配备专业技术人才监督，保障养护质量	土建日常养护在运营阶段调整为外委模式，通过公开招标方式选取
国家规定须进行招标实施的项目	招标	配备专业技术人才监督工程实施，保障工程质量	
日常结构巡视检查、检测	自营为主	组建检测中心，制订检测工作计划，及时掌握桥隧结构变化动态，确保主体结构安全运行	
国家规定须由专业资质单位开展的检测项目	招标/委托	配备专业技术人才监督实施	
结构健康检测	招标/委托	委托专业技术单位	
机电养护及检测			
设备巡检	自营	参考有关调研项目的管理模式，组建机电维护中心，保障本项目机电系统的稳定运行	机电日常养护和供配电日常养护在正式运营阶段改为外委模式
小修、保养	自营为主		
国家规定须由专业资质单位开展的检测项目	招标/委托	制订检测工作计划，配备专业技术人才监督实施	
国家规定须招标实施的项目	招标	制订养护工作计划，配备专业技术人才监督工程实施，保障工程质量	
其他业务			
技术咨询	自营	根据后续运营管理工作需要，视情况成立技术服务中心	基本不变
综合开发	自营+委托	根据后续运营管理工作需要，视情况成立开发中心或综合开发公司，启动品牌运营、对外招商等开发工作	

4）机电养护—自营模式

机电养护特别是公路隧道项目的机电养护，是运营期间的工作重点及核心业务。港珠澳大桥打造智能化的平台，其交通工程系统包括收费、通信、监控、照明、通风、消防及系统集成等12个子系统，系统内部及外部接口界面关系错综复杂。因此，管理局引入BIM系统，实现系统集成及运维管理，建立系统集成综合监控管理平台，实现各系统之间数据共享和多系统联动，包括与香港、澳门、珠海连接线的相关系统互联与信息交换。试运营阶段，机电养护和监测的自营模式也转变为外委模式。

5）路政管理—自营模式

路政大队由主管部门授权管理局自行组建，负责大桥运营期间的路政许可、路产保护和索赔等工作；在发生交通事故时，协助交警处理交通事故，避免次生事故发生。路政大队实行半军事化管理，着力提升队伍凝聚力、执行力及战斗力，致力成为一支素质高、反应快的路政执法队伍。

6）综合救援—自营模式

管理局自行组建了一支专业的拯救大队，负责救援工作，与监控、路政、养护等人员一起构成应急状态下安全保障力量。按照应急预案、现场实际情况和应急指挥中心指令，负责大桥车辆故障、事故引起的抛锚牵引、各类应急事件的处置和综合救援等。除了承担车辆救援任务外，还须协助相关部门进行交通管制、消防救援配合等工作。管理局通过优化拯救人员及车辆设施配置，建设一支能够快速反应且具备综合应急救助能力的队伍，保证高效率的应急救援，图11.3为应急救援演练。

图 11.3　应急救援演练
资料来源：港珠澳大桥管理局

7）综合开发—混合模式

管理局为适应大桥的运营维护和综合开发的新需求，挖掘和提升品牌价值，运营初期利用项目地理位置优势，开展旅游、文创、广告、通道租赁等经营业务，后期将争取三地政府的充分授权，逐步实施包含旅游、技术咨询、商业开发等多种形式、多个领域的综合开发策略，创造更大的社会和经济价值。在试运营阶段，综合开发部分计划采取自营+委托的混合模式，进行市场化运作。

在试运营阶段，业务板块运营和养护模式发生了相应的调整，如机电日常养护管理、供配电日常养护管理和土建日常养护变成外包模式，检测部分也变成外包。这些模式也有可能在大桥正式运营过程中根据内部或外部条件的变化进行进一步的动态调整，以便具备敏捷性和灵活性更好地适应外部环境。

11.3.3　运营筹备阶段管理局组织架构

管理局在运营筹备阶段设置的组织架构，主要是为了实现建转营的平稳过渡，按照"基本体系不变、逐步叠加职能、适时动态调整"的原则，基于现有成熟的管理制度体系，细化制定了各部门运营职责的叠加方案，并明确运营筹备及试运营阶段的组织架构（图 11.4）。

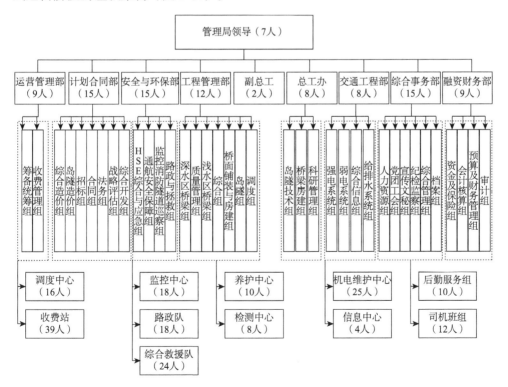

图 11.4　管理局运营筹备及试运营阶段的组织架构

资料来源：港珠澳大桥管理局

11.3.4　制度体系构建

《三地政府协议》要求三地政府在项目运营管理期间，应遵循友好协商、非营利性、适用属地法律和互助义务原则，针对项目运营管理和公共事务管理，对主体工程试运营和运营阶段的车辆通行费、工程维护、车辆收费权等权益转让做了基本规定，提出了大桥通车后通行规则和边境口岸管理及突发事件处理原则。具体而言，管理局在管理和技术层面设计、建立并逐步完善制度文件（图11.5）。结合运营实际工作情况，重视阶段的检视管理制度与实际工作的匹配程度，适时修订补充和调整，以满足不同发展阶段管理需求。

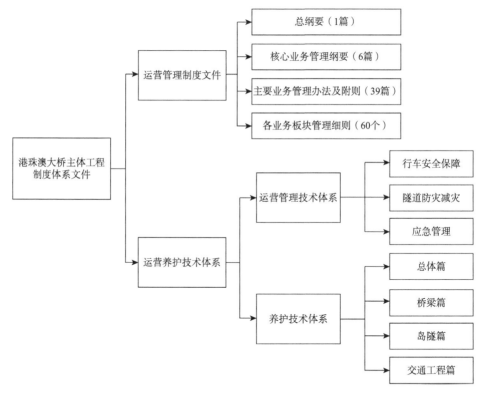

图 11.5　港珠澳大桥制度体系文件

资料来源：港珠澳大桥管理局

1. 运营管理制度文件

《港珠澳大桥主体工程营运项目管理制度》是管理局为规范项目运营阶段管理制定的制度文件，包含四个层级，实现了总纲要—纲要—办法—细则的逐级目标分解及需求细化（表 11.4）。该制度文件（试行稿）在大桥通车前正式发布。

在通车两周年时，根据项目运行经验和边界条件的变化，对第一版本进行修订，2020 年 8 月正式发行《港珠澳大桥主体工程营运项目管理制度（V2.0）》，较好地适应管理局的发展和机构优化调整后的试运营管理。

表 11.4　运营管理制度框架

层级	内容	备注
第一层级	总纲要	包括运营管理目标和远景、策略等
第二层级	核心业务管理纲要	HZMB/OMS/02，包括运营服务管理纲要、养护维修管理纲要、HSE 管理纲要、品牌建设管理纲要、信息化建设管理纲要、科技与创新管理纲要
第三层级	主要业务管理办法及附则	包括管理办法和附则，如运营期招标投标管理办法、合同管理办法、造价管理办法、法律事务管理办法、财务管理办法、采购管理办法、技术管理办法、收费管理办法、监控管理办法、文明服务管理办法、交通救援管理办法、消防安全管理办法、突发事件应急预案与响应、处置管控办法、运营养护材料管理办法、运营养护设备管理办法等
第四层级	各业务板块管理细则	聚焦于业务板块，包括收费业务、网络数据安全、口岸限定区域管理、养护业务、综合管理和文秘宣传、人力资源、监察、法务、项目管理类等相关细则

从表 11.4 可见，第一层级总纲要，阐述运营管理目标和愿景、实施策略、组织结构、保证机制等。第二层级核心业务管理纲要，分别阐述试运营期间运营服务、养护维修、HSE、品牌建设、信息化建设、科技与创新六个核心业务管理指导思想、目标、实施策略等。第三层级主要业务管理办法及附则，针对主要运营养护业务的管理架构、管理范围、管理总体要求等具体管理办法。第四层级各业务板块管理细则，涉及各分板块的细节管理要求，操作指引、流程等规范性要求，亦是各部门为规范内部管理制定的部门工作人员及其企业生产人员的内部管理手册，要求部门员工贯彻执行的相关程序性文件。

2. 运营养护技术体系

管理局在大桥项目设计和建设阶段已经开始搭建养护管理和运营管理技术体系，制定运营维护技术标准和技术手册，为之后的运营维护工作提供基础，并在运营筹备阶段编制和完善运营维护手册（图 11.6）。在构建运营管理技术体系过程中，管理局在建设期开展了行车安全保障、隧道防灾减灾、应急管理等方面研究。在构建养护技术体系过程中，管理局开发运营维护手册、结构健康监测系统、人工岛沉降分析与预测、结构耐久性评估与延寿、节能减排等相关工作。

图 11.6 运营养护技术体系的构建和完善

资料来源：港珠澳大桥管理局

　　管理局在建设期先行开展《港珠澳大桥项目营运及维护准则》的专题研究，组织编制了《港珠澳大桥专用营运及维护标准》。基于此，在运营筹备阶段组织编制并逐步完善《港珠澳大桥主体工程营运维护技术手册》，包括总体篇、桥梁篇、岛隧篇和交通工程篇，结合常规实用技术和最新技术发展，量化作业指导标准，提供规范和标准化操作流程，为作业人员及养护合作单位提供维护作业及决策依据。

　　为进一步落实"可维、可达、可养"的理念，管理局在主体工程建设后期先后组织开展了三次设计联合巡查（即"设计回头看"活动），组织全线设计、监理、咨询、施工等标段深入现场检查设计意图落实情况，以及从维养角度进行优化设计。围绕土建日常养护模式及运营维养功能需求方面，先后组织内地及香港大型运营养护单位开展"主体工程运营养护功能完善提升活动"及技术交流，为后续主体工程的维养管理查漏补缺。

　　同时，参建单位也参与运营技术筹备。在项目全过程的设计及施工咨询过程中，咨询及施工单位联合编制主体工程运营维护手册和技术文件，参与编制运行维修手册等工作。这样，可以保持建设和运行过程责任的一致性。例如，荷兰隧道工程咨询公司与其他参与岛隧工程的总承包人的设计和施工团队、结构健康监测团队一起编制了《港珠澳大桥主体工程营运维护技术手册》之岛隧篇；桥梁篇由林同棪国际参与编制；交通工程篇由北京交科公路勘察设计研究院有限公司编制。

11.4　试运营阶段管理

　　试运营阶段是指项目交工验收后至项目通过竣工验收的期间，以"平稳过渡、稳步提高"为原则，以"建立和完善项目运营管理中长期规划，完善运营组织架构和运营制度，确保项目高效优质安全运营"为工作目标。具体而言，试运营阶段要确保高效、优质、安全、运营，须编制项目运营管理中长期规划和各业务板块的五年规划，系统实施项目综合开发，弥补项目通行费不足；着力协调推动跨界通行政策，扩大车辆通行配额，提升车流量，提高通行费收入，改善项目经营状况。2018 年 4 月 2 日，管理局启动模拟运行工作，提前进入实战状态。在三地委和省交通运输厅统筹协调下，管理局营运管理部牵头在 2018 年 8 月 21 日至 23 日、9 月 28 日至 30 日开展了开通前两阶段的试运行测试工作，模拟了大桥畅通、突发事故等情况，相关设施设备运转良好。

11.4.1　试运营阶段管理局组织架构

管理局试运营阶段调整设立了 8 个部门（图 11.7），依据"管理局-业务部门-作业单位"三级管理体系建立。工程管理部和交通工程部是管理局授权范围内土建养护、机电供配电维护的对口管理部门，对下属机构或班组及运营合作单位进行严格管理，履行养护维修监督职责；养护维修合作单位对所承接的业务管理工作部分，接受管理局和分管部门的监督管理。值得注意的是，在试运营阶段工作开展过程中，管理局的组织架构也进行优化和调整，如原来计划的营运管理部后调整称为营运发展部，体现后续综合开发业务；安全与环保部改为安全应急部，突出应急管理工作职责。

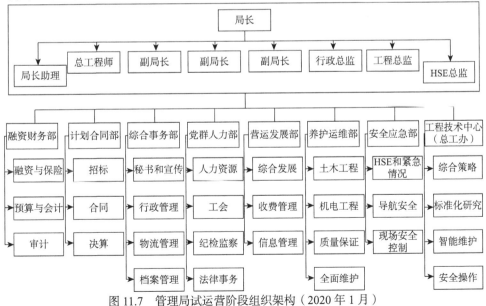

图 11.7　管理局试运营阶段组织架构（2020 年 1 月）

资料来源：港珠澳大桥管理局

（1）营运管理部（后改为营运发展部）：负责对三地委做好运营工作的联络、沟通、协调、汇报；统筹编制及修订运营管理制度体系文件；负责组织开展收费管理工作，包括站场管理、收费结算等，确保收费站的畅通和文明服务；负责网络数据中心管理，做好收费监控、对外协调联系、客户投诉处理及信息上报工作；负责编制年度收费计划，定期对交通量及收入统计进行分析。

（2）计划合同部：主要负责运营总体规划和运营管理战略规划；牵头开展建设期项目管理总结工作；负责所有需要依法公开招标运营项目的招标组织与管理；负责合同起草、谈判、签订及支付、执行管理、考核、评价验收等合同管理；负责造价管理，牵头组织开展项目结算工作；根据三地委精神开展综合开发工作，制定综合开发思路及规划，先期开展广告及通道租赁等业务。

（3）安全与环保部（后改为安全应急部）：负责路政及路产管理，做好路政巡查、路政许可，维护路产路权，协助交警处理交通事故等；负责监控中心管理，做好交通状况监控，运营养护作业监管，应急事件的处置指挥、协调与监督；负责交通拯救管理，故障车辆牵引；负责 HSE 体系构建及运行管理，统筹各类应急预案、应急演练等；负责与边检、海关、交警等政府部门的联勤协调及合署办公；负责运营期船舶通航监控管理、桥梁防撞管理、桥梁水域航道扫测、桥梁固定助航标志、VTS（vessel traffic service，船舶交通服务）补充工程维护等；配合开展业务范围内需依法公开招标项目的组织与管理。

（4）工程管理部（后改为养护运维部）：土建养护基地的规划、建设及管理等工作；制订土建养护方案（含养护车辆、设备配置等）及养护计划、检测实施方案；负责土建养护项目技术方案的审批；负责全线土建及房建工程的养护实施，保证结构处于良好运营状态；负责监测中心的管理；牵头组织土建及房建工程竣工验收，参与项目结算工作；配合开展业务范围内需依法公开招标项目的组织与管理。

（5）交通工程部（后并入养护运维部）：负责编制和更新机电运营维护手册和技术标准；制订机电养护方案及养护计划；负责机电维护中心的管理，保证机电系统处于良好运营状态；负责信息中心的管理，运营综合信息系统开发及管理；组织机电工程竣工验收，参与项目结算工作；配合开展业务范围内需要依法公开招标项目的组织与管理。

（6）总工办（后称为工程技术中心）：负责编制和更新土建运营维护手册和技术标准；负责土建养护技术类文件审查；负责主体工程运营和维护科研项目规划；资产管理系统等相关技术发展情况的跟进；结构健康监测系统、耐久性监测系统的维护管理，负责系统数据分析和评估等；推动技术创新、科研成果及知识产权转化，开展专用技术标准总结、工程技术总结等；参与项目结算工作；配合开展业务范围内需依法公开招标项目的组织与管理。

（7）融资财务部：负责资金筹集、使用和偿还贷款本息等工作；负责根据项目现金流情况，适时考虑债务重组方案；负责单位内审，配合开展各项外部审计工作；负责项目工程保险事项，协助理赔相关事宜；负责通行费押运和银行对账等管理工作；负责与电子结算公司进行结算；负责与税局和外管局沟通涉税和外汇事宜；负责汇总编制运营年度预算，建立全面预算管理体系；完成预算执行情况等数据分析工作，定期进行财务分析和预测，监督各项成本费用开支；负责日常费用报销及合同款项的审核和支付；负责按期完成会计核算工作；负责监督内控制度执行情况，提出财务控制建议。

（8）综合事务部（后拆分为综合事务部和党群人力部）：负责管理局人力资源管理规划、实施，包括编制组织机构、制订定岗定员方案，员工招聘、劳动合同、考核奖惩、薪酬福利等人力资源管理日常工作；负责党的组织、宣传、教育和思想政治工作；负责纪检监察和廉洁宣教工作，会同有关部门配合做好审计、监察、信访工作；负责工会、共青团、妇女、计划生育相关工作；负责公共关系处理和信息披露管理；负责网站、期刊、微信公众号等的日常运营管理，开展企业文化和精神文明建设工作；负责展览中心/馆的布置和管理；负责管理局文秘工作，做好与三方政府的对接协调；负责档案中心的管理工作；负责固定资产、低值易耗品和办公用品的管理工作；负责后勤服务保障及物业管理工作；负责大型活动、会务的业务接待等相关工作；负责驾驶员和车辆使用的管理工作。

11.4.2　品牌建设实施策略与路径

大桥充分参考学习了国际上其他大桥成功建设品牌的案例。例如，韩国广安大桥，项目业主综合开发、最大限度地挖掘和开发大桥品牌的理念与行为令人赞叹。广安大桥作为釜山城市地标，特别注重艺术造型和灯光夜景设计，因此它也被称为"钻石之桥"。港珠澳大桥品牌价值可开发空间和潜力巨大，管理局需要对其进行进一步挖掘和拓展。管理局因此制定了《品牌建设管理纲要》，委托专业单位或咨询机构研究提出商业策划方案，拟在适当时机报经三地政府批准后实施，启动综合开发。通过充分利用资源进行合理品牌建设和综合开发，可以弥补通行费的不足，减轻三地政府的财政负担，同时也可以进一步挖掘和拓展品牌价值，赋予大桥更多的经济和社会功能。

大桥品牌开发管理设立"管理局-业务部门-下辖机构、班组和运营合作单位"三级管理体系。管理局设立品牌开发管理领导小组和工作小组，负责制定品牌开发管理中长期发展规划和各阶段开发目标，协调并决策品牌开发管理工作中的重大问题，对品牌管理的开发情况进行监督指导，具体体现于以下七个方面。

（1）继承和发展港珠澳大桥精神：以港珠澳大桥精神（客观科学、不负众望；实事求是、敢于担当；宠辱不惊、奉献至上；理性沟通、合作共享）为统领，不断加强新时代的大桥文化建设。

（2）制定中长期品牌建设规划：制定中长期品牌建设规划，从战略高度充分重视港珠澳大桥品牌的价值和重要性，制定分阶段品牌建设目标，不断丰富充实运营养护工作的新局面。

（3）输出并推广港珠澳大桥标准：传承建设期在交通行业工程设计、施工、项目管理中积淀的宝贵经验，系统总结和提炼，结合大桥建设和运营的成果，在工程建设领域实现技术输出及管理经验的推广，积极参与国家行业标准制定工作，实现港珠澳大桥标准在全国及世界范围内的推广。

（4）打造一流运营养护技术创新平台：集运营养护项目与科技新平台为一体，把大桥作为运营养护管理项目新技术、新材料、新工艺的科技实验创新平台。结合本项目运营业务需求，加强对养护、救援等核心业务板块进行技术、设备及信息系统研发，实现技术产品推广，夯实项目运营期间的核心竞争力。

（5）形成卓越养护品牌辐射效应：创优质服务，提升设施的服务能力和用户满意度，引领运营新标准，带动提升我国公路养护的技术水平和运营管理能力。

（6）培育城市基础设施建设及运营人才：追求臻善的职业道德，借助大桥独有的平台，培育明星管理团队，将本项目打造成为运营养护技术、管理技术的教育基地和人才集聚高地。

（7）跨区域跨领域拓展品牌的市场开发：结合粤港澳大湾区的国家战略，利用大桥独特优势，逐步助推跨界经济发展、广告、物流、旅游、会议、会展，以及项目管理与技术咨询、配套设施服务等多个领域融合发展，拓展大桥品牌。

11.4.3　信息化建设管理

为了规范大桥运营养护管理信息系统的规划建设和运营管理，实现对大桥科学化、智慧化的管理目标，管理局制定了《信息化建设管理纲要》和《信息化建设管理办法》。通过借鉴国内外大型桥隧设施的信息化管理经验，利用信息化技术满足复杂的桥隧运营管理要求。

大桥信息系统管理设立"管理局-业务部门、运营合作单位"两级管理体系。具体而言，管理局设立大桥信息化领导小组，负责制定信息系统的规划和决策，制订并推动信息系统的实施计划，监督和检查信息系统的建设进度和应用效果。领导小组下设工作小组，网络数据中心负责日常工作及归口管理，负责信息系统建设和管理的具体工作，牵头统筹各个业务部门的信息化需求。管理局各业务部门是信息系统的应用管理部门，信息化建设坚持"总体规划、分步实施、逐步完善"的原则，实施策略如下。

（1）管理局充分挖掘项目全生命周期的数据信息资源，延续建设期信息规划体系，搜集完整的建设阶段资料。尤其竣工资料是设备维护的重要基础资料，建议项目交工验收后要求承包方提供完整的竣工图纸、工程量清单、设备说明、使用手册及其他载有技术数据和资料的文件，最好同步归档电子版和纸质版，英文说明书等资料建议承包人或供货商翻译成中文，以及要求承包方提供完整设备信息，以方便后期维护工作开展。

（2）管理局运用信息化及大数据处理技术，建立运营专业系统平台和综合业务管理系统平台，融合运营养护管理系统、协同办公系统、调度中心、监控中心、结构健康监测系统等，纳入各业务部门和运营合作单位的信息系统，对接政府联勤部门，实现数据的提取、交互和共享。

（3）管理局研发实施多维度的移动应用和信息管理，进一步实现与政府联勤部门信息平台的有条件连接，建立大数据共享平台，如道路视频监控数据、车流量数据、大桥通行车辆基本数据等，综合信息办公系统、结构健康监测系统、应急管理系统、监控系统、资产管理系统等，推动构建综合交通、边检、海关、治安、海事、交警等多个行业管理的大数据共享平台，实现管理资源的共享和多政府部门之间的高效协作。

（4）管理局保持对信息新技术开放的灵活性，积极探索不断引入信息技术新手段解决运营期的需求问题，充分挖掘运营期大数据价值，逐步实现基于大数据的智能化、信息化养护，创新管理模式。

11.4.4　智能化运维技术研发规划

管理局根据科学技术部和交通运输部的工作部署，制定运营管理中长期科研规划，于 2018 年开展前期研究工作。在广东省交通运输厅的指导下，管理局联合粤港澳三地科研机构成立了粤港澳大湾区交通建设智能维养与安全运营工程技术研究中心（以下简称工程技术中心），开始筹划智能化运维项目。2019 年 12 月12 日，管理局联合三地知名高校、科研院所、企业等多家参研单位共同申报的港珠澳大桥智能化运维技术集成应用（以下简称智能化运维）项目立项成功，项目执行年限为 2019 年 12 月至 2022 年 11 月，标志着两年的智能化运维项目立项工作的完成，正式步入实施阶段。智能化运维项目的目的主要体现在如下三个方面：①维养和评估方面实现检测监测全覆盖、结构系统长寿命；②在应急和运行方面做到应急救援协同化、交通组织精准化和路政巡查无人化；③在智联平台方面实现数据化、关键信息知识化和部分应用智能化。

11.5　成效与启示

作为"一国两制"下粤港澳三地合作共建共管的超大型跨海通道，大桥的开通将珠江口东岸、西岸地区连接，让大湾区形成一个闭环，实现了三地"一小时经济生活圈"，从而利于推动三地经济运行的规则衔接，促进人员和货物等要素高效流动，促进三地广泛交流和深度交融，为粤港澳大湾区建设发挥重要引擎作用。自开通以来，港珠澳大桥各项业务正常运作，各项设施设备总体运转良好，基本上实现了建转营平稳过渡。通车一年后，经港珠澳大桥往来三地口岸的旅客总数共计 2 443 万人次，日均 6.7 万人次，最高的一天达到 17.6 万人次。大桥珠海、香港和澳门三个口岸出入境旅客共计 4 886.9 万人次，总车流 153.7 万人次，日均达到 4 200 车次。截至 2019 年 9 月底，累计有 21.6 万吨、价值 84.5 亿美元的货物经大桥进出口，范围覆盖了 26 个省和 152 个收发货地。新冠疫情之下，港珠澳大桥的通车效益受到显著影响，通关车流量下降明显，但港珠澳大桥作为连接三地跨界通道的唯一性和不可替代性更加凸显，在抗疫物资进出口和高附加值电子产品通行保障方面发挥独特作用，对经济社会发展的促进作用初步显现。

工程建设的桥梁强国不等于运维管理方面的桥梁强国。重大工程的养护与运营，要实现并驾齐驱或超越，恐怕还需要若干年来实现转变。养护的差距是"硬"的，相对容易追赶；更大的差距体现在运营方面，它是"软"的，包括基础研究、管理体系、人才储备和专注度、价值追求等。交通强国的内涵，一定包含运营养护的部分，需要考虑到如何能更大地发挥大桥或者重大工程的价值。想要实现大桥 120 年使用寿命的目标，需要科学地维养和管理。港珠澳大桥整体结构复杂，所处环境恶劣，且涉及很多的管理部门，沟通和协调难度可想而知。管理局把运营服务作为一项核心业务管理，以人性化服务为宗旨、以专业化培训为基础、以智慧化平台为载体、以社会化监督为补充、以常态化检视为反馈，为三地司乘人员提供优质的运营服务，以实现港珠澳大桥安全、高效、文明、优质的运营服务。

基于管理局在运营筹备阶段的综合策划和运营养护活动的实施，其有效经验可总结为以下几个方面。

1. 合理的运营目标导向

正如前期规划阶段明确了港珠澳大桥的建设目标是"建设世界级跨海通道、为用户提供优质服务、成为地标性建筑"，管理局在运营阶段也坚持目标导向，旨在"为用户提供优质服务、运营世界级品牌、创造社会和经济价值"。在该高远目标的指引下，管理局充分吸取国内外顶级桥隧项目管理经验，以发展的眼光，提出大桥的管理思维、养护技术、运营服务、调动监控、应急救援等方面都达到国际水准，确保大桥拥有安全、舒适的行车环境和文明、快捷、高效的运营服务，运营世界级品牌并致力于促进香港、广东、澳门形成世界级区域中心及大湾区社会经济的可持续发展，实现三地的合作共赢。

2. 科学有效的治理体系是前提

执行机构管理局由三地政府依照内地法律共同设立，经协商一致订立章程，并根据项目的特殊性商定法人治理结构，通过充分发挥项目法人的执行效率及执行力，确保大桥建设过程中随时出现的具体问题能及时有效获得处理。管理局作为三地政府共同举办的项目法人，在大桥项目建设、运营过程中能实现和维护三地政府的合法权益及公共利益。为了进一步提升运营效率，一方面，三地委也需要进一步加强三地口岸、连接线及大桥主体的信息交互，完善三方的应急、救援和突发事件处理等方面的沟通协调机制，灵活调整治理体系；另一方面，强化政府、管理局、边检、海关、海事、交通、应急管理等多主体协同，建立更加紧密的合作机制，并就口岸通关与查验、应急联动、简化审批流程、缩短通关时间等方面的问题做出具体部署。

3. 健全完善的运营制度体系是保障

港珠澳大桥的可持续运营需要健全的管理制度做支撑，管理局制定并动态调整其制度体系，有章可依、有制可循，有效推动维护管理工作的落实。管理局在管理层面建立并逐步完善四级管理制度文件，明晰各业务管理程序和服务标准，确保大桥拥有安全、舒适的行车环境，提供文明、快捷、高效的运营服务，并通过严格的奖惩激励及考核机制确保各项制度执行到位。在技术层面，针对项目工程特点和养护作业的复杂性，建立并逐步完善工程养护技术文件，最大限度实现和延长桥梁使用寿命，从而确保在长期化、常态化的运营业务作业中管理的高效率和服务的高水准。

4. 信息化和智能化系统是支撑

信息化是管理工作的发展趋势。目前，各管理公司的日常办公类均已实现了相关业务文件流程审批电子化、资料归档电子化等，并组织研发了多种信息管理软件，但从运营期信息管理系统的开发和整体使用效果看，由于缺乏系统的综合的信息规划，多套信息管理系统（包括结构健康监测系统、项目管理系统、监控系统等）并行，存在信息孤岛及各个子系统之间数据不兼容、接口难以对接等问题，需要进一步考虑系统之间的匹配问题，充分发挥各信息管理系统的价值。从资产的全生命周期管理的视角出发谋划智慧运维，以科技创新为动力，通过人工智能运维技术，逐步实现大数据情境下结构物的检测、检查、健康状况评定、养护作业的智能化，从而实现智慧型运维管理。

5. 品牌建设为主导

港珠澳大桥是我国从桥梁大国走向桥梁强国的里程碑之作，是一座屹立在伶仃洋海域上融合经济、文化和心理之桥梁，具有极大的品牌聚集效应和品牌价值。管理局以"运营世界级品牌"为目标愿景，传承建设期创建的技术和管理创新平台，充分挖掘和系统培养大桥的品牌价值，深入开展品牌的建立、培育、经营、推广，到品牌延伸、深化和保护，逐步在交通行业、跨界经济发展、旅游、会展等多个领域树立港珠澳大桥品牌，构建核心竞争力。在此目标、愿景的指引下，管理局力争将港珠澳大桥标准上升为行业标准，输出管理经验和传播品牌文化（包含产品开发），通过综合开发释放品牌的社会和经济价值，期待未来从对单一项目管理转变为对多个项目管理，从对国内项目管理拓展到对国际项目管理，从一个工程建设管理团队发展为一个综合性经营管理单位。

6. 人才是大桥建设和运营第一资源

人才是大桥设计建设和运营管理最宝贵的资源，港珠澳大桥的发展归根到底依靠的是人才实力和队伍建设。如何引进优秀人才、培养人才、合理使用人才并实现人才的妥善配置，是值得进一步研究和优化的课题。未来的研究和工程实践中需要在现有项目人力资源管理经验的基础上，完善人才引进、使用和人才结构转型、流动制度，扩宽人才储备，并针对建设和运营等多元化的人才搭建畅通的晋升通道，构建人才培养体系和人才成长平台，让人才不断提升自身的价值，进一步实现个人价值和工程价值的统一。

第12章 党建引领与大桥文化

"一国两制"下的工程建设与管理，党组织如何发挥作用，是一个需要在实践中探索创新的课题。管理局党委秉持"重心前移、面向工地"的原则，将支部建立在"连队"上，使党组织建设融入项目管理，并通过工会工作，以劳动竞赛为抓手，搭平台、扬正气，打造港珠澳大桥建设"精气神"。为贯彻"世纪大桥、廉洁同行"的廉政工作理念，管理局将廉政宣传与教育贯穿于工程建设和党建工作的始终，筑牢反腐倡廉的阵地。以港珠澳大桥的文化内核作为宣传工作的基础，向世界讲述中国故事，讲述中国工人阶级的创新和智慧，展示中国工人阶级在21世纪伟大的创造力量，逐渐形成大桥文化品牌和提高大桥国际影响力。

港珠澳大桥的建成充分发挥了党建引领作用，是"四个自信"最生动的体现，管理局党委充分发挥政治核心作用，团结带领各个工区、各个参建单位的广大党员和全体员工，在长达九年的建设期里，不仅打造了一座举世瞩目的超级工程，也打造了具有鲜明时代特征的港珠澳大桥文化和战斗在改革开放前沿阵地的基层党组织。一项震惊世界的超级工程，一项融合最新桥梁科技和现代工程管理理念的国家"新名片"，在上千名奋战在一线的共产党员和全体员工手中完成，党组织在国家重大工程建设中发挥着至关重要的作用。

12.1 党建工作的背景和关键挑战

12.1.1 党建工作背景

2004年3月，前期办成立了临时党支部，由广东省交通运输厅机关党委领导。2009年12月15日，时任国务院副总理李克强在珠海宣布港珠澳大桥开工，2010年7月11日管理局成立，9月27日管理局在珠海正式挂牌。

2011年7月26日，管理局第一次党员大会在珠海顺利召开，会议选举产生了管理局第一届委员会和第一届纪律检查委员会，朱永灵先生当选为党委书记，韦东庆先生当选为党委副书记、纪委书记，管理局党委正式成立。党群组织机构包括党组织（党委和支部）、纪检监察组织、工会、工会联合会组织及团组织。

　　大桥管理局党委的建立，对充分发挥党委的政治优势和组织优势，加强大桥建设和管理，激发党组织的创造力、凝聚力和战斗力，充分调动党员群众和干部职工的积极性、主动性和创造性，全面推进大桥项目的建设和管理，具有十分重要的意义。

12.1.2　党建工作面临的关键挑战

　　1. 党组织整体工作挑战

　　（1）港珠澳大桥是一项前所未有的超级工程，无论是建设规模、质量标准还是技术难度都堪称世界之最，加上长达数年的建设工期，建设者往往容易出现精神懈怠、疲惫等情绪，一些不良风气容易乘虚而入。做好这一艰巨而复杂的工程需要凝聚全体建设者的智慧和力量，始终保持队伍的激情和斗志。

　　（2）港珠澳大桥主体工程参建单位众多，参建单位之间的界面不可能全部实现无缝的衔接，有的界面之间有空白，有的合同之间有叠加，还有的会出现双方合同中都没有写明的、预料不到的事项，处理和协调不同利益相关者之间的关系和问题，将面临很多挑战。

　　（3）孤岛施工条件艰苦，海上作业环境复杂，职工业余生活单调，如何提高建设者的工作积极性，凝聚力量攻坚克难、保质保量完成施工任务，党支部的工作面临压力与挑战。

　　2. 廉政工作挑战

　　（1）主体工程建设环境复杂，材料需求品种繁多，资源配置多样，项目决策者和管理者拥有项目决策权、组织实施权、资金分配权等重要权力，巨大利益诱惑和相对集中的权力可能会带来腐败。

　　（2）主体工程建设规模庞大，无论是岛隧、桥梁等大标段的工程总包、分包，还是材料物资采购，都备受众多企业的关注。工程建设领域是腐败的高发领域，这给主体工程建设带来了较大的廉政风险。

　　（3）主体工程投资巨大，参建单位众多，部分企业以单纯的市场营利目的参与建设，对项目承载的政治意义、社会影响、企业责任缺乏了解和深思。如何凝聚参建各方共识，提高使命和责任意识，实现廉政工程面临挑战。

3．宣传工作挑战

（1）项目受到粤港澳三地公众高度关注，政治敏锐性强。工程建设过程需要接受全社会监督，不仅需要对港珠澳大桥相关信息进行及时披露，还需要通过外部新闻媒体对港珠澳大桥开展宣传活动，对港珠澳大桥宣传工作要求较高。

（2）世界级工程与新闻焦点的关系。大桥作为世界级工程，集合诸多世界第一于一身，工程本身即新闻焦点，建立良好的公共关系、适度的新闻关注、良性互动的舆论环境是工程建设的助推器。

12.2 党建工作与引领

面对上述挑战，管理局党委深入思考党组织在"一国两制"条件下如何发挥作用，一个超级工程项目在建设期如何有效开展基层党建工作。管理局与参建单位达成共识，确立了"重心前移、面向工地"的基层党建原则，以劳动竞赛作为抓手，充分发挥共产党员的先锋模范带头作用，在党建引领下形成大桥的"精气神"。管理局党委在积极向上的大桥文化氛围中开展廉政建设，并以大桥文化内核为基础，开展宣传工作，形成大桥文化品牌。

12.2.1 党建工作总体思路

"一国两制"下的工程建设与管理，党组织如何发挥作用，是一个需要在实践中探索创新的课题。正像工程建设本身面临着一系列的世界性难题需要攻克和正在被攻克一样，大桥党组织作用的发挥也面临着各式各样的考验。通过对大桥党建工作面临的关键挑战进行梳理，可以总结出党建工作的重点。

首先，要打造港珠澳大桥建设的"精气神"，营造和谐、健康、向上、进取的工作氛围，使大桥队伍时刻保持激情和斗志，以积极的姿态投入建设中。其次，要加强党风廉政建设，不仅要从制度上防止腐败事件的发生，更要建立深入人心的廉洁文化，使参建各方认识到工程廉洁事关工程品质和项目成败，把打造"廉洁工程"上升为党建工作的共识。最后，要注重文化宣传工作，内外双修、内强外联，建设港珠澳大桥品牌，以宣传助工程、以定位立文化、以文化树地标、以地标促飞越，成就世界级地标性建筑。

面对以上工作重点，港珠澳大桥党委充分发挥政治核心作用，完善党委领导机制和决策方式，秉持"重心前移、面向工地"的原则，结合建设工地特点和实际创新党建工作，积极发挥基层党组织的战斗堡垒作用和共产党员的先锋模范带头作用，推进党建工作和业务工作有机融合、互融互促，凝聚大桥建设的"精气神"，营造工程建设所需要的内外部环境和氛围。

在制度建设方面，管理局为贯彻执行党的路线、方针、政策，行动上与党中央和上级党组织保持高度一致，加强领导班子思想政治建设，加强党的基层组织和党员队伍建设，建立管理局党建工作责任机制，推动党建工作制度化和规范化。根据《中国共产党章程》和有关文件精神，结合实际制定《党建工作管理办法》。建设初期，结合《三地政府协议》和《管理局章程》要求，党委探索议事决策制度，对议事原则、决策范围和程序、责任追究和监督检查等进行研究。大桥建成后，总结编制了《港珠澳大桥管理局党委议事决策制度实施办法》，以建设期的经验为借鉴，进一步发挥党委"把方向、管大局、保落实"的领导核心和政治核心作用，助力大桥运营发展。

在大桥文化建设方面，管理局党委通过工会工作，以劳动竞赛为抓手，搭平台、扬正气，形成"理性客观、敢于担当、无私奉献"的大桥建设精神。这种精神不仅能激发和提振广大建设者的士气，也能增强抵御各种诱惑的能力。在这种氛围中，管理局党委提出"世纪大桥、廉洁同行"的廉政工作理念，将廉政宣传与教育贯穿于工程建设和党建工作的始终，筑牢反腐倡廉的阵地。在宣传工作上，管理局以港珠澳大桥的文化内核作为宣传工作的基础，向世界讲述中国故事，讲述中国工人阶级的创新和智慧，展示中国工人阶级在 21 世纪伟大的创造力量，以此形成港珠澳大桥文化品牌和国际影响力。

12.2.2　支部建在"连队"上

围绕"建好港珠澳大桥"这个中心任务，管理局创新党群工作模式，党群组织合署办公，集中力量和智慧服务好广大共产党员、服务好广大建设者。根据"重心前移、面向工地"的原则，管理局提出将党组织建设融入项目管理中，将支部建在"连队"上，以充分发挥基层党组织战斗堡垒作用和党员先锋模范作用，为工程建设提供坚强的政治保障。该工作理念得到了各参建单位的认同与支持。随着党建工作的深入开展，先锋思想深得人心，先锋模范不断涌现，并带动建设团队更积极地投入大桥的建设中。

在党员先锋模范作用下，许多青年同志都表达了向党组织靠拢的强烈意愿，主动递交了入党申请书和思想汇报，并充分学习党的各项方针政策，以更好的精神风貌投身工程建设管理。管理局党委成立以来，在建设期发展新党员 19 名，建设高峰期党员的比例占到员工总数的 85%，所有党员在各自的岗位上，兢兢业业、苦干实干，关键时刻都能挺身而出。管理局联合各参建单位在每年建党周年纪念日，在工地一线举行新党员入党宣誓仪式，图 12.1 为 2014 年港珠澳大桥主体工程新党员入党宣誓仪式。管理局组织全体党员分批次赴遵义、延安、井冈山等革命圣地学习培训，重走长征路，学习、体验长征精神，坚定理想信念，锤炼坚强党性。纪实性报告文学《工地书记》，共记叙了 26 位来自全国各地多个参建单位的年轻工地书记奋战在港珠澳大桥的事迹和故事，其中一半以上是在大桥建设中成长起来的青年党员。

图 12.1　2014 年港珠澳大桥主体工程新党员入党宣誓仪式

资料来源：港珠澳大桥管理局

为发挥党组织的战斗堡垒作用，除组织学习小组、党课、沙龙等传统形式外，管理局及相关参建单位党组织不断创新活动形式，如书记茶座、大桥讲堂和绿岛夜话等，将传统活动与创新形式相结合，让党组织在工程建设项目中充分发挥作用。

管理局党委经常组织党员及先进青年进行多方面的学习交流，因地制宜开展各种党性教育活动，先后邀请行业内的著名专家，如中国工程院殷瑞钰院士、交通运输部原总工程师凤懋润教授（图 12.2），以及清华大学、同济大学、中山大学、华南理工大学、省检察院等高校和单位的专家学者前来主讲大桥讲堂；管理局党委书记、副书记讲授党课，以及邀请珠海市委党校教师进行现场交流；组织读书会、继续教育培训等活动来提升党员干部的政治素养。

图 12.2　大桥讲堂
资料来源：港珠澳大桥管理局

　　港珠澳大桥建设工期长、技术难度大、工作环境恶劣，年轻的员工常因此产生思想波动问题。管理局创新建立书记茶座（图 12.3），作为一种"非正式场合谈话"，书记以长辈、朋友的角色，掏心窝地与年轻员工谈心，以理性和感性结合的方式，为他们分析工作的前景与自我成长的规划，端正他们初入社会、初登岗位所应保持的学习心态，出谋划策，将思想工作做细做实，为组织稳定、团队建设打牢基础。

图 12.3　书记茶座
资料来源：港珠澳大桥管理局

海上施工作业团队在海上待十天半月是常事,现场高温暴晒、昼夜温差大、潮湿,环境异常艰苦,常人难耐。除了保障员工的身体健康,更要关注每一个员工的心理状态,以及德才培养、综合素养的发展问题。党委和工联"量体裁衣",把"快乐"当节奏,建造起职工小家活动室、大型灯光球场和室内羽毛球场,并设立书籍刊物阅览室、台球棋牌等,组织开展文娱项目,如体育友谊赛、南方情谊联谊活动、采风郊游、绿岛之歌和共读《北大修身课》等一系列"寓教于乐"的活动。其中绿岛夜话活动如同建设者的"心灵之家""思想之家",每一期都邀请国内外知名专家学者参加授课,内容涉及桥梁知识、史地人文、文化艺术、技能技巧等,以此增强员工的思想文化素养,开阔员工的眼界思路,提升员工的知识技能。

工地党支部、工地书记在港珠澳大桥建设过程中发挥了作用,给现代工程管理提供了一个全新的案例。支部建在"连队"上的优秀传统在改革开放的前沿阵地得以发扬光大,也给党建工作提供了鲜活的素材和标本。"理性客观、敢于担当、无私奉献"的大桥精神和井冈山精神、延安精神、铁人精神一脉相承,是中国共产党人应对各种风险挑战的立身之本和力量之源。

12.2.3　劳动竞赛引领大桥文化

工会是中国共产党领导的工人阶级群众组织,是党联系职工群众的桥梁和纽带,是社会主义国家政权的重要社会支柱,工会工作是党的群众工作的重要组成部分。大桥管理局党委秉持"重心前移、面向工地"的原则,牵头组织成立了由三个建设主体和 30 多家主要参建单位参加的港珠澳大桥建设工程工会联合会(以下简称工联会),管理局党委副书记兼任联合工会主席。工联会的成立,实现了包括业主、设计、施工、监理、海事等各参建单位广大劳动者的大联合,使港珠澳大桥建设者有了一个维护自身权益,开展各项活动的大家庭。

2011 年 4 月,中华全国总工会决定将港珠澳大桥劳动竞赛列为全国重大工程示范性劳动竞赛。同月,为统筹各方力量,工联会正式成立。2011 年 5 月 30 日,广东省"当好主力军,建功'十二五'"主题竞赛暨港珠澳大桥建设劳动竞赛启动仪式在珠海隆重举行(图 12.4)。作为重要的党建工作形式,劳动竞赛充分调动广大职工建设世界一流大桥的积极性、主动性和创造性,推动了工程建设的顺利进展。在劳动竞赛的过程中,形成了港珠澳大桥的劳动者、建设者文化,建成了一座"形而上之超级工程"。

图 12.4　2011 年 5 月建设劳动竞赛启动仪式
资料来源：港珠澳大桥管理局

1. 及时启动劳动竞赛

2011 年 5 月 30 日，港珠澳大桥建设"创先争优"劳动竞赛启动仪式在珠海举行，吹响了劳动竞赛的号角。比赛以各参建企业为单位，由相关主管、牵头部门负责。最初竞赛主要内容为"六比六赛"，即在工程质量、成本控制、科技创新、工程进度、安全环保、廉政建设方面比拼。2013 年由原来的 6 个赛区增加至 9 个赛区，并根据不同的业务制定相应的竞赛重点，如表 12.1 所示。

表 12.1　港珠澳大桥建设劳动竞赛内容及赛区表

类别	竞赛重点	赛区
施工单位	工程质量、安全环保、计划进度、廉政建设	岛隧工程施工、桥梁施工、交通工程施工、珠澳口岸人工岛天海工程施工、珠海连接线施工
设计单位	项目合同管理、设计成果质量、技术创新、服务质量、廉政建设	大桥（主体工程、珠海连接线）各设计单位
监理单位	科学管理、服务质量、廉政建设	大桥（主体工程、驻澳口岸人工岛、珠海连接线）各监理单位
咨询单位	科学管理、服务质量、技术创新、廉政建设	大桥各咨询单位
项目管理单位	工程质量管理、安全环保管理、成本控制、创新管理、廉政建设	项目管理（大桥主体工程、珠澳口岸人工岛、珠海连接线项目法人和岛隧项目经理部）

2. 探索建立公平竞争、奋勇争先的竞赛规则和制度

在省总工会和省海员工会的指导下，管理局先后制定了《港珠澳大桥建设创先争优劳动竞赛实施方案（试行）》《港珠澳大桥建设创先争优劳动竞赛总结表彰方案》《港珠澳大桥劳动竞赛评分标准》等一系列劳动竞赛规则和办法，使劳动竞赛与现行的项目管理制度和信誉评价制度相互衔接、相互促进。

管理局不断改进竞赛工作，使之融入大桥建设的各个环节和工作流程，而非单独搞竞赛，并以工程本身的技术标准和管理准则作为竞赛标准，避免了重复考核，不增添参建单位的额外负担，使劳动竞赛始终围绕着大桥建设的中心任务进行，将竞赛理念植入建设者的日常建设管理工作中，使劳动竞赛成为项目建设的有效助推力。

3. 搭建互通平台，取长补短

根据港珠澳大桥工程进度和阶段工作重点，工联会适时组织召开各种工作交流会，建立联系各参建单位的工作网络。通过创建学习型、服务型、创新型工会组织，增强工会组织的凝聚力和战斗力，为各参建单位、各工区开展劳动竞赛提供了坚强的组织保障。

工联会的组织形式和运行机制使各参建单位在履行合同时有了一个开放的交流平台，使不同单位的科研人员和管理团队能够在港珠澳大桥建设的总目标下，互相学习、取长补短，增强全局观念和整体意识，共同提高，共同为国家的行业技术进步和管理水平提升做出贡献。

4. 树典型、立标杆，弘扬时代精神

管理局每年在工程建设的重要节点进行一次阶段性总结和表彰，通过树典型、立标杆，在各个工区掀起"比、学、赶、帮、超"的建设热潮，同时让新进场的队伍迅速融入大桥建设的大家庭。在全国五一劳动奖章、全国五一劳动奖状及"工人先锋号"推选中，坚持弘扬社会主义核心价值观和新时代劳模精神，以在大桥建设中做出突出贡献的一线员工为主要评选对象，由工联会牵头，按程序运作，真正选出能代表港珠澳大桥精神和时代风貌的知识型、开拓型、创新型先进集体和个人。图 12.5 为 2014 年度港珠澳大桥建设劳动竞赛表彰大会照片。

图 12.5　2014 年度港珠澳大桥建设劳动竞赛表彰大会

资料来源：港珠澳大桥管理局

12.3　廉政监督

管理局秉承"世纪大桥、廉洁同行"的理念,在广东省港珠澳大桥工程廉政建设工作领导小组和派驻监察专员办的指导下,坚持标本兼治、惩防并举、注重预防的方针,关口前移,全面排查廉政风险,切实防止建设过程中的权力失控、决策失误和道德失范。

12.3.1　构筑廉政监督网络

为实现"世纪大桥、廉洁同行",管理局准确把握以下四点:一是把握监督的对象范围,廉政监督主体对象是直接参与港珠澳大桥的工程建设者、管理者和与建设有关的政府部门、机构、组织和人员,上述组织和人员都要主动接受监督和开展自我监督,重点监督对象是建设主体领导班子成员及参与工程建设重点人员。二是把握监督的工作范围,廉政监督是全方位、全环节、全过程的监督,重点突出对工程招投标、征地拆迁补偿、工程变更设计、工程建设实施与工程质量、资金支付 5 个环节的监督。三是把握监督的职能范围,廉政建设工作始终坚持以"改革创新、科学监督"为主线,明确工程廉政建设的着力点在于"监督、协调和服务",提供行政效能监察,并做到"不越位、不错位、不添乱"。四是借鉴学习,完善工程建设廉政风险防控机制,创新内地和港澳地区廉政共建合作机制,并为今后加强对重大建设项目监督,服务经济社会发展大局探索新经验。

在以上工作基础上,管理局探索建立了四级网络监督体系,即广东省港珠澳大桥工程廉政建设工作领导小组、派驻监察专员办、建设主体特聘监察专员、各参建单位廉政监督员。四级监督网络体系的制度设计,既可以发挥监察机关作为专门监督机关的职业性和权威性,又可以发挥各建设主体内控部门监督的针对性和专业性,调动各方积极性,形成工作合力。同时,这也解决了纪检监察机关在工程项目监督上以往存在的"进不去"或者"陷太深"的难题。2012 年 3 月,广东省纪委印发《港珠澳大桥工程廉政建设实施方案》,成立了由时任省委常委、省纪委书记黄先耀任组长的广东省港珠澳大桥工程廉政建设工作领导小组,并专门设立省监察厅派驻港珠澳大桥工程监察专员办公室与管理局同楼办公,同时聘任了特聘监察专员(管理局纪委书记、连接线管理中心党支部书记、格力人工岛党支部书记、岛隧项目党委负责人、珠海市纪委监察局负责人)及选定各参建单位廉政监督员。

对接港珠澳大桥四级监督网络，局党委副书记、纪委书记担任派驻监察专员，充分发挥双重角色优势。一方面，切实履行建设主体内部监督的职责，强化内控机制；另一方面，贯彻落实广东省港珠澳大桥工程廉政建设工作领导小组和省纪委、监察厅的重大决策部署，协助和配合派驻监察专员办开展工作。管理局督促各参建单位设立廉政监督员并制订相应的廉政建设工作实施方案，基本构筑了全覆盖的廉政监督工作网络。除岛隧工程项目设置专门的廉政专员外，先后在26 个参建单位设立了廉政监督员，基本构筑起全覆盖的廉政监督工作网络。

管理局通过不定期走访工程一线，现场交流，查漏补缺，督促未建立党组织的参建单位及时建立临时党组织，完善组织机构，并对参建单位党建、纪检监察工作提出具体指导意见，积极发挥党组织的战斗堡垒作用，为港珠澳大桥建设保驾护航。

12.3.2　建立廉政建设制度

制度建设是反腐倡廉工作的基础。港珠澳大桥主体工程自开工以来得以顺利推进，未出现重大廉政问题，正是得益于一套较为完整的管理制度体系。规章制度既为主体工程的廉政建设提供了机制保障，也为参建单位全面把握大桥主体工程管控模式和管理文化，迅速融进建设团队奠定了良好基础。

1. 三方共建共管、互相监督

主体工程采用"专责小组-三地委-项目法人"三个层次的组织架构。管理局严格遵守《三地政府协议》和《管理局章程》，涉及工程进展、招投标、合同管理等重大事项都提交三方工作例会及三地委会议进行审议，主动接受三方政府监督，确保工程建设管理对三方公开透明。主体工程由三地共建共管，相互监督、相互制约，增强了决策的科学性和透明度，同时有效防止了各种腐败现象的发生。

2. 构建完备的项目管理制度体系

为规范大桥主体工程建设管理，管理局先后制定修订了 4 个层次 80 多项管理制度，内容涵盖进度、质量、技术、合同、HSE、信息披露等各个方面，清晰规定管理局及参建各方的权利、责任和义务，明确界定了工程建设管理工作程序。其中，第一至三层级的制度作为招标文件的组成文件，在每次招标时全部或部分提供给所有投标人和各参建单位；第四层级供管理局内部管理使用。

3. 推动内部监督机制建设

按照廉政建设工作实施方案的要求，管理局成立了党风廉政建设责任制工作领导小组及办公室，全面负责管理局廉政建设工作。管理局纪委先后制定了《港珠澳大桥海中桥隧主体工程廉政建设工作实施方案》《党员干部廉洁自律守则》《港珠澳大桥管理局领导干部廉洁自律专题民主生活会制度》等规章制度，推进和完善政务公开和其他办事公开制度，切实将党风廉政建设和反腐败工作部署、任务要求落到实处。

根据交通运输部《关于在交通基础建设中加强廉政建设的若干意见》及有关工程建设、廉政建设的规定，各地交通部门在交通基础设施建设中积极推行"双合同制"，在签订工程施工、监理合同时签订廉政合同，进一步规范从业单位和从业人员的行为，强化廉政意识，明确权利和义务，落实廉政措施。大桥主体工程的施工合同、监理合同签订时，均同步签订了廉政合同。管理局在"双合同"管理工作中建立和完善四个"运行机制"：同步介入机制、思想防范机制、检查监督机制、责任追究机制，使工程建设与廉政建设"双手齐抓"、相互促进，保证工程建设优质高效、资金使用安全，从源头预防和遏制腐败、标本兼治。

4. 加强外部监督机制建设

2011 年 11 月 27 日，广东省纪委领导在珠海调研党风廉政工作时，强调要坚持"围绕中心、服务大局"，明确提出纪检监察机关要加强对大桥工程的监督检查，推动中央和省重大决策部署贯彻落实，为"又好又快"建设大桥创造良好环境，提供坚强的纪律保障。2012 年 2 月 8 日，广东省纪委领导在派驻检察专员陪同下考察港珠澳大桥。2012 年 2 月 10 日，广东省人民政府召开省港珠澳大桥建设联席会议第一次会议，明确要求监察部门要提前介入、全程监督，确保将大桥建设成为不带任何污点、干干净净的廉政工程。在上述大背景下，省纪委监察厅经过深入调研论证，认为开展大桥工程廉政建设工作意义重大，即研究制定了《港珠澳大桥工程廉政建设实施方案》，并成立广东省港珠澳大桥工程廉政建设工作领导小组和派驻监察专员办。派驻监察专员办于 2012 年 3 月 2 日挂牌，3 月 19 日人员入驻正式开展相关工作。

派驻监察专员办的工作主要包括四方面内容：一是建立四级监督网络，全方位、全过程覆盖大桥建设。二是建立闭环控制的监督机制。通过由下而上的情况报送，对项目进行动态监测；通过由上而下的定期和不定期检查，发现和查找相关问题；通过公布投诉举报电话等多方监督，形成闭环、有效的监督机制。三是督促落实各建设主体的第一责任，提升各建设主体的免疫力，降低廉政风险和腐败问题的发生率。按照"谁建设谁负责、谁监管谁负责"的原则，不替代相关单位的工作职能，"不越位、不缺位、不错位、不添乱"。同时，督促落实相关行业主管部门的监管责任，提升行政效能，充分发挥发展改革部门对重大项目的稽查作用，强化交通主管部门的行业执法检查监督及审计部门的审计监督职能等，形成监管合力。四是注重运用项目管理的伙伴关系理念开展工作，减少相互间的误会，促进多方的信任与工作支持，构建共同工作目标，使各方自觉将廉政建设纳入工程项目整体建设，提高工作效率。

12.3.3　开展廉政风险排查

2012 年管理局全面部署主体工程廉政风险排查防控工作，要求各参建单位制定廉政建设实施方案。招投标领域是廉洁工程的一个重点，为此选取了计划合同部先行试点，再在全局推开，对全体在岗职位开展排查。

1. 指导思想

管理局坚持"标本兼治、综合治理、惩防并举、注重预防"的工作方针，以规范权力运行为重点、以制度建设为保障，把"廉政风险排查、建立防控机制"作为全面推进惩防体系建设的切入点，确保岗位职责明确、业务流程规范、防控措施得力，逐步建立起具有港珠澳大桥特色的廉政风险防控长效机制，保证工程廉洁高效建设。

2. 目标任务

管理局通过全面排查业务流程、制度机制、岗位职责等潜在的廉政风险，按风险发生概率或危害损失程度确定风险等级，针对性制定防控措施，做到"风险定到岗、制度建到岗、责任落到岗"，形成以工作岗位为点、工作程序为线、监管制度为面，环环相扣的廉政风险防范机制，达到提醒在前、制度在前、约束在前，增强自律意识，主动预防，超前防范，保证大桥建设权力行使规范安全、资金运用安全、项目建设安全和干部成长安全。

3. 工作内容

排查工作内容主要分为四个方面：划分主要建设管理工作内容；划分各项建设管理工作的流程及环节并编制流程图；对各项工作进行风险点辨析并制定防控措施；对各职能部门及岗位进行风险点辨析并制定防控措施。

4. 项目总流程图

管理局各部门按照廉政风险排查的相关要求，并结合部门工作职责、工作流程及员工岗位的实际情况，在业务流程、思想道德、岗位职责、制度机制和外部环境风险等方面认真查找风险，确定风险等级，并针对这些风险制定相应的防控措施。各部门排查工作完成后，局纪委根据各部门的排查结果，对各项业务流程进行梳理，绘制出建设项目总流程图。

5. 廉政风险排查和防控措施

管理局认真查找风险，确定风险等级完成后，针对风险制定相应的防控措施。在流程排查中，共梳理出 540 项风险，其中 128 项高风险，193 项中风险，106 项低风险，113 项一般风险；相应制定了 845 项风险防控措施，其中 169 项高风险防控措施，243 项中风险防控措施，154 项低风险防控措施，279 项一般风险防控措施。在岗位职责排查中，共梳理出 660 项风险，其中 206 项高风险，316 项中风险，77 项低风险，61 项一般风险；针对岗位职责风险，结合岗位实际分别制定了 293 项高风险防控措施，553 项中风险防控措施，89 项低风险防控措施，94 项一般风险防控措施，合计 1 029 项风险防控措施。

2014 年 5 月，管理局按照专员办的要求，组织参建单位和管理局各部门开展了廉政风险排查防控"回头看"，在前阶段工作基础上，对流程管控中可能出现的风险点，进一步自查，对原有措施优化、调整，增强防控力度。同时，督促新进场单位和新成立部门，根据工作实际开展廉政风险排查防控工作，实现廉政风险排查全覆盖①。

12.3.4　加强廉政文化建设

廉政文化建设与廉政制度建设同等重要。从国内工程领域发生的重大腐败案件来看，产生腐败案件的单位不是没有制度，而是各种规章制度一应俱全。如果不从腐败的动机和根子上去治理，制度再严，也是会有漏洞的。因此，管理局强调建立一个健康向上的氛围和环境，打造"世纪工程、廉洁同行"的廉洁文化，让每一个建设者具有强烈的使命感、责任感和强烈的争先意识、模范意识。

1. 倡导伙伴关系理念，做服务型业主

港珠澳大桥要建成世界一流的跨海通道，只有所有参建单位共同奋斗才可能实现。为此，管理局倡导在一个共同的目标和共识下，所有参建单位须形成一个"命运共同体"，项目建设中业主、设计、施工、监理之间是平等、和谐的伙伴关系，各司其职，力求各方不因利益冲突而短视，面临共同的难关时不因受合同

① 引自 2016 年 12 月 26 日韦东庆《在中共港珠澳大桥管理局第八次党员大会上的讲话》。

限制相互推诿、消极懈怠。

2. 党风廉政建设"面向工地、重心前移"

通过劳动竞赛、创先争优,激发建设团队的工作热情,坚定建设世界一流工程的信心,调动发挥参建员工的巨大潜能。管理局还联合参建单位广泛搜集来自大桥各个工区、各条战线一线共产党员的署名文章,共同编写《港珠澳大桥党员读本》,激励全体建设者的士气,增强"意志自信、能力自信、前途自信"。管理局还每年联合各参建单位在一线工地举办新党员入党宣誓仪式,就地取材,开展理想信念教育;让年轻的新党员在如火如荼的建设工地"火线入党",增强荣誉感、强化使命感;让老党员重温入党誓词,增强责任感,强化传、帮、带,充分展示党组织的生机和活力。

3. 开展廉洁教育活动,筑牢思想道德防线

管理局开展了多种形式的廉政教育活动。2013 年 9 月、2015 年 6 月分两批次组织管理局及各参建单位关键岗位人员参观广东省廉政教育基地,以生动案例、现场教育等方式进行警示教育。2016 年 9 月,管理局组织全体员工赴遵义干部学院学习,通过重温长征精神,鼓励员工全力以赴投入项目建设决战中。组织学习了《中国共产党章程》《中国共产党廉洁自律准则》《中国共产党纪律处分条例》《领导干部廉洁从政教育读本》《反腐倡廉教育读本》,以及"纪律教育学习月"等材料。组织中层以上管理人员、各参建单位代表参加"世纪大桥　廉洁同行"廉政教育讲座。组织员工观看工程建设领域突出问题专项治理警示教育片。以"大桥讲堂"为平台,多次举办廉政主题讲座,先后邀请清华大学教授主讲"现代市场经济的道德之维"、中山大学教授主讲"压力应对和心理保健"、省检察院高级检察官主讲"且廉且勤、幸福同行"、华南理工大学教授主讲"革除官本位文化"等。由局纪委书记、珠海市委党校教师为管理局全体党员及参建单位党员上党课,加深对党的理论知识、党史事件的了解和认识。在港珠澳大桥官方网站和《港珠澳大桥》杂志中开辟廉政专栏,刊登相关廉政建设文章,不断拓展廉政宣教阵地。督促参建单位悬挂和张贴廉政标语,或设置廉政宣传栏等。这些活动充分发挥宣传教育在党风廉政建设和反腐败工作中的作用,有效提升了建设者的廉洁自律、风险防范意识。

4. 开展学习实践活动,增强廉洁修养

管理局通过动员大会、制订方案、广泛听取意见、认真总结等,深入组织开展党的群众路线教育实践活动、"三严三实"专题教育活动,从严查找思想、职责、作风和方法等方面存在的差距,针对问题攻坚克难、针对工作真抓实干,凝

心聚力全力以赴确保大桥建设顺利推进。2014 年 3 月，管理局制定了《港珠澳大桥管理局出差补充管理办法》，重新梳理了员工出差审批、报销流程，并要求在 OA（office automation，办公自动化）上进行统一管理。2015 年，管理局下发了《关于加强考勤管理、规范财务报销有关事项的通知》。通过严格、规范的管理措施，据管理局内部统计，2014 年差旅交通费比 2013 年节省 37%，2015 年比 2014 年下降 15.3%；业务接待费 2014 年比 2013 年节省 34.1%，2015 年比 2014 年下降 2.9%，此后一直严格控制，形成了勤俭节约、反对浪费的良好风气，为大桥建设营造了风清气正的工作氛围。

5. 对中标单位主要负责人进行中标预警谈话

管理局党委创造性地开展中标预警谈话。在中标通知书发出、参建单位进场前，管理局都会同派驻专员办一起约谈中标单位的党政负责人，警示参建单位及建设者要做到理想信念不能变、责任意识不能丢、监督意识不可失，力求每一支参建团队自始就绷紧反腐倡廉这根弦，增强忧患意识和责任感，将廉洁意识带入每一项具体工作和每一个工作细节中去①。

12.4　文化宣传工作

粤港澳三地不同的历史背景及相通的文化渊源赋予了大桥独特的文化内涵，宣传工作以"以'内'促建、以'外'促宣"为主线，共同建设真正意义上的实体与文化高度统一的地标性建筑。

12.4.1　战略目标

1. 以宣传为工具，形成大桥文化

大桥文化是使港珠澳大桥成为"地标"的重要组成部分，是促进大桥建设的软件基础。大桥文化既是宣传工作的内容，也是大桥管理的重要内容。

2. 以文化打造大桥建设的坚实内核

以独特的大桥文化促进工程建设、塑造大桥建设所独有的价值观、团队精神、行为规范等，形成大桥建设积极、稳定、团结、协作的坚实内核。

---

① 引自 2016 年 10 月 22 日韦东庆《制度保障 文化引领——港珠澳大桥主体工程的廉政建设经验谈》。

3. 确立大桥建设的形式外核

建立大桥对外宣传的机制、制度、载体（如报刊、展览中心等），形成大桥对外宣传的主阵地，使形式外核能够展现大桥、代表大桥。

4. 优化舆论环境

以"内"促建、以"外"促宣，促进大桥建设所需的社会、人文、政府等舆论环境的优化和健康发展。

5. 创世界级地标

积极与国内、国际桥梁、交通界沟通，展现大桥工程技术、生态环保等科技人文内涵，突显大桥对区域经济、文化等的带动作用，使大桥工程与珠江三角洲的改革发展相融合，与珠江三角洲的一体化进程相融合，与珠江三角洲城市群的打造相融合，与世界经济相融合，进一步促进真正意义上的世界级地标建筑树立。

12.4.2　战略思路

1. 管理局及其参建单位宣传工作的角色定位

管理局是大桥建设目标和大桥文化的策划者、实施者和推进者。

2. 宣传工作的特质

（1）立体宣传。宣传工作统筹、组织及主要执行者为管理局，执行者还包含管理局统筹下的各参建单位；宣传内容包括工程建设进展、工程技术、HSE、典型人物及大桥科技、大桥经济、大桥文化的方方面面；宣传媒体包括网站、刊物等自有媒体和报刊、电视等外部媒体；宣传方式包括新闻、专题报道、专家论坛和各类活动等。

（2）动态跟进。宣传工作配合工程进度及大桥文化建设需要，符合大桥建设不同阶段的不同需要。

（3）统分结合。宣传及信息管理工作涵盖各参建单位及三地政府，要形成"统一规划、各显其能"的宣传工作格局，从而形成大桥整体对外的一体化宣传态势。

3. 宣传工作战略思路

内外双修、内强外联，建设港珠澳大桥品牌，成就世界级地标性建筑，紧抓内部文化建设和外部宣传。内外兼修，夯实大桥品牌；内外兼顾，强化宣传效果；内外兼得，全面建设大桥内外部环境。以宣传助工程，以定位立文化，以文化树地标，以地标促飞越。

（1）以宣传助工程。对内强化大桥建设者的使命感、责任感，增强建设者团结协作的向心力、凝聚力。对外树立形象，加强科技宣传和典型人物的宣传工作，为大桥建设创造和谐、稳定的舆论环境。

（2）以定位立文化。以创建大桥文化为目标，找准文化基准点，确立大桥文化内涵与外延，建立大桥文化核心价值理念。以点带面，促进大桥文化的创立，并形成社会共识，使社会各界能够准确识别和认同大桥文化内涵。

（3）以文化树地标。将大桥的文化内涵与大桥工程实体相融合，向社会各界展现立体的、丰富的、具有时代特征的世界级地标，使大桥从"新闻焦点"凝结为"空间地标"。

（4）以地标促飞越。宣传大桥在科技、经济等领域的带动和引领作用，使大桥从"空间地标"上升为"时代标志"。

12.4.3　总体规划

1. 原则与要求

为确保宣传工作的有序开展，结合大桥工程建设的总目标、阶段性目标和工作计划，以及大桥宣传工作周期长、范围广、关注度高等特点，对大桥宣传做出科学合理的规划，使各阶段的宣传工作切实贴近大桥工程建设的进度、特点及需要，宣传特点鲜明、效果突出。各阶段的宣传任务设定有主有次，达到资源优化整合及最佳宣传效果。

2. 主要任务

港珠澳大桥宣传工作六年期战略规划分三个阶段性战略目标（图12.6）。

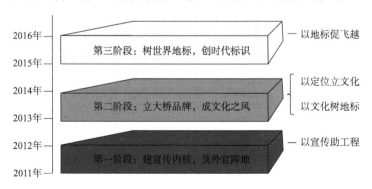

图12.6　港珠澳大桥宣传工作六年期战略目标
资料来源：港珠澳大桥管理局

第一阶段（2011~2012 年）：建宣传内核，筑外宣阵地。

对内完成大桥文化、管理局识别系统的初步构建，在大桥内部员工中形成统一的核心价值观体系、统一的团队精神与行为规范、自上而下坚强的工作执行力。对外形成以自主宣传体系为主，外部宣传载体联动的宣传阵地。整体对外、口径一致、快捷反应、准确应对，服务于社会各界对大桥认知的需求。

第二阶段（2013~2014 年）：立大桥品牌，成文化之风。

在大桥基础文化建设、品牌打造的基础上，促进大桥文化内涵的成熟和完善，在公众中确立大桥品牌形象；在社会范围内形成大桥品牌形象，通过交流和丰富活动，增进社会各界对大桥文化的理解，同时了解社会各界对大桥文化的看法，进一步丰富大桥文化的多层次性。

第三阶段（2015~2016 年）：树世界地标，创时代标识。

大桥实体建筑与精神层面高度融合，大桥实体成为文化符号直接显现，以形象传播促进世界级地标的树立。宣传工作围绕即将竣工的大桥，突出宣传大桥在经济驱动、社会影响、生态保护、文化引领等方面的独特意义和重要作用，体现大桥在珠江三角洲改革发展中的重要作用，整体展现大桥"跨越历史、腾飞未来"的内涵。

12.4.4　制度建设

为规范管理局的信息披露工作，严肃新闻宣传纪律，维护管理局权益，向社会、公众树立管理局良好形象，根据三地政府有关要求，结合实际情况，管理局制定《港珠澳大桥管理局信息披露制度》，就对外宣传、新闻危机处理、内部媒体管理等进行详细规定。

管理局设新闻发言人和信息宣传小组。新闻发言人由分管宣传工作的局领导或综合事务部部长担任，保证管理局信息披露的口径统一和权威性。管理局设立信息宣传小组，由分管宣传工作的局领导担任组长，综合事务部部长担任副组长。在综合事务部设立专职的新闻宣传人员，负责管理局公众网站的编辑管理和对外宣传工作。管理局各部门由部长指定一名信息员，参加信息宣传小组，负责本部门的信息采集、筛选、加工、保存工作，定期向管理局内部媒体供稿，并协助综合事务部开展统一安排的信息披露活动。信息宣传小组每月举行一次工作例会，确定对外披露的内容及相关信息。管理局在每年末制订下一年的宣传工作计划，报三地委审批；对宣传工作计划中涉及按本制度规定须报三地委审批的事项，应适时将相关宣传资料呈报三地委审批。

1. 对外宣传

管理局新闻发言人或代表管理局接受采访的人员，对各新闻单位的采访，要热情接待，同时要坚持实事求是的原则；接受采访的主题和内容要始终坚持有利于港珠澳大桥建设发展，有利于解疑释惑、化解争议，有利于展现形象、营造良好舆论氛围。

信息披露制度形式。管理局的信息披露和新闻宣传可采取召开新闻发布会（新闻通气会、记者见面会、情况介绍会）、发新闻通稿、通过网站发布新闻、邀请新闻媒体参观工程现场及参加有关工作会议、向新闻媒体发表谈话和接受预约采访、接受媒体日常问询等形式。根据不同的情况和要求，管理局可采取不同的信息披露和新闻宣传形式。必要时，可提请三地委同意，以三方共同举行联合新闻发布会的形式发布重大信息，召开新闻发布会、新闻媒体预约、媒体日常问询的具体流程如图 12.7 所示。

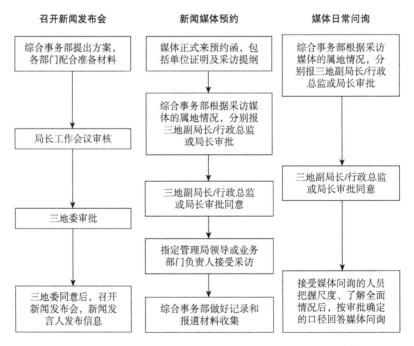

图 12.7　召开新闻发布会、新闻媒体预约、媒体日常问询的具体流程
资料来源：港珠澳大桥管理局

凡管理局重要会议、重大活动、重大事件的宣传报道，事先由综合事务部拟订宣传方案，经分管领导同意后，由承办部门提供宣传资料，综合事务部组织实施。向媒体报送的稿件须按照媒体的属地原则，分别报三地副局长/行政总监或局长审批。除涉及政策性的重大敏感信息披露前须报三地委审批外，管理局在章程

规定的权限范围内自行向公众披露的信息事项如下：大桥项目建设中的控制性工程节点；各级领导对大桥项目的视察及考察活动；大桥招投标相关情况；管理局组织或参与的会议、活动等；大桥的工程建设进展情况；重大科技科研成果（非涉密）；其他突发事件的信息披露。

发布新闻信息要严格遵守《中华人民共和国保密法》的规定，不得违背三地委和行业主管、监管部门的新闻宣传工作纪律，不得泄露国家秘密和管理局秘密。管理局港澳方副局长向各自政府披露任何管理局及大桥工程的信息，不会视为违反有关信息披露制度及管理局保密规定，但未经管理局许可，港澳方副局长不得向媒体披露管理局及大桥工程进展相关信息。

各部门在与业务单位往来时，有必要向其说明项目涉及三地的特殊性，主动要求相关单位严守管理局信息披露和保密规定。业务单位如有需要在媒体刊发与大桥主体工程有关的新闻信息，原则上须至少提前两个工作日交管理局综合事务部审核，管理局分管领导审定后，由相关单位自行交媒体发布。涉及政策性的重大敏感信息披露将事先报三地委审批。严禁有偿新闻。凡以信息披露或新闻宣传为由到管理局变相拉广告、赞助等商业行为，应予以拒绝。

2. 新闻危机处理

对突发事件和公共危机，应建立信息披露应急预案，包括大桥建设期间可能发生的重大安全事故、质量事故、环境保护事故、刑事治安案件等；所有集会示威、上访请愿、罢工等群体性事件；其他影响较大的突发性事件、恶性影响事件、重大隐患等。对突发事件和公共危机有关信息的发布实行统一管理，要坚持快速反应、快速决策、主动应对、统一信息发布的原则，由管理局局长或业务分管领导负责指挥，综合事务部负责组织、安排突发事件的有关信息发布工作。各部门有责任与相关业务单位沟通，未经管理局批准或授权，任何人员不得以任何形式擅自对外发布有关信息，以保持管理局对外信息发布渠道的权威性及统一口径。

对于突发事件的新闻采访，现场负责人必须及时向管理局报告事件真相及发展动态，并同时知会综合事务部。综合事务部要及时到现场处理并报管理局领导，在管理局批准后，综合事务部负责安排媒体公关和对外信息发布。有关信息的发布，应取得三地副局长/行政总监的同意，原则上由新闻发言人统一对外发布。参建方遇有涉及大桥建设的突发事件和公共危机，须对外发布有关信息时，管理局可与参建方一起对外通报新闻信息或组织其他活动。

3. 内部媒体管理

内部媒体是指管理局根据自身发展需要创办的刊物、网站、制作的宣传片等。管理局的内部媒体必须严格执行国家、广东省及管理局有关信息披露和新闻宣传规定，对外发布的所有信息必须经综合事务部部长审核，管理局分管领导审定后才能发布。发布重大、敏感信息时，应取得港、澳副局长和分管领导同意。管理局综合事务部负责内部媒体管理，涉及各部门的业务范围的稿件及信息由该部门信息员负责提供。在重大会议、重大活动举办两个工作日内，相关部门信息员应提交稿件及照片至综合事务部，并按规定交相关局领导审定后，方可在网站及其他内部媒体上刊发。为完整记录港珠澳大桥项目的进展情况，不遗漏建设环节中重要节点的文字和影像资料的记录、保存，保持对外信息披露的完整性和权威性，管理局应积极与相关业务单位尤其是施工单位建立密切信息沟通机制，各部门应积极参与信息沟通机制的建设和维护，要求相关单位按照招标文件的相关规定，定期提供阶段性文字和音像材料。

12.4.5　宣传措施

1. 夯实宣传主阵地，大桥文化多姿多彩

为做好港珠澳大桥文化宣传工作，管理局和参建单位集结精兵强将，打造了一支充满战斗力的文化宣传队伍，不断拓展和夯实宣传主阵地。一方面，积极构建由期刊、网站、微信公众号、项目部报纸、展览中心等组成的立体化文化宣传平台，开展既定的文化宣传工作。另一方面，适时举办港珠澳大桥之歌歌曲征集、"建设中的港珠澳大桥"摄影作品展、书画艺术作品展、工地沙龙、绿岛夜话等因地制宜、各具特色的活动，极大地丰富了大桥文化的形式和内涵。

从2011年《港珠澳大桥》（双月刊）建刊，到港珠澳大桥工程建成通车，共完成43期。《港珠澳大桥》紧跟工程建设进展情况，从管理、技术、文化等方面深度记录和报道工程建设的足迹和建设者的心路历程，通过向中央、省及港澳政府相关部门递送，起到了主动、正面宣传的作用。大桥官方网站为员工和公众及时了解大桥新闻和工程进展提供了权威的平台，网站不断推出工程动态和文化建设的专题内容，并对部分媒体报道内容进行转载，网站点击量已突破千万次。大桥微信公众号不断探索和丰富内容，推出新闻和人物故事，交通运输部微信公众号也多次转发，传播广泛。在工程建设期间，管理局接待了包括来自亚洲、欧洲、非洲、北美洲、大洋洲等7大洲的80个国家和地区的来宾，极大地提高了港珠澳大桥在国内外和业内外的影响力。

除上述日常宣传工作外，管理局还不定期举办丰富多彩的文化活动。2014年，从主体工程、珠澳口岸人工岛和珠海连接线的近30家参建单位中广泛征集优秀的摄影作品，成功举办"建设中的港珠澳大桥"摄影作品展，在此基础上扩编

成同名摄影画册。这些摄影作品内容涵盖恢宏工程场景、一线工人风采及重大工程节点,使人们能够直观地近距离感受超级工程的魅力,成为记录历史的珍贵纪念。2015 年,管理局组织书画艺术家深入工程一线进行采风、创作,共收到来自各方大桥建设者和书画艺术家 50 余幅作品,并于 11 月在管理局一楼展厅展出,如图 12.8 所示。这些书画艺术作品具有强烈的视觉冲击力,得到了建设者的由衷喜爱和广泛好评。工联会主办的港珠澳大桥之歌征集活动历时两年,由管理局和珠海电视台联合发起,经历歌词和作曲作品征集两个阶段,在 2016 年落下帷幕,《梦桥》等 5 首入选的港珠澳大桥之歌,通过中央人民广播电台、大桥官方网站和微信等渠道,正式面向社会公布,引起了良好的反响。

图 12.8　港珠澳大桥书画展

资料来源:港珠澳大桥管理局

到 2020 年底,超过 100 个国家和地区的技术同行、政府官员和社会团体到港珠澳大桥参观、考察、交流,他们无不为港珠澳大桥的气势所震撼,无不为我们伟大祖国的进步而折服。例如,2017 年 6 月 23 日下午,阿根廷、智利、越南、芬兰、津巴布韦、比利时、印度尼西亚、朝鲜、新加坡、南非、缅甸、泰国 12 国驻中国香港总领事前往港珠澳大桥九洲桥现场考察。2019 年 11 月 3 日至 9 日,牙买加总理安德鲁·霍尔尼斯(Andrew Holness)对我国进行正式访问,并于 11 月 7 日上午,和夫人一行登上了港珠澳大桥蓝海豚岛(东人工岛)。

2. 联袂主流媒体,演绎大桥主旋律

港珠澳大桥"一国两制"的背景及超级工程的地位,使其成为国际国内媒体追逐的焦点。围绕工程建设的重大节点,中央电视台、新华社、中新社、南方日报、羊城晚报、广东电视台、珠海电视台等数十家媒体运用电视、平面、网络新媒体等多种手段,通过新闻、专题片、纪录片等多种形式,从工程规模、技术难度、环保要求等各方面进行了全方位报道。管理局与中央电视台、南方日报、羊城晚报和南方工报等媒体建立友好合作关系,开展了一系列工程建设、一线建设

者相关的专题报道，为工程建设营造了良好的舆论氛围。

早在 2015 年，羊城晚报集团领导及各部门代表就多次亲临管理局倾听意见、周密安排，精心策划了一系列质量极高的专题报道。2016 年 1 月推出的"治国理政新实践"重大主题宣传，以头版头条刊发大桥建设进入决战期的新闻导读，并将 8、9 版打通，以两个整版篇幅推出大型系列报道《龙腾港珠澳》，每天一个整版篇幅连续 10 期推出图文并茂的专题，用生动活泼的语言为读者详细讲述大桥 120 年设计使用寿命的秘诀，桥塔的生产、运输和吊装，史无前例的钢结构工程，作为"面子"的桥面铺装工程，以及伸缩缝和斜拉索等，受到中宣部的肯定和赞许。羊城晚报于"五一"期间又推出了《大桥工匠》系列人物报道，并配合主体工程合龙推出涵盖海事安全、工程防腐等内容的第二阶段专题报道，为桥梁工程的报道画上了圆满句号。

央视新闻中心经济新闻部专门成立港珠澳大桥专题报道小组，定期跟踪报道甚至驻珠海办公。2016 年主体工程桥面贯通，报道组出动近 80 人兵分三路，从桥上、船上和空中对大桥进行了全方位、立体化、高频次的直播。据统计，仅 2016 年大桥新闻在中央电视台《新闻联播》上播出了 12 次，其中联播单条 6 次，联播快讯 6 次；2017 年元旦的《新闻联播》在回顾 2016 年国家重点工程取得的进展时，将港珠澳大桥作为"大国工程，彰显中国力量"的重要内容播出。此外，央视财经频道也多次专题报道港珠澳大桥工程，综合频道"焦点访谈"栏目曾对岛隧工程项目经理部林鸣同志进行了专题采访，向全社会讲述在港珠澳大桥演绎的中国故事。

3. 立足大桥平台，着力打造品牌资产

2012 年 9 月 19 日，央视制作纪录片《超级工程》在全球发行，港珠澳大桥由此成为"超级工程"的代名词。2014 年，央视"五一"特别节目在港珠澳大桥海上施工现场设分会场。2015 年 5 月，《新闻联播》报道了"大国工匠"深海钳工管延安的事迹，8 月财经频道《对话》栏目将大桥誉为"桥梁界的珠穆朗玛峰"。2016 年 11 月，国际网球巨星格拉芙上桥与建设者亲切互动，并举行了精彩的网球表演。2020 年央视春节联欢晚会在港珠澳大桥白海豚岛设置分会场。

港珠澳大桥已成为对外展示我国基础设施建设领域能力和实力的一张国家"新名片"，成为具有国际影响力，代表世界桥梁行业最高水平的精品工程，被英国《卫报》称为"新的世界七大奇迹"之一。港珠澳大桥在工程专业领域乃至交通工程建设史上占有一席之地。在科技创新宣传方面，2014 年，全球工程建设领域权威学术杂志 Engineering News Record 在封面故事上刊登了工程建设情况。2015 年 11 月，国家科技支撑计划项目顺利通过了科学技术部组织的项目总验收，管理局组织制作了 5 集专题汇报片展示 5 个课题的研究成果。2016 年 5 月，国际桥梁与结构工程协会来自 20 多个国家和地区的 200 多位专家来到港珠澳大桥施工现场参观考察，高度评价大桥乃至中国工程建设的成绩。同年，在科学技术部的组织下，港珠澳大桥作为交通基建领域唯一入选项目，分别于 6 月和 9 月在北京和香港参加科技创新成就展，通过沙盘模型和科技专题片，展示了大桥海上桥梁装配化施工、人工岛快速成岛、海底沉管隧道建设等方面所取得的重大技术创新成果。

港珠澳大桥创下了多项世界之最——是世界总体跨度最长、钢结构桥体最长、海底隧道最长的跨海大桥，也是世界公路建设史上技术最复杂、施工难度最大、工程规模最庞大的桥梁。港珠澳大桥建成后，获得了一系列国际荣誉。2018年获评 *Engineering News Record* “全球最佳桥隧项目”、国际隧道协会 “2018 年度重大工程奖”、英国土木工程师学会核心期刊 *New Civil Engineer* 评选的 “2018 年度隧道工程奖”（10 亿美元以上）及英国土木工程师学会 “2019 年度 People's Choice Award”，2020 年获评国际桥梁与结构工程协会 “杰出建筑结构奖”、第 37 届国际桥梁大会 “超级工程奖”。

管理局协同参建各方共同创建了港珠澳大桥这一具有世界影响力的品牌，在项目管理、科学技术、文化传播等各个层面形成了大量创造性智力劳动成果，特别是凝结、产生了一系列技术标准及创新的工艺、工法等各种科研技术成果，具有极大的技术及商业价值。由著作权、专利权和商标权及其相关权益组成的港珠澳大桥知识产权是大桥品牌资产的核心组成，对知识产权的保护是大桥品牌保护的核心内容，也是未来大桥实施综合开发的基础。为进一步强化对知识产权的保护工作，2017 年初管理局成立了港珠澳大桥主体工程知识产权保护工作小组，拟定知识产权保护相关制度与文件；及时履行商标注册、专利申请手续，形成对知识产权保护的有效机制。

2020 年管理局发布了关于港珠澳大桥品牌保护的声明，声明表示：“港珠澳大桥主体工程由桥、岛、隧组成，总长约 29.6 千米，其建筑作品著作权、商标权和其他无形资产属于港珠澳大桥管理局所有。港珠澳大桥的名称、简称、标识及上述相关权利的整体商业开发经营权均归属于三地政府共同组建的港珠澳大桥管理局。任何单位或个人若拟在其加工、制作、销售的产品上使用‘港珠澳大桥’、‘HZMB’字样或标识，或主体工程建筑作品具有标识性质的青州航道桥（中国结造型）、江海直达船航道桥（海豚造型）、九洲航道桥（风帆造型）、蓝海豚岛（东人工岛）、白海豚岛（西人工岛）、海底沉管隧道、收费大棚等具有极高辨识度和知名度的外观装饰，均需事先取得港珠澳大桥管理局的授权。对未经港珠澳大桥管理局授权而擅自在其加工、制作、销售的产品上使用上述名称、简称或外观装饰的单位或个人，港珠澳大桥管理局保留追究其法律责任的权利。”2021 年 4 月 13 日，管理局在珠海主持召开港珠澳大桥综合开发专家咨询会，会议围绕打造大桥世界级运营品牌的目标，就大桥旅游、文创等综合开发规划进行了咨询论证，港珠澳大桥"工程+文创"的综合开发进入快车道。

4. 全面总结，推陈出新夯阵地

港珠澳大桥已经成为中国展示基础设施建设实力并走向世界的一张国家"新名片"。2017 年 6 月 27 日下午，由中央电视台科教频道、管理局、Discovery 探索频道、广东广播电视台和珠海广播电视台联合摄制完成的大型电视纪录片《港珠澳大桥》播出，分上、下两集，每集 50 分钟，被列入 2016 年度中宣部"纪录中国"国际传播工程重点项目。

2018 年 10 月 23 日上午，港珠澳大桥开通仪式在广东省珠海市举行。中共中央总书记、国家主席、中央军委主席习近平出席仪式，宣布大桥正式开通。中央和国家机关有关部门、广东省、香港、澳门有关负责人员，以及粤港澳三方参建部门，管理局，大桥设计、监理、施工单位代表等参加开通仪式。港珠澳大桥的开通吸引了全球媒体的关注，美国的《时代》杂志、《华尔街日报》，英国的《卫报》，新加坡的《海峡时报》等媒体通过多种形式对港珠澳大桥进行了全方位报道。

2019 年"五一劳动节"期间，《港珠澳大桥》纪录电影在全国上映。同年 6 月《梦桥——致敬港珠澳大桥》大型交响音乐会在国家大剧院首演，2020 年 12 月在北京中山音乐堂第二次上演，如图 12.9 所示。港珠澳大桥的报告文学已相继推出了六本，包括央视《新闻调查》栏目记者长江的《天开海岳——走近港珠澳大桥》，广东省作协曾平标的《中国桥——港珠澳大桥圆梦之路》，新华社广东分社记者周强的《虹起伶仃——逐梦港珠澳大桥》，暨南大学教授喻季欣的《心桥永恒——中国港珠澳大桥启示录》，中国作家协会副主席何建明的《大桥》，以及《桥梁》杂志社主编白巧鲜的《磨剑十二年——港珠澳大桥岛隧工程建设纪实》。其中，《中国桥——港珠澳大桥圆梦之路》一书和《港珠澳大桥》纪录电影还获得了中宣部"五个一工程"奖。港珠澳大桥的模型亮相国家"十二五"创新科技成果展、砥砺奋进的五年大型成就展、改革开放四十周年成就展、首届中国国际进口博览会等。大桥元素和建设者出现在庆祝新中国成立七十周年的游行队伍中、出现在广东省的彩车上。"龙腾港珠澳"摄影作品在广东省 21 个地级市和港澳巡展，珠海演艺集团在大桥通车一周年之际推出《龙腾伶仃洋》话剧并进行全国巡演，大桥的电视连续剧也在酝酿之中。连续几年的春晚节目都有港珠澳大桥的画面，世界各地的媒体都争相报道港珠澳大桥的建设成就。

图 12.9　《梦桥》在北京中山音乐堂上演
资料来源：港珠澳大桥管理局

12.5　大桥文化成果

管理局党委以"为用户提供优质服务、运营世界级品牌、创造社会和经济价值"为中心，在思想上、组织上和勤政廉政上为实现其建设世界级跨海通道的目标提供坚强的政治保障。通过开展党建工作，促进工程项目管理的人力资源管理、职工文化生活、对外宣传、行政后勤等工程辅助支撑部门业务，营造了大桥建设的"精气神"，打造了包括工程建设所需要的内外部环境和氛围、劳动竞赛、廉洁文化等工程文化。

12.5.1　党建引领文化

管理局通过党建引领文化，进一步发挥党组织战斗堡垒作用和党员先锋模范作用，在举世瞩目的世纪工程的建设过程中，切实有效地服务于工程建设。管理局牵头编辑的《港珠澳大桥党员读本》与《工地书记》一前一后，一问一答，用实际行动和具体事例向总书记和党中央交上了一份关于"党组织如何发挥作用"的满意的答卷。

2013 年 7 月付梓的《港珠澳大桥党员读本》约 15 万字，共收录了 59 篇来自大桥建设者的文章，包括理想信念、组织建设、党员心声和探索刍议四部分。各篇文章大都来自工程建设一线。《港珠澳大桥党员读本》探讨了党组织在工程建设中的战斗堡垒作用和共产党员的先锋模范作用，探索了党的基层组织建设的思路、做法和经验；展现了大桥建设各个领域共产党员丰富的内心世界，以及他们对社会、对人生的看法和观点。2017 年 11 月，管理局牵头组织编写的纪实性报告文学《工地书记》完成，共记叙了 26 位来自全国各地多个参建单位的工地书记奋战在港珠澳大桥的事迹和故事，用生动的纪实性故事回答了在新时期党组织如何发挥作用的问题，为基层党建工作提供了新的素材和标本，工地党支部在港珠澳大桥工程建设中作用的发挥也给现代工程管理提供了一个全新的案例。

12.5.2　廉洁文化

港珠澳大桥文化首先是廉洁的文化。"世纪大桥，廉洁同行"核心价值理念是港珠澳大桥工程廉政建设实践中的具体体现，是大桥建设者和参与者核心价值观教育实践活动的一次深刻探讨和自我升华。"世纪大桥"是共同的愿景和目标，"廉洁同行"是共同的使命和责任，其要旨是教育培育广大工程建设者和参与者牢固树立良好的政治本色和价值取向，众志成城、专心致志做好大桥建设，确保工程优质，项目廉洁。两者相辅相成、相互交融、共同提升，体现了工程行业职业特色，是港珠澳大桥工程建设者和参与者的职业道德规范和共同行为准则。

针对工程领域是腐败滋生的高发领域，管理局在大桥建设初始阶段就提出，港珠澳大桥只有"显规则"，没有"潜规则"。管理局通过构筑全覆盖的廉洁监督工作网络、建立廉政建设制度和工作机制、开展风险排查防范廉政风险及廉洁教育建设，建立了以"世纪大桥，廉洁同行"为核心价值理念的廉洁文化，充分发挥"世纪大桥，廉洁同行"核心价值理念对人的引领、凝聚、约束作用，以廉洁促进和保障工程项目建设，对港珠澳大桥工程建设至关重要。

（1）廉洁文化的导向作用，引领廉政建设工作的深入开展。

核心廉洁价值理念对大桥所有参建单位和人员的价值及行为取向起到了积极的引导作用，其所建立起的价值观和规范标准引导着参建人员的行为心理，使人在潜移默化中接受并树立了廉政建设目标的首位意识，自觉自愿地把促进大桥建设作为自己的使命和追求。核心廉洁价值理念自然而然地把大桥全体参建人员引导到大桥优质、如期、高效、廉洁建成的总目标上来，并使所有参建人员更加清晰地知道，在整个大桥建设过程中，提倡的是廉洁同行，抑制的是歪风邪气，摒弃的是贪污腐化。同时，随着大桥廉洁文化建设的不断深入，廉政建设基础不断夯实，其影响力也越来越大，导向作用日益凸显。

（2）廉洁文化的整合作用，增强大桥建设者的凝聚力。

整合功能主要是指以核心廉洁价值理念为指引所开展的廉政建设工作，不仅是对大桥建设过程的监督、协调和服务，更是使广大参建人员的思想、观念和文化产生交流与融合的过程。尽管每个参建人员作为个体，其文化素养、价值观念、行为习惯等各不相同，甚至可能会由此导致各单位内部产生矛盾和冲突，但经过长期务实有效、针对性强的宣传教育，个体廉洁意识、集体意识逐步强化，彼此互相熏陶磨合，形成默契，最终形成了一种整体性效应。因此，开展大桥廉政建设，很重要的效果就是沟通了广大参建人员的思想感情，融合了观念意识，将单位内部、部门之间可能存在的各种矛盾和冲突消弭于萌芽状态，把全体参建人员的价值观念统一、团结到共同的理念和宗旨上来，由此产生强大的凝聚力及向心力，使每个人在思想感情、理想追求方面与大桥事业的发展一致起来，从而对大桥建设者这个光荣的集体产生了强烈的归属感与认同感，更加自觉自愿地投入大桥建设中。

（3）廉洁文化的约束作用，规范参建单位和人员的行为。

约束作用是指核心廉洁价值理念与大桥建设过程中天然形成的文化氛围、行为准则和道德规范共同构成一个文化整体，对每个参建人员的思想、心理和行为产生一定的束缚作用，但不同于法律、纪律和制度的"刚性约束"，其产生的是一种"柔性约束"。核心廉洁价值理念通过各种形式多样、健康积极的宣传教育活动，在大桥全体建设者中产生共鸣，在整个队伍中达成统一、和谐与默契。在此基础上所构筑的大桥廉洁文化，虽是一种无形、非正式、非强制、不成文的行为准则和道德规范，但这种准则和规范为所有参建单位提供了一种限制、一种标准，对所有参建人员产生了约束力，也影响思想意识，规范行为方式，促使参建人员更加恪守职业道德，从而促进大桥建设的健康实施。

（4）廉洁文化的激励作用，强化大桥建设的内生动力。

文化建设都是以理解人、尊重人、满足人们各种合理需要为手段，以调动人们的积极性、创造性为目的。港珠澳大桥工程廉政建设通过营造共同的事业愿景、良好的工作氛围、和谐的人际关系来满足作为大桥建设者获得尊重与发展的需要，从而激发大家的积极性和创造性。核心廉洁价值理念激励作用的发挥，不是通过直接生硬的压力或强制，不只是凭借制度、纪律的约束和俗套的利益刺激，让大家产生短暂、浅层次的动力，而是主要依靠间接的引导和影响，依靠共同的价值观念和事业理想的牵引，依靠彼此尊重与信任的良好氛围的烘托，在潜移默化中促使大桥所有参建人员自我激励，从内心深处萌生一种高昂的情绪和进取的精神，形成积极向上的整体力量，产生持久的驱动力。

（5）廉洁文化的塑造作用，树立大桥建设者的良好形象。

核心廉洁价值理念对大桥建设最综合直观的作用，体现在对形象的塑造与展示上。虽然一个工程项目形象的塑造与展示归根到底取决于工程的质量和产生的社会效益，但在社会大众理性不断增强的今天，对一个组织或行业的印象已不仅仅来自其自身的宣传与推广，而是主要看其构成人员的行为及该组织或行业对社会"正能量"的贡献值。以核心廉洁价值理念为灵魂和特征的港珠澳大桥工程廉洁文化体系，已经逐步发挥着其塑造和展示大桥建设者形象的功能作用，并通过所有参建单位及成员廉洁自律、高效务实的实际行动，不断发散辐射其正面影响，在社会公众中树立起积极、正面的形象。

廉政文化的建设，不仅显著提升了广大建设者拒腐防变的自觉意识，更增强了投身世纪工程的历史责任感和使命感。理性客观、敢于担当、无私奉献的港珠澳大桥精神，在大桥建设过程中得以传承和发扬，通过廉政文化的建设、积累和沉淀，留下了珍贵的有形文化资产，形成了难忘的"大桥记忆"。

12.5.3　劳动文化

港珠澳大桥的品牌是建设者一点一滴、年复一年持之以恒"打造"出来的。港珠澳大桥文化是劳动者、建设者的文化，其文化内核来自建设者对大桥矢志不渝、甘愿奉献的精神品质。港珠澳大桥从梦想到科学，从规划到实施，凝结了粤港澳三地人民共同的心愿。管理局通过劳动竞赛激发和鼓舞了团队的创造力和工作热情，通过树典型、促推广，充分发挥榜样的力量，使工程建设打破了一个又一个世界纪录。同时，管理局引入"健康、安全和环境"融于一体的管理理念，关注人、关心人，让大桥的每一个建设者感到自豪和骄傲。来自全国各地的建设者正是秉承着历史的重托云集大桥建设工地，用他们的智慧和汗水打造着这座耸立天海之间的跨海通道。

1. 劳动竞赛，诠释"工匠精神"

2011 年 4 月中华全国总工会将港珠澳大桥劳动竞赛列为全国重大工程示范性劳动竞赛，同月，港珠澳大桥工会联合委员会统一组织开展大桥建设创先争优劳动竞赛。在全国五一劳动奖章、全国五一劳动奖状及"工人先锋号"推选工作中，管理局以在大桥建设中做出突出贡献的一线员工为主要评选对象，由工联会牵头，按程序运作，程序透明，层层推选出最能代表大桥精神和时代风貌的知识型、开拓型、创新型先进集体和个人。专注、坚守、精益求精，是对新时代"工匠精神"的诠释。无论是测量师、设计师、涂装师，还是钳工、焊工、打磨工，乃至于常年坚守一线的管理者，他们都是港珠澳大桥所推崇的"大国工匠"。

通过树典型、立标杆，掀起"比、学、赶、帮、超"的建设热潮，社会主义核心价值观和新时代劳模精神不断得到弘扬和强化，精神的力量一旦被激发出来，成效将难以想象。在大桥建设工地，建设者已经把大桥作为情感归属和精神寄托的载体，大家不愿意见到工程上有任何瑕疵，主动返工，精益求精，一件更比一件好、一处更比一处靓，每个人都不满足于现有的质量标准、不满足于现有的工效指标，都希望对现有工艺工法有所提升、有所完善，小改小革不断涌现，推陈出新人才辈出，在劳动竞赛中互相学习、触发灵感。在工程实践中反复琢磨、发现规律，共同的精神追求成就了伟大工程，成就了世界奇迹。"工匠精神"，在港珠澳大桥的各个标段、各个工区形成的一股巨大正能量，不仅极大地激发和提振了广大建设者的士气，也增强了抵御各种诱惑的能力，筑牢了反腐倡廉的阵地。

2. HSE 管理，打造"人心工程"

管理局十分重视员工的身心健康安全，工会工作坚持以人为本，倡导"诚实劳动、忘我工作、快乐生活"。"人心工程"与"超级工程"同步建设，让建设者更有尊严。在项目规划之初，就选址珠海唐家湾为参与大桥主体工程的各标段统一规划建设了配套设施完善的施工总营地。在距总营地30千米之外的一座无人岛上建设现代化沉管预制工厂，同样功能组合完美、配套设施完善。"每一个岗位都与'120年'息息相关，都要做到零隐患，要让他们有尊严地生活，才能有尊严地工作，做出有尊严的工程"。大桥的建设者，就是在这座孤岛上坚守了2 203个日夜，创下了浇筑百万方混凝土无一条裂缝、连续高强度施工设备无一次故障的工程"奇迹"。图12.10为2013年9月18日管理局工联会对岛隧工程东西人工岛、桥梁工程部分海上施工平台及桂山岛沉管预制场等施工现场开展中秋节慰问活动的照片。

图 12.10　工联会到工地一线慰问

资料来源：港珠澳大桥管理局

许多参建单位还为建设者提供学习实践平台，作为给员工的福利。岛隧工程项目部组织"农民工"开展"6S"技能集训，联合知名高校举办"工程硕士班"，设立"职工夜校"，开办"实用英语班"。由于遭遇异常回淤，E15沉管安装经历三次出运、两次回拖，沉管预制厂也被迫停工。停工期间岛隧项目部白天组织工人培训学习、军训，晚上组织看电影、篮球比赛等各项文体活动。在沉管预制厂"百日停工复工千人启动会"上，整个队伍整齐出列，个个精神饱满、摩拳擦掌，无一人流失。困难面前顾全大局、理解信任，充分体现出新时代工人阶级的担当精神。

在建设过程中，管理局旗帜鲜明地宣传一线的劳动者，歌颂爱岗敬业、敢于担当、默默奉献的一线生产人员。管理局搜集和整理了200多位先进人物的事迹材料，编印成《港珠澳大桥风采录》，书中人物都是大桥建设者，他们中有高管、总工、项目经理、支部书记、工区班长，也有普通工人，他们是真正的劳动者，代表了这个时代向上的力量和精神。该系列由三个分册组成，分别是管理局分册，岛隧工程、珠海连接线、珠澳口岸人工岛分册和桥梁工程分册。记录的群英故事大致分为三部曲：第一部分抒发了他们对道路桥梁隧道交通行业无悔选择的情怀；第二部分记录了他们在交通行业打拼的足迹；第三部分描述了他们来到大桥参与建设的经历。这本书通过重点挖掘奋战在建设一线的优秀共产党员和先进人物故事，提炼具有新时代劳模精神的港珠澳大桥精神，并进行广泛传扬。

12.5.4　大桥品牌

港珠澳大桥实体建筑与精神层面的高度融合，使得大桥实体成为文化符号直接显现。港珠澳大桥的建设目标为"建设世界级跨海通道、为用户提供优质服务、成为地标性建筑"。其中，成为地标性建筑，是指从功能概念、地理概念、行业概念和心理概念上均成为地标，使得港珠澳大桥具有独特的历史、文化和美学价值。管理局加强大桥文化的国际化宣传，通过确立地标的世界级特质，创建了港珠澳大桥这一具有世界影响力的品牌，以形象传播促进世界级地标的树立。

1. 国际媒体关注

港珠澳大桥作为凝聚着中国实力与中国智慧的超级工程，吸引了全球媒体的闪光灯，许多外媒通过文字通讯、短视频、示意图、航拍图等多种方式，全方位介绍这座意义非凡的大桥。

1）新的大桥，新的希望

2018年10月23日，美国《时代》杂志网站用一个长约56秒的航拍视频，展示了港珠澳大桥沿线的美丽风光。英国广播公司制作了介绍港珠澳大桥的视频，发布在视频网站 YouTube 上，该视频上线 1 天后，已取得近 12 万次的播放量，收获上千点赞。"它像一条漂浮在海面上的巨龙，画出一条优雅的弧线，超出了人类的想象力。这是中国繁荣的象征。"德国《世界报》以充满诗意的语言，报道了港珠澳大桥正式开通的消息。

"极不寻常。"英国《卫报》的报道则言简意赅，"这座大桥将中国的两个特别行政区（香港、澳门）与内地城市对接，未来将增强大湾区与美国硅谷竞争的技术实力"。路透社援引香港官员的观点，称"港珠澳大桥的开通有利于巩固香港作为区域航空和物流枢纽的地位"。报道还认为，在中国改革开放 40 周年之际，港珠澳大桥 10 月 23 日的开通仪式具有高度象征意义。

"新的大桥，新的希望。"新加坡《海峡时报》采访了当地人对港珠澳大桥的看法，由衷感慨。该文还援引学者分析指出，港珠澳大桥使香港更好地连通珠江三角洲，从而给三地带来巨大的社会效益和更广阔的发展空间。

2）工程上的非凡壮举

港珠澳大桥是目前世界跨海距离最长的桥隧组合公路通道，它集桥梁、隧道和人工岛于一体，被业界誉为桥梁界的"珠穆朗玛峰"。早在 2015 年，英国《卫报》就将这座建设中的大桥列为"即将完工的当代世界七大奇迹"之一。

"这座巨大的钢筋混凝土大桥证明了中国建造创纪录巨型建筑的能力，毫无疑问，这是一次工程上的非凡壮举。"美国有线电视新闻网站报道称，"港珠澳大桥可以抗 8 级地震、超大台风以及超大货运船只的撞击。东西横跨 55 千米，比新加坡整个国家还长"。"它（港珠澳大桥）的总长比从英国多佛到法国加来的英吉利海峡还要长 20 多千米。"英国《每日邮报》刊文称，"中国工人建造这座桥用了 42 万吨钢铁，这么多钢铁足以建造 60 座埃菲尔铁塔"。"中国壮举。"《新西兰先驱报》盛赞港珠澳大桥所体现的大国"工匠精神"。

3）大湾区支柱

港珠澳大桥正式通车后，香港、珠海和澳门融为"一小时经济圈"，三地的人流、车流和物流更加紧密地联系在一起。外媒纷纷探寻，基础设施实现互联互通将为经济发展注入怎样的新动力？

美国国家公共电台表示，港珠澳大桥通车后，香港到珠海的旅程时间将缩短两个多小时。"人们期待它的通车可以改善大湾区沿岸地区的交通状况，同时可以增强香港、澳门和珠江三角洲其他城市的经济联系。"

"港珠澳大桥是北京整体规划的重要内容，它将香港和澳门与 9 个邻近城市——包括特大城市深圳和广州在内——连为一体。北京希望将之建成大湾区，引领创新和经济发展。"英国《金融时报》分析认为，"结合'一带一路'倡议，大湾区不仅仅是一条连接香港与澳门的通道，北京希望加快中国最具经济活力地区的经济增长，从而加速全国经济转型"。《华尔街日报》有类似的观点，"港珠澳大桥将助力粤港澳大湾区的融合建设，并在其中起到'支柱'作用。这座大桥与上个月开通的广深港高铁将缩短内地制造业城市和金融枢纽香港及博彩业中心澳门之间的旅行时间，加强这些城市间的商业联系"。

美国"石英"财经网站也认为，港珠澳大桥是"中国打造粤港澳大湾区的努力之一"，"它将香港、澳门和内地南部连接起来，旨在形成一个可与旧金山湾区比肩的科技中心"，称这一工程践行了中国的一个传统逻辑，即"要致富，先修路"。"港珠澳大桥无论对香港，还是对更大的经济区域来说，都是一种进步。"阿拉伯半岛电视台通过采访香港创业公司的从业者，得出这样的结论。日本《朝日新闻》还指出，"港珠澳大桥"是中国政府的一项超大型国家级计划，适用于中国的"一国两制"制度，大桥开通后，各地区在经济方面的活跃度值得期待。

2. 国际同行认可

港珠澳大桥工程连获国际工程大奖，体现了中国工程的品质和质量达到世界一流水平，展现了世界对中国工程建设的高度关注和广泛认可，成为中国桥梁"走出去"的亮丽名片。

2018 年 10 月 2 日，港珠澳大桥岛隧工程获评 *Engineering News Record* "全球最佳桥隧项目"。在建筑工程界，*Engineering News Record* 排行榜被誉为国际工程界的"晴雨表"，*Engineering News Record* 年度最佳项目奖，是知悉全球范围内建筑行业优质项目的最佳途径，也是了解各类顶尖工程项目前沿技术的指南。

2018 年 11 月 7 日，国际隧道协会在安徽滁州举办 2018 年度颁奖大会，入围名单的工程项目代表集中进行演示报告及现场答疑。经专家评审，港珠澳大桥沉管隧道从众多国内外隧道项目中脱颖而出，获得 2018 年度重大工程奖。2018 年 12 月 7 日北京时间凌晨，英国土木工程师学会的核心期刊 *New Civil Engineer* 评选的年度最佳项目结果揭晓，港珠澳大桥岛隧工程获评"2018 年度隧道工程奖"（10 亿美元以上）。2018 年 11 月，港珠澳大桥香港段工程项目，包括港珠澳大桥香港连接路及香港口岸，获颁英国土木工程师学会"2019 年度 People's Choice Award"，以表扬其卓越的项目管理及对提升区域运输网络的贡献。该奖项是为表扬对环境带来变革性影响的工程项目而设立的行业领先奖项，这是首次我国香港的大型基建工程项目获得此殊荣。

2020 年 6 月 9 日，2020 年国际桥梁与结构工程协会杰出结构奖获奖名单公布，港珠澳大桥荣获"杰出建筑结构奖"。该奖设立于 1998 年，是国际桥梁工程界公认的最高奖项，专门授予全世界最具创新性的桥梁和建筑结构。该奖被广泛承认为国际桥梁与结构工程协会颁布的最高荣誉奖之一，影响力大，含金量高。2020 年 8 月，国际桥梁大会奖项评审工作完成，港珠澳大桥荣获第 37 届国际桥梁大会"超级工程奖"。本次"超级工程奖"为大会首次设立，也是我国桥梁工程首次荣膺该奖。"超级工程奖"为 2020 年特设，表彰最近在特大桥项目的设计和建造方面取得的杰出成就，获得该奖项目被认为是业界的一个地标。

12.6 成效与启示

港珠澳大桥的建设成就得到了党和国家领导人、三地政府及国家行业部门高度的赞誉和认可。在九年的建设过程中，不仅建成了有形的超级工程，更是建成了"形而上之超级工程"。在党建引领下，打造了港珠澳大桥的廉洁文化、劳动文化及大桥品牌资产。港珠澳大桥在中国共产党成立 100 周年之际，入选《中国共产党一百年大事记》和《中国共产党简史》，在工程领域达到了一个无与伦比的高度，在取得一系列成就的同时，也为其他重大工程及粤港澳大湾区的建设提供了借鉴。

1. 成效

1）国家领导人的高度评价

2018 年 10 月 23 日上午，港珠澳大桥开通仪式在广东省珠海市举行，中共中央总书记、国家主席、中央军委主席习近平出席仪式，宣布大桥正式开通并巡览大桥。习近平强调："港珠澳大桥的建设创下多项世界之最，非常了不起，体现了一个国家逢山开路、遇水架桥的奋斗精神，体现了我国综合国力、自主创新能力，体现了勇创世界一流的民族志气。这是一座圆梦桥、同心桥、自信桥、复兴桥。大桥建成通车，进一步坚定了我们对中国特色社会主义的道路自信、理论自信、制度自信、文化自信，充分说明社会主义是干出来的，新时代也是干出来的！对港珠澳大桥这样的重大工程，既要高质量建设好，全力打造精品工程、样板工程、平安工程、廉洁工程，又要用好管好大桥，为粤港澳大湾区建设发挥重要作用。"①

2018 年 10 月 23 日，时任中共中央政治局常委、国务院副总理韩正在开通仪式致辞中表示："推进粤港澳大湾区建设是习近平总书记亲自谋划、亲自部署、亲自推动的重大国家战略。港珠澳大桥建成开通，有利于三地人员交流和经贸往来，有利于促进粤港澳大湾区发展，有利于提升珠三角地区综合竞争力，对于支持香港、澳门融入国家发展大局，全面推进内地、香港、澳门互利合作具有重大意义。要坚持以人民为中心的发展思想，在一流桥梁、一流口岸基础上提供一流

---

① 习近平出席开通仪式并宣布港珠澳大桥正式开通 韩正出席仪式并致辞. https://www.gov.cn/xinwen/2018-10/23/content_5333803.htm，2018-10-23.

运营服务，将港珠澳大桥打造成为联结粤港澳三地的'民心桥'。要进一步简化审批流程、缩短通关时间，将港珠澳大桥打造成为香港、澳门和内地协同创新、融合发展的纽带。要把工程建设关键技术转化为行业标准和规范，将港珠澳大桥打造成为中国桥梁'走出去'的靓丽名片。"①

2）三地政府的高度评价

在港珠澳大桥开通仪式上，三地政府的领导人在致辞中对港珠澳大桥的建设成就也给予了高度评价。

2018年10月23日上午大桥开通仪式上，时任中共中央政治局委员、广东省委书记李希表示，"一桥飞架三地、碧海变通途，这是一座圆梦桥，大桥的开通，实现了三地人民的夙愿，必将极大地便利粤港澳交流合作，必将大力推动粤港澳大湾区建设，助力共圆中华民族伟大复兴的中国梦。港珠澳大桥也是一座同心桥，粤港澳三地齐心协力推进大桥建设，不断地升华'兄弟同心，其利断金'的真挚的感情，大桥不仅拉近了三地的时空距离，更有力地促进了三地人民同心圆梦、携手发展。港珠澳大桥还是一座自信桥，55千米的世纪海上工程，依靠三地自主创新，从蓝图变为现实，充分地彰显了中华民族自强不息的奋斗精神和新时代中国建造的伟大成就，必将极大地提升'四个自信'"①。

时任香港特区行政长官林郑月娥表示，港珠澳大桥将为香港的未来发展提供多方面的新动力："第一，大桥是首条连接港澳两个特别行政区的陆路干道，可更好发挥港澳两地的独特优势……大大促进人员和货物的流动，有利于香港的角色由联系人转向成为更积极的参与者，和粤港澳大湾区内的澳门、珠海、中山、江门等地共谋发展。第二，港珠澳大桥不单是好用，也是好看的基建……为香港的城市魅力增添风采，也加强了人们对粤港澳大湾区前景的期盼。第三，港珠澳大桥香港口岸坐落在香港大屿山，连同毗邻的香港国际机场，让大屿山这个全港最大的岛屿成为通往世界和粤港澳大湾区的双门户；特区政府因此抓紧机遇，提出'明日大屿愿景'，为香港缔造更美好的未来"②。

时任澳门特区行政长官崔世安表示，"港珠澳大桥是中国建筑工程史上的创举，是'中国梦'腾飞的又一标志"，"港珠澳大桥的建成，具有深刻的政治、经济和社会意义"，"从政治层面来看，粤港澳三地首次合作建设的大型跨海交通工程，丰富和发展了'一国两制'方针的理论和实践"，"从经济层面而言，作为香港、澳门与珠江三角洲地区的交通平台，港珠澳大桥可有效弥补以往陆运交通可达性的短板，推动地区间经济的协同发展"，"在社会层面方面，澳门回

---

① 此内容由港珠澳大桥管理局提供。

② 引自2018年10月23日环球网新闻《香港特区行政长官林郑月娥：港珠澳大桥为香港发展提供新动力》，https://m.huanqiu.com/article/9CaKrnKdYcB。

归祖国以来，与内地的交流日渐频繁。港珠澳大桥开通，在缩短地理距离的同时，更深化了同胞血缘之情"①。

2018 年 11 月 3 日，广东省委宣传部授予港珠澳大桥建设者群体"南粤楷模"称号（图 12.11），颁奖词说："港珠澳大桥建设者群体在建设大桥过程中充分体现了不忘初心、牢记使命的忠诚担当，爱岗敬业、精益求精的工匠精神，敢闯敢试、勇攀高峰的创新精神，海纳百川、兼容并蓄的开放精神，逢山开路、遇水架桥的奋斗精神。"②

图 12.11　港珠澳大桥建设者群体荣获"南粤楷模"称号
资料来源：港珠澳大桥管理局

3）行业主管部门的高度评价

2019 年初，交通运输部、国务院国资委、中华全国总工会联合印发《关于开展向港珠澳大桥建设者学习的决定》，号召广大劳动者、建设者学习港珠澳大桥建设者忠诚担当、坚守梦想的奋斗精神，开放融合、勇于创新的奋斗精神，攻坚克难、勇创一流的奋斗精神，敬业专注、精益求精的奋斗精神，坚忍不拔、团结奉献的奋斗精神。向他们学习，必须深入学习贯彻落实习近平总书记重要指示精神，坚持以习近平新时代中国特色社会主义思想为指导，增强"四个意识"、坚定"四个自信"、做到"两个维护"，开拓进取、真抓实干，以永不懈怠的精神状态和一往无前的奋斗姿态，加快推进交通强国建设，为决胜全面建成小康社会、全面建设社会主义现代化国家当好先行。向他们学习，必须坚持以供给侧结

---

① 引自 2018 年 10 月 23 日中国新闻网新闻《澳门特首崔世安：港珠澳大桥开通，深化同胞血缘之情》，https://www.chinanews.com.cn/ga/2018/10-23/8657480.shtml。

② 引自 2018 年 11 月 5 日港珠澳大桥网站新闻《港珠澳大桥建设者群体获"南粤楷模"称号》，http://www.hzmb.org/Home/Reminder/page/article_id/140.html。

构性改革为主线，坚持深化市场化改革、扩大高水平开放，坚定自主创新的信心和骨气，加快增强自主创新能力和实力，在关键领域、核心技术上大胆创新、大胆突破，不断发挥聪明才智，克服技术难题，推动经济发展质量变革、效率变革、动力变革，显著增强我国经济质量优势。向他们学习，必须弘扬勇创世界一流的民族志气，敢想敢干、敢为人先、敢于碰硬，瞄准科技前沿、产业前沿，不断破解发展难题、闯出发展新路。通过补短板、挖潜力、增优势，促进要素高效流动和资源优化配置，推动产业链再造和价值链提升，勇于攻坚克难、追求卓越、赢得胜利，抢占科技竞争和未来发展制高点。向他们学习，必须弘扬大国工匠精神，勤于学习、善于钻研，不断积累、不断超越，练就一身真本领，掌握一手好技术，在千帆竞发、百舸争流的时代洪流中展现风采，在建设现代化经济体系、服务人民群众的精彩人生中有所作为。向他们学习，必须进一步增强新时代工人阶级的自豪感和使命感，爱岗敬业、拼搏奉献，立足本职、胸怀全局，自觉把人生理想、家庭幸福融入国家富强、民族复兴的伟业之中，把个人梦想与中国梦紧密联系在一起，始终以国家主人翁姿态为坚持和发展中国特色社会主义做出贡献。

4）党建引领下的工程文化成就

在廉政建设方面，大桥工程共聘请专员 4 批 23 人次、廉政监督员 122 人。在派驻监察专员办的协调指导下，所有建设单位、参建单位全程进行廉政风险排查防控，共排查出 6 217 个风险点，制定出 8 247 项防控措施。派驻监察专员办从 2014 年引进珠海市廉情预警评估系统，先后将港珠澳大桥珠海口岸和珠海连接线工程列为预警评估对象，对建设程序、投资控制、招标投标、监督检查等方面的 33 个量化指标进行实时、精准防控。

在劳动文化方面，截至 2017 年底，9 年的建设期，中华全国总工会共授予了 13 个单位全国五一劳动奖状、24 名个人全国五一劳动奖章、37 个车间班组"工人先锋号"称号；2 人被中共中央、国务院授予全国劳动模范称号，1 人被中共中央授予全国优秀共产党员称号。省级荣誉层面，1 人荣获广东省劳动模范称号，19 人荣获广东省五一劳动奖章，27 个车间班组荣获"广东省工人先锋号"称号。可以看到，超级工程后面站着的是顶天立地的英雄好汉，而广大的共产党员是整个建设大军的先锋力量。2021 年 6 月，在庆祝中国共产党成立 100 周年之际，港珠澳大桥获批全国爱国主义教育示范基地。

在大桥品牌建设方面，依托国家科技支撑计划"港珠澳大桥跨海集群工程建设关键技术研究与示范"课题，在设计理论、施工技术、产品装备等方面取得了重大技术突破，科技研究成果达国际领先水平，2021 年 5 月 24 日，港珠澳大桥被交通运输部和科学技术部共同认定为首批国家交通运输科普基地，并获得正式授牌。大桥建设成就得到了国际同行的认可，获得多项国际大奖，包括纪录片《超级工程》、纪录电影《港珠澳大桥》和交响乐《梦桥》在大桥建设期的问世，代表了大桥文化在国内工程文化领域达到了一个前所未有的高度。超过 100 个国家和地区的技术同行、政府官员和社会团体到大桥参观、考察、交流，港珠澳大桥已经成为一项融合现代最新桥梁科技和管理理念的国家"新名片"。

2. 启示

1）充分发挥党组织在重大工程建设中的政治核心作用

港珠澳大桥的建成是"四个自信"最生动的体现，港珠澳大桥各个工区、各个参建单位积极发挥基层党组织的战斗堡垒作用和共产党员的先锋模范带头作用，充分体现了中国特色社会主义制度的优越性。秉持"重心前移、面向工地"的原则，结合建设工地特点和实际创新开展党建工作，充分发挥党建引领作用，推进党建工作和业务工作有机融合、互融互促；充分调动党员的积极性、主动性和创造性，以党员先锋模范作用带动广大建设者勤奋工作、安全生产、文明施工和技术创新，促进工程建设优质、高效、有序开展。

2）建立重大工程建设项目廉政风险防控机制

重大工程的投资额大，更容易出现腐败问题。优良的党风是凝聚党心、民心的巨大力量，因此需要切实抓好党风廉政建设责任制的落实和惩防体系建设，以制度建设为抓手，全面实现各项工作的规范化。通过开展风险排查和监督检查，强力防范和控制廉政风险，确保主体工程廉政监督网络实现了全覆盖，把廉政建设工作融入大桥建设和各项管理工作中，严格合同变更、物资采购、财务管理等，从源头上防止腐败滋生。

3）通过劳动竞赛提高建设者积极性

劳动竞赛激发了广大建设者的工作热情，提高参建单位的全局观念和整体意识，激发和凝聚"精气神"，从而形成建设者奋勇争先、勇创一流的强大精神动力；对于工期紧、任务重的重大工程而言，为了避免重复考核，不增添参建单位的额外负担，劳动竞赛应始终围绕着工程建设的中心任务进行，将竞赛理念植入建设者的日常建设管理工作中，使劳动竞赛成为项目建设的有效助推器。

4）加强宣传工作塑造工程品牌

重大工程是一个国家综合国力、自主创新能力的体现，以宣传为工具，形成工程文化。通过宣传工作，以"内"促建，以独有的工程文化促进工程建设、塑造工程建设所独有的价值观、团队精神、行为规范等，形成工程建设积极、稳定、团结、协作的坚实内核；以"外"促宣，以自主宣传体系为主，外部宣传载体联动的对外宣传阵地，促进大桥建设所需的社会、人文、政府等舆论环境的优化和健康发展，将重大工程打造成中国展示基础设施建设实力并走向世界的一张国家"新名片"。

总结与展望

港珠澳大桥是在"一国两制"框架下粤港澳三地政府首次合作共建共管的超级工程，不仅在工程技术上面临巨大的风险和挑战，也面临许多前所未有的法律难题。三地在"一个国家、两种制度、三种货币、三个技术标准、三个独立关税区、三个不同法域、三个平行的地方政府"下共同建造、运营、管理这么复杂庞大的集桥、岛、隧于一体的跨界工程，政治法律环境极为特殊，全球可资借鉴的经验极其有限，各种复杂性彼此交织叠加。港珠澳大桥的建设，很长时间是在"无人区"探索，既要"摸着石头过河"，又要"蹚着暗流探险"，要走前人没有走过的路，甚至是需要"杀出一条血路"的勇气和担当来破解难题、寻找出路，许多事情都是探索性很强的第一次尝试。

1. 总结

1）港珠澳大桥的项目管理顶层设计

（1）三级架构两级协调的治理结构。港珠澳大桥是三地政府首次合作共建的超大型跨海跨界交通工程，涉及多主体、多层级、多阶段、多法域决策治理，时间跨度大、空间范围广、利益相关方众多，采用"专责小组-三地委-项目法人"三级架构、两级协调的治理模式，另有交通运输部牵头成立技术专家组，对重大技术问题和施工方案进行咨询把关，专责小组在协调中央事权和推动三地合作方面具有公正性和权威性。这种架构能有效地平衡各方利益、协调各方关系、调动各方资源、化解工程风险，及时有效地推行工程建设。

为实现三地政府的共建共管，三地政府签署了《三地政府协议》，制定了《管理局章程》，管理局编制和建立了完善的项目建设管理制度体系。依据上述"三级架构、两级协调"的治理模式，三地委和管理局按照《三地政府协议》和《管理局章程》所界定的权利和责任履行各自的职责，既保证了三地政府对项目总体上的把控，同时又保证大桥管理局具有一定的自主权，对项目实施有效的管理。例如，在总的编制范围内，管理局可以动态地调整内设机构，曾经设立过钢结构办公室、桥面铺装办公室，这些机构的设立能够集中资源解决技术上、工艺上的一些难题,为后续大规模施工创造条件。在运营筹备工作正式启动后,管理局又成立了营运管理部,抽调精干力量制定运营期的管理规划、组织架构、工作方案、制度流程等,确保建设期到运营期能够平稳过渡。

(2)全生命周期理念下的专用项目管理和技术标准管理体系。围绕着建设目标中提出的"建设世界级跨海通道、为用户提供优质服务、成为地标性建筑"的总体建设目标,管理局制定了涵盖工程可行性研究、设计施工、运营全生命周期的专用技术标准和专用项目管理制度两套制度体系。专用技术标准包含专业设计指导准则/手册、专用施工及质量验收标准、专用营运维护手册;专用项目管理制度包括前期工作协调小组办公制度、项目建设管理制度和营运管理制度。

在建设阶段,专用标准和管理制度是招标文件的重要组成部分,所有参建单位在投标之初就充分了解管理局的管理流程和管理要求、质量要求。承包人进场后,管理局及时组织培训,让管理局的管理理念深入人心。管理制度体系覆盖了工程管理的方方面面,它规范了管理局的管理行为,理顺了与参建各方的关系,规范了建设阶段的招投标管理、质量管理、进度管理、合同管理、HSE 管理、信息系统管理及创新管理等。

2)港珠澳大桥的建设理念

(1)伙伴关系理念构建了命运共同体。工程是人造物,造物先造人,人是工程实施中最活跃、最重要的因素。港珠澳大桥工程建设中,管理局始终倡导伙伴关系理念,推动参建各方共同构建基于合同关系和伙伴关系的工程共同体,各方角色不同、职责不同,发挥的作用不同,但共同的目标是把港珠澳大桥建成建好。一荣俱荣、一损俱损,实际上所有参建单位构成了一个命运共同体。业主做好综合协调工作,承包人做好施工组织和技术攻关的工作,监理把好程序、质量关,咨询警示风险,供应商保证原材料品质和及时供货,既要各司其职,发挥各自的优势和能力,又要同舟共济、共渡难关,达成建设目标,过分强调某一方的重要性只会使工程蒙受损失。

因此,伙伴关系理念让大家产生一种互相信任、互相理解、互相尊重的情感,并共同享受项目带来的荣耀与满足,建设者有了荣誉感、自豪感和成就感,最终世人在港珠澳大桥上看到的高效的组织、文明的施工、创新的成果、可靠的质量便是伙伴关系带来的结果,由此能实现参建各方的多赢、共赢。

(2)先进的建设理念和管理理念。港珠澳大桥坚持的建设理念和管理理念如下:①全生命周期规划、需求引导设计、设计施工联动的设计理念;②"大型化、工厂化、标准化、装配化"的施工理念;③立足自主创新、整合全球优势资源的合作理念;④绿色环保、可持续发展的环保理念。

项目规划不仅要考虑建设期需求,更要考虑运营管理、维护保养需求,保障整个工程在 120 年全生命周期内结构安全、舒适耐久、经济环保,同时要求设计考虑施工,要根据施工工艺、工法要求,修改完善设计方案。岛隧工程设计施工总承包模式的提出就是贯彻港珠澳大桥设计理念的具体体现。岛隧工程有太多的技术难题,如果设计、施工两张皮,很容易导致设计提出的方案,施工单位无法实施,问题到底出在哪里,业主很难判断清楚,纷争不断的结果是工程受阻。大规模推行工厂化生产、机械化装配的施工理念则是源于伶仃洋的建设环境和国内目前的装备水平,施工水域每天超过 4 000 艘次各类船舶航行,每年台风、大雾、强对流天气致使有效作业时间只有 200 天左右,加之中华白海豚保护区严格的环保要求,只能采取化水上施工为陆域加工、化工地现浇为工厂制作,尽量减少海上作业时间和作业范围,保证大桥建设质量和工效。立足自主创新,整合全球优质资源的合作理念,让参建单位眼界更开阔、胸怀更宽广,通过港珠澳大桥推动,也促使很多国内产品升级换代,如不锈钢筋、高强度拉索、高阻尼橡胶支座、止水带、搪瓷钢板等国内产品完全具备了国际竞争力。绿色环保、可持续发展的环保理念,则较好地平衡了生态环保与工程建设、短期利益与长期利益的关系,大圆筒快速成岛技术的应用,压缩东、西人工岛的长度,增加非通航孔跨径、大规模工厂化预制构件都包含了对环境影响的考量。

　　3)港珠澳大桥技术管理

　　港珠澳大桥建设过程中创造了诸多世界第一,如里程最长、用钢量最大、综合施工难度最大、技术最复杂的跨海大桥等。

　　岛隧工程是整个工程的控制性工程,从 2010 年 12 月 28 日打响沉管预制厂建设第一炮,到 2012 年 2 月 2 日建成全球最先进的生产厂房,历时不到 14 个月,效率之高,世所罕见;从 2011 年 5 月 15 日西人工岛打下第一个钢圆筒,到 2011 年 12 月 7 日东人工岛第 120 个钢圆筒振沉完毕,用时不足 7 个月,创造了"当年开工、当年成岛"的奇迹;从 2012 年 5 月 7 日管节预制开工,到 2016 年 12 月 26 日完成全部 28 个直线管节和 5 个曲线管节制造,53 个月的昼夜奋战,取得了浇筑百万方混凝土无裂缝的骄人成绩;从 2013 年 5 月 2 日首节沉管浮运出坞,到 2017 年 5 月 2 日最终接头沉放完毕,整整 4 年时间,每一节沉管都有独特的故事。例如,首节 96 小时的鏖战考验建设者的生理和心理极限;E15 管节三次浮运、两次返航的危机考验了参建单位的应急处置能力;最终接头的精调成功更考验了建设者的责任担当,对自主创新技术的自信。

　　桥梁工程长达 22.9 千米,由三座通航孔桥、深水区 13.68 千米长(单孔标准跨径 110 米)钢箱连续梁桥和浅水区 5.4 千米长(单孔标准跨径 85 米)跨钢混组合梁桥组成。按照"车间化、机械化、自动化、信息化"的制造理念,承包人研制了智能化的板单元组装和焊接机器人专用机床,打造了全新的自动化生产线,同时在中山基地建立了国内首个大型钢箱梁拼装车间,真正做到了"板单元人最少、总拼厂人最好"。通航孔桥钢塔制造则突破传统工艺模式,开发了适应不同焊接工况的自动化焊接设备，实现了"无码装配、无损吊装、无损翻身"。港珠澳大桥钢结构制造实践有力地提升了我国大型钢结构制造工艺水平，彻底改变了传统做法，推动了行业技术进步。桥梁工程 CB03 标、CB04 标、CB05 标根据各自的装备和技术能力带案投标，分别采用大圆筒干法安装、分离式柔性止水和双壁钢围堰三种不同方案解决桥梁埋置式承台施工难题，190 个墩台、135 片钢箱梁、148 片组合梁、5 个钢塔都是工厂制造，大型浮吊整体安装，真正实现了装配化施工。桩基打设、墩台预制、箱梁拼装、钢塔制造实现平行作业，极大地提升了桥梁工程的施工进度和工程质量。

桥面铺装规模达 70 万平方米，其中 50 万平方米为钢桥面，是目前世界上最大规模的钢桥面铺装工程，也是港珠澳大桥的"面子工程"。要在一年的工期内完成全部施工任务并保证 15 年的设计使用寿命，困难是显而易见的。管理局广泛调研，反复比较，足迹踏遍欧、美、日及我国香港、内地数个省份，多方联合攻关，四年试验求证确定了 GMA 浇筑式+SMA 沥青混凝土铺装方案，确立了"以认证保材料、以考核保人员、以设备保工艺、以工艺保质量"的管理思路，采取"露天工厂化"施工理念，创建了世界一流的集料生产线，首次引进车载式抛丸机，研制了防水层机械化自动喷涂设备，有效提高了施工质量和效率。

对于交通工程，2011 年初管理局即完成了交通工程施工图设计招标，保证交通工程设计与土建工程设计和施工时间相配合，保证交通工程各种预留预埋件在土建工程施工时同步完成。施工招标贯彻大标段理念，将安全设施、收费、通信、监控、通风、照明、消防、给排水、供配电、综合管线等 13 个系统集成为一个大标，有效地减少了各种接口界面协调工作量，充分发挥了承包人的专业优势和管理优势。在前端各种困难和矛盾将工期裕量消耗殆尽，作业面延期交付的情况下，承包人克服了系统和施工界面错综复杂、作业面狭小的不利因素，见缝插针，精心策划、科学组织，如期在 2017 年 12 月 31 日举行了主体工程全线亮灯仪式。

房建工程虽然只是附属工程，但点多面广，专业庞杂，构件繁多，交叉作业，给施工组织带来极大挑战。尤其是东、西人工岛房建工程，初步设计考虑不周，施工招标后又遭遇消防法规的变化，防风标准的提升，施工图预算大幅飙升，设计变更的审批一波三折，导致工期一再延误，最后成为整个项目的控制性工程。最后通过发动"冲刺百日"和"奋战四十天"专项劳动竞赛活动，硬是把耽搁的工期抢回来，于 2017 年底完成了房建工程的全部施工任务。

港珠澳大桥的建设过程，没有出现大的安全事故、质量事故和环境污染事故，做到了人与工程、环境和谐相处，中华白海豚种群数量稳定，实现了海上三零（零伤亡、零污染、零事故）和"中华白海豚不搬家"的既定目标。2017 年的 13 号台风"天鸽"和 14 号台风"帕卡"接连卷着狂风暴雨正面吹袭粤港澳大湾区，港珠澳大桥主体工程巍然屹立，毫发无损，通过了实实在在的严苛检验，也让关注大桥质量安全的社会各界人士对大桥 120 年设计使用寿命充满信心。

4）港珠澳大桥的风险防控

港珠澳大桥所走的每一步都充满风险，E1、E10、E15 沉管对接，钢塔翻身和吊装、结形撑安装、最终接头精调，每一次都接近失败的边缘。风险的防控分为两个方面：人的风险防控和技术风险防控。人的风险包括贪念、懈怠、失职和刚愎自用，解决人的风险主要靠教育提醒、制度约束和精神鼓励，纪检监察和审计监督充分发挥了震慑和提醒作用。《管理局章程》和一系列管理制度划定了项目法人的权力边界，三地共建共管增加了决策的透明度。高级管理人员以身作则，以上率下，及时惩处违纪违法行为，表彰先进模范人物，积极为员工争取适当的物质待遇和荣誉称号，而社会各界对港珠澳大桥建设成果的认可，让建设者更加珍惜自己的岗位和所取得的成就，荣誉感、自豪感和成就感让建设者越发想把工程做得更好，建设团队中每个人的精神始终被港珠澳大桥的目标所鼓舞，长时期保持亢奋状态，心思和精力都集中到如何把工作做得更好，因此人的风险大大降低。

至于技术风险防控，试验验证非常关键。沉管预制做了两次足尺模型试验，沉管浮运做了四次拖航演练，钢塔翻身和吊装、火灾工况、最终接头焊接都是反复试验，虽然增加了一些成本，但总比出现灾难性事故后抢险救灾所花费的社会成本和财产损失小得多。另外，还注重首制件和试验段的技术总结和工艺评审，每一节沉管安装前都要召开专家会进行风险分析、召开水上安全保障决策会确认水域环境满足要求，对危险性较大的施工方案组织专项评估，经常邀请安全专家、保险顾问不定期对施工现场进行巡查，还开展了"设计回头看"等活动，这些工作都有助于消除技术上的风险，保证项目平稳推进。

5）港珠澳大桥的知识管理和学习

面对复杂工程中大量的创新和"第一次"，参建方需要建立全面、系统的知识管理和学习机制。事前的调研和技术交流、事中的创新和快速标准化、事后的总结改进等工作，贯穿知识学习的始终。知识管理和学习，极大地促进了参建人员对工程复杂性的认知，有助于提前预判和推演实施过程中的认知盲区，提高系统的适应性和控制力。

面临突出的技术和管理挑战，管理局从钱学森系统工程学到了总体构建项目管理规划，并在此基础上构建了四个具体规划；从研究各国规范和标准，在英国标准中学习，决定大桥设计使用寿命采用 120 年；从戴明品质管理和制造业的精益制造学习，构建了建设高品质大桥规划和项目质量管理体系，并启发领悟提出工业化建造大桥的核心理念和思维，后来全面应用在大桥的设计和建造各个环节；从中国石化行业学习，引进并将交通系统规范做法和项目实际情况相结合，构建了港珠澳大桥 HSE 体系；向中国核电行业学习，引入了核电行业的信息化管理系统，并分阶段开发了港珠澳大桥的信息管理系统；向建筑业学习，强化了建筑美学和地标元素；向古今中外的典型性工程学习，结合项目特点，构建了港珠澳大桥的愿景、目标和文化基础。

港珠澳大桥的知识管理和学习的场景极为丰富，如针对学习成果转化，采用《港珠澳大桥》杂志、大桥讲堂、文化沙龙、各种会议宣贯和培训；文献学习、项目考察、市场调研、专家交流、科学研究和团队学习贯穿项目全生命周期各个阶段，并形成了丰富的资料汇编、考察报告等宝贵的经验结晶。

6）港珠澳大桥的领军人物和超级团队

超级工程造就超级团队、领军人物和大国工匠。超级团队具有一些与众不同的特征，如丰富的历练、高昂的士气、优良的技能、精准的执行和职业荣誉感。超级工程团队必须面对同行难以面临的重大风险，处理行业最困难最前沿的问题，亦有机会经历很严重的挫折，但同时团队因困难而团结。

超级工程需要领军人物，领军人物是技术、管理和精神力量的统一，不仅擅长于利用技术和管理上的把控，也擅长于利用精神力量提升团队战斗力。在港珠澳大桥中，他们体现了以下特质：①对工程趋势的把控能力；②处理意外事件的应变能力；③信息不充分时的判断力；④逆境时敢于拍板的决策能力；⑤完成所决策事项的专业能力；⑥低潮时鼓舞士气的能力；⑦强烈的职业荣誉感；⑧具备创新热忱和刻苦钻研精神；⑨超乎常人的毅力。这些特质，在处理重大风险时会得到集中体现，如首节沉管 96 小时的鏖战、E15 管节三次浮运两次返航、最终接头等都体现了领军人物和超级团队的特质。

7）港珠澳大桥的党建和文化建设

（1）党建发挥了党员的先锋模范作用。管理局党委成立以来，积极发展新党员，虽然没有专职党务干部，但所有党员在各自的岗位上，兢兢业业，苦干实干，关键时刻都能挺身而出。张劲文同志在工程推进最困难的时刻，毅然担起了现场管理和协调的责任；李江同志在工程管理部部长辞职后，勇敢地担当了工程管理部领头羊的角色；余烈同志在十三号台风肆虐的危急关头，为保护办公楼玻璃门不被吹坏，只身堵住栓销已损坏的玻璃门一个多小时，硬是保住了管理局的这份财产；CA02 标共产党员范军伟同志关键时刻不顾个人安危，挺身而出，临危不乱，有序组织危机现场处置，一身是胆地冲进煤气笼罩的酒店，准确找到危险源，快速地关掉正在泄漏的煤气罐阀门，成功地避免了一起危害极大的事故；出版的《工地书记》记录了各标段党组织负责人的默默付出。正是因为各个工地、各条战线、各级岗位上的共产党员吃苦在前、享受在后，努力拼搏、无私奉献，成千上万的建设者才会被凝聚到港珠澳大桥建设的宏伟目标上，汇聚成战胜一切困难和挑战的磅礴力量。

（2）劳动竞赛助推了工程建设进展。2011 年 4 月，中华全国总工会将港珠澳大桥劳动竞赛列为全国重大工程示范性劳动竞赛，给建设者注入了强大的精神动力。到 2020 年为止，中华全国总工会授予港珠澳大桥工程全国五一劳动奖状 13 个、全国五一劳动奖章 24 名、"工人先锋号" 37 个。通过树典型、立标杆，掀起"比、学、赶、帮、超"的建设热潮，社会主义核心价值观和新时代劳模精神不断得到弘扬和强化，精神的力量一旦被激发出来，成效将难以想象。在大桥建设工地，建设者已经把大桥作为情感依附和精神寄托的载体，不愿意见到工程上有任何瑕疵，主动返工，精益求精，一件更比一件好、一处更比一处靓，每个人都不满足于现有的质量标准、不满足于现有的工效指标，都希望对现有工艺工法有所提升、有所完善，小改小革不断涌现，推陈出新人才辈出，在劳动竞赛中互相学习、触发灵感，在工程实践中反复琢磨、发现规律，共同的精神追求成就了伟大工程、成就了世界奇迹。

（3）文化建设打造了港珠澳大桥的价值观。"客观科学、不负众望；实事求是、敢于担当；宠辱不惊、奉献至上；理性沟通、合作共享"的港珠澳大桥精神，和以上率下、多元包容、廉洁透明、伙伴关系、责任感、使命感的文化特质，构成了港珠澳大桥的文化内涵。中央电视台拍摄的《超级工程》和《港珠澳大桥》纪录片及一系列新闻媒体的采访报道，从不同角度诠释和强化了大桥的文化成果。管理局通过期刊、网站、微信公众号及时向外界传达了价值取向，工地上的一些朴素口号，如"不安全、我不干"，"建最美隧道"等都体现了项目的人文关怀和价值追求。注重文化建设和精神培育是港珠澳大桥成功的秘诀，团队精神、创新精神、工匠精神、共商共建共享的治理理念都深深地融入了大桥文化之中。通过港珠澳大桥的实体质量彻底改变了外界对中国工程质量的不良印象，通过大桥的合作共建更加拉近了三地民众的时空距离和心理距离，港澳同胞全过程参与大桥的论证、决策和建设，更加深了对国家的认同感，更加为国家的强大而自豪。《辉煌中国》第一集第一个项目选择港珠澳大桥不是偶然的，大桥如期建成是中国特色社会主义制度优势的集中体现，它所蕴藏的精气神必将成为彰显中国实力、展现中国能力和代表中国形象的鲜明标志。

2. 展望

港珠澳大桥工程，作为世纪工程、国际工程和前所未有的超级工程，是中央支持香港、澳门和珠江三角洲区域更好发展的一项重大举措，是"一国两制"下粤港澳密切合作的重大成果，是中国工程、中国速度、中国标准和中国精神的绚丽展示。大桥的建成通车所依赖的技术、理念和实践，代表了我国路桥建设事业的巨大飞跃，是我国建设现代化交通强国征途中的重要一步；将香港、珠海和澳门更加紧密联系在一起，成为推动粤港澳大湾区及我国整体社会经济发展的强大驱动力，并为重大工程管理基础理论体系建设、自主性探索和话语体系构建，提供了丰富的实践土壤、强大的动力和广阔的空间。

（1）打造基于智能化运维的综合交通体系，推进交通强国建设管理现代化。2019年中共中央、国务院发布《交通强国建设纲要》，指出：推动交通发展由追求速度规模向更加注重质量效益转变，由各种交通方式相对独立发展向更加注重一体化融合发展转变，由依靠传统要素驱动向更加注重创新驱动转变，构建安全、便捷、高效、绿色、经济的现代化综合交通体系，打造一流设施、一流技术、一流管理、一流服务。强化交通行业产业链前移，研发先进材料和装备，推广新能源、清洁能源、智能化、数字化、轻量化、环保型交通装备及成套技术装备在工程中应用，提升本质安全水平和完善交通安全生产体系，强化工程建设绿色节约集约和低碳环保，以及交通生态环保修复等，建成人民满意、保障有力、世界前列的交通强国。

港珠澳大桥工程建设中倡导的"四化"与生态环保等创新做法，为交通强国建设管理现代化提供了参考。大桥工程建设管理为管理现代化提供的理念和做法主要体现在以下方面。

第一，港珠澳大桥运用标准化、工厂化、装配化等现代制造方式构建工程建造新模式，提升工程质量和保障工程安全。

越来越多工程项目从设计、招标、合同、制造、安装、建造等环节，按照现代工程精益化建造的理念，设计运用先进的质量、安全、进度控制等具体手段。港珠澳大桥钢箱梁部件采取多区域生产—集中点拼装与安装的分布式资源供应链管理模式，为工程建设工厂化与装配式的建造模式提供了参考。

第二，港珠澳大桥工程建设技术创新从工程问题解决到工程产业化再到产业化工程的转化，支撑交通强国的多产业链。

港珠澳大桥工程建设过程中充分关注共性技术难题解决，包括港珠澳大桥钢箱梁的生产、建造技术与模式，突破了原来主要依靠人的手工焊接而转向自动化和机器人的生产与焊接，这使得整个行业的钢箱梁建造水平得到大幅度提升。另外，港珠澳大桥的桥面铺装先进做法也推动了整体行业进步。这些技术从一个解决工程问题的技术创新发展成工程建设行业推广应用的技术，再逐步建立起支撑交通强国的多产业链。

第三，港珠澳大桥在全生命周期视角下最大限度保护环境、节约能源、低碳生态，提供健康、绿色的交通基础设施工程。

港珠澳大桥在全生命周期内最大限度地保护环境、节约能源、低碳生态，并为人们提供健康、适用和高效的交通基础设施工程，特别是HSE管理体系的建立与实施、中华白海豚生态保护区的调整与建设过程中的生态价值补偿等机制，都为工程建设与环保协调提供了参考。

第四，港珠澳大桥信息化和智能化建设与运维管理，为"新基建"下重大工程建设与管理提供了思路。

港珠澳大桥在工程建设中，充分运用 BIM 技术、监测技术、信息化管理等手段进行工程建模和信息管理。运营阶段研究实施"智能化运维技术集成应用"，从感知、评估、维养、运行、安全等方面入手，引入物联网、大数据、人工智能等新技术，提升港珠澳大桥智能化运维水平，降低全生命周期维养成本，提高工作效率，延长大桥使用寿命。在此过程中，需要进一步开展整体化信息协同管理关键技术，包括非结构数据转化、异构数据融合和集成、智能化决策和知识推送等关键技术，进一步分析"新基建"工程建设与运营管理模式新变革。

（2）积极探索推动"一国两制"事业发展新实践，为落实粤港澳大湾区发展战略提供经验。2017 年 7 月 1 日，习近平总书记在视察港珠澳大桥香港段时指出，"建设港珠澳大桥是中央支持香港、澳门和珠三角区域更好发展的一项重大举措，是'一国两制'下粤港澳密切合作的重大成果"[①]。2018 年 10 月 23 日，习近平总书记出席大桥的开通仪式，并宣布港珠澳大桥正式开通，对大桥的建设和管理给予了高度评价，并强调"用好管好大桥，为粤港澳大湾区建设发挥重要作用"[②]。目前，粤港澳大湾区建设已成为我国新时代"一国两制"下一项重大国家发展战略，对于支持港澳发展及融入国家发展大局，都有十分重要的意义。

粤港澳大湾区与港珠澳大桥一样，都是在"一国两制"框架下进行的，具有天然的内在一致性。虽然粤港澳大湾区建设比港珠澳大桥工程战略性更高、系统性更强、覆盖面更广、复杂性更深，但是，从时间上看，港珠澳大桥是粤港澳大湾区建设的"试验田"，是建设大湾区的先导工程和示范工程，其在建设和运营过程中的管理经验、合作与协调机制、科技和创新成果及赖以支撑的干部人才队伍，可为粤港澳大湾区建设提供有益的借鉴，提供重大智力支撑和引领发展的新引擎。反过来，大湾区的建设与发展也将为港珠澳大桥的运营管理提供良好基础与环境。从更广阔的时空来看，港珠澳大桥与粤港澳大湾区的关系，是超级工程与超级湾区的关系，体现了"一国两制"下的区域协同发展。

首先，"一国两制"下的港珠澳大桥治理体系促进了粤港澳三地制度、规则和标准对接，促进区域协同发展。

粤港澳大湾区的建设，可以充分利用和发挥港珠澳大桥建设的经验优势，借

---

① 习近平考察香港重要基础设施建设项目. https://www.gov.cn/xinwen/2017-07/01/content_5207272.htm，2017-07-01.

② 习近平出席开通仪式并宣布港珠澳大桥正式开通 韩正出席仪式并致辞. https://www.gov.cn/xinwen/2018-10/23/content_5333803.htm，2018-10-23.

鉴其协调和治理机制的成功经验，特别是其把握"一国两制"特点，体现创新驱动和高质量发展的前期顶层设计和重大决策机制、基本方法和原理。在中央政府有关部门的大力支持下，粤港澳三地政府和大桥管理局等单位积极践行三地共建共管要求，建立"专责小组-三地委-项目法人"的"三级架构、两级协调"的大桥治理体系，针对性地制定议事规则等决策管理制度，大力促进粤港澳三地制度、规则和标准对接，为大湾区的建设提供了可借鉴、可推广的成功经验。

具体来说，三级架构创设了不同法域的三地进行紧密合作的协调监管新典范：①创新性地确立了"技术标准就高不就低"原则，实现了三地在法律制度上的优势互补；②协商一致原则使得各方意见得到充分尊重，是三地融合的积极尝试；③三层协调监管架构为三地履行协调监管职责提供了充分的弹性，又将重大事务的决定权集中于中央。从大桥前期和建设期的运行效果看，该机制满足不同阶段对协调监管的主要需求，起到非常好的协调作用。"一国两制"下的治理体系也形成了一个立体的合作机制，执行的过程中展示了较大的适应性。三级架构充分体现了一国的属性，同时也给三地政府充分的自主空间，确保三地能够进行协商沟通，协商一致的议事决策进一步保障了三方意见可以得到协调。三地共同建立的事业单位管理局作为执行机构，受属地法管辖，接受三地委监管，三地出资人的理念和想法在执行中得到贯彻。

此外，粤港澳大湾区的建设可在港珠澳大桥建设的经验基础上进一步完善机制，如及时签署政府间更高层面的协议，固化共识与成果；粤港澳大湾区执行层由三地政府委派更高层级官员组成；在共同建设管理的前提下，对执行层充分授权，避免决策效率过低；大湾区的执行层建议按特设机构、企业管理运作，兼具政府协调职能，提高效率。如今，大湾区建设治理体系的三级架构逐渐呈现和完善。2018 年 8 月，粤港澳大湾区建设领导小组成立，粤港澳大湾区建设政府工作机制正式启动。时任中央政治局委员、国务院副总理韩正任粤港澳大湾区建设领导小组组长，香港行政长官、澳门行政长官为小组成员，港澳行政长官首次进入中央层面领导小组。之后，三地政府层面各自成立了粤港澳大湾区建设办公室，目前尚未成立粤港澳三地政府共同组建的大湾区办公室或管理局。2020 年 9 月，横琴粤澳深度合作区管理委员会成立，由粤澳双方联合组建，合作区主任由广东省和澳门特区行政长官共同担任；合作区执行委员会是承担合作区经济和民生管理职能的法定机构，下设 9 个工作机构，合作区执行委员会主任由澳门特区政府经济财政司司长担任，开始谋划推动更大的合作，未来值得期待。

其次，港珠澳大桥的建设和运营提供人才流通和保障机制的经验，为大湾区的建设提供了宝贵的人才储备。

事业兴衰成败，关键在人。习近平总书记在参加十三届全国人大一次会议广东代表团审议时强调发展是第一要务，人才是第一资源，创新是第一动力①。港珠澳大桥在前期筹备、建设和运营过程中，取得了价值巨大的管理和科技创新，如充分发挥"一国两制"的政治优势，建立三级架构、两级协调的治理机制，构建全球合作模式，拥有了一系列技术标准体系成果和工业化建造成果，促进实现可持续发展和绿色发展等。这些经验及其取得的重大成果与管理局一批经过十多年锻炼和成长的高级管理人员形成的团队是分不开的。他们政治素质过硬，创新管理能力强，具备国际视野，具有现代工程管理理念，在大型跨海交通建设方面拥有丰富的管理经验和实战技能，具有妥善处理"一国两制"体制下、三地合作发展及协调冲突等方面的丰富经验和韧性，具有理想情怀和强烈使命感，在攻克难题的过程中发挥了中流砥柱的作用，是粤港澳大湾区建设所急需的宝贵高级人才群体。

粤港澳大湾区的建设，核心在人才，要在港珠澳大桥建设的经验基础上进一步完善人才流通和保障机制，畅通人才流动渠道，充分发挥人才的积极性、创新性和主动性，强化用人价值导向，完善人才保障机制，打通人才纵、横流通渠道，妥善处理好稳定发展和可持续发展关系，从而建立起可持续发展的人才队伍。

最后，港珠澳大桥作为粤港澳大湾区重要交通与交流枢纽，促进粤港澳大湾区深度合作和共同发展。

港珠澳大桥为粤港澳三地提供陆路连接，在为三地提供交通便利的同时，不但在物理空间、通行时间层面赋予三地新的因素，还将改变三地的社会、经济环境。根据系统科学的理论，在大桥论证及建设阶段，无论决策者如何充分考虑到原来社会经济环境系统未来可能的情景适应性，当港珠澳大桥建成进入运营阶段后，通过港珠澳大桥往来三地的人流、物流、信息流，将促使港珠澳大桥与三地原来的社会经济环境系统重构成一个新的系统，这一重构无论在新系统的他组织意义下，还是在系统自组织的意义下，均极有可能产生新的系统层次的情景涌现，这类情景涌现已不完全属于原来系统的情景范畴，而是由原来的系统演化到另一个新系统产生的系统涌现。在运营阶段，要更好地发挥大桥对三地的促进作用，真正发挥大桥作为粤港澳大湾区重要交通与交流通道的作用，保障粤港澳大湾区的互联互通与人员交流，这需要粤港澳三地政府在合作内容及合作机制方面进一步深化及创新，未来还需要在中央的领导下，三地政府以更大的合作和更灵活的适应性来推进粤港澳大湾区的建设。

在中央层面粤港澳大湾区建设领导小组的统一领导下，通过港珠澳大桥、横琴粤澳深度合作区、前海深港现代服务业合作区、南沙自贸区等的建设和运营经

---

① 习近平：发展是第一要务，人才是第一资源，创新是第一动力. https://www.gov.cn/xinwen/2018-03/07/content_5272045.htm, 2018-03-07.

验，不断推进粤港澳大湾区的建设和有效管理。反过来，粤港澳大湾区也可以继续以港珠澳大桥为"试验田"，借助港珠澳大桥在建设运营过程（特别是运营管理过程）中的案例与经验，总结有益经验，为粤港澳大湾区运营管理制度的拟定（甚至是立法）提供实践经验、启示与借鉴。更进一步地，港珠澳大桥跨境超级工程管理实践经验也为"一带一路"重点项目的高质量发展提供了有益借鉴。

（3）工程实践与理论探索的深度融合，持续推动重大工程管理理论发展和中国特色话语体系建设。重大工程建设与运营管理水平已成为各国核心竞争力的重要标志，但同时，重大工程建设与运营中各类复杂性挑战越来越大，传统项目管理知识体系难以应对，出现了理论"紧张点"现象。为此，近年来学术界都将重大工程视为一类全新问题，力图创新突破，以构建重大工程管理理论和方法体系。但是，源于欧美的项目管理理论越来越难以指导中国的重大工程管理实践，而中国重大工程的伟大成就又证明了中国智慧在应对这一挑战中的适用性。中国重大工程规模全球首屈一指，具有丰富的成功实践，为重大工程管理基础理论体系建设、自主性探索和话语体系构建提供了丰富的实践土壤、强大的动力和广阔的空间。

港珠澳大桥是世界上最长的跨海大桥，是"国之重器"，建设条件复杂，建设任务艰巨。面对管理、技术和环境等系统复杂性，大桥建设者发挥聪明才智，集成了世界上最先进的管理技术和经验，在设计理念、建造技术、施工组织、管理模式等方面进行了一系列创新，创下多项世界之最，代表了世界桥梁行业最高水平，标志着我国隧岛桥设计施工管理水平走在了世界前列。同时，大桥在建设过程中，充分发挥重大工程科技创新和人才培养的"主战场"地位，开展了多项重大工程管理理论创新研究、工程实践与理论探索深度融合，取得了丰富成果，培养了一批人才，实现了中国重大工程管理理论从"照着讲"到"接着讲"的重要转变，并以此为原点，将持续推动重大工程理论发展和中国特色话语体系的建设。

其一，自主建设的港珠澳大桥工程与中国工程管理学术理论构建的相互推动和深度融合，使重大工程成为自主理论创新的策源地。

将重大工程挑战转化为重大创新机遇，围绕港珠澳大桥遇到的不同难点，开展科学原始性创新、前瞻引领性创新、使命驱动性创新、新基建突破性创新等多层次创新活动，集优质资源，举行业之力，解决了一个又一个"卡脖子"难题，实现了科研的前瞻性、系统性、协同性和闭环性。围绕重大工程管理，立项国家科技支撑计划"港珠澳大桥跨海集群工程建设关键技术研究与示范"项目，依托国家自然科学基金重大项目"我国重大基础设施工程管理理论、方法与应用创新"等重大科技创新和基础理论研究课题，开展系统而深入的研究，取得了丰硕成果。在 Springer 出版了 *Fundamental Theories of Mega Infrastructure Construction*

Management: *Theoretical Considerations from Chinese Practices*，在科学出版社出版了《重大工程管理理论：科学结构与创新发展》《重大工程决策治理理论与实务》等源于港珠澳大桥工程实践的理论丛书，在《管理世界》、《系统管理学报》、*Journal of Management in Engineering* 和 *Frontiers of Engineering Management* 等中英文权威学术期刊开设关注重大工程管理的理论、方法与应用的研究专刊或专栏，用自主性学术体系和话语体系讲好、讲全、讲透重大工程管理的中国故事与中国智慧。这些研究成果得到了高度评价，获得了省部级科技进步特等奖、一等奖及国际项目管理协会杰出研究贡献奖等多项国内外重要奖项，成为欧美之外重大工程管理研究的重要一极。需要强调的是，这些成果由港珠澳大桥实践者和学术界共同完成，并直接应用于工程实践，是实践与理论深度融合的典型成功示范，形成了重大工程管理创新的港珠澳大桥模式。借鉴这一模式，利用北京大兴国际机场、雄安新区和川藏铁路建设等新的超级工程，将持续推动重大工程管理中国特色话语体系的完善。

其二，以港珠澳大桥为代表的工程管理实践思维原则与理论逻辑，是我国重大工程管理基础理论发展的生命力和动力源泉。

中国重大工程非凡成就充分说明了中国制度、中国方案和中国智慧在应对这一巨大挑战时的独特优势，重大工程管理实践者自觉或不自觉地利用中国文化精髓创造性地解决了一个又一个困难，这是源于中国情境的重大工程管理基础理论体系的品性与格调，也是思维逻辑体系时代化、本土化的不竭源流。对港珠澳大桥的实践总结，是"对中国实践的尊重、对中国经验的深度解读、对理论抽象的精准提炼"，体现了"对重大工程管理经验的中国式思维与总结方式"，是讲好中国故事和表达好自主性学术主张的基础。港珠澳大桥工程项目管理规划、三地工程法律、项目决策、项目组织管理、招标与合同管理、质量管理、设计施工总承包管理、HSE 管理、技术管理与科技创新、全球合作、（试）运营管理、党建引领与大桥文化是港珠澳大桥超级工程成功实施的关键经验，能为类似工程提供直接参考借鉴。在此基础上，依托港珠澳大桥工程实践经验，对重大工程复杂系统管理、深度不确定性决策、跨界治理与组织适应性、多层次技术创新、复杂风险管控、新型现场综合控制与协同管理、社会责任等基本经验的系统性凝练和理论逻辑的整体性抽象，为中国乃至全球重大工程管理提供了普适性理论与方法体系，是对重大工程管理理论构建的重要贡献，将在更大范围发挥持续而深远的影响。

其三，源于港珠澳大桥等重大工程实践的中国特色管理理论体系的建立，为百年未有之大变局下的时代挑战提供了坚定自信力。

当今世界正处于大发展、大变革和大调整时期，不稳定性和不确定性更加突出，我们要从各种乱象中看清实质，从历史维度中把握规律，勇于战胜一切风险挑战。在未来相当长时间内，重大工程仍将是我国经济、社会、科技发展的"主战场"和"压舱石"，因此，不断对我国重大工程实践经验的总结和提炼，是形成重大工程管理中国理论、中国模式、中国智慧和中国方案的坚实基础。但是，重大工程的外部环境和工程内涵也在不断变化，随着"一带一路"倡议及高质量、新基建、双循环、碳达峰碳中和的持续推进，重大工程管理的新问题和新挑战不断涌现，这就迫使重大工程管理策略进行调整。在新时代背景下，我们也要深刻认识到，变与不变总是相对的，中国特色社会主义的道路自信、理论自信、制度自信、文化自信是应对百年未有之大变局的定海神针，而港珠澳大桥等重大工程管理的实践和理论凝练一次又一次证明了源于中国实践的中国智慧具有应对时代挑战的独特优势。

参 考 文 献

高星林，陈小燕. 2022. 港珠澳大桥主体工程国际合作策划与实践. 世界桥梁，50（1）：113-118.

高星林，戴建标，阮明华. 2020. 港珠澳大桥招标策划与实例分析. 北京：中国计划出版社.

高星林，张劲文，江晓霞，等. 2017. 港珠澳大桥主体工程运营模式构建及策划. 公路，62（12）：207-212.

国务院发展研究中心企业研究所. 2007. 港珠澳大桥项目协调决策机制咨询报告.

郝贵. 2008. 关于我国煤矿本质安全管理体系的探索与实践. 管理世界，（1）：2-8.

胡毅，乐云. 2018-01-09. 重大工程组织模式如何深化改革创新. 解放日报.

林鸣，王孟钧，罗冬，等. 2019. 港珠澳大桥岛隧工程项目管理探索与实践. 北京：中国建筑工业出版社.

刘谨，张昊，苏权科，等. 2018. 港珠澳大桥跨界交通管理. 北京：人民交通出版社.

盛昭瀚，游庆仲，陈国华，等. 2009. 大型工程综合集成管理——苏通大桥工程管理理论的探索与思考. 北京：科学出版社.

苏权科. 2017. 港珠澳大桥建设理念与创新实践. 建筑，（12）：24-27.

苏权科，陈越，柴瑞，等. 2015. 港珠澳大桥1∶1足尺沉管隧道防灾减灾综合试验研究. 公路交通技术，（5）：97-101.

王基铭，袁晴棠. 2011. 石油化工工程建设项目管理机理研究. 北京：中国石化出版社.

张劲文，朱永灵. 2012. 港珠澳大桥主体工程建设项目管理规划. 公路，（3）：143-147.

张劲文，朱永灵. 2018. 复杂性管理：港珠澳大桥主体工程管理思想与实践创新. 系统管理学报，27（1）：186-191.

张劲文，朱永灵，高星林，等. 2012. 港珠澳大桥岛隧工程设计施工总承包模式构建. 公路，（1）：133-136.

朱永灵，盛昭瀚，张劲文，等. 2020. 港珠澳大桥工程决策理论与实务. 北京：人民交通出版社.

朱永灵，曾亦军. 2019. 融合与发展：港珠澳大桥法律实践. 北京：法律出版社.

Hu Y, Le Y, Gao X, et al. 2018. Grasping institutional complexity in infrastructure mega-projects through the multi-level governance system: a case study of the Hong Kong-Zhuhai-Macao Bridge construction. Frontiers of Engineering Management, 5 (1) : 52-63.

Lau C K, Wong, et al. 1998. Hong Kong International Airport, Part 2: transport links, design and construction of the Lantau Link bridges. Proceedings of the Institution of Civil Engineers, Civil Engineering.